더

독

해

3.0

더 독해 3.0

초판 1쇄 2017년 08월 31일

저 자_ 전경식

발행인_ 문 덕

인 쇄_ (주)금강인쇄

발 행 처 _ 도서출판 지수

주 소_ 서울시 용산구 효창원로 62길 16, 별관 2층

전 화_ 02-717-6010(대표), 6011

팩스 : 02-717-6012

http://www.moonduk.com

18, Hyochangwon-ro 62-gil,

Yongsan-gu, Seoul, Korea 04017

Phone 82-2-717-6010,6011 Fax 82-2-717-6012

가격 25,000 원

더

독

해

3.0

머리말

더 독해 3.0을 드리며......

정확하고 꼼꼼한 해석과 의미덩어리를 강조하는 꼬장꼬장한 더독해 1.0.
세밀한 문장분석에서 한 걸음 더 확장해 전반적인 숲을 보는 더독해 2.0
이제는....
그렇다 이제는 실전이다!
가장 실전적인 독해법을 지향해서 집필한 것이 더독해3.0이다.
그렇다면 내가 생각하는 가장 실전적인 독해전략은 무엇인가?

실전이라는 것은 언제나 우리가 목표로 하는 시험과의 연직선에서 생각해 볼 수밖에 없다.
그리고 모든 시험에는 제한된 시간에 자신의 모든 실력을 발휘해야 한다는 공통점이 있다.
따라서 **'가장 실전적 독해법'이란 제한된 시간을 어떻게 가장 효과적으로 활용할 수 있느냐의 문제**이다. 결과적으로 3.0은 모든 문제 구성을 제한된 시간을 정해서 해결해야 하는 방식으로 구성했다.

첫째, 10분, 20분 그리고 40분이라는 가장 실전적이고 과학적인 집중력 대비 강좌로 구성했다. 60분 남짓의 실전 모의고사를 응시한 수험생들이 모두가 절감하는 내용이 시간이 지나면서 집중력이 현저하게 저하된다는 점이다. 그리고 이것은 체계적인 단계별 집중력 훈련을 통해서 충분히 극복할 수 있다는 점이다.
미국의 저명한 인지심리학자인 Nobert Wiener 교수에 따르면, 인간의 집중력은 유아기부터 사춘기까지 성장하지만 20세를 전후해서 성장이 멈추거나 퇴보한다고 한다. 하지만 10분, 20분 정도의 반복적인 집중력 훈련을 통해서 3~4시간 정도의 집중력은 충분히 유지할 수 있는 능력을 신장시킬 수 있다고 한다. 이에 기반을 두어 3.0에서는 10분의 Warming Up과 이어서 20분, 그리고 실전과 가장 동일한 40분(독해&논리완성)으로 구성했다.

둘째, 3.0의 해설은 Reference Index를 통해서 1.0&2.0의 구성을 극대화했다. 본문의 문장 중 구문분석이 있는 문장은 발췌해서 따로 해설을 달았고, 이때 해당하는 구문을 다룬 1.0의 chapter&unit을 표기해서 부족한 부분은 1.0을 통해 다시 정리할 수 있도록 했다. 또한 전반적인 내용을 파악하는데 중요한 지문의 구성이나 주제문의 위치, 재진술 구조에 대해서도 해당 내용을 다루고 있는 2.0의 chapter&unit을 표기해서 2.0과의 연계성도 극대화했다.
또한 별도의 강의 없이도 교재의 해설만을 통해서 문제를 소화할 수 있도록 최대한 상세한 해설을 하려고 노력했다. 보기문항의 국문해석도 모두 꼼꼼히 챙겼고, 특히 함정문항이 있는 경우에, 왜 함정문항인지에 대한 설명도 간과하지 않았다. 어휘 파트 또한 기계적인 사전식 뜻풀이를 차용하지 않고, 해당 본문에 등장하는 문맥적 의미를 간략하게 정리해서 쉽게 정리할 수 있도록 했다. 나아가 독해 지문의 어휘들을 간과하는 경우가 많은 까닭에, 해설에 따로 본문의 어휘들만을 정리해서 review 때 원활하게 활용할 수 있도록 했다.

셋째, 최신의 기출 및 예상문제들을 균형 있게 다루었다. 기출로만 구성할 경우에, 기출 문제를 충분히 학습한 수험생들은 중복된 지문들을 학습하게 되고, 예상문제로만 구성할 경우에 기출문제들을 소화할 시간이 부족한 수험생들은 기출을 접할 기회가 적기 때문에 양자의 경우를 고려해서 균형 있게 모의고사를 구성했다. 최근 2~3년 주요 대학의 기출 중 학습 효율성이 높은 지문과 문제들, 그리고 직접 개발한 다양한 형식의 지문들과 문제들을 담으려 노력했다. 특히 20분 모의고사에서는 문장배열이나 삽입 등의 간과하기 쉬운 다양한 문제형식들을 총 망라해서 다양한 문제들을 접할 수 있도록 의도했다.

재즈의 거장 Miles Davis의 '우선 찬사를 보내라. 내 연주를 들으면 그렇게 할 테니까'라는 삶의 관록과 여유를 더독해 시리즈를 통해서 나 스스로에게 부여하고 싶었다. 하지만 좀 더 치열하게 연구하고 집필해야 했다는 아쉬움과 자책이 남는다.

독한독해&더독해 시리즈를 통해서 작지만 도움이 되었다는 분들의 이런 저런 소식을 접할 때 마다, 저자만이 느낄 수 있는 나름 뿌듯한 행복을 느낀다. 자신의 꿈을 위해 나아가는 모든 분들에게 행운의 여신이 함께 하기를 간절히 기도드린다.

"For a long time it had seemed to me that life was about to begin. But there was always some obstacle in the way, something to be gotten through first, some unfinished business, time still to be served, a debt to be paid. Then life would begin. At last it dawned on me that these obstacles were my life."

"오랫동안 나에게 삶이란 막 시작되려는 것처럼 보였다. 하지만 인생을 시작하기 전에 무엇인가 방해물이 있었으며, 통과해야하는 것이 있고, 미완의 일들이 있고, 그래서 쏟아야 하는 시간과 정리해야 할 빚이 있었다. 그 다음에야 삶이 시작된다고 보았다. 하지만 마침내 나는 알았다. 이런 장애물들 자체가 내 삶이었다는 것을"

– Alfred D. Souza –

전경식 드림

멘탈 관리법

& 모의고사 review 전략

by Rudy Jeon

멘탈 관리법 & 모의고사 review 전략

(3.0으로 시작되는 기출 및 실전모의고사가 일반적으로 여름에 시작되기에, 이 시기를 기준으로 모의고사 review 전략을 제시했습니다)

무더운 여름이 성큼 다가왔어요.. 그러면 에어컨 바람에 춥다가 나가면 덥고... 반복되는 온도차에 쉽게 피곤해지고... 그러다가 기대반 걱정반으로 응시했던 모의고사 점수가 바닥을 치면... 벗어날 수 없는 멘붕이 와요.

몸이 안 좋음 – 컨디션도 안 좋음 – 기분도 별로 안 좋음 – 시험에 응시하면서 걱정됨 – 점수가 안 나옴 – 해도 안 된다는 강한 절망에 빠짐 – 딱히 빠져나갈 해결책도 없음 – 그냥 기계적으로 공부함 – 다시 약간의 기대를 걸지만 역시 점수 안 나옴 – 더 큰 절망에 빠짐 – 그냥 기계적으로 공부함 – ...

이것이 앉아는 있으나 육체와 정신이 분리되어 내가 내가 아닌 좀비 수험생이 되는 패턴인데... 여러분 조심하세요.. 그래서 제가 먼저 이것을 피할 수 있는 비법을 알려드리니.. 반복해서 읽어 보세요.

우선 모의고사를 보면 모든 관심은 오로지 '점수'에만 꽂혀요. 내가 알고 푼 문제가 몇 개고 찍은 것이 몇 개인 것이 중요한 것이 아니라... 오로지 점수가 모든 수험생들의 관심사가 되요.

학습 초기에는 공부량이 많지 않으니 기대는 하면서도 점수가 높지 않아도.. '담달에 오르겠지'라는 막연한 기대를 갖는데... 요것이 일정 시간이 지나면 '담달에 오르겠지'라는 기대가 '담달에도 안 오르면 어떻하지' 또는 '역시 난 해도 안 되는 건가.. 그런건가?' 라는 극히 염세주의적 태도로 서서히 수렁으로 빠져들어가요.

그런데 여기서 여러분들이 가장 크게 간과하는 부분이 있어요..

같은 50점도 같은 50점이 아니라는 사실이에요. 뭔 얘기냐면... 42점은 알고 맞히고, 8점은 운이 좋아 찍어서 맞힌 영철이가 있고, 50점이긴 한데.. 더 맞힐 수 있었는데 4개나 실수로 놓친 영희가 있다면... 둘이 과연 동일한 50점일까요?

가장 큰 문제는 영희 입장에서 일어나는데... '난 영철이보다 더 공부도 많이 했고, 더 잘하는 것 같은데... 왜 똑같은 50점이지?' 라는 지극히 표피적인 사고를 갖는데서 일어나요.

같은 50점이라도 다음번에 기대할 수 있는 예상 점수는 영철이와 영희가 동일하지 않죠? 좀 있어보이게 말하면, '발전가능성'에 있어서 전혀 동일하지 않아요. 그런데 영희는 이 부분을 간과하고 지난달도 50점, 이번 달도 50점... '난 왜 똑같지... 전혀 점수가 오르지 않네..'라고 자포자기식 진단을 내려요.

예를 들어서 지난달에 어휘 문제를 틀렸을 때, 보기문항에 등장하는 4개의 어휘를 모두 몰라 찍어서 틀린 것과 이번 날에는 보기 문항 중 2개를 일있지만, 답이 되는 어휘를 몰라 틀린 경우... 점수 상으로는 동일하지만 실력으로는 절대 동일하지 않죠. 그런데 많은 수험생들은 이것을 나름 꼼꼼하게 분석하지 않고, '그냥 어휘를 외워도 오르지 않는구나' 라는 점수에만 매몰되는 사고를 하게 된다는 것이 문제에요.

이런 태도의 가장 큰 저변에는 '난 한 번도 공부를 잘 한 적이 없어. 큰 결심을 해서 편입을 시작했지만, 과연 내가 할 수 있을까?' 라는 불안감이 깔려 있어요. 그러니 드러난 결과를 냉철하고 합리적으로 분석해 보는 것이 아니라... '역시 난 안 되는구나'라고 마치 하수구로 물이 빨려 들어가는 것처럼 너무나 쉽게 불안한 심리상태와 자존감 상실이라는 블랙홀로 빨려 들어가요.

자.. 이제 부터는 이렇게 모의고사를 정리해 보세요!!

1. 모의고사 점수는 2가지가 존재해요.

1) 표면 점수 – 성적표에 기재되는 점수.

2) 실질 점수 – 표면 점수와는 다르게 내가 다시 채점한 점수

실질 점수가 여러분들의 현재 실력인데.. 무슨 말이냐면

시험문제를 분석해 보았을 때, 틀린 문제든 맞은 문제든 동일하게 자신이 해설을 보고 냉철하게 평가해 보는 거예요. 이 때 모든 문항들은 1단계 – 2단계 – 3단계, 이렇게 3가지로 분류해 보세요.

1단계 문제

실제로 맞혔든 틀렸든 상관없이 아주 냉정하게 생각해 봤을 때, 내가 당연히 득점할 수 있는 문제들로 득점했다면 문제가 없겠지만, 틀렸다면 다음과 같은 예들을 생각해 볼 수 있어요.

1) 간단한 문법 사항을 못 봐서 틀린 어법문제
2) 순간적으로 의미를 혼동해서 틀린 어휘문제
3) 처음 몇 줄을 읽고 답을 찾았는데, 뒤에 등장하는 내용을 파악하지 못해서 틀린 독해문제
4) 문제에 'not'등의 특정 keyword를 간과해서 틀린 문제
5) 정답을 골랐다가 뒤에 무엇에 홀려서 오답으로 고쳐서 틀린 문제
6) 시간 조절에 실패해서 읽지도 못하고 찍은 문제 중 review했을 때 해결할 수 있었던 문제

2단계

당일의 컨디션에 따라서 득점할 수도, 틀릴 수도 있는 문제들로 2단계 문제들을 분류하는 것이 좀 애매하죠.

1) 정답을 선정했다가 수정해서 틀린 문제들 중에서 해설을 봐도 여전히 혼동되는 문제들
2) 해설을 보면 이해가 되는데, 막상 실전에서 다시 풀게 된다면 득점할 수 있을지에 대해 확신이 없는 문제들
3) 장문의 지문이라 전반적인 내용을 이해하지 못했지만, 막상 빈칸 전후의 문맥만을 파악하면 해결할 수 있는 빈칸 넣기 문제들
4) 보기문항을 2개까지는 좁혔는데, 정답과 함정문항이 해설을 봐도 여전히 애매한 문제들

3단계

바로 GG를 치게 되는 문제들로 현재의 내 실력에서는 득점하기 어려운 문제들이에요.

1) 가장 대표적인 유형은 '국문해석을 봐도 이해가 잘 안 된다'는 지문들
2) 장문의 문장에 복잡한 구문으로 문장의 구조 파악이 어려운 지문들
3) 내가 정리했던 어휘 수준을 2~3단계 뛰어 넘는 어휘들. 특히 구동사 및 숙어들이 빈출되는 지문들

이렇게 3단계로 나누어서 다시 채점해 보고, 이 때 1단계와 2단계의 조합이 내 실질점수가 되는 거예요. 그러니 성적표에 찍힌 점수가 지난달도 50, 이번 달도 50인 것이 중요한 것이 아니라, 내가 실제로 내 눈높이에 맞혀 평가한 점수가 지난달은 50, 이번 달은 70이라면 내 점수는 70이 되는 거예요.
이때 최소 점수는 1단계만을 합산한 것이고, 최대 점수는 2단계까지 모두 반영한 점수가 되요. 예를 들어, 내 실질점수는 1단계만을 합산한 최소 50점에서, 2단계까지 합산한 최대 70점이 될 수 있는 거예요.
만약 1단계만을 합산한 최소 점수가 50일 때, 표면 점수가 40이라면 내 최소 점수에도 미치지 못하니까.. 이건 불안할 것이 아니라 몹시 열 받아야 하는 상황이죠. 만약 표면점수가 60이라면 최대 점수인 70점에 10점이 부족하니까, 그 10점을 올릴 계획을 세워야겠죠.

중요한 것은 지난달과 비교해서 특별히 이번 시험이 어려운 것이 아니었다면, 당연히 득점할 수 있는 문제나, 득점할 수도 있는 문제들의 개수가 증가해야 한다는 점이에요. 즉, 표면점수가 어떻든 내가 해결할 수 있는 문항들의 숫자가 증가했으면 실제로 '실력'이 증가한 거예요.

그런데 이렇게 분석해서 향후 학습 계획을 세우는 수험생은 제 경험상 1% 미만이에요.

그냥 '와... 대박 이번에 70점 !!' (근데.. 다음에 떨어지면 어떡하지... 이거 거품인가.. 그런건가..) 아니면 '아... 이번에도 52점... 정말 해도 안 되나 부다... 어떻하지... 앞으로 뭘하지..'

크게 이런 두 가지 반응으로 나뉘어요. 그러니 점수가 잘 나와도 거품일까봐 불안하고, 잘 안나오면 안 나오니 불안하고... 어떻게든 불안하게 되는 불안의 뫼비우스 띠에 들어가게 되요.

그러니 이제부터는 꼭 제가 권해드리는 방법을 통해서 '실질 점수'를 평가해 보세요.

2. 실질 점수를 파악한 후에는..

실질 점수를 알게 된 후에는 추후에 학습 계획을 세울 때,

1단계 문제 – 당연히 득점했어야 했는데 틀린 문제들로 1단계 영역에 속하는 문제들을 가장 우선 정리해야 되요, 너무나 많은 경우에 '아... 이건 맞출 수 있었는데.. 그냥 이번에 실수해서 틀렸어' 하고 실수에 대해서 깊이 고민하고 꼼꼼하게 정리하지 않고 그냥 넘어가요. 그리고는 다음번에 똑같은 실수를 반복해요..

여러분 명심하세요!! 실수를 안 하는 것이 실력이에요 !!

2단계 문제 – 사실 이 영역들이 득점화 되면 가장 큰 점수 상승폭이 가능해요. 따라서 2단계문제들은 틀린 원인과 부족했던 부분들을 꼼꼼히 챙겨서 다음번에는 1단계 문제들로 전환될 수 있도록 정리해야 되요.

3단계 문제 – 이 부분은 전혀 고민할 필요가 없어요. 모든 시험에서는 수험생들의 수준보다 한 단계 높은 문제들이 등장하고, 바로 3단계 문제들이 여기에 속해요. 따라서 이 부분에 대한 고민은 필요 없어요. 오로지 모든 에너지를 1단계와 2단계에 문제들에 투입해야 되요.

하지만 많은 경우에.. 문장해석 조차 원활하지 않은 수준에서 '해석을 봐도 국어적으로 무슨 말인지 모르는 지문은 어떻게 준비해요?' 라는 질문을 하는데.. 1단계, 2단계 영역을 건너 띄고 바로 3단계 영역의 문제들에 초점을 맞추는 경우인데.. 가장 비효율적이면서 열심히 해도 효과대비 결과가 가장 안 좋은 경우에요. 실력이 쌓이면서 점진적으로 3단계 문제들이 줄어들고 상대적으로 2단계 문제들이 증가하는 것이 일반적이에요. 그러니 3단계 문제들에 대한 고민은 먼저 2단계 문제들을 꼼꼼하게 정리한 후에 나중에 하는 것이 순서에요.

제가 말씀드린 대로 정리하면 실질점수를 알 수 있게 되고, 그것을 기준으로 추후 학습방향을 세우면 되니까, 상대적으로 멘붕에 빠질 가능성이 매우 줄어들어요. 자연스럽게 멘탈 관리도 되는 거구요. 여러분들이 언제나 가장 조심해야 하는 건, 성적표에 찍힌 표면 점수가 아니라, 내가 평가한 '실질점수' 영역이고, 이 부분에 대해서 민감해야 되요.

만약 표면 점수와 실질 점수의 격차가 크다면, 가장 큰 이유는 시간을 정하고 시험을 보는데서 오는 압박감과 긴장감 때문에 지신의 실력을 발휘하지 못하는 것인데.. 이 부분은 반복적인 시험 응시와 평소에 예습을 할 때, 꼭 시간을 정해서 문제를 푸는 연습을 통해서 충분히 해결할 수 있어요. 이 때문에 3.0의 모든 문제들은 모의고사 형식으로 제한된 시간 안에 해결하도록 구성했어요.

특히 긴장을 많이 하는 수험생들은 긴장 자체를 줄이려고 노력하지 말고, 그냥 긴장하는 것에 익숙해진다는 것이 훨씬 현실적인 목표에요.

근 10년 동안 강의를 하면서 학원 모의고사에서 항상 1등을 했지만, 폭망하는 경우도 무수히 봤고, 마지막 모의고사까지 점수가 안 터지다가 시험장에서 로또가 터지는 경우도 너무나 빈번히 목격했어요. 점수가 안 터지다가 마지막에 터지는 경우는 100% 실질점수는 높았는데, 시험에 적응하지 못해서 자신의 실력을 발휘하지 못한 경우에요. 그러니 언제나 시험을 두려워말고, 항상 시험 후에는 표면 점수가 아니라 내가 채점하는 '실질점수'를 통해서 나의 실력을 평가하고, 향후 학습 계획을 세우는 것이 제일 중요해요 ～

Contents

Contents

chapter 1. 더독해 실전 모의고사

해설편 : chapter 2. 더독해 3.0 실전 모의고사 해설

Chapter
01

더독해3.0

실전 모의고사

01 Warming up
10 Mins

Warming - up 1회

01 There are lots of things to do tonight besides _____. We can invite the neighbors to our house and play cards, or we can catch up on some reading we've been putting off. We can build a fire in the fireplace, roast marshmallows, and pop popcorn, and then play chess for a few hours. We can even get out the paintbrushes and repaint the hallway. Let's not just sit here in front of the TV another night.

① watching television
② painting the hallway
③ entertaining our guests
④ reading some good books
⑤ playing with our neighbors

02 Imagine a baby about five months old. It can cry and smile, it can eat and sleep, and it can dirty its diaper. Did you know that it can also count? That's not all - small babies are also able to add and subtract small numbers of things. This may be surprising news, but a psychologist has proven that it is true. Many people think that these abilities are learned at school. But this psychologist believes that these abilities _____.

① are not present until adulthood
② are already present in small babies
③ are very difficult to teach to small babies
④ are impossible for small babies to learn
⑤ can be learned only after five months old

03 Man's growing mastery over nature would be impossible without that special gift that separates him from all other creatures - his intelligence. We have inherited our bodies from ancestors that have evolved from early apes, lizards, and fish. But, our intelligence is our own. Changes in our bodies may be approaching limit, but our minds may yet experience _____.

① constant uncertainty
③ complete extinction
⑤ the new dimension

② a limit, too
④ further development

04 Sociologists and psychologists have argued for centuries about how a person's character is formed. The argument between the two main opposing theories has long been known as 'Nature versus Nurture'. The first theory says that character is formed genetically before birth. According to this theory, nature - through genetics - determines what a person will be like. The other theory says, on the contrary, that a person's character is formed after birth. According to this theory, the most important factors are _____.

① natural and genetic
② physical and biological
③ emotional and rational
④ scientific and theoretical
⑤ cultural and environmental

05 There is sometimes a bad mark attached to _____. Once you've finished school and got a real job, you're supposed to move out on your own. If you don't, you risk being labeled lazy or selfish - or worse, you may be revealing an inability to cope with the outside world. And so I have found myself making excuses for living at home, saying, "It's only till I can afford to move out."

① providing one's abilities
② coping with a new job
③ getting along with people
④ apologizing for one's faults
⑤ living at home with parents

06 The burning of fuel in a city generates vast quantities of water vapor, and the various sources of heat such as industry and air conditioning in summer cause the air to rise and make a condition necessary for cloud formation. Furthermore, dust particles caused by countless smokestacks act as *nuclei around which water droplets can form. As a   result, _____ than its surrounding region.

① an urban area is generally more rainy
② a rural area is generally more silent
③ an urban area is naturally more crowded
④ a rural area is naturally more comfortable
⑤ an urban area is undoubtedly more windy

07   Every year, rich countries become richer and poor countries become poorer. In 1750, the richest country was five times richer than the poorest country. Today the richest country is about 400 times richer than the poorest country. This great difference is due largely to the growth of technology. The poorer countries are not able to keep up with the changing technology of the industrialized countries. With every new technological development, poor countries are _____.

① make a remarkable progress
② export more natural resources
③ lose their political independence
④ be even poorer than they are today
⑤ catch up with the developed countries

08   If you think you have a poor memory, you're in for a surprise. Your mind can store six hundred memories per second for a life time of seventy-five years. We all have good memories. Some of us just don't use them. Here is a key fact about memory: the way to form a good memory is to use it. You need to concentrate on the details with the conscious knowledge that you will want to recall them later. Thus the secret of a good memory is _____. This method works well for telephone numbers, names, or grocery lists.

① forgetting to remember
② remembering to remember
③ memorizing as little as possible
④ broadening your personal experience
⑤ writing down the things to remember

09 An eclipse of the moon happens at night when the moon is full. The earth has a shadow, just like everything else that the sun shines on. This shadow stretches out into space on the side of the earth away from the sun. If the moon _____ this shadow, the eclipse is total. Then people on earth see something very strange. The whole moon turns deep red. A partial eclipse will happen if the moon moves only partly into the earth's shadow.

① moves out of   ② moves completely into
③ hides its part into   ④ moves round
⑤ is not directly between the sun and

10 Just how important sleep is was proved by scientist? in experiments with mice. Scientists forced healthy mice to stay awake day after day. Soon, the sleepless mice began dropping dead. By taking blood samples, the scientists discovered that the mice had died of massive infection of the blood. Why? Bacteria, both the helpful and the harmful, are always present in the bodies of living creatures. What happened with the sleep-deprived mice was that _____. The mice's immune systems apparently crashed due to day after day of wakefulness. Bacteria multiplied and overwhelmed their blood, and the mice died.

① they ate too much
② they got lots of exercise
③ bacteria got out of control
④ defensive systems worked well
⑤ they carried stronger immunities

MEMO

Warming - up 2회

01 Children will often state their own convictions, wait impatiently for another speaker to finish and then simply repeat what they said earlier. By not listening to others, they remain ignorant of ideas that could broaden their outlook. So, get them to _____. If your child describes a friend as "stupid," ask a brothers or sister's opinion, It may open the child's eyes to unthought-of possibilities. Similarly, watching and reading the news can teach the important lesson that identical bits of evidence may be interpreted in different ways.

① consider other points of view
② develop their hidden abilities
③ be more precise in their speech
④ look on the bright side of things
⑤ have more chances to make friends

02 Our memories are not mere copies of our past experience that remain on deposit in a memory bank. Like a paleontologist inferring the appearance of a dinosaur from bone fragments, we may reconstruct our distant past from fragments of information. Thus we can easily - though unconsciously - revise our memories to suit the changing situations. When one of my sons complained that "The June issue of Cricket magazine never came" and was shown where it was, he delightedly responded, "Oh, good, I knew I'd gotten it." In view of these facts, our memories _____.

① always seem to disappear quickly
② are always preserved changelessly
③ have nothing to do with our intelligence
④ change only under unusual circumstances
⑤ often change according to new knowledge

03 Each of us will spend some twenty-five years of life in a strange state called sleep. Contrary to popular belief, humans are not totally unresponsive during sleep. Studies show that you are more likely to awaken if your name is spoken, instead of another. Likewise, a sleeping mother may ignore a jet thundering overhead, but wake at the slightest cry of her child. Of course, sleep does impose limitations. There is no evidence, for instance, that a person can learn math, a foreign language, or other complex skills while asleep. Therefore, sleep can be best described as a state of _____.

① total inactivity
② active learning
③ super-humanness
④ complete ignorance
⑤ semi-consciousness

04 It is not easy to persuade people to give up ownership of guns. Education could be used to solve this problem, although it will take time. High levels of government should focus on the supply and demand of handguns. Gun control has to be backed up by legislation and enforcement. Of course, gun lovers may believe they have a right to protect themselves with handguns, but they must know they don't have a right to _____.

① kill wildlife
③ sell weapons
⑤ use them recklessly
② protect others
④ carry them everywhere

05 The real value of companies like Compaq or Kodak, depends more on the ideas, insights, and information in the heads of their employees and in the data banks and patents these companies control than on the trucks, assembly lines, and other physical assets they may have. Thus capital itself is now increasingly based on ____.

① intangibles   ② wealth
③ physical assets   ④ man-power
⑤ technology

06 Judy wanted to be a hunter like her father. Judy spent the rest of the day playing hunters in the hot, dry bush. until she was lost and suddenly heard a sad, desperate sound that made her stand still - it was the sound of an animal in distress. She followed the sound and discovered a baby elephant crying out for its dead mother. As she tried to help the orphaned creature, Judy came to understand that hunting was not noble or exciting but _____.

① cruel and useless
② dull and lonesome
③ playful and noisy
④ fantastic and personal
⑤ encouraging and trap

07 Mirrors have always been regarded as having special powers. The superstition that breaking a mirror is bad luck is very old, and it can be found in some form in most cultures around the world. But, as a matter of fact, the first mirrors could not really be broken because _____. People looked at themselves in lakes and ponds and rivers because they believed that their reflection in the water could tell them about their future.

① they were so fragile   ② they were so flexible
③ they were made of water   ④ they were made of steel
⑤ they were treated carefully

08 Prime minister Thatcher had been in office when her government encountered the stern reality that domestic and foreign policy concerns were hopelessly intertwined. Just when she required that the expense for public spending should be cut down sharply for Britain's participation in the European Common Market, Treasury officials reported that Britain's participation in it would cost at least a billion pounds annually, above and beyond any possible economic benefit to the nation. The publication of this fact _____.

① kill wildlife   ② protect others
③ sell weapons   ④ carry them everywhere
⑤ use them recklessly

09 It is supposed that bakers, to improve business, gave customers thirteen loaves of bread if they purchased twelve. However, the "baker's dozen" is not the consequence of trade-promotion, but a survival of an early form of price-control. Bread was purchased in the form of either cut pieces or whole loaves. Severe laws required the baker to count and weigh the loaves and be heavily fined for cheating. After bread dries and shrinks, it loses weight, so the baker added an extra loaf or a piece of bread to every dozen sold to _____.

① reduce the price   ② increase the sales
③ make a good profit   ④ cheat the customers
⑤ meet the regulations

10 In many countries around the world, all students at a certain level take a national exam in every course. They can then see how they compare with other students throughout the country at their grade level. Teachers can also look at their students' results and see how they are doing compared to other students. Although there are some problems with national exams, they help make the standards _____.

① measuring the volume   ② on the school expenses
③ useful to give up learning   ④ clear and fair for everyone
⑤ hardly violated by the students

MEMO

Warming - up 3회

01 All cars serve the same basic function of transportation. In our society, however, certain cars known to be expensive have more prestige than do other cars that may be just as useful. In addition, we are willing to pay extra for some automatic services such as automatic windows, trunk openers. gear shifts. In other societies, prestige may not be associated with the display of goods but rather with generosity in giving goody away to others. In those societies, people who own and display much more than others may be thought _____ and may lose rather than gain prestige.

① greedy and stingy
② poor and humble
③ wealthy and affluent
④ generous and unselfish
⑤ admirable and respectable

02 A traveler to India noticed a curious thing: the wild animals and birds he saw were not afraid of human beings. They did not run away when he approached them. In fact, they seemed entirely comfortable with his presence. The reason for this behavior, he concluded, was the fact that _____. All members of Indian religious sects hold all life sacred and are forbidden to harm any living creature.

① Indians are considerate of non-human life
② the number of wild animals is decreasing
③ wild animals in India live on wild plants
④ Indians are terribly afraid of wild animals
⑤ Indians have freedom to choose their religion

03 Seeing how things are alike and different helps us impose meaning on experiences that otherwise might remain disconnected. Unconsciously we may think to ourselves, "I wake up in a great mood this morning, but now I feel uneasy and anxious. I wonder why I feel so different." Or, "Should I live in a dorm or rent an apartment? Should I accept the higher paying job or the lower-paying one that offers more challenges?" These inner questionings are just a few examples of _____ we frequently use to understand ourselves and our world.

① trial and error
② cause and effect
③ stimulus and response
④ reward and punishment
⑤ comparison and contrast

04 With continued progress in microminiaturization, scientists who believe in nanotechnology - technology that operates on the molecular, or nanometer scale - predict that we will someday be able to build microscopic devices that will be injected into the body to fight disease at the _____ level - say, excising tumors or cleaning out clogged arteries.

① low   ② cellular
③ surface   ④ top
⑤ formal

05 We often think of major crises such as natural disasters, war, and death as main sources of stress. These are, of course, stressful events. _____, according to psychologists, on a day-to-day basis, it is the small things that cause stress: waiting in line, having car trouble, getting stuck in a traffic jam, having too many things to do in a limited time.

① Therefore   ② However
③ Moreover   ④ Similarly
⑤ Consequently

06 Researchers placed lost applications to graduate school at an airport and studied how frequently people who found the application helped by putting it in the mail. Results showed that people were more likely to send in the application if the person in the photo, whether male or female, was attractive. On overage, 52 percent of the applications of good-looking people were returned, compared to 35 percent of the applications of less attractive people. In this anonymous situation, willingness to help was affected by _____.

① the individual experience
② physical appearance
③ the number of witnesses
④ social responsibility
⑤ environmental conditions

07 Scott was always sick. At least he always thought he was. Every time he catches a cold he thinks about pneumonia. He lives in constant fear of heart disease, cancer, or some other serious medical problem. He reads every article he can find on diseases and imagines he has the symptoms described in all of them. When one doctor tells him nothing is wrong, he goes to another. His medicine cabinet resembles a prescription corner in a drugstore. He lives in a world of panic, pills, and prescriptions. Is there anything physically wrong with Scott? Not physically, but he is sick just the same. Scott is not alone in his problem. Many people suffer anxiety by _____.

① feeling a sense of guilt all the time
② trying to lose touch with reality
③ fearing that they may fail again
④ trying to be perfect in everything
⑤ worrying unreasonably about illness

08 People cannot always _____ even if they try to. A student may say she is not nervous about a test but will bite her lower lip and blink more than usual, actions that often indicate nervousness. A young man waiting for a job interview may attempt to appear calm and casual, but will cross and uncross his legs continually, straighten his tie, touch his face, play with his hair. The average pitch of the voice is higher when someone is lying than when he or she is telling the truth.

① tell nothing but the truth
② hide their true emotions
③ do their best in everything
④ understand what others say
⑤ keep still if they are alone

09 Cats _____. A Cat, having secured a mouse, will bring it still alive, to its kittens and lay it before them. The victim, finding itself released, will make an effort to escape but it is not allowed to go far. No sooner has it moved a short distance than it is pounced upon in full view of the young and brought back. After this has been repeated two or three times. the kittens are encouraged to prevent the captive from getting away. Later they are taken out to witness the capture of prey by theirs parents and thus gradually learn what to do when the presence of prey suitable for food is suspected.

① teach their infants how to hunt
② often like to play with their prey
③ never fail to eat their prey alive
④ like to hunt their prey in groups
⑤ protect their young from danger

10 Sound waves from an object moving away from you have a lower frequency. So do light waves. The different colors in the spectrum have different frequencies. Violet has light waves of the highest frequency. Red light waves have the lowest frequency. Scientists studied the motion of the stars in distant galaxies. They discovered that the light from these distant galaxies shifted slightly towards the red end of the spectrum and had a lower frequency. Astronomers concluded that these galaxies _____.

① are getting brighter and brighter
② are moving away from the earth
③ do not allow even light to escape
④ send light in different directions
⑤ are getting smaller and smaller

MEMO

Warming - up 4회

01　In a way, all of us are really on a spaceship, the planet Earth. We move around the sun at 18 miles per second and never stop. On our spaceship we have four billion people and a limited supply of air, water, and land. These supplies, just like the limited supplies on the astronauts' spaceship, have to be used carefully because we can't buy new air, water, or land from anywhere else. Everyone needs air, water, and land to live. If we would continue to survive, we must _____.

① develop our science further
② stop wasting our environment
③ escape from the polluted earth
④ send spaceships to other planets
⑤ increase the population of the earth

02　Less than a hundred years ago, there was no official time at all. Many people set their watches according to the clock in the local jewelry store. If you looked in one jewelers window and your friend looked in another, your watches might disagree by five or ten minutes. It was the railroads that finally changed things. Their schedules demanded a system of time zones and a standard time system. The railroad was the first institution _____.

① to change the value of the tradition
② to teach the importance of the clock
③ to bring people a sense of belonging
④ to give public scheduled time to society
⑤ to develop better means of transportation

03 Children learning languages sometimes draw wrong conclusions based on limited experience, A child, for example, might think that he has to learn to fly like a bird when his mother says, "We will fly to Grandma's next week." In fact, young children have had to be wrong many times to find out the correct meaning. More importantly, they should not be blamed for being wrong when learning to use oral language. It is because the opportunity to make mistakes is essential to language learning. In short, young children have mastered language through a complex process of _____.

① true and false   ② trial and error
③ cause and effect   ④ theory and practice
⑤ question and answer

04 Some time ago, two patients who suffered from depression were given the same pill and told it was a new. promising drug. The first patient was told that the pill would reduce his melancholy and have a favorable effect on his general condition. The second patient was told that the pill was still in an experimental stage and could possibly have some unpleasant side effects. Each patient reacted in accordance with these predictions. Actually this pill was not a medicine, but a harmless milk-sugar capsule. This study shows that _____.

① you should follow your doctor's advice
② your body has an effect on your mind
③ your mind has an ability to heal yourself
④ the medicine does not always do you good
⑤ the medicine can control your mind and body

05 To protect our own income, we will fight to stop economic change from occurring or to prevent society from imposing the public policies that hurt us. From our perspective they are not good public policies even if they do result in a larger GNP. We want a solution to the problem, say the problem of energy that does not reduce our income. But it is inevitable that all solutions reduce someone's income. If the government chooses some policy option that does not lower our income, it will have made a supporter out of us. But it will have made an opponent out of someone else, since someone else will now have to shoulder the burden of _____.

① economic growth   ② energy problems
③ welfare systems   ④ income reductions
⑤ public policy

06 Scientists believe that _____. Bones of Mesosaurus were found in Africa and South America. The animal lived around rivers and lakes about 200 million years ago. How could it migrate from one continent to another across an ocean? Fossils of Glossopteris were found in South Africa, Australia, and India. Glossopteris grew about 250 million years ago. The seeds of these plants were too large to have been carried by winds over the ocean to the different continents. How then did they develop on such widely separated continents?

① many species have died out
② the earth is heavily polluted
③ the history of earth is very old
④ fossils show the history of life
⑤ continents separated and moved

07 Through the newspaper we get world news which has been assembled by means of telephone, telegraph, teletype, and radio. The radio and television supplies us with entertainment, but they are also highly important to businessmen and to farmers, for reports on markets and the feather. And the latest world happenings are given in news broadcasts, so that people living in the most isolated parts of the world may _____.

① contact their distant relatives
② be supplied with entertainment
③ keep up with modern education
④ keep in touch with current events
⑤ make their living easier

08 When poor farmers or fishermen want to sell their products, they usually do not have the vehicles to bring the products to markets. Thus, they usually sell their produce to traders called middlemen. These traders buy from the poor people and sell the produce in the markets for a higher price. Because the poor farmers and fishermen cannot market their own produce, they have to sell it at lower prices to the middlemen. Many associations and NGOs are now helping poor farmers and fishermen to market their products directly to the consumers. In this way, they will _____ .

① sell their products at a lower price
② improve the quality of their products
③ decrease their consumption of products
④ receive better income for their products
⑤ get more financial aids from the government

09 Anyone who has covered their computer or refrigerator with self-stick notes knows the value of these handy bits of paper. However, few know how their favorite sticky scratch pad came to be. Actually, it was _____. When Spencer Silver and Art Fry were working, Silver discovered an adhesive but discarded it because it was not very strong. Fry remembered his colleague's discovery on Sunday after he had marked songs in his choir book with scraps of paper. As frequently happened, the scraps fell out while Fry was singing, which was annoying. When Fry returned to work on Monday, he himself began using Silver's adhesive to develop a temporary bookmark.

① the fruit of patience
② the result of an accident
③ the process of cooperation
④ the product of religious faith
⑤ the copy of a new technology

10 When you step on a weighing scale, you compress a spring inside it that is linked to a pointer. When the pointer stops moving, it is calibrated to show your weight. When you stand on a weighing scale in a moving elevator, its figure _____. If the elevator accelerates upward, the spring inside the scale is more compressed and your weight reading is greater. If the elevator accelerates downward, the spring is less compressed and your weight reading is less. If the elevator cable breaks and the elevator falls freely, the reading on the scale goes to zero. According to the scale's reading, you would be weightless.

① repeats rising and falling regularly
② goes to zero when the elevator goes up fast
③ differs according to the weight of the elevator
④ varies with the speed and direction of the motion
⑤ is related to the number of people in the elevator

MEMO

Warming - up 5회

01 If we are curious about things, we have no difficulty in learning about things. It is because we are indifferent that we are dull. Emerson says that if the stars were visible only once in a hundred years, the whole world would wait the spectacle with breathless interest. We should know the map of heavens as we know the map of England. They are visible almost every night, and we _____ from the cradle to the grave.

① hardly give them a glance
② call them many kinds of names
③ study the mystery of their movement
④ invent the fantastic stories about them
⑤ are looking forward to seeing the spectacular show

02 Applied by engineer or physician, science helps him to build bridges or to restore health. But the same knowledge can also be used to destroy things and to cripple or kill men. In other words, science gives us power which can be used either constructively or destructively. It provides us with means which may facilitate our pursuit of bad ends as well as good. Science is _____, that is, indifferent to the value of the ends for which the means are used. Therefore, science must be supplemented by philosophy if the means that science gives us are to be used fur worthwhile ends.

① morally neutral
② sometimes destructive
③ a powerful constructor
④ philosophically overestimated
⑤ indispensable to our well-being

03 Antarctica knows no rot, rust or mould. There are no bacteria to spoil meat, no spores to turn bread mouldy. In 1947 admiral Cruzen visited the camp at Cape Evans that had been abandoned by Captain Scott more than 35 years before. From the camp's appearance, the occupants might have just left. Boards and rafters of the cabin looked fresh as if from the sawmill: there was no rot in the timbers, not a speck of rust on the nail heads. A hitching rope used for ponies looked new and proved as strong as ever when it was used to hitch the helicopter, Biscuits and canned meat _____.

① were decayed   ② were still edible
③ were very delicious   ④ should be kept in the snow
⑤ needed a safe storage

04 We are always curious about other people. We wonder how much they are like us, or how much they differ from us. We find ourselves agreeing or disagreeing with their actions. We are particularly interested in people who have had unusual experiences. Therefore it is no surprise that _____.

① comic books are popular
② many people like to read novels
③ so many people write diaries
④ biography sells well in the world of books
⑤ people don't like to write poems

05　Indecisive people have a hard time making up their minds. They put off making any decision for fear it might be the wrong one. When given a new responsibility, they continue to ask everyone for advice long after they should have mastered the task. They are so afraid of making a mistake that they will take forever to finish a project. Their motto is : _____.

① All is not gold that glitters
② You cannot be too careful
③ As you sow, so you reap
④ The later, the better
⑤ Even Homer sometimes nods

06　_____. Sometimes vegetarians just don't like meat, so they don't eat it. Some vegetarians believe that eating meat is unhealthy; others believe that it is wrong to kill animals. They feel that animals are living things just as people are and that we shouldn't hurt them. Still other vegetarians feel that if people ate more grains (such as corn, wheat, and oats) and less meat, food would be less expensive, and fewer people in the world would go hungry.

① Vegetarians have different tastes for food
② Vegetarians choose not to eat meat for a number of reasons
③ If you are a vegetarian, you should not eat meat
④ Most vegetarians are healthy because they don't eat meat
⑤ Vegetarians must love animals

07 People shouldn't forget that _____. Through TV I can see how people in other countries live, what they wear and how they talk, even though I cannot afford to travel to those countries, my great-grand mother never saw live kangaroos hopping in Australia; She never saw an African jungle. I did. At fifteen year of age, I've seen more of the world on TV than she did in her whole life.

① TV kills imagination
② TV can be an excellent teacher
③ We can live without TV
④ TV is an idiot box
⑤ family often gets together to watch TV

08 Vocabulary often reflects _____. For example, someone might refer to a man who spends all his evenings and weekends working at his job as an industrious person. Another person might refer to the same man as workaholic, a term that implies that the man is addicted to work as an alcoholic is addicted to alcohol. The compliment has become a criticism. We also tend to use positive words such as thin or frugal to describe ourselves and negative words such as skinny or stingy to describe those whom we don't like.

① the habit of the writer
② the hobby of the speaker
③ the custom of the country
④ the attitude of the speaker
⑤ the intelligence of the writer

09 In the 1960s and 1970s, many students in Europe and North America demonstrated against the government and hoped to make big changes in society. At that time, many college students chose a major in sociology or other social sciences. Courses in the humanities (literature, art, philosophy, and so on) were also popular. College life has been changing since then, however, and students are not paying much attention to politics these days. Instead, most students are interested only in _____. Therefore, students all over the world are majoring in more practical subjects such as business administration, computer science, and engineering.

① getting high grades in exams
② their studies and future jobs
③ the development of the society
④ idling away without doing anything
⑤ physical activities and entertainment

10 Many scientists, including Charles Darwin, wondered why we cry with tears. What is the biological or evolutionary purpose of tears? We could just as well cry without any tears falling. But, in fact, our eyes are filled with tears. Scientists have proposed many theories about tears, but none of these theories has been proven. And so, in evolutionary terms, _____.

① there is no rule without exceptions
② the origin of tears remains a mystery
③ scientists are no longer interested in tears
④ there are many reasons for crying with tears
⑤ Darwin could explain the origin of tears with success

MEMO

Warming - up 6회

01 The Eskimos, who hunt for their food supply, have excellent visual skills. The explanation for this lies in their physical environment. The Eskimos' land consists of endless snowfields without any distinctive landmarks. The Eskimos are required to travel widely over this unmarked landscape to find enough food. Thus visual skills are developed as a kind of _____. Eskimo youngsters are trained in space perception at an early age, for when they grow up, they too will roam in search of food over the vast snowfields.

① natural gift   ② survival tool
③ necessary evil   ④ weather change
⑤ intellectual growth

02 Scientifically we are losing the opportunity to understand and benefit from the plants and animals. Among the most important benefits of the forests, now and in the future, are drugs for use as medicines. One quarter of all prescription drugs come from the forests. For example, there are three thousand plants that show a potential far fighting cancer, but only one percent of them have been examined. Once a plant species is gone, its chance _____ is lost forever.

① to provide a cure
② to grow fruit
③ to preserve the nature
④ to farm the land
⑤ to prevent the pollution

03　Many Korean educators want to reform the current education system because they believe it teaches students how to memorize but not how to reason and think logically. One Korean university professor said that his students have trouble analyzing ideas and presenting their own opinions : They are lost if you ask them to do anything besides taking a multiple-choice test. They do not know how to think creatively and to solve problems. They do not know what they think about anything. Now they should know _____.

① how to improve their friendship
② how to take a multiple-choice test
③ how to express their opinions clearly
④ how to listen to the opinions of others
⑤ how to learn much by heart in a short time

04　A highly intelligent person may take up a view on a subject and then defend that view very ably. The better someone is able to defend a view, the less inclined is that person actually to explore the subject. So the highly intelligent person can get trapped by his own intelligence. Besides, a highly intelligent person usually grows up with a sense of that intellectual superiority and needs to be seen to be 'right' and 'clever.' Such a person is less willing to risk creative and constructive ideas because such ideas may take a time to show their worth or to get accepted. Indeed, it often happens that a man with a high intelligence actually turns out to be a _____.

① lazy worker　　　　　　② poor thinker
③ brave explorer　　　　　④ skillful defender
⑤ creative inventor

05 A student's ultimate aim in reading a foreign language is to be able to grasp ideas as quickly and easily as he would if he were reading his native language. Yet in early stages of language learning the first inclination of most students is to translate. Translation is a slow, laborious process. The thread of the idea may become lost, as well as the enjoyment of reading. _____, an exact translation is an art in itself and not a practical procedure for everyday reading. The student should try to develop a feeling for the foreign language so that he is really reading, not deciphering word for word.

① As a result   ② In contrast
③ Furthermore   ④ Temporarily
⑤ However

06 A bloodhound started chasing a deer but a fox crossed his path, so he started chasing the fox instead. After a while, a rabbit crossed his path, so the hound chased the rabbit. Yet later, a mouse crossed his path and the hound chased the mouse into a hole. The hound, which had begun his hunt on the trail of a magnificent deer, ended up watching a mouse hole! Most of us will laugh at the bloodhound. But if we stop and think, we'll realize that often we too are easily distracted. It is so easy to start well but then run after things that cross our paths. Therefore, _____.

① look before you leap
② stick to the original objective
③ don't believe what others say
④ don't be afraid of making mistakes
⑤ do to others as you would be done by

07 Computer has made us stay at home, isolating us from other human beings. Our communities will also become less intimate as we earn degrees, begin romances, and gossip, on the Internet, a world-wide system that allows computers to communicate with one another. But it makes us go beyond the old physical barriers of space. Here we can travel around the world, make new friends, communicate with astronauts as they circle the earth, buy new clothes, and do a lot more things as well, without _____.

① leaving home
② breaking the law
③ losing our money
④ getting new information
⑤ using computers

08 According to Lamarch, changes in an animal occur through use and disuse. Organs which are specially exercised become specially developed. The need for this special exercise arises from the conditions in which the animal lives; thus a changing environment, by making different demands on an animal, changes the animal. The giraffe, for instance, has developed its long neck in periods of relative scarcity by endeavoring to feed on higher and higher branches of trees. On the other hand, organs that are never exercised_____. The eyes of animals that have taken to living in the dark grow smaller and smaller, generation after generation, until the late descendants are born eyeless.

① are changed into other organs
② keep on evolving
③ tend to disappear altogether
④ make their owners dead
⑤ rapidly turn into another one

09   In America, you can do many things without _____. If you are driving home and suddenly realize you are short of cash, you can stop at the nearest bank, drive up to the ATM and take out some money without getting out of the car. If you are in a hurry to work and haven't had breakfast yet, don't worry. Most fast-food restaurants have a drive-up window. Outside the restaurant, you just roll down your window, order the food you want, and then drive up to the window, where the cashier will hand you your food.

① paying in cash
② using the machines
③ worrying about the prices
④ leaving the comfort of your car
⑤ sending money to the bank

10   No matter how busy you are, you should have time to _____. If you focus on golden eggs and neglect the goose, soon you won't be able to produce any golden eggs. It's essential to eat nutritious meals, exercise and get enough sleep if you want to remain productive. Also, keep one day a week free so you have time for rest, worship or leisure. As for me, I won't do anything that even resembles my job on Sundays. That way I'm refreshed on Mondays.

① take care of yourself
② think of your family
③ prepare for the exams
④ look back on the past
⑤ keep up with the times

MEMO

Warming - up 7회

01 Families are often separated by time and great distance. Thanksgiving and Christmas are very special times for American families to get together. Weddings and funerals are other occasions that bring families together. Some families will organize special family reunions once a year or every few years to catch up on old times and share family memories. Family reunions are a great way to find out great loyalty among the family members. Family members share a special bond with one another. "_____" expresses this idea well.

① No news is good news
② Rome was not built in a day
③ Blood is thicker than water
④ He who knows most speaks least
⑤ United we stand, divided we fall

02 Some people seem to avoid blame by _____. I observed this when I visited one of my customers in his office. The man disconnected a call by accidentally elbowing the speakerphone. When his secretary reconnected the call, I expected him to say, "I'm sorry; I knocked the phone by mistake." Instead he said, "Hey, what happened? One minute you were there, the next minute you were gone!" Though this may be annoying, there are many instances in which people change the situation to their advantage as he did.

① correcting errors   ② giving up dreams
③ gaining information   ④ putting off decision
⑤ covering up mistakes

03 These days people are feeling the pressure to live a complicated lifestyle. Many people are working longer hours, spending more money, and getting in more debt than ever before. They are also relaxing less and spending less time with family. However, there is a sign of a new trend toward _____. People in this movement take various steps to make their lives both more relaxing and enjoyable. Some people choose to work fewer hours to spend more time with their family and friends. Some move close to their workplace to have more leisure time.

① social diversity   ② financial stability
③ voluntary simplicity   ④ traditional living
⑤ extreme materialism

04 The Swiss have none of the things that are supposed to be essential to prosperity. Their country is small and overcrowded. They haven't arable land to feed half the population. They have no coal or oil, little iron or minerals. Yet the Swiss have maintained a degree of prosperity as high as, if not higher than, any in the world. With this relative prosperity, the Swiss have kept something even more important - individual freedom. Perhaps they are prosperous because they are free. For the Swiss way of life rests solidly on one concept: the resourcefulness and initiative of the individual. More than that, there is cooperation as well as competition. Each Swiss recognizes that _____.

① his country's advancement and prosperity come from creative thoughts
② his own prosperity is bound up with that of his neighbor
③ his country is not without social and economic problem
④ his own prosperity depends on competition rather than cooperation
⑤ his country will continuously develop regardless of the surroundings

05 Shock and fear can kill a bird. Birds sometimes fly into closed windows. They don't see the glass barrier that is between where they are and where they want to go. After they hit the glass, they fall to the ground. They are usually stunned or in shock. If someone who wants to help the bird picks it up, it might die. The shock from hitting the window combines with fear when it is picked up. The bird might react by getting so scared that it has a heart attack. So, people who want to help an injured bird _____.

① must feed it
② should find its nest
③ must cure its injury
④ should never pick it up
⑤ have to close the window

06 Although old computers are still more useful than old typewriters, you must be careful about buying a second-hand computer. The microchips in a computer may last a long time, but the hard disk will not. It will probably cost more to replace the hard disk with a new one than to buy the computer itself, Moreover, replacing the old processor in a computer is simply not worth the trouble as it will probably be incapable of running newer software. Ultimately, saving and repairing an old computer is like building a car from spare parts : it is more reasonable to _____.

① run newer software   ② buy a new computer
③ replace the hard disk   ④ fix your old computer
⑤ buy a second-hand computer

07 Although all societies have laws, not all have the same idea of justice - which is right and wrong and how wrong should be punished. In most Western cultures, it is thought that punishing criminals will prevent them from committing other crimes. Also, it is hoped that the fear of punishment will act as a deterrent that prevents other people from committing similar crimes. In most non-Western cultures, by contrast, punishment is not seen as a deterrent. Instead, great importance is placed on _____. A thief, for example, may be ordered to return the things he has stolen instead of, as in Western societies, spending time in prison.

① making moral judgment
② separating customs from laws
③ punishing the criminals severely
④ restoring balance in the situation
⑤ protecting their society from crimes

08 For most Europeans and Americans, art serves mainly as decoration. It is something on a museum wall or in a glass case. It makes homes more attractive. People look at it and admire it: "Oh, what a beautiful painting! " In addition to decoration, ideas are often expressed in this art. "This is a wonderful statue," an admirer might say. "It makes such a strong anti-war statement." However, in much of the rest of the world, art is not considered to be separate from everyday existence. It has a function. A person in a tribal society might look at a mask and says "Oh, this is a good mask. It will keep my house safe." In brief, the way in which people enjoy art _____.

① depends on what it is
② is universal in nature
③ changes gradually as time flows
④ depends on their cultural background
⑤ depends on their individual artistic tastes

09 When the body works harder, it produces more waste material. When this waste is formed more rapidly than the blood can remove it, some waste material is left in the muscles. If the body continues to work, more and more waste collects, and then the muscles do not work well. They ache and become sore; in other words, the muscles feel tired. This tired feeling is _____. If one is to keep from doing damage to the body, one must answer this demand.

① the body's demand for rest
② the body's need for eating
③ the mental desire for success
④ the spiritual desire for rest
⑤ the body's demand for work

10 The earliest dyes used were natural dyes made from plants or animals. Sometimes the substances for making the dyes had to be brought from great distances and were, therefore, very expensive. Most dyes now are chemically prepared and are _____. Even low-cost fabrics may now be obtained in beautiful colors.

① still more expensive
② not harmful to our skins
③ much less expensive
④ often dangerous
⑤ still very rare

MEMO

Warming - up 8회

01 Although cultures do change, most change only affect the surface structure of the culture. The deep structure resists major alterations. Changes in dress, food, transportation, housing and the like, while visible, are simply attached to the existing cultural value system. Elements associated with the deep structure of a culture such as values, ethics and morals, definitions of freedom, religious practices, and so on are so very deep in the structure of a culture that they tend to _____ .

① persist generation after generation
② fade away sooner or later
③ crumble away in the future
④ become greatly modified
⑤ be popular in the public

02 Between the ages of five and eight, youngsters tend to say they aren't afraid of whatever it is that worries them. "Denial is a child's way of coping with fear," says therapist Robert Dosh. "Parents can help by saying something like this: lots of kids of your age would be afraid. It's all right to feel that way.' Talking together can allow a child to work out his fears without shame and reassure him that the fear will _____", says Dosh.

① rise in his mind naturally
② diminish and eventually disappear
③ make him worry for a long time
④ make him more courageous
⑤ be turned into self-confidence

03 The phonograph, once so popular, over the past three decades has lost ground to the tape player. Refinements in the design and quality of tape players, and the introduction of low-cost tape cassettes, have benefited the music and entertainment industry. But just as in the past the phonograph made way for the tape player, developments in compact disc technology are now leading to an erosion of the popularity of tapes and an expectation among industry analysts that tape players will soon _____.

① be available at a low price
② regain the old glory
③ become a thing of the past
④ be changed into better ones
⑤ appeal to young people

04 In recent years, advances in medical technology have made it possible for people to live longer than in the past. New medicines and machines are being developed every day to extend life. However, some people, including some doctors, are not in favor of these life-extending measures, and they argue that people should have the right to die when they want. They say that the quality of life is as important as life itself, and that people should not be forced to go on living when the conditions of life have become unbearable. They say that people should _____.

① try to recover from their illness
② be allowed to die with dignity
③ consult the doctor very often
④ preserve their lives to the end
⑤ fight against their disease patiently

05 The academic courses in foreign languages are often inadequate for the successful learning of a second language. Few, if any, people achieve fluency in a foreign language solely within the classroom. The reason is that becoming bilingual has to do with _____. Your whole person is affected by a new culture, a new way of thinking, feeling, and acting, as you struggle to learn a second language. Total involvement, a total physical. intellectual, and emotional response is necessary to successfully learn a second language.

① a way of life   ② money and time
③ an individual talent   ④ student's nationality
⑤ a good language teacher

06 Serious depression. as opposed to the momentary kind we all feel at times. has several warning signs, One symptom of depression is a change in sleep patterns - either sleeplessness or sleeping too much. Another sign is abnormal eating patterns : a person either may begin to eat a great deal or may almost stop eating. Finally, a general feeling of hopelessness may signal depression. People feel indifferent to their families and jobs and may begin to think that life _____.

① looks beautiful
② is not worth living
③ is not meaningless after all
④ depends on our courage
⑤ can be compared to a voyage

07 Doctors say that the presence of a pet may be helpful for the recovery of patients. Our society has basically overcome its historical concern over food ; life in modern society brings much psychological burden upon human beings. While traditional functions of providing food are not likely to be excluded soon, a growing number of people seem to be regarding the presence of home pets more as _____.

① a source of food in need
② a matter of regular practice
③ a good taste of the householder
④ an annoyance rather than a consolation
⑤ a source of relief against stress

08 In Green movement, today, individuals are at the forefront of protecting the environment. The easiest way in which people can contribute to conserving resources and to minimizing waste is to look at the things they throw away themselves. Though millions of trees are cut down each year for newspapers, the majority of these are then discarded, along with vast amounts of aluminium cans. The problem is not how to deal with the waste itself, but _____.

① how to increase it
② how to reduce it
③ where to discard it
④ whom to ask about it
⑤ when to agree upon it

09 A friend suggested a way to avoid lengthy telephone conversations: "Set off your cooking timer and tell the caller that _____." So the next time my phone rang while I was watching TV, I put the plan in action. "That's strange," the caller said, "I'm in my car outside your door, testing my new mobile phone."

① your cooking timer is out of order
② he has the wrong number
③ your door bell is ringing
④ he had better wait outside the door
⑤ you are busy cooking

10 Albert Einstein, one of the world's greatest geniuses, failed his university entrance examination on his first attempt. William Faulkner, one of America's noted writers, never finished college because he could not pass his English courses, which he found easy later. Sir Winston Churchill, who is considered one of the most persuasive speakers, had to have special tutoring in English during elementary school. These few examples demonstrate that _____.

① a tree is known by its fruits
② language skills are essential to college entrance
③ you do not have to be a genius to be a great person
④ failure in school does not always mean failure in life
⑤ the natural sciences are as important as the humanities

MEMO

Warming - up 9회

01 Lack of light (and therefore of sight as well) is sometimes even associated with unpleasant character traits : a gloomy person is too serious, and a particularly unpleasant person is said to have a "dark side" to his or her personality. The presence of light, however - whether applied to a person's character or to life in general - suggests hope and optimism. When we are feeling pessimistic about things, our friends remind us to "look on the bright side," or they comfort us, saying that "_____."

① Rome was not built in a day
② A stitch in time saves nine
③ Too many cooks spoil the broth
④ Every cloud has a silver lining
⑤ Make hay while the sun shines

02 Should a person in an urban area own a car? In order to answer the question, a person must weigh both sides. On the one hand, there is freedom of movement, comfort, and safety. On the other hand, there is expense, worry, and concern for the quality of life. For many people in large cities, the reasons against owning a car outweigh the reasons for owning a car. Therefore, the answer is negative : _____.

① A person in an urban area must have a car
② A person in an urban area should not own a car
③ A person in a rural area should have a car
④ A person in a rural area should not have a car
⑤ Everyone must have a car

03 Instead of seeking the sun's heat when we need it, or avoiding it when it is too strong, we warm and cool ourselves with man-made machines. This leads us to believe that we have made our own environment and no longer depend on the one provided by nature. In the eager search for the benefits for modern science and technology we have fallen into a nearly fatal illusion that through our machines we have at last escaped from dependence on _____.

① the natural environment
② the scientific development
③ the natural resources
④ the total automation
⑤ the mass production

04 In New England and in some other parts of the United States, citizens of the town meet and talk over all local problems. The people sometimes disagree with each other, and there may be some arguments. Each side will try to persuade others that its point of view is the best. But frequently the two sides are not really far apart in their views, and this kind of public discussion _____.

① results in an ardent debate
② takes a long time
③ fails to reach the conclusion
④ helps settle their difference
⑤ doesn't treat serious problems

05 Lincoln was invited to give a talk at Gettysburg, Pennsylvania, where thousands of soldiers from both sides had died in the Civil War. The president was not even to be the main speaker that day. He followed Edward Everett, a man who had been a distinguished governor, senator, and college president. Everett spoke nearly two hours. Lincoln spoke _____. But his address is a model of sincerity, brevity, and eloquence.

① about the true democracy
② to the entire nation confidently
③ against the enemy of the South
④ for several minutes afterward
⑤ like a fluent orator

06 More than half of the Philippine forests were lost in the past 10 years, and a third of Indonesia's have been used up. Korea imports too large an amount of wood from other countries, which is causing some governments to take notice. Indonesia was the first Asian nation to limit the export of wood. So did the Philippines recently. It is wrong to waste wood as Koreans are doing now. We should remember that _____.

① a large amount of wood should be imported
② we must export a lot of wood, too
③ the wood we can use is limited
④ trees are cut down for fuel and farmland
⑤ we must develop a new source of wood

07 The cockroach has been around for about 350 million years. Found almost everywhere, it is a survivor of the dinosaur age. One reason that roaches have lasted so long is that they are very fast and are able to avoid enemies easily. Also, very few animals like to eat them because when attacked they give off a terrible odor. If necessary, many of them can fly to save themselves. Not only have roaches been around a long time, but chances are that they will _____.

① be our great pets to be friends with
② be the fastest animal in the world
③ be on earth even after people are gone
④ be used as terrible weapons in war
⑤ disappear on the earth before long

08 When a person is hospitalized or ill in bed, he cannot keep up with the world of healthy people. Life begins to occur as if he didn't exist. He loses touch with the outer world. "It has affected his mind," the outside world murmurs, shrinking back from him, imprisoning him more deeply in his own thoughts. The doctor labels the sick person's disease and confines him to his special place. Thus, the most depressing thing about an illness seems to be _____.

① its side effects   ② its physical pain
③ the doctor's instruction   ④ the sense of separation
⑤ the sympathy from others

09   After cutting up raw chicken, do not use the same knife to chop vegetables. Wash it first. Otherwise, if the chicken had disease-causing bacteria on it, you would have just passed it on to your salad greens. Likewise, after preparing raw meat or poultry, always wash your hands, utensils, and cutting board thoroughly with soap and hot water. In order to keep your family well, you should _____.

① heat water until it boils
② prepare fresh vegetables
③ keep clean in the kitchen
④ get rid of garbage quickly
⑤ cook your meat or poultry

10   Sharon constantly complains to me that her friends do her wrong. Before I knew her well, I sympathized with her bad luck. Now, however, I think I understand the situation better. Sharon expects her friends to show her unconditional love and acceptance, no matter how she behaves. Even when she stands her friends up, tells them lies, and takes advantage of them, she is astonished when they leave her. Despite her constant experience of losing friends, she doesn't realize that _____.

① the situation is getting better
② her friends feel sorry for her
③ she is admired by some friends
④ her friends hate to lie to her
⑤ she is responsible for the situation

MEMO

Warming - up 10회

01 Newspapers had been carrying reports on the famine in Ethiopia for months. Although stories described how people were starving, there was little response from the public. All that changed in October, 1984 when NBC-TV showed a five-minute report on the famine. As soon as the pictures of the starving children were shown, the network switchboard lit up. This was the beginning of a huge worldwide effort to send aid to Ethiopia. Similarly, the television coverage of the Vietnam War contributed to the growing anti-war movement. In moving people to action, _____.

① their government should take the lead
② it is essential to appeal to their judgement
③ pictures can be more powerful than words
④ an exact and detailed report can be effective
⑤ all forms of mass media should were together

02 The American Revolution was not a revolution in the sense of a _____ change. It was not a sudden and violent overturning of the political and social framework, such as later occurred in France and Russia, when both were already independent nations. Significant changes were ushered in, but they were not breathtaking.

① radical   ② gradual
③ coherent   ④ slow
⑤ growing

03 For a long time, archaeologists in England had studied the geometric circle of huge stones that we now call Stonehenge and had said, "Impossible!" These experts in the study of ancient things didn't believe that the earliest inhabitants of Britain could have created such a structure on their own. They theorized that Stonehenge had been designed and built by a traveling Greek architect. Modern studies, however, have shown that Stonehenge is much older than most had believed - as old as or even older than the pyramids of Egypt. It was actually built in three different time periods, and its design _____.

① had much to do with the Pyramids of Egypt
② had nothing to say in relation to the pyramids of Egypt
③ had nothing to do with the culture or architecture of Greece
④ had a great influence on the opinions of the experts.
⑤ had nothing to do with the life pattern of the early British

04 We tend to attribute the behavior in question to either internal or external forces. When you see someone crash his car into a telephone pole, you might conclude that the person is a terrible driver or emotionally upset (internal causes), or you might conclude that another car forced the driver off the road (external cause). If you fail an exam, you can attribute it to internal causes such as your stupidity, or to external causes such as _____.

① your nervousness   ② lack of concentration
③ an overheated classroom   ④ your poor health
⑤ a mistaken judgment

05 The process of writing letters to sick or lonely people is rather different from that of writing normal letters. In the first place, you ought to write regularly, so that they have a date to look forward to. And, almost uniquely among letters, the advice to keep things brief does not apply here. _____ If the letter is too long to read at one session it can always be put aside for the next day.

① The more, the better
② The easies, the better
③ The clearer, the easier
④ The shorter, the easier
⑤ The sooner, the better

06 The process we call seeing, which we all take for granted, is unbelievably complicated. The human eye is a lens that only receives images; these images are referred to the brain, where they must be patterned and given meaning. And meaning is a convention that stems from our education and our expectations. Thus we see _____.

① things as we were taught, not as they are
② things as they are, not as we were taught
③ the appearance rather than the reality of things
④ the reality rather than the appearance of things
⑤ the images rather than the impressions of things

07 In ancient Hawaii, building a canoe was a specialized art supervised by a high priest. When the chief requested a canoe, the priest led a group of people deep into a mountain forest to select an appropriate tree. A tree might look tall, strong, and wide enough, but before a final decision was made, the priest waited for Lea, wife of the war god Ku, to approve the choice. Lea appeared as a native woodpecker, who walked over the tree's trunk and branches. If the bird paused and pecked at the tree, that indicated it was rotten, and the priest and his party would continue their search. But if the bird landed on the tree, inspected it, and flew away without pecking at it, it was _____.

① worshiped as a god
② good for building a house
③ considered a symbol of peace
④ sound enough for a canoe
⑤ left there to grow bigger

08 There was an old man who was intensely proud of two things, his long, white beard that reached down to his chest, and his ability to sleep the moment his head touched the pillow. One day, his grandson asked, "How do you arrange your beard when you sleep? Does it go under or above the blanket?" The old man had never paid attention to this detail. He promised to find out. The old man got into bed and pulled the blanket over himself that night. Then he suddenly remembered his grandson's question. He became acutely conscious that his beard was under the blanket. He lifted it and placed it above the blanket. But he soon felt it would be better if it were in. In and out went the beard; first under the blanket, then above it, then under once again. The old man _____ .

① had a sleepless night
② took pride in himself
③ dyed his beard white
④ paid attention to reading
⑤ praised his grandson much

09 The flounder is a type of flatfish. The odd thing about this fish is that both its eyes are on the same side of its head. A flounder is not born that way though. When a flounder hatches, it looks like any other fish. As it grows, however, its body becomes flattened. One side of the fish is white and the other is a sandy color. The flounder lies on its white side on the ocean floor. Its sandy-colored side faces up. This makes the flounder blend in with the sand, so it can't be easily seen. For ordinary fish, this would cause a problem because one eye would be looking right into the sand. But, nature has solved this problem for the flounder. As the fish grows, _____.

① its eyesight becomes weaker and weaker
② the eye on the bottom moves to the upper side
③ the color of the whole body becomes similar to sand
④ its body becomes flat enough to hide into the sand
⑤ it prefers to make its home at the bottom of the ocean

10 For tens of thousands of years, myths were passed on by word of mouth, handed down from generation to generation by poets or professional storytellers. Some villages appointed a specific storyteller whose job was to learn the group's myths and retell them to educate and entertain the other villagers. There were also traveling storytellers who visited different villages, exchanging stories for food and lodging. As often happens when a story is passed on orally, details are changed by each teller and each telling. The result is that _____ in many cultures.

① story telling was prohibited by law
② there were so many traveling villagers
③ sharing common subjects was important
④ there are different versions of the same story
⑤ story telling was replaced with interesting books

MEMO

02

20 Mins
모의 고사

20 Mins 01회

01 다음 문장들을 논리적인 글이 되도록 배열하라.

(a) So, climate is a long view of weather.
(b) On the other hand, climate refers to the typical weather patterns of an area over many years.
(c) Weather refers to the temperature and amount of rain, wind, sun, and snow during a specific time.
(d) Although weather and climate are closely related, climate is different from weather.
(e) Most people probably spend more time thinking about weather than about climate.

① (d)-(e)-(b)-(e)-(a)   ② (e)-(d)-(c)-(b)-(a)
③ (b)-(c)-(a)-(e)-(d)   ④ (c)-(d)-(e)-(a)-(b)
⑤ (c)-(a)-(e)-(d)-(b)

02 High-quality treatment for neuropathic pain is not consistently implemented in the medical community because the results of scientific investigations, for treatment are not currently reliable: they include strong variance in the populations studies, especially in children, which renders them _____.

① justifiable   ② synthesized
③ incomparable   ④ interchangeable

03 As children enter the educational system, traditional expectations for boys and girls continue. In the past, much research focused on how teachers were shortchanging girls in the classroom. Teachers would focus on boys, calling on them more and challenging them. Because boys were believed to be more _____, teachers assumed they would excel in math and science. Teachers encouraged them to go into careers, such as computer science or engineering.

① modest   ② arrogant
③ analytical   ④ effeminate
⑤ conscientious

04 A wealthy individual, whose basic survival needs are met many times over, buys his pets gourmet, organic food that costs more per week than the weekly earnings of a minimum-wage worker. He is proud that he is able to take such good care of his animals and insists that it's the right thing to do if one really loves one's pets. After all, his vet was the one who recommended that he buy that brand. A minimum-wage worker who loads that food into the rich person's car might feel anger when he realizes how much money this individual spends on his pets. The minimum-wage worker might fume that this man's pets eat better than he does. He might wonder whether this rich man has any concept of _____.

① ecology   ② validity
③ anarchy   ④ reality
⑤ authenticity

05 The migrant question is a more serious threat to Europe's future than anything in recent memory, because it can't be resolved by a promise from a central bank or an infusion of someone else's cash. This is a question of Europe's identity — and whether it means as much to European voters as it did a generation ago. _____, the refugees will keep coming, and it will become harder for governments to make sacrifices to welcome them.

① All the while   ② On the one hand
③ In conclusion   ④ On the other hand
⑤ By the way

06
~
07

The poor talker sometimes surprises us by being a good writer. Such a one is usually of the Cerebral type. He likes to think out every phase of a thing and put it into just the right words before giving it to the world. So, many a Cerebral does little talking outside; his intimate circle does a good deal of surreptitious writing. It may be only the keeping of a diary, jotting down memoranda or writing long letters to his friends, but he will write something. Some of the world's greatest ideas have come to light first in the forgotten manuscripts of people of this type who died without showing their writings to anyone. Evidently they did not consider them of sufficient importance or did not care as much about publishing them as about putting them down.

06 Which of the following best represents the main idea of the passage?

① Actions speak louder than words.
② There are people who write better than they talk.
③ Some of the greatest ideas remain in the dark because of public ignorance.
④ Speaking does a thousand things while writing does not get you anywhere.

07 According to the passage, which one is true of a Cerebral?

① He knows how to make bad ideas sound plausible.
② He's reluctant to share his ideas with others.
③ He's not so interested in delivering his ideas to the public.
④ His thoughts are more creative than those of ordinary people.

08
~
09
"Heaven helps those who help themselves" is a well-tried maxim, embodying in a small compass the results of vast human experience. The spirit of self-help is the root of all genuine growth in the individual, and as exhibited in the lives of many, it constitutes the true source of national vigor and strength. Help from without is often enfeebling in its effects, but help from within invariably _____. Whatever is done for men or classes to a certain extent takes away the stimulus and necessity of doing for themselves. And where men are subjected to over-guidance and over-government, the inevitable tendency is to render them comparatively helpless.

08 According to the passage, which one is NOT true?

① Too much intervention goes against the spirit of self-help.
② "Heaven helps those who help themselves" is now an obsolete aphorism.
③ Self-help is an essential requirement to achieve a real progress in the individual.
④ Selfish motives are generally more stimulating than altruistic ones.

09 Which of the following would best fit in the blank?

① debilitates
② invigorates
③ exhausts
④ daunts

10 What is the most suitable title for the passage?

In its effort at social engineering to build the perfect society, Singapore has, among other things, banned chewing gum, run campaigns encouraging people to smile, and passed edicts to stop children from climbing trees. Since 1984 the Social Development Unit, a government agency, has even attempted to create smarter Singaporeans. The forum was launched to redress a vexing imbalance: too few bright Singaporean men and women seemed interested in marrying each other, preferring either to wed intellectual inferiors or not to marry at all. Fearing the trend pointed inexorably in the direction of dullardism, the government decided to play Cupid by organizing dances for eligible college graduates. The SDU, though, quickly earned a reputation among critics as the port of last resort for the "Single, Desperate and Ugly." But the government's efforts have become effective: more than half of Singapore's graduate men now marry graduate women — an increase of nearly 25% since 1984.

① Civilized Wedding   ② State Matchmaking
③ Social Welfare Policy   ④ Common Law Marriage
⑤ Career Development Plan

11
~
12
In 1979, when the party introduced the one-child policy, it believed that coercion was the only way to ensure that population growth did not become unsustainable. The party has since claimed that the policy has helped prevent 400 million births. In fact, there is little evidence to back this claim. China's birth rate had been falling rapidly since the early 1970s with the help of little more than education campaigns. The birth rate continued to fall under the new policy, but other countries have seen similar declines without resorting to cruelty and oppression. Their experience suggests that the more important factors behind China's lower birth rate were rising female participation in the workforce, improvements in education, later marriages and the rapidly increasing cost of education and housing. The main effect of the one-child policy was to foster egregious human-rights abuses against the minority who ignored it.

11 Which one did NOT contribute to the population decrease in China?

① women's career   ② better education
③ one-child policy   ④ higher tuition
⑤ the cost of living

12 The theme of the above passage is _____.

① female's role in China   ② China's gender equality
③ censorship in China   ④ China's lower death rate
⑤ family planning in China

01 An abbreviation is a shortened form of a word or phrase that is used to save space in written form. Certain types of abbreviations, such as some acronyms, may also facilitate memory and are spoken, if easily pronounced, as well as written. The use of abbreviations dates back to ancient times, but the proliferation of abbreviations has been most acute in the 20th century. This is directly related to the vast increase in information, especially in science and technology, and to the ever-burgeoning number of agencies and organizations, both private and governmental.

Which of the following statements is probably true?

① most acronyms are fairly easy to pronounce and remember
② the use of abbreviations has been steady throughout history
③ abbreviations did not appear in ancient times
④ proliferation of acronyms may not cease

02 A cliche is made, not born. The process begins when someone hits upon a bright new way of stating a common experience. At that point, the remark is an epigram. But if it is particularly apt as well as catchy, the saying receives wide circulation as verbal coin. Soon it is likely to be suffering from overwork. It has then arrived at cliche-hood. The dictionary records the doom of the successful epigram in defining a cliche: "A trite phrase; a hackneyed expression." For the epigrammatical, the only cheer in this process is that it proves his expression was good.

What unfortunate fate often befalls an apt epigram?

① It circulates like an old coin.
② It catches common experience.
③ It gets into the dictionary.
④ It becomes a cliche.

03 The best poetry seems to be fully appreciated only by the few and to be beyond the comprehension of the many. The best advertising, _____, is thought about, laughed over, and acted upon by multitudes. Poetry is, in the general apprehension, something special, to be studied in schools, to be enjoyed by cultivated people who have time for that sort of thing, to be read on solemn or momentous occasions. _____, advertising is part of everyday life.

① for example   However
② however   By contrast
③ hlikewise   After all
④ therefore   Otherwise
⑤ however   In conclusion

04 _____; even within an individual patient, tumors may change over time. And doctors are learning that a melanoma growth might have more in common with a lung cancer or a brain cancer than another melanoma. "We are moving away from the concept that all lung cancers are the same and all breast cancers are the same and all colon cancers are the same," says Dr. David Solit, director of the Kravis Center for Molecular Oncology at MSKCC.

① Hospitals should give every cancer patient equal care
② Tumors come back even after treatment
③ No two cancers are alike
④ All cancers are fundamentally the same
⑤ Cancers cannot be cured

05 What does it mean to be English? There was a time when one of the perks of Englishness was that you did not have to think too hard about such a question. That time has long gone. The recent _____ on Scottish independence inevitably raised the question of English as well as Scottish identity (and, to a lesser degree, Welsh and Irish). The huge immigration of the past two decades raises the same question in all sorts of complicated ways: about one in nine Britons and one in three Londoners was born overseas. The UK Independence Party, which is really an English national party, will most likely set the tone of politics in the run-up to next year's general election.

① defenestration
② epilation
③ referendum
④ gloaming

06 Choose the best arrangement of the following sentences.

(a) In March 1979 Wertheimer and physicist Ed Beeper, Ph. D. published this ominous finding in the American Journal of Epidemiology, one of the foremost epidemiological journals in the world.

(b) In addition, appliances tend to be used sporadically and therefore do not constitute sources of chronic, or continuous, magnetic-field exposure.

(c) They pointed out, however, that unlike the magnetic fields given off by power lines, the fields from most household appliances fall off sharply with distance from the appliance.

(d) Their article noted that certain household appliances - hair dryers, toasters, and electric drills - can also produce strong magnetic fields.

(e) They wrote that power lines "are taken for granted and generally assumed to be harmless", but that assumption had "never been adequately tested."

① (a) (e) (d) (c) (b)
② (e)-(d)-(c)-(h)-(a)
③ (c)-(a)-(d)-(b)-(e)
④ (b)-(c)-(a)-(e)-(d)
⑤ (a)-(e)-(b)-(c)-(d))

07~08
According to a new paper by Paola Acevedo of Tilburg University and Steven Ongena of the University of Zurich, the trauma affects how bankers subsequently do business. The authors look at bank lending after heists in Colombia, a country where 835 bank robberies took place between 2003 and 2011. They find that loan officers treat would-be borrowers differently in the aftermath of an armed robbery. Loan volumes did not change, but the duration of loans issued in the first 90 days after a stickup is 70% longer. The average Colombian loan matures in 5.4 months, but a newly burgled branch typically lends for 8.7 months. The traumatized loan officers also demand collateral more of the time, and more of it, but offer slightly lower interest rates than normal. All of these changes reduce the need to deal with new customers in person. Lending for longer periods pushes repayment meetings further into the future. Taking more collateral reduces the need to vet customers thoroughly. And the lower interest rates suggest that loan officers spend less time haggling. This behaviour is a classic symptom of post-traumatic stress disorder.

07 After armed robberies, bankers _____.

① give out loans on better terms
② tend to reduce the duration of loans
③ would not give out loans to new customers
④ do not require any collateral
⑤ charge their clients very high interest rates⑤ the cost of living

08 The underlined expression, '**This behaviour,**' means the _____.

① aggressive attitude towards clients
② ambiguous attitude towards clients
③ tendency to please customers
④ tendency to avoid customers
⑤ tendency to distrust customers

09
~
10

Since the Hawaiian Islands have never been connected to other land masses, the great variety of plants in Hawaii must be a result of the long-distance dispersal of seeds, a process that requires both a method of transport and equivalence between the ecology of the source area and that of the recipient area.

There is some of dispute about the method of transport involved. Some biologists argue that ocean and air currents are responsible for the transport of plant seeds to Hawaii. Yet the results of flotation experiments and the low temperatures of air currents cast doubt on these hypotheses. More probable is bird transport, rather externally, by accidental attachment of the seeds to feathers, or internally, by the swallowing of fruit and subsequent excretion of the seeds. While it is likely that fewer varieties of plant seeds have reached Hawaii externally than internally, more varieties are known to be adapted to external than to internal transport.

09 The author of the passage is primarily concerned with _____.

① discussing different approaches biologists have taken to testing theories about the distribution of plants in Hawaii

② discussing different theories about the transport of plant seeds to Hawaii

③ discussing the extent to which air currents are responsible for the dispersal of plant seeds to Hawaii

④ resolving a dispute about the adaptability of plant seeds to bird transport

10 The author mentions the results of flotation experiments on plants seeds in order to _____.

① support the claim that the distribution of plants in Hawaii is the result of the long-distance dispersal of seeds

② lend credibility to the thesis that air currents provide a method of transport for plant seeds to Hawaii

③ suggest that the long-distance dispersal seeds is a process that requires long periods of time

④ challenge the claim that ocean currents are responsible for the transport of plant seeds to Hawaii

11
~
12
While computer scientists would prefer that our passwords be a hard-to-crack jumble, precisely what makes passwords so flawed is also what computer scientist Joseph Bonneau finds uplifting. "People take a nonnatural requirement imposed on them, like memorizing a password," he said, "and make it _____." Here is a good example. In 1993, when she was 22, Maria T. Allen used for her password a combination of the name of her summer crush, J. D. and the name of a mythological female deity to whom he had compared her when they'd first met. The fling ended, and they went their separate ways. But the password endured. Eleven years later, out of the blue, Maria received a message through "classmates.com" from J. D. himself. They dated a few years, then decided to marry. Before the wedding, J. D. asked Maria if she had ever thought of him during that interim decade. "About every time I logged in to my Yahoo! account," she replied, before recounting to him her secret. He had the password inscribed on the inside of his wedding ring.

11 Choose the most suitable one for the blank.

① a true story
② a code of conduct
③ a meaningful human experience
④ a means of encoding a password

12 Which of the following statements is not true?

① Maria's Yahoo! account password had an emotional edge.
② J. D. once praised Maria's beauty by likening it to that of a goddess.
③ It was in 2004 that Maria received a message again from J. D. after the breakup.
④ Maria stopped using all passwords associated with J. D. right after the breakup.

20 Mins 03회

01 In order to have the means to buy goods and services, most people have to work at least part of the time to generate income. While many would prefer not to work, the existence of this _____ between free time and consumption of goods forces most to work to be able to buy the minimum amount of goods to keep them content. Because people have different preferences, the ratio of leisure to consumption will vary from person to person.

① choice
② tradeoff
③ equilibrium
④ distribution
⑤ optimization

02 Companies devote a lot of thought to sending people abroad. They offer foreign postings to their most promising employees. They sweeten the deal with higher salaries and big allowances, and sometimes help to find work for spouses. But when it comes to _____, it is a different story. One study suggests that a quarter of firms provide no help for repatriates at all. Many others offer at best a few links to websites.

① paying a bonus
② being promoted in the company
③ extending the stay in a foreign country
④ sending the employees abroad
⑤ bringing the employees home

03 Choose the one that is closest in meaning to the given sentence.

The idea that we can fix flaws in our partners, friends, parents, and grown children remains tempting.

① Our attempt to fix our beloveds' flaws is a healthy sign of our affection.
② We should never try to fix our beloveds' flaws because it's against their will.
③ Although we'd love to fix our beloveds' flaws, it's not likely to occur.
④ Without our wish to fix our beloveds' flaws, our relationship with them would not work.

04 Fear is, of course, a normal response to danger, i.e., real danger, and results in a conditioned mode of response — flight, anxiety, or caution, etc. But the little child is most intensively afraid of many imaginary dangers as well as real dangers. There has been a considerable amount of argument among psychologists as to what may constitute _____ to a young child.

① a fear-provoking situation
② the non-committal imagination
③ the conscious levels of the mind
④ a response to inner stimuli

05 Choose the best arrangement of the following sentences.

(a) For the past two years, I have been studying cancer survivors at the university, trying to find out why it is that some people respond much better to their treatment than do others.

(b) Some patients fared much better in their therapies than others.

(c) The patients I am talking about here received upon diagnosis whatever therapy - medication, radiation, surgery - their individual cases demanded.

(d) On closer scrutiny, however, I discovered that severity of the illness was only one of a number of factors that accounted for the difference between those who get well and those who don't.

(e) Yet the response to such treatments was hardly uniform.

(f) At first I thought that some patients did well because their illnesses were not as severe as the illnesses of others.

① (c)-(b)-(a)-(f)-(d)-(e)　　　　② (a)-(f)-(d)-(c)-(e)-(b)
③ (d)-(c)-(b)-(e)-(f)-(a)　　　　④ (c)-(b)-(a)-(d)-(f)-(e)
⑤ (f)-(b)-(a)-(d)-(c)-(e)

06 What is the most suitable title for the passage?

Scientists with the National Oceanic and Atmospheric Administration say that with the sun now moving toward solar maximum, power outages, computer problems, and communication failures are likely to increase during 2016 and 2017. Solar max refers to the sun reaching the most active stage of its 11-year cycle where the number and intensity of solar events increase. During solar max, the surface of the sun spews electrically charged particles into space. Depending on the movement of the particles, they could head towards Earth. Since the last solar max in 1994, most nations have increased their dependency on wireless and satellite services, making them even more vulnerable.

① Solar max increases our dependency on science.
② We can prevent solar max from activating sooner or later.
③ The sun moves toward solar max.
④ Scientists anticipate solar max problems.
⑤ We are likely to increase some problems in satellite services.

07
~
08

How do you feel about sending women into combat? I'm a woman who will be going through Army basic training in a few months. I think it would be foolish of me to say that I want to go into battle, but I think it's totally unfair to exclude women from combat duty when they can handle it as well as men. Women should be expected to do the same work as men in the military and in wartime. When are the people going to realize that women are a viable source of our national defense? Canadian law has been revised, and now women are allowed to serve in all military positions — except on submarines — in the Canadian armed forces. There are plenty of men out there who would gladly give up their combat positions to women, and plenty of women who would _____ in a battle.

07 According to the passage, the writer believes _____.

① all women are eager to go into combat
② it is fair to exclude women from combat duty
③ men are unwilling to yield their positions to women
④ women can play an important role in national defense
⑤ Canadian women should serve in all military positions

08 Which best fits in the blank?

① voluntarily exclude themselves
② be likely to be missing in action
③ be afraid to substantially participate
④ fight fiercely against women's rights
⑤ jump at the chance to prove themselves

09
~
10

(a)_____. While attractive men may be considered better leaders, for instance, implicit sexist prejudices can work against attractive women, making them ⓐ___ likely to be hired for high-level jobs that require authority. And as you might expect, good-looking people of both genders run into jealousy — one study found that if you are interviewed by someone of the same sex, they may be less likely to recruit you if they judge that you are more attractive than they are. More worryingly, being beautiful or handsome could harm your medical care. We tend to link good looks to health, meaning that illnesses are often taken less seriously when they affect the good-looking. When treating people for pain, for instance, doctors tend to take ⓑ____ care over the more attractive people.

09 Which of the following is most appropriate for the blank (a)?

① Good looks get you far in life
② A pleasing appearance can work its magic
③ There are pitfalls for the beautiful
④ No amount of beauty can make up for a bad personality
⑤ Beauty is only skin deep

10 Choose one that is most appropriate for the blanks.

	ⓐ	ⓑ
①	less	less
②	less	more
③	more	less
④	most	more
⑤	more	most

11
~
12

The idea that liars are easy to spot is still with us. Just last month, Charles Bond, a psychologist at Texas Christian University, reported that among 2,520 adults surveyed in 63 countries, more than 70 percent believe that liars avert their gazes. The majority believe that liars squirm, stutter, touch or scratch themselves or tell longer stories than usual. The liar stereotype exists in just about every culture, Bond wrote, and its persistence "would be less puzzling if we had more reason to imagine that it was true." What is true, instead, is that there are as many ways to lie as there are liars; there's no such thing as a dead giveaway.

Most people think ⓐ_____, but studies show otherwise. A very small minority of people, probably fewer than 5 percent, seem to have some innate ability to sniff out deception with accuracy. But, in general, even professional lie-catchers, like judges and customs officials, perform, when tested, at a level not much better than chance. In other words, even the experts would have been right almost as often if they had just flipped a coin. Most of mechanical devices now available, like the polygraph, detect not the lie but anxiety about the lie. So it can miss the most dangerous liars: the ones who don't care that they are lying or have been trained to lie. It can also miss liars ⓑ _____, the true believers willing to die for the cause.

11 Choose the one that best fills in the blank.

① ⓐ they are good at spotting liars
   ⓑ with nothing to lose if they are detected

② ⓐ liars cannot but be detected
   ⓑ who believe the machine can detect the lie

③ ⓐ experts are not reliable in spotting liars
   ⓑ who believe they are innocent

④ ⓐ beliefs about lying are plentiful and contradictory
   ⓑ with unusual sensitivity to conscientiousness

12 According to the passage, which is true?

① Most people can spot deception by paying sufficient attention to liars' physical signals.
② Learning to detect serious lies is an important part in administering criminal justice.
③ People with the ability to detect lies are far fewer than usually expected.
④ Advanced technology now available enables us to detect lies with confidence.

20 Mins 04회

01 Choose the best arrangement of the following sentences.

(a) Laws are like rules that tell people what they can and cannot do.

(b) When a person breaks a law, or commits a crime, police officers are often called to arrest the criminal or provide other forms of assistance.

(c) Laws exist to maintain safety and order in our communities.

(d) If the criminal escapes or is unknown, investigators and detectives may be called upon to find the criminal..

(e) Unfortunately, not everybody obeys these rules.

① (a)-(c)-(d)-(b)-(e)　　　　② (b)-(d)-(e)-(a)-(c)
③ (e)-(b)-(d)-(c)-(a)　　　　④ (c)-(a)-(e)-(b)-(d)

02 Choose the best arrangement of the following sentences.

(a) Or they might determine that within 12 months the department will need to add six additional squad cars.

(b) They anticipate future needs and prepare to meet those needs.

(c) The Research and Development group are planners for the police department.

(d) For example, they would be aware of city growth and population shifts, determining when to increase or decrease the number of beats.

① (d)-(b)-(a)-(c)　　　　② (c)-(b)-(d)-(a)
③ (b)-(c)-(d)-(a)　　　　④ (c)-(b)-(a)-(d)

03 Few species illustrate the principle of "_____" as well as the salmon. The sushi staple is born in rivers, migrates to the sea once mature, then attempts a daunting run back to its birthplace to spawn the next generation. A large percentage never make it, ensuring that only those in top condition are able to pass on their genes.

① first come, first served ② survival of the fittest
③ know thyself ④ endure to the last
⑤ better late than never

04 I was four, playing outside in the humid Kentucky air. I saw my grandfather's truck and thought, "Granddad shouldn't have to drive such an ugly truck." Then I spied a gallon of paint. Idea! I got a brush and painted white polka dots all over the truck. I was on the roof finishing the job when he walked up, looking as if he were in a trance. "Angela, that's the prettiest truck I've ever seen!" Sometimes I think adults don't stop to see things through a child's eyes. He could have crushed me. _____.

① Instead, he lifted my little soul
② My dreams, however, came true
③ He thus turned a deaf ear to my wishes
④ In the end, I blossomed into a renowned artist

05 Rooted in romanticism and derived from the idea of natural human rights, European laws have mostly sought to protect creators. America's notion of copyright, ⓐ_____, sees culture more as a commodity. The constitution of the United States frames copyright as a reward that is granted to authors for a limited time to encourage them to be creative. ⓑ_____ recently America has followed Europe's lead in extending the term of copyright to 70 years after a creator's death — not so much in belated recognition of authors' rights as in a concession to Hollywood and other important rights-holders, which had lobbied for the changes. In 1998 Disney and other studios even pushed through legislation that extended the copyright on films to 95 years; it became known as the "Mickey Mouse Bill".

① ⓐ however   —   ⓑ Consequently
② ⓐ similarly   —   ⓑ Nevertheless
③ ⓐ on the other hand   —   ⓑ Yet
④ ⓐ therefore   —   ⓑ As a result

06
~
07
What is the ⓐ_____ smokers and non-smokers dining out together? Recently, eight of us decided to eat out. It was one's birthday, and the others were treating him to a party. The restaurant did not take reservations. As we entered the restaurant we were asked if we wanted to sit in the smoking or non-smoking section. I said, "Non-smoking," but was quickly and loudly corrected by one of the smokers. There were three smokers and five non-smokers in our party. The three smokers chain-smoked during the entire meal. Since the meal took about two hours, I don't think it would have been unreasonable for the smokers to have abstained for that short period of time — or they could have excused themselves for a few minutes if they wanted a cigarette. Also, since the non-smokers were ⓑ_____, I think our party should have been seated in the non-smoking section.

06 Choose the one most suitable for ⓐ.

① legal standard for   ② main rationale for
③ proper etiquette for   ④ core relationship between
⑤ crucial difference between

07 Choose the one most suitable for ⓑ.

① party animals   ② very talkative
③ more generous   ④ in the majority
⑤ rich and famous

08 Android is based on open source technology, which was at its inception not as refined as paid technologies from Apple and Microsoft. However, over the past two decades, open source software technology has become equally as sophisticated as conventional development technologies. This is evident in Internet 2.0, as the majority of the consumer electronics manufacturers have chosen Linux and Java over the Windows and Macintosh operating systems. Therefore, Android developers can develop not only for smartphones, but also for new and emerging consumer electronic devices that are network-compatible and thus available to connect to the Android Market. This translates into more sales onto more devices in more areas of the customer's life, and thus more incentive to develop for Android over closed and PC operating systems. In addition to being free for commercial use, Android has one of the largest, wealthiest, and most innovative companies in modern-day computing behind it: Google. Finally, and most importantly, it's much easier to get your Android applications published than those for other platforms that are similar to Android. We've all heard the horror stories regarding major development companies waiting months, and sometimes years, for their apps to be approved for the app marketplace. These problems are nearly nonexistent on the open source Android platform.

What is the most suitable title for the passage?

① How to Succeed in the Android Market
② How Can Android Benefit Us?
③ Role of Google in Developing Android
④ Potential of Open Source Technology

09 ~ 10

If you were born in America, chances are you grew up eating breakfast cereal. To Americans, cereal seems synonymous with childhood, more sweet treat than breakfast staple. Actually, cereal started out very different than the colorful kid-friendly boxes of today. It may be hard to believe, but cereal was one of the first widely marketed "health foods." It was developed to address a growing dyspepsia epidemic. In late 19th century America, many suffered from this chronic digestion problem that resulted from the unhealthy, high-protein diets of the time. It was clear that eating habits had to change. Medical institutions that emphasized exercise and a healthy diet, known as sanitariums, began popping up around the country. One was run by Dr. James Jackson, a firm believer in the healing and cleansing properties of water. By mixing water with graham flour and baking it, Jackson developed the first "ready-to-eat" cereal, Granula. The cereal was tasteless and had to be soaked overnight in milk before eating. Though it sounds unappetizing, Granula struck a chord with some, and the Our Home Granula Company was born. Sanitariums like Jackson's are largely responsible for the ⓐ _____ of America's beloved breakfast cereals.

09 According to the passage, which of the following is true?

① Granula is the most popular cereal for children.
② Cereal was developed as a tonic for a health problem.
③ Eating too much cereal causes dyspepsia.
④ Americans think of sanitariums when they think of cereal.

10 Which of the following best fits into ⓐ?

① resurrection   ② application
③ emergence   ④ implementation

11
~
12
IQ testing has had momentous consequences in our century. In this light, we should investigate Binet's motives, if only to appreciate how the tragedies of misuse might have been avoided if its founder had lived and his concerns been heeded. For American psychologists perverted Binet's intention and invented the hereditarian theory of IQ. They reified Binet's scores, and took them as measures of an entity called intelligence. They assumed that intelligence was largely inherited and developed a series of specious arguments confusing cultural differences with innate properties. They believed that inherited IQ scores marked persons, people and groups for an inevitable station in life. And they assumed that average differences in intelligence were largely the products of heredity, despite manifest and profound variation in quality of life.

11 Choose the one which is not implied in the passage.

   ① American psychologists believed that IQ scores were inherited.
   ② Binet's intention was different from that of American psychologists.
   ③ American psychologists used Binet's scores as measures of intelligence.
   ④ American psychologists thought that differences in IQ were the products of the environment.

12 According to the passage, Binet's IQ testing _____ .

   ① was only concerned with heredity theory
   ② was wrongly used by American psychologists
   ③ was originated from the station in life of people
   ④ was indifferent to manifest and profound variation in quality of life

20 Mins 05회

01 _____ matters. Losing the right to drive is, for many elderly people, as traumatic as being widowed. And, as the population ages, that trauma will be felt by more and more people in the future. Yet the safety of other road users, let alone that of an elderly driver himself, is paramount.

① Spouse   ② Money
③ Mobility   ④ Friendship
⑤ Longevity

02 The sophistication of the modern world lies not in individual intelligence or imagination. It is a cooperative enterprise. Nobody — literally nobody — knows how to make the pencil on my desk, let alone the computer on which I am writing. The knowledge of how to design, mine, fell, extract, synthesize, combine, manufacture, and market these

① enlarged and extensive
② collective and cumulative
③ independent and compressed
④ interdisciplinary and interfacial

03 David Keith, a professor at Harvard University, has been studying how to reflect sunlight back from an artificial layer of haze in the stratosphere similar to that created by the sulphur thrown up by large volcanic eruptions, which are known to cool the Earth. One of the risks would be that such particles can encourage chemical reactions which ⓐ _____ the ozone layer. Dr Keith and his colleagues want to study how the rates of such reactions depend on the sizes of the particles and background levels of water vapour; that would help to assess the risks and perhaps find ways to limit them. They have designed a system which would hang below a large balloon 20km up in the sky. It would create a small ⓑ_____ of sulphate particles and then measure the physical and chemical changes.

① ⓐ deplete   —   ⓑ plume
② ⓐ decrease   —   ⓑ abattoir
③ ⓐ diminish   —   ⓑ cambric
④ ⓐ query   —   ⓑ shower

04 Choose the best arrangement of the following sentences.

Racial disturbances are the result of many different problems.

(a) One cause is bad housing.
(b) Only the elimination of these problems will lessen the threat of minority violence.
(c) Often, the only place a minority can live is in a tenement among rats and roaches.
(d) When people cannot find work by which to support their families, they fall into despair and dissatisfaction and a riot is easily ignited.
(e) In addition, unemployment is high among these groups because of job discrimination.

① (a)-(e)-(c)-(d)-(b)   ② (b)-(a)-(d)-(e)-(c)
③ (c)-(a)-(e)-(d)-(b)   ④ (a)-(c)-(e)-(d)-(b)
⑤ (b)-(a)-(c)-(d)-(e)

05
~
06

Speech - the act of uttering sounds to convey meaning - is a kind of human action. Like any other constantly repeated action, speaking has to be learned, but once it is learned, it becomes a generally unconscious and apparently automatic process. As far as we can determine, human beings do not need to be forced to speak ; most babies seem to possess a sort of instinctive drive to produce speech-like noises. How to speak and what to say are another matter altogether. These actions are learned from the particular society - from the people around us ; speech is a patterned activity. The meandering babble and chatter of young child are eventually channeled by imitation into a few orderly grooves that represent the pattern accepted as meaningful by the people around him. Similarly a child s indiscriminate practice of putting things into his mouth becomes limited to putting food into his mouth in a certain way.

05 Speech is a kind of action that is learned from a society, so that it may be called _____.

① an instinctive desire
② an automatic activity
③ patterned activity
④ a process of selection

06 A child s chatter becomes speech when it _____.

① contains enough noises
② begins to follow meaningful patterns
③ becomes natural to him
④ begins to be imitated

07 The science of evolution is taught in all advanced academies. That in another generation evolution will be regarded as uncontradictable as the Copernican system of astronomy, or the Newtonian doctrine of gravitation, can scarcely be doubted. Each of these passed through the same contradiction by theologians. They were charged by the church, as is evolution now, with fostering materialism and atheism.

What does the author predict to be likely to occur?

① Evolution will never be accepted by the church.
② The heliocentric theory of Copernicus will contradict the Newtonian doctrine of gravitation.
③ Evolution will universally be accepted as has been the heliocentric theory of Copernicus.
④ The Church will forbid people to accept evolution.
⑤ The next generation will change the Newtonian doctrine of gravitation.

08
~
09
Ecologists recognize that reducing the planet to a resource base for consumer use in an industrial society is already a spiritual and psychic degradation. Our main experience of the divine, the world of the sacred, has been diminished as money and utility values have taken precedence over spiritual, aesthetic, emotional, and religious values in our attitude toward the natural world. Any recovery of the natural world will require not only extensive financial funding but a _____ deep in the psychic structure of the human. Our present dilemma is the consequence of a disturbed psychic situation, a mental imbalance, an emotional insensitivity, none of which can be remedied by any quickly contrived adjustment. Nature has been severely, and in many cases irreversibly, damaged. Healing can occur and new life can sometimes be evoked, but only with the same intensity of concern and sustained vigor of action as that which brought about the damage in the first place. Yet, without this healing, the viability of the human is severely limited.

08 Choose the one that best fills in the blank.

　① fatuitous fantasy
　② malicious intent
　③ psychological atrophy
　④ conversion experience

09 What is the main idea of the passage?

　① It is now time to discard the misconception that environmental destruction is not happening.
　② Humans need to compensate for the damage they have done to nature.
　③ There is no means available for reversing the damage done to nature by humans.
　④ Consumption must be curbed in order to replenish the earth's resources for a sustainable future.

10 Which statement CANNOT be inferred from the passage?

The ways marketers manage to get their point across without mentioning the unpleasantness in question offer a school of euphemism in miniature. One venerable strategy: speak not of the thing itself, but of a thing near the thing, letting the association do the work. This is how the toilet became the "bathroom" in American English; the "bathroom" at a petrol station will not have a bath, but the one at home does, and that is good enough. In much the same way, products like Danone's Activia yogurt are touted as helping "digestion". Digestion is technically an earlier stage of the process in question. What Activia is really meant to do is better conveyed by the downward arrow on the yogurt's label.

① Bathroom is a polite way of saying toilet in American English.
② American gas stations do not have baths.
③ Danone Activia yogurt is propitious for digestion.
④ Euphemism is a useful strategy in modern advertizing,

11
~
12

Science is not, on the whole, a glamorous enterprise. A single set of data points routinely represents months in the lab or years out in the field. Even the most productive researchers are constantly getting stuck and having to dig their way out. Meanwhile, most researchers' labors end up wasted, lost on hypotheses that were ill-conceived or simply unlucky. And yet they keep at it, now and then with fatal consequences. The difficulty of the work is essential to it; the true subject of science, one could argue, is _____.

And what goes for science also goes for science writing. It is less about answers than about questions: why does time move only in one direction? How did life begin? What happened to the Neanderthals? The stories are exciting but also demanding. They take us to places that — in some cases literally, in some metaphorically — are hard to get to. They ask us to look at the world in a new way.

11 Which of the following cannot be inferred from the passage?

① For meaningful outcomes scientists often spend more time and energy than they originally plan to.
② Fruits of scientific research can be earned through perseverance.
③ Research success depends on expeditious experiments.
④ The best of science writing does not necessarily provide definitive explanations.

12 What is the main idea of the passage?

① the amazing human intellect
② the obduracy of reality
③ the origin of the universe
④ our vulnerability to pain

20 Mins 06회

01 The struggle to earn a place on that narrow pedestal encourages people to slave away for incomparably long hours. In America the consequences of not being at the top are so dramatic that the rat race is _____. In a winner-takes-all society you would expect this time crunch.

① exacerbated
③ stinted

② divested
④ maligned

02 At the most basic level, language is merely a set of shared symbols or signs that a cooperative group of people has mutually agreed to use to create meaning. The relationship between the selected sign and the agreed meaning is quite _____. We can easily illustrate this concept by looking at some of the varied symbols used by different cultures to identify a familiar household pet. In Finland, they have settled on kissa, but in Germany, katze has been chosen, while Swahili speakers use paka. As you can see, none of the words has any relation to the actual characteristics of a cat.

① close
③ historical

② arbitrary
④ ethnocentric

03 Peering into the Escort and puzzling over a man awkwardly ⓐ_____ out in the back seat, Mr Darisse secured Mr Heien's assent to search the car. Mr Darisse then found a stash of cocaine in a duffle bag and arrested Mr Heien on attempted drug trafficking charges. But as it happens, North Carolina law requires cars to have only one working brake light, so Mr Darisse's original decision to stop the suspiciously steered Escort was based on a legal misapprehension. The issue in Heien is whether this mistake makes the stop "unreasonable" and therefore tosses out the evidence seized on the ⓑ _____ of Interstate 77.

① ⓐ spread   —   ⓑ panacea
② ⓐ left   —   ⓑ augury
③ ⓐ passed   —   ⓑ accretion
④ ⓐ splayed   —   ⓑ shoulder

04 Choose the best arrangement of the following sentences.

(a) He was failing several subjects and had accumulated almost every demerit possible - for fighting in the halls, for smoking in the lavatory.
(b) In the third week we were asked to analyze a case history of a secondary-school troublemaker.
(c) Our reaction was overwhelmingly negative, most of us suggesting referral to a psychiatrist skilled in the treatment of young criminals.
(d) What should be done with this boy, we were asked.

① (a)-(c)-(b)-(d)   ② (a)-(d)-(b)-(c)
③ (b)-(a)-(d)-(c)   ④ (b)-(d)-(c)-(a)
⑤ (c)-(d)-(b)-(a)

05 A quarter century ago kids called older people names. These days, the reverse is true. For the past decade teenagers have been bombarded with studies, stories, and columns about how dumb, greedy, and just plain bad they supposedly are. They can't find Chicago on a map. They don't know when the Civil War was fought. They watch too much TV, spend too much time shopping, seldom vote (and vote for shallow reasons when they do), cheat on tests, don't read newspapers, and care way too much about cars, clothes, shoes, and money. Twenty years ago Boomers cautioned one another not to trust anyone over thirty; now the quip is "Don't ask anyone under thirty." "How can kids today be so dumb?" Tony Konheiser of The Washington Post recently wondered. "They can't even make change unless the cash register tells them exactly how much to remit. Have you seen their faces when your cheeseburger and fries comes to $1.73, and you give them $2.03? They freeze, thunderstruck. They have absolutely no comprehension of what to do next."

The major purpose of the passage is to _____.

① show that there is a new kind of generation gap
② imply that Boomers are smarter than teenagers
③ prove that human conditions are getting worse
④ reveal that people are getting more materialistic

06
~
07

Critics have long complained about the violent content of some of the classic "fairy tales" we read our children. However, what few of these critics realize is that we are reading ①**watered down** versions of the fairy tales, and that the originals were far more graphic and brutal. Folklorists explain that classic fairy tales grew out of an oral tradition, of adults telling children and other adults stories they had heard themselves. And in pre-Victorian times, in Europe, children were often not treated like, "children," but rather small adults, a handful of years away from their own teenage wedding night. Cramped living quarters meant that they easily witnessed drunkenness, poor behavior, and violence.

06 Why are there quotation marks around "fairy tales" in the passage above?

① The author is signalling the title of a book.
② The author is signalling that these are key terms in the text.
③ The author believes that this is not an apt description.
④ The author believes that fairy tales should be separated from the text.

07 Which of the following best defines ①**watered down** from the paragraph above?

① cleansed, weakened
② lacking in structure
③ critical, inquisitive
④ alternative, differentiated

08
~
10

Conflict theorists assume that dominant forms of sport in a society ultimately promote the interests of people with money and economic power. Sport in all its forms, they argue, focuses the emotions and attention of the have-nots in society on escapist spectator events, which distract them from the need to change the economy. In fact, sport, especially spectator sport, is organized and sponsored by those with money and economic power in an effort to affirm the capitalist values of competition, production, and consumption. Thus, conflict theorists see sport as _____ in society, as activities and spectacles that deaden awareness of economic exploitation among those without power while perpetuating the privilege and position of those who control wealth and the economy. This leads to an emphasis on the negative consequences of sports and the conclusion that radical changes are needed in sports and society as a whole. According to conflict theorists, the goal of these changes is to bring about the development of a humane and creative society, so that sport can become a source of expression, creative energy, and physical well-being.

08 What is the main objective of "conflict theory" in the analysis of "sports"?

① remedying problems of inequality in a capitalist society by enforcing egalitarian membership in spectator events
② suggesting to those with wealth and power ways in which to revolutionize entertainment management
③ calling attention to political and economic issues and forms of inequality that create tensions in society
④ mobilizing underprivileged people toward social change through manipulating their fear of instability

09 Choose the one that best fills in the blank.

① a prompter
② a prize
③ a premium
④ an opiate

10 Which of the following cannot be inferred about "sports" according to "conflict theorists"?

① Privileged people cater to the financial needs of the have-nots through the sports industry
② The sports industry does not reflect the best interest of the populace.
③ Sports induce underprivileged people to be oblivious to their disadvantages.
④ Sports can be something more than an instrument that serves capitalist values.

MEMO

20 Mins 07회

01 With the United States seemingly mired in a cycle of steady but slow growth and hundreds of companies struggling to eke out even small profit increases, the technology industry is a standout. And at the companies that make computers, software and high-tech drugs, rising demand and increasing exports suggest strong growth will continue, largely independent of the overall economy.

In this paragraph, it is argued that _____ .

① the technology industry shows a growth pattern divergent from that of other sectors
② more companies need to move toward high technologies.
③ the technology industry is following the growth pattern of the overall economy
④ the US economy is slowly coming out of a recession

02 We have seen that in the span of just over a century, cruel practices that had been a part of civilization for millennia were suddenly abolished. The killing of witches, the torture of prisoners, the persecution of heretics, the execution of nonconformists, and the enslavement of foreigners — all carried out with stomach-turning cruelty — quickly passed from ⓐ_____ to ⓑ_____. Payne remarks on how difficult it is to explain these changes: "the routes whereby uses of force are abandoned are often quite unexpected, even mysterious. Time and again one encounters violent practices so rooted and so self-reinforcing that it seems almost magical that they were overcome."

① ⓐ blood sports	—	ⓑ public hangings
② ⓐ sinful desires	—	ⓑ commonplaceness
③ ⓐ the unexceptionable	—	ⓑ the unthinkable
④ ⓐ explicit moral argumentation	—	ⓑ unspoken norms

03 Choose the one that is closest in meaning to the given sentence.

> In the fair administration of justice, no man can serve as judge in his own case, however exalted his station. however righteous his motives, and irrespective of his race, color, politics or religion.

① To be judicially fair, the judge's social position, motives, race, color, politics and religion must be excluded from consideration.
② For a judgement to serve the ideal of justice, one's social status, motives, race, color, politics and religion must be accounted for.
③ A system that implements justice impartially does not permit a person to judge others, regardless of his or her identity and motives.
④ For justice to be fairly served, no one should be judged for his or her social, motivational, racial, political or religious background.

04 The reindeers live tree apart until they are ⓐ_____ from the tundra into a huge enclosure. The herders and other owners stand watching them for hours, occasionally pulling one out with a lasso. Reindeers are marked by patterns of notches cut into their ears, unique to every owner: herders have a(n) ⓑ_____ ability to see a mark from a distance on a fast-moving creature. I stand in the fence, mesmerized by the thousands of beasts circling the muddy enclosure, a blur of antlers, mud and hooves.

① ⓐ wrangled   —   ⓑ uncanny
② ⓐ gathered   —   ⓑ chauvinisty
③ ⓐ adumbrated   —   ⓑ preternatural
④ ⓐ culled   —   ⓑ desultory

05 Choose the best arrangement of the following sentences.

> (a) It also meant that man could venture out of the tropics into colder climates.
> (b) Or the smoke would ruin one's lungs.
> (c) When mankind learned how to make use of fire some 50,000 years ago, it meant protection against predators, and more and better food.
> (d) When the fire went out in the cave on a winter night and could not be relighted, there was the danger of freezing.
> (e) Do you suppose this didn't bring problems?

① (d)-(b)-(e)-(a)-(c)
② (c)-(a)-(e)-(d)-(b)
③ (a)-(e)-(c)-(d)-(b)
④ (c)-(b)-(e)-(a)-(d)
⑤ (d)-(a)-(b)-(c)-(e)

06 It is so difficult for human beings to live together; it is difficult for them to associate, however transitorily, and even under the most favorable conditions, without some shadow of mutual offense. Consider the differences of task and of habit, the conflict of prejudices, and the divergence of opinions, which quickly reveal themselves between any two persons and see how much self-control is implicit whenever, for more than an hour or two, they co-exist in seeming harmony. Man is not made for peaceful intercourse with his fellows; he is by nature self-assertive, commonly aggressive, and always critical toward any characteristic which seems strange to him.

Which of the following statements best describes the main idea of the passage?

① It is not easy for us to get on peacefully with our fellows.
② By instinct man is a peace-seeking creature.
③ Human beings do not offend one another in a favorable situation.
④ The differences of task and of habit often lead to close friendship.

07   This seeing which comes before words and can never be quit by them is not a question of mechanically reacting to stimuli. It can only be thought of in this way if one isolates the small part of the process which concerns the eye's retina. We only see what we look at. To look is an act of choice.

Which of the following best expresses the main idea of the paragraph?

① The act of seeing is merely a mechanical process.
② Reaction to stimuli can be considered to be the most important part of the act of seeing.
③ Although many people think otherwise, the act of seeing doesn't involve the retina.
④ To see is to make choices.

08   The world's pollution does more than degrade the quality of life: it dramatically cripples and shortens the lives of human beings. Public-health biologists calculate that environmental pollutants have increasingly caused human beings to be ill. Now they die from environmentally induced causes. In order to avert the catastrophes that threaten the earth, immediate action must be taken. People must realize that environmental problems are not somebody else's. They are everybody's. Our approach, by and large, is utilitarian: preserving food, firewood and drinking water. We want the harmonious existence of man and nature - and their mutual survival - that is, to live in harmony with nature. We must fight against the pollution of our environment. The battle against pollution must begin now, or it will be too late.

What could be the subject of this passage?

① Reducing environmental pollution
② Catastrophes that threaten the earth
③ The harmonious existence of man and nature
④ Mutual survival
⑤ The quality of the lives of human beings

09
~
10

An ancient Egyptian painting is never quite true, and never quite false. Without pretending to be a faithful imitation of nature, it approaches nature as nearly as it may; sometimes understating, sometimes exaggerating, sometimes substituting ideal or conventional renderings for strict realities. Water, for instance, is always represented by a flat tint of blue, or by blue covered with zigzag lines in black. The buff and bluish hues of the vulture are translated into bright red and vivid blue. The flesh-tints of men are of a dark reddish brown, and the flesh-tints of women are pale yellow. The colors assigned to each animate and inanimate object were taught in the schools, and their use was handed down unchanged from generation to generation. Now and then it happened that a painter, more daring than his contemporaries, ventured to break with tradition. In the Sixth Dynasty tombs at Deir el Gebraw , there were instances where the flesh tint of the women was that which was normally devoted to the depiction of men. It must not, however, be supposed that the effect produced by this artificial system was _____. Even in works of small size, such as illuminated manuscripts of The Book of the Dead, or the decoration of mummy-cases and funerary coffers, there is both sweetness and harmony of color. The most brilliant hues are boldly placed side by side, yet with full knowledge of the relations subsisting between these hues, and of the phenomena which must necessarily result from such relations. They neither jar together, nor war with each other, nor extinguish each other. On the contrary, each maintains its own value, and all, by mere juxtaposition, gives rise to the half-tones which harmonize them.

09 빈칸에 들어갈 가장 알맞은 것은?

① pivotal
② ingenious
③ insidious
④ discordant

10 위 글의 내용과 일치하는 것은?

① The ancient Egyptian painters faithfully imitated reality as it was.
② The colors assigned to the objects were not explicitly taught in ancient Egypt.
③ The color of pale yellow was often used to depict men in the ancient Egyptian paintings.
④ There were the cases in which the same flesh tint was used for men and women in the ancient Egyptian paintings.

MEMO

20 Mins 08회

01 In our globalized world, the threats we face are _____. The rich are vulnerable to the threats that attack the poor, and vice versa. A nuclear terrorist attack on the United States or Europe would have devastating effects on the whole world. But so would the appearance of a new virulent pandemic disease in a poor country with no effective health-care system.

① immediate
② unpredictable
③ interconnected
④ underestimated

02 Choose the one that is closest in meaning to the given sentence.

Some biologists speculate that children's famously finicky attitude when it comes to eating their greens is actually a sensible reaction to a world where lots of plants are toxic.

① According to some biologists, children's customary fussiness with vegetables at mealtime in fact reflects their latent culinary capacity.
② Some biologists suggest that children's well-known resistance to eating vegetables is a reaction that makes sense in a world with much harmful vegetation.
③ According to some biologists, children's habitual pickies with vegetables bespeaks their unconscious yet well-grounded desire for balanced nutrition.
④ Some biologists theorize that children's cautious eating habits may reduce their well-known susceptibility to food poisoning forming inherently nutritious vegetables.

03 Even today there are more than 2,500 train stations in Britain, generating more than 6 million possible journeys. It is not possible to computerize that many journeys, nor would it be ⓐ_____ to do so. Many of those possible journeys are never undertaken: given that only ten people boarded a train at Buckenham in Norfolk in 2007, and only fifteen got off at Coombe Junction Halt, in Cornwall, it is most ⓑ _____ that anyone travelled from Buckenham to Coombe Junction Halt. The speed of trains between these two places is ⓒ_____ to an understanding of how the railways performed, although faster trains might lead to this journey becoming more common.

① ⓐ reasonable	—	ⓑ improbable	—	ⓒ convincing
② ⓐ sensible	—	ⓑ unlikely	—	ⓒ irrelevant
③ ⓐ impractical	—	ⓑ improbable	—	ⓒ unmistakable
④ ⓐ unthinkable	—	ⓑ certain	—	ⓒ misleading

04
~
06
Artists throughout history have consistently _____, instinctively if not consciously, to produce works that explore the darker recesses of the human condition. This was done, in part, because pain is a reality of life for everybody in some form at some time. Pain is something everybody can relate to and renders a person very present. For such artists, to ameliorate or to deny pain would be to block the creative muses. In fact, Germans have a term for this melancholia, "Weltschmerz." Writers, from Lord Byron to Kurt Vonnegut, have used the term to describe the psychological pain encountered along life's roller-coaster journey. It was not to be avoided: it was to be understood, investigated, and employed.

Discomfort is good for us. Or, put another way, it tells us that something needs to be addressed. It stretches us by forcing us to view our circumstances through a wholly different lens. We're drawn to safety and security, but by resisting discomfort, we deny ourselves an important opportunity: the chance to shake ourselves out of our predictable perspectives and allow ourselves to make astute observations we could not possibly have made before. The creative ideas and innovative solutions that lead to coveted moments of illumination, and help to solve the thorny problems we encounter in life and on the job, don't come from stasis.

04 Choose the one that best fills in the blank.

    ① courted suffering
    ② chased fame and fortune
    ③ longed for pleasure
    ④ resented rejections

05 Which of the following can be inferred from the passage?

    ① We need to eradicate all sources of discomfort.
    ② Discomfort may give us a fresh perspective.
    ③ We enjoy discomfort in our safety zones.
    ④ Creative ideas spring from our sense of security.

06 Which of the following is true about the "artists" in the passage?

    ① For them pain was a channel through which they could explore unpleasant aspects of reality.
    ② Pain was an important subject for their art but they lamented their often painful fate in reality.
    ③ Very few of them were bold enough to study pain extensively and made artistic use of it.
    ④ Pain was rarely a source of inspiration, though it afforded them a glimpse into abnormal psychology.

07 Which statement CANNOT be inferred from the passage?

Driving an electric car confers a badge of greenery, or so the marketing departments of their makers would have you believe. Yet a report which analyses the life cycle of car emissions (ie, all the way from those created by the mining of materials for batteries, via the ones from the production of fuel and the generation of electricity, to the muck that actually comes out of the exhaust) presents a rather different picture. A battery-powered car recharged with electricity generated by coal-fired power stations, it found, is likely to cause more than three times as many deaths from pollution as a conventional petrol-driven vehicle. Even a battery car running on the average mix of electrical power generated in America is much more hazardous than the conventional alternative.

① Mining the materials for car batteries creates pollution.
② America generates electricity by burning coal.
③ Electric cars in America produce three times more pollution than conventional cars.
④ Electric cars are marketed as environmentally friendly.

08
~
09
Senior Licensing Clerk at the City of Elmira has been arrested. Nicole Mares is charged with two counts of forgery as well as grand larceny. City officials say Mares, who works in the city clerk's office, was fired immediately. They promise more details, as the _____ continues.

08 What is the most suitable title for the passage?

① Verbal Fight between Elmira Police and Nicole Mares
② Nicole Mares Kills a Police Officer
③ Elmira Police Arrest City Licensing Clerk
④ Nicole Mares Has Been Charged with Treason
⑤ Elmira City Licensing Clerk Accused of Making National Security Vulnerable

09 Choose the one that best fills in the blank.

① investigation
② interview
③ interference
④ instigation
⑤ imputation

10 Choose the right order among the below sentences.

(a) Ken and I met and saw each other just three times before he left for Vietnam. He never gave me flowers or candy. There were no moonlight walks, no lingering good-byes on the front porch. Our courtship took place by mail.

(b) Not really, because then he left on a three-week mission, making our honeymoon a three-week mission too.

(c) But as we got better acquainted, our letter-writing pace increased - to as many as three a day. I started driving home at lunch to collect the mail. Then Ken came back on leave, and we surprised ourselves by getting married and going overseas together. Romantic?

(d) I felt sorry for him, because he was far from home in the service of his country. Writing to him seemed almost a patriotic duty.

① (a)-(b)-(c)-(d)
② (a)-(d)-(c)-(b)
③ (a)-(c)-(d)-(b)
④ (a)-(b)-(d)-(c)
⑤ (a)-(d)-(b)-(c)

11 Which could be the title of the book Tania Luna wrote ?

Finding value in bad luck can help your brain process situations differently, according to a writer named Tania Luna. Luna showed kids emotionally intense images — like a boy crying — while measuring activity in their brains. Then she showed them the images again with a reassuring explanation, like "This boy has just been reunited with his mom." Their brains showed a dramatic drop in activity in the amygdala, which processes fear. Lucky people are similarly able to transform a stumbling block into a positive event, which helps them keep taking chances. Face your next setback with these questions: What have I learned? What do I want now? How can I get it?

① Time to Get Real!
② The Road Not Taken
③ Embrace the Unpredictable, Engineer the Unexpected
④ Unspeakable Things Unspoken, Unbreakable Things Unbroken

MEMO

20 Mins 09회

01 Falling barriers between countries, cross-border commerce, merging economies, instant global flow of information, and numerous other features of our modern society all lead to multinational structures. If you _____ this irreversible trend, you may get the entire planet becoming one political unit.

① obstruct
② avert
③ disrupt
④ extrapolate

02 Everyone who is lucky enough to live to old age will face the challenge of paying the costs of housing, food, and medical care. The question that our society wrestles with is how we should meet this challenge. In general, conservatives claim that individuals should take responsibility for themselves. From this point of view, people must ensure that they will have the resources they need — through working and a systematic plan to save for their retirement. Liberals claim that ⓐ_____ is fine for well-off people, but what about those who have not been able to earn enough? From their point of view, a government-centered approach is best. How conservative or liberal you are on this issue may come down to this : to what extent do you think higher-income people should help provide ⓑ_____ for lower-income people?

① ⓐ self-sacrifice   —   ⓑ sustainable welfare
② ⓐ self-reliance   —   ⓑ economic security
③ ⓐ self-discipline   —   ⓑ emotional stability
④ ⓐ self-determination —   ⓑ material independence

03 Choose the one that is closest in meaning to the given sentence.

> Optimism in the face of adversity is often regarded as laudable, except when it degenerates into stubborn rejection of either reality or common sense.

① Optimism must not prevail in a predicament except when such stubbornness is deemed praiseworthy.
② Since optimism is often viewed as a noble trait, we tend to stick to it even when it defies reality or common sense.
③ Persistent defiance of adversity is often commended for its commonsensical rejection of reality.
④ Being positive in a predicament is often praised except when it leads to an obstinate refusal to be realistic or sensible.

04
~
05

(a) Freud quite frequently turned to examples from literature to illustrate his ideas. (b) In Sophocles's play, Rex Oedipus, the title character unwittingly kills his father and marries his mother, a situation that closely parallels the universal human experience that Freud describes as the "Oedipal drama." (c) For Freud, a young infant has a natural erotic attachment to the mother, and yet, as the infant grows older, he gradually comes to realize that the mother is not sexually available because she is already erotically attached to the father. (d) According to Freud, the father at this point becomes for the boy infant a sexual rival.

04 Which could be the best place for the below sentence ?

The most famous instance of this phenomenon was Freud's use of Greek myth of Oedipus

① (a)
② (b)
③ (c)
④ (d)

05 Choose the best arrangement of the following sentences after above the passage.

   (a) But unsuccessful negotiation of the crisis can lead to lifelong bitterness, mental instability, and difficulties in relationships with authority of all kinds.

   (b) But the boy also comes to understand that the father's power is far greater than his own.

   (c) In a successful negotiation of the Oedipal crisis, the young boy begins to identify with the father, so that he can eventually partake of the power and authority associated with the paternal position.

   (d) In particular, the boy develops fears of castration at the hands of the father and comes to see the father as the source of all authority and all limitation on the realization of desire.

① (a)-(c)-(b)-(d)
② (c)-(d)-(b)-(a)
③ (d)-(c)-(a)-(b)
④ (b)-(d)-(c)-(a)

06 What is the most suitable title for the passage?

A few years ago, a university professor tried a little experiment. He sent Christmas cards to a sample of perfect strangers. Although he expected some reaction, the response he received was amazing — holiday cards addressed to him came pouring back from the people who had never met nor heard of him. The great majority of those who returned a card never inquired into the identity of the unknown professor. They received his holiday greeting card and they automatically sent one in return. While small in scope, this study nicely shows the action of one of the most potent of the weapons of influence around us, which suggests that we should try to repay, in kind, what another person has provided us. If a woman does us a favor, we should do her one in return; if a man sends us a birthday present, we should remember his birthday with a gift of our own; and if a couple invites us to a party, we should be sure to invite them to one of ours.

① A Rule for Reciprocation
② The Knots Kindness Can Tie
③ Interactions That Require Ingenuity
④ Folding Big Ideas Down into Small Gifts

07
~
08
Let us suppose that I am looking at a star, Sirius say, on a dark night. If physics is to be believed, light waves which started to travel from Sirius many years ago reach (after a specified time which astronomers calculate) the earth, impinge upon my retinas and cause me to say that I am seeing Sirius. Now the Sirius about which they convey information to me is the Sirius which existed at the time when they started. This Sirius, may, however, no longer exist; it may have disappeared in the interim. To say that one can see what no longer exists is absurd. It follows that, whatever I am seeing, it is not Sirius. What in fact I do see is a yellow patch of a particular size, shape and intensity. I infer that this yellow patch had an origin (with which it is connected by a continuous chain of physical events) several years ago and many million miles away. But this inference may be mistaken; the origin of the yellow patch, which I call a star, may be a blow on the nose, or a lamp hanging on the mast of a ship. Nor is this the only inference involved. It is true that I think I am seeing a yellow patch, but am I really justified in holding this belief? So far as physics and physiology are concerned, all that we are entitled to say is that the optic nerve is being stimulated in a certain way, as a result of which certain events are being caused in the brain. Are we really justified in saying any more than this? Directly we go beyond the bare statement "the optic nerve is being stimulated in such and such a way" and conclude from this fact "therefore I am seeing an object of such and such a character." We are drawing an inference and _____.

07 Which of the following is most appropriate for the blank?

① are liable to fall into error
② are led to the world that really exists
③ confirming it by actually seeing its origin
④ perceiving that the world exists only outside our brain

08 Which of the following cannot be inferred from the passage?

① Sirius may no longer exist in the universe.
② The outside world is the same as what we perceive.
③ What we see is caused by certain events taking place in our own brains.
④ The existence of the outside world is not itself known but only inferred.

09
~
10

Despite what most people suppose, many profound mathematical ideas don't require advanced skills to appreciate. One can develop a fairly good understanding of the power and elegance of calculus without actually being able to use it to solve scientific or engineering problems. Think of it this way; you can appreciate art without acquiring the ability to paint, or enjoy a symphony without being able to read music. ⓐ_____.
So what mathematical ideas can be appreciated without calculation or formulas? For example, gaze at a sequence of regular polygons: a hexagon, an octagon, and so on. I can almost imagine a yoga instructor asking a class to meditate on what would happen if the number of sides kept increasing. Eventually, the sides shrink so much that the perimeter begins to appear as a curve. And then you see it. What will emerge is a circle, while at the same time the polygon can never actually become ⓑ<u>one</u>. The realization is exhilarating — it lights up pleasure centers in your brain. This underlying concept of a limit is one upon which all of calculus is built.

09　Which of the following best fits into ⓐ?

① Math also deserves to be enjoyed for its own sake.
② You can start enjoying math once you learn basic calculus.
③ The parts of math you can enjoy require the knowledge of formulas.
④ But math has its own kind of beauty, distinguished from the arts.

10　Which of the following does ⓑ refer to?

① A perimeter
② A curve
③ A circle
④ A polygon

11 Modernization is clearly not an unambiguous boon from every reasonable perspective, even when it is successful in the narrow sense that its objectives are fulfilled without unanticipated, unintended, or unwelcome consequences. No one celebrates when tyrants modernize their repressive apparatuses or their military capabilities; even the successful modernization of entirely civilian activities can prove to be a wasteful dead end, having to be replaced by other modernizations that may prove more durable platforms for sustained development. Although modernization has been hugely attractive to policy-makers at various times, it has not always been viewed as a trump card, and other rhetorical justifications have been used for a wide range of reforms.

Which of the following cannot be inferred from the passage?

① Modernization reforms have often resulted in some kind of unintended or unanticipated consequences.
② Modernization is a one-way road to disappointment, failure, and unhappy surprise.
③ Sometimes, a once successful modernization needs to be replaced by more durable reform.
④ Tyrants' repressive apparatuses and their military capabilities may be unwelcome consequences of modernization.

20 Mins 10회

01 Happiness operates as a kind of baseline in human life, in the sense that you cannot reasonably ask why we should seek to be happy. Then, what counts as happiness? There are so many different responses to the question. In this sense, happiness is so desperately _____. The idea of happiness seems both vital and vacuous.

① indeterminate
② unequivocal
③ palpable
④ disposable

02 Some words used in ordinary conversation take on a specialized meaning within the context of a particular subject. In biology, ⓐ_____, the word "producers" is not used to refer to the people who back Hollywood movies or Broadway plays. In the context of a biology textbook, "producers" refers to a category of organisms, or living things, that acquire energy and raw materials from environmental sources and make their own food. ⓑ_____, the word "consumers" in the context of biology doesn't refer to shoppers. It refers to organisms that cannot produce their own food and must feed off the tissue and waste of other organisms. Ordinary words that take on a specialized meaning when appearing in textbooks are just as important as those specialized vocabulary words that almost never pop up in ordinary speech.

① ⓐ however — ⓑ Thus
② ⓐ therefore — ⓑ In addition
③ ⓐ for example — ⓑ Similarly
④ ⓐ for instance — ⓑ As a result

03 The burqa, like some other forms of "cover" has, in many settings, marked the symbolic separation of men's and women's spheres, as part of the general association of women with family and home, not with public space where strangers mingled. Twenty years ago the anthropologist Hanna Pananek, who worked in Pakistan, described the burqa as _____. She noted that many saw it as a liberating invention because it enabled women to move out of segregated living spaces while still observing the basic moral requirements of separating and protecting women from unrelated men. Such veiling signifies belonging to a particular community and participating in a moral way of life in which families are paramount in the organization of communities and the home is associated with the sanctity of women.

① portable seclusion
② camouflage for women
③ self-defeating separatism
④ an assertion of femininity

04 Choose the best one for the below sentence.

In these terms the U.S. economy has been contracting since the late 60s, and is now nowhere near the levels reached earlier.

Since the Republicans trounced the Democrats last November, I have been asked countless times, "Why didn't President Clinton get credit for the good economy?" ① When I thought about it, I realized that everyone asking the question was under 30 - too young to know what a truly good economy looked like. ② You could have lived in the 1950s and 1960s, having experienced a good economy. ③ By a good economy, I mean one that is not only expanding but also employing the nation's human and physical resources at a high degree of efficiency. ④

05 문맥에 맞게 순서대로 배열한 것은 ?

[I] Music has long been appreciated for its calming effects, but new research shows it also may have the power to restore and keep us healthy.

[II] Soothing sounds, from Tibetan chants to Beethoven symphonies, are being given scientific credit for preventing colds, easing labor pain and even boosting anti-aging hormones. One recent study found that surgery patients who listened to comforting music recovered more quickly and felt less pain than those who did not.

[III] Sound therapy goes beyond recorded music: The International Journal of Arts Medicine reports that infants in intensive care unit go home three days sooner, eat better and gain more weight if the staff talks and sings to them.

① I - II - III
② II - I - III
③ III - II - I
④ III - I - II

06 What is the most suitable title for the passage?

The uncertain economic conditions of recent years have caused union and management representatives to explore many ways of handling labor problems. Workers have always wanted to share in the profits when the company has good times. Now management representatives are saying, "Fine, We'll share the profits with you — if you'll share the losses with us." Workers are having to decide whether they are willing to take the chance of salary and benefit cuts in bad times. They are having to decide whether job security is more important than other benefits. In effect, they are having to decide whether they are willing and able to pay the cost of sharing.

① Labor Movement
② Economic Recession
③ The Price of Sharing
④ Management Strategy
⑤ The Maximization of Profit

07
~
08
Haka are traditional Maori war dances with loud chanting, strong hand movements, foot stamping, and thigh slapping. Performers may incorporate traditional weapons, such as spears, shields, and clubs, into ⓐthem. Facial expressions are an important facet of haka performance as ⓑthey demonstrate the performer's ferocity or passion. For women, these expressions involve opening the eyes wide and jutting out their tattooed chin. For men, it means widening the eyes and stretching out their tongue or baring their teeth. Though these expressions may be intimidating, they are not necessarily a sign of aggression, but may simply show strong and deep-felt emotions. Haka often poetically describe ancestors and events in the tribe's history. Haka are still used during Maori ceremonies and celebrations to honor guests and show the importance of the occasion. ⓒThey are also used to challenge opponents on the sports field. If you have seen haka performed, you will probably agree ⓓthey are terrifying to behold.

07 Among ⓐ, ⓑ, ⓒ, and ⓓ, which of the following is different from the others in what they refer to?

① ⓐ   ② ⓑ   ③ ⓒ   ④ ⓓ

08 According to the passage, which of the following is NOT true of haka?

① They utilize unnatural facial movements.
② They represent repressed desires.
③ They continue to be performed regularly.
④ They are used to respect or unnerve the viewer.

09 ~ 10

A company has a great product and naturally wants consumers to think of it as the best they can buy. So the marketing team rolls out an advertising campaign showing why the product is superior to the competition in terms of features and price, and is rewarded with robust sales. Instead of being able to bask in that success, however, the company starts to hear a lot of complaints and get a lot of returns. Clearly, the strategy ⓐ_____. But why? It turns out that comparative ads and "Ours is the best!" product positioning activate something known as the maximizing mindset, which leads people to regard anything that's less than perfect as a waste of money. Our research has found that although some people are "maximizers" by nature, and others tend to be content with "good enough," those attitude aren't fixed. The maximizing mind-set can be induced by situations that encourage people to make comparisons and to look for the very best. When marketing messages inadvertently induce it, the results may be post-purchase regret and brand switching at the slightest hint of ⓑ_____.

09 Which of the following is most appropriate for the blank?

① ⓐ failed　　ⓑ adversity
② ⓐ recoiled　　ⓑ improvement
③ ⓐ backfired　　ⓑ disappointment
④ ⓐ floundered　　ⓑ gratification

10 Which of the following cannot be inferred from the passage?

① Comparative ads do not always pay off.
② Maximizers tend to entice other people to make comparisons.
③ The maximizing mind-set is contingent upon situations.
④ Consumers with a maximizing mind-set are inclined to seek after the very best.

11
~
12
Voter opinion polls are often disparaged because they are seen as inaccurate or misused by network news shows eager to boost ratings. However, those who want to discredit voter opinion polling for elections overlook a few facts. First, the last week or two before an election is notoriously _____. Voters finally decide whether or not to vote, and undecided voters make up their minds about the candidates for whom they will vote. This means that polls taken too far in advance of an election cannot possibly forecast with precision the outcome of that election. Second, exit polls differ from most other types of scientific polling, mainly because dispersed polling places preclude exit pollsters from using normal sampling methods. However, debating whether voter polls are accurate or not misses the point. Voter polls are not intended to forecast winners and losers. They are designed to describe the broad spectrum of public opinion and to elucidate what voters are really thinking and what policies are most important to them. In fact, most of what we know about voter behavior and policy preferences come from past opinion polls about elections.

11 Which of the following is most appropriate for the blank?

① fussy
② volatile
③ elevated
④ tranquil

12 Which of the following cannot be inferred from the passage?

① Media outlets are often believed to misuse voter opinion polls in order to increase their viewership.
② Voter opinion polls taken too early cannot predict the outcome of an election accurately.
③ The value of voter opinion polls resides in predicting winners and losers.
④ The discrepancy between exit polls and other types of polls is largely due to the fact that exit polls do not utilize normal sampling methods.

03

40 Mins
모의 고사

40 Mins 01회

01 To many of his friends, Mr. Jones seemed quite eccentric. Although he was getting on in years, he had a long-standing habit of going out alone to walk in a shoddy part of town late at night. His friends warned him that this was a dangerous practice, and they advised him to do his walking during the day. However, he made no effort to change his routine. It was evident that _____. Even his closest friends had to accept the fact that it's almost impossible for an elderly person to adopt a new routine.

① curiosity killed the cat
② every cloud has a silver lining
③ a picture paints a thousand words
④ you can't judge a book by its cover
⑤ you can't teach an old dog new tricks

02 It was principally the influence of Christianity that deprived beauty of the central place it had in classical ideals of human excellence. By limiting excellence to moral virtue only, Christianity set beauty adrift — as an alienated, arbitrary, superficial enchantment. And beauty has continued to lose _____. For close to two centuries it has become a convention to attribute beauty to only one of the two sexes.

① novelty   ② banality
③ principle   ④ prestige
⑤ creativity

03 When a drone looks at a thing, that thing has a way of looking like a target. People become silhouettes at a shooting range. Buildings look vulnerable, their roofs helplessly exposed and defenseless. Most colors disappear, and the remaining blacks, whites and greys evacuate the scene of all human meaning. What we see becomes _____: body counts, damage reports, strategic value.

① reality   ② nothing
③ illusion   ④ chaos
⑤ data

04 The world is becoming _____ to tax dodgers. That is the conclusion of the latest Financial Secrecy Index. It looks at various measures of financial transparency and information-sharing in more than 90 countries, then weights them according to the level of financial services each country provides to non-residents. Most countries' scores have fallen since 2013, indicating greater transparency. Among the biggest improvers are Cayman Islands, once a notorious tax haven, and Luxembourg, which tax campaigners used to call Europe's "death star" of financial secrecy.

① more adjusted   ② more used
③ a great chance   ④ less welcoming
⑤ a mega heaven

05 Half a century ago doctors saw the fetus as a "perfect parasite" — absorbing what it needed but sealed off in the womb from any harm done to the mother. About half of American women smoked through pregnancy. When babies were born with the damage now described as fetal-alcohol syndrome, _____ was blamed. Since then it has become a commonplace that healthy habits and good nutrition during pregnancy make it less likely that a baby will be born early, underweight or ill. Now a growing body of research is showing that problems caused by the prenatal environment may not be apparent at birth, but can resonate throughout life.

① smoking   ② drinking
③ stress   ④ heredity
⑤ infection

06 Which is the main idea of the passage?

Greek mythology is largely made up of stories about gods and goddesses, but it must not be read as an account of the Greek religion. According to the most modern idea, a real myth has nothing to do with religion. It is an explanation of something in nature, how any and everything in nature came into existence: people, animals, trees or flowers, the stars, earthquakes, all that is and all that happens. Thunder and lightning, for instance, are caused when Zeus hurls his thunderbolt. Myths are early science, the result of people's first trying to explain what they saw around them.

① Mythology is often very closely associated with religion.
② The most modern idea emphasizes the value of Greek myths.
③ Greek myths frequently mention natural phenomena in detail.
④ Greek myths are explanations of nature rather than religion.
⑤ Science could be better understood by understanding myths.

07 Which is the main topic of the passage?

In the United States police officers wear identifiable uniforms when on duty. An officer at an accident scene who is wearing everyday clothes might find that crowds won't obey someone who claims to be a police officer but is without a uniform. The officer might have difficulty keeping onlookers at bay or redirecting traffic away from the scene. When the background assumption is not fulfilled, members of the public will not respond as respectfully as they would if the officer were in uniform, and the officer will have a hard time performing required duties.

① The importance of the uniform
② The police officer's required duty
③ The sequence of uniform identification
④ The public respect for the police officer
⑤ The social prejudices to the police officers

08 Which statement CANNOT be inferred from each passage below?

In the last decades of the eighteenth century, and in the first half of the nineteenth century, a number of words came for the first time into common English use or acquired new and important meanings. There is a general pattern of change in these words, which can be used as a special kind of map by which to look at wider changes in life. Five words are the key points from which this map can be drawn. They are industry, democracy, class, art, and culture. The changes in their use, at this critical period, bear witness to a general shift in our characteristic ways of thinking about common life; about social, political, and economic institutions; and about the educational and artistic purposes which these institutions are designed to embody.

① Epistemic shifts in societies reverberate etymologically.
② Democracy was disparaged until the second half of the eighteenth century.
③ Semantic configurations transform diachronically within a culture.
④ The period from the late eighteenth to the early nineteenth century marks a watershed in English history.

09 Reorder the following sentences to form the most coherent passages.

I. While he was tamping down the charge with an iron rode, it went off and sent the rod through his head.

II. But contemporaries thought that his personality had changed; whereas once he had been well-behaved, now he was downright antisocial.

III. About a century and a half ago, an American railway worker named Phineas Gage was setting an explosive charge near Cavendish, Vermont.

IV. Gage miraculously survived - or at least part of him did.

① III-II-I-IV
② III-IV-II-I
③ III-I-IV-II
④ III-IV-I-II

10 Select the statement most consistent with each passage below.

Many suspect governments of protecting increasingly wrinkly electorates over the young within the big austerity packages imposed since the financial crisis and recession. While youths have had a particularly rough ride within labor markets, the overall effects of the response to the crisis are more complicated. A new issue of Fiscal Studies compares the austerity packages implemented in six European countries and would seem to provide fodder for those who think the young have been given a raw deal.

① Europe is suffering from a catastrophic electoral crisis.
② A recent study confirms suspicions that youths have benefited disproportionately from European fiscal austerity.
③ Recent research suggests that young people have been gypped by fiscal austerity in Europe.
④ Recent increases in government spending have favored the elderly over the young.

11
~
13

Deceiving others has its advantages. Camouflage in nature is useful to the hunter and the hunted. The smarter the animal, the more likely it is to use (and detect) deception to its benefit. Humans are particularly good at exploiting trickery to get ahead — for more money, more power or a desired mate. Yet deception is difficult, regardless of intelligence. Lying often leaves us nervous and twitchy, and complicated fictions can lead to depression and poor immune function. And then there are the ethical implications.

In "The Folly of Fools" Robert Trivers, an American evolutionary biologist, explains that the most effectively devious people _____ⓐ_____ their deceit, often. Self-deception makes it easier to manipulate others to get ahead. Particularly intelligent people can be especially good at deceiving themselves.

Mining research in biology, neurophysiology, immunology and psychology, Mr Trivers delivers a swift tour of links between deception and evolutionary progress. Some of it is intuitive. The grey squirrel, for example, cleverly builds false caches to discourage others from raiding its acorns. Placebos are sometimes as effective as medication without the nasty side effects. Other illustrations ⓑrequire more head-scratching. Mr. Trivers argues that competition between our maternal and paternal genes can create "split selves", which try to fool each other on a biological level.

11 What is the inappropriate example for 'deception'?

① camouflage
② complicated fictions
③ ethical implications
④ placebos

12 What is the most suitable for ⓐ ?

① try to package
② are unaware of
③ feel self-loathing for
④ keep in mind

13 What does ⓑ stand for ?

① are more crucial
② are not of significance
③ are more complicated
④ are more dubious

14 ~ 15

For centuries the idea of two men facing each other in a duel has seemed anachronistic. Guy de Maupassant, a 19th-century writer, declared it to be "the last of our unreasonable customs". Two centuries before that Louis XIV, king of France, tried to outlaw it as a feudal archaism. Yet despite this, the literature of the 19th and even the early 20th century is peppered with accounts of swashbuckling men. In the early 18th century many writers depicted men who fought duels as hot-headed. By the 19th century, although it still seemed to spring from an older, medieval age, duelling was regarded as quite glamorous. In "The Memoirs of Barry Lyndon, Esq"(1844) by William Makepeace Thackeray the hero rails against "cowardly pistols" and harks back to the "honourable and manly weapon of gentlemen". **And compared with the burgeoning violence at the start of the 20th century, duels could also seem remarkably measured.** A character in a G.K. Chesterton novel from 1908 prevents a suspected anarchist from exploding a bomb by challenging him to a duel. After two world wars, though, the glamour had begun to fade. In Evelyn Waugh's "Officers and Gentlemen"(1955) one character admits he would laugh if he was challenged to a duel.

14 The best title of the passage would be _____.

① Modern Parallels to Duel
② Duel in Literature
③ Origin of Duel
④ Duel as an Old-fashioned Folly
⑤ History of Violence

15 The underlined expression implies that the duel _____.

① has been legalized
② has almost disappeared
③ is a random act of anarchism
④ is a lower form of aggression
⑤ is a form of ordered violence

16
~
17
The technology to track our online life started with the humble cookie. A cookie is a small chunk of data a website sends to your browser that remembers where you've been. In the early days of the web, cookies helped e-commerce companies tag who you are. If you log into a service, put items in an online shopping cart or send an encrypted credit card number, it's cookies that tell the website it's still you doing the transacting.

"The easiest way to understand a cookie is to compare it to a wrist band," says online entrepreneur Sam Oh. "When you attend a concert, it lets security know who you are and lets you re-enter without disruption."

But e-marketers soon realized cookies could also tell them what else you've been doing. As I prefer to make my own decisions about what I share online, I've got into the habit of regularly deleting my cookies and browser history.

However, it's _____. Culling these records covers my tracks but it means I have to repeatedly log into services I use often, plus those sites have no record of what I've bought in the past, and I can't store items in wishlists and shopping carts to come back later.

16 The most appropriate expression for the blank is _____.

① a double-edged sword
② a high-tech gadget
③ a hot potato
④ a pain in my neck
⑤ Big Brother

17 An advantage of using a cookie is that _____.

① you don't need to buy a new computer
② your computer is updated regularly
③ you can send your idea to anybody online
④ you don't have to relog into your favorite website
⑤ your record of internet surfing is deleted automatically

18 ~ 20

Plato considers the sophists to be one of the primary enemies of virtue, and he is merciless in his attacks on them. The sophists, who were relatively new in Plato's day, were a class of itinerant teachers who instructed young statesmen in the arts of rhetoric and debate for a fee. They taught that values are relative, so that the only measure of who is right is who comes out on top. Their teachings capitalized on a void left by the ancient myths and religion, which were falling out of fashion as Greek civilization moved toward a more rational world-view. The old values were losing their relevance, and there were no new values to replace them. Plato could see the danger this moral relativism posed for the state and for the people who lived in it, and his attacks on the sophists show up (_____) that so many took for wisdom. Plato's Theory of Forms, and the whole enterprise of The Republic, can be read as an attempt to find a solid grounding for moral values in rational principles.

18 What is the most suitable title for the passage?

① The Bigotry of Plato's Ideas
② The Emergence of Practical Philosophy
③ Plato's Philosophy against The Sophists
④ The Absurdity of The Sophists' Teachings

19 Choose the one most suitable for the blank.

① their hollow bravado
② their infallible morality
③ the substantiality of their arguments
④ the coherence of their propositions

20 Which could not be inferred from the idea of Plato against the Sophists ?

① The teachings of the sophists can shake the foundations of moral values.
② Relative morality cannot be a solid foundation of a state.
③ Based on the rational world-view, people need to be more down-to-earth.
④ The sophists deceive vulnerable minds with fallacious arguments.

21~22 The idea which people seem to find very hard to grasp is that languages cannot possess good or bad qualities: no language system can ever be shown to be clearer or more logical (or more beautiful or more ugly) than any other language system. Where differences of clarity and logic are to be found is not in the language itself but in the abilities of different users of the language to handle it effectively. Some French speakers produce utterances which are marvellous in their lucidity, while others can always be relied upon to produce impenetrable gibberish - but it is the speakers who deserve our praise or blame, not the language.

How is it that so obviously mythical an idea as the logicality of French has taken such strong root in France and to some extent among her neighbors? The external perceptions of French are not too hard to explain — they seem to be bound up with the _____ which developed in Europe a century ago and which are sadly still around today. Italian became a 'musical language', no doubt because of its association with Italian opera; German became a 'harsh, guttural language' because of Prussian militarism; Spanish became a 'romantic language' because of bull-fighters and flamenco dancing; French almost inevitably became a 'logical language' thanks to prestigious philosophers like Descartes, whose mode of thinking was felt to contrast sharply with that of the 'pragmatic English'.

21 The most appropriate expression for the blank would be _____.

① leader's vision
② national stereotypes
③ people's imagination
④ national economy
⑤ people's wish

22 According to the author, an English man _____.

① cannot be a romantic guy
② may not be so practical
③ doesn't sing in the opera
④ cannot speak French
⑤ is not logical

23 The word euthanasia means "good death" or "merry killing." But the name does not fit the act. When one person assumes the right to take the life of another, there is no goodness or mercy involved. No one has the right to decide when a life should end. Life is our most precious gift and we cannot fling that gift away when it suits us. Refusing to accept assistance from machinery that maintains respiration is one thing, but asking to die is another. That's why the book Final Exit is such a disgrace to the publishing industry. The book suggests that we as individuals have the right to plan our own death; to decide, in effect, that we are tired of living. Yet that decision — to decide when life ends — lies in god's hands. Jack Kevorkian, the man who has championed an individual's right to take his or her own life, has not done the public a service by making headlines aiding and abetting suicide. Instead, he has encouraged others to believe that they too can choose when to die. _____.

위 글에서 빈 칸에 들어가기에 가장 적합한 것을 고르시오.

① That choice, however, is not ours to make
② The number of such cases, however, has increased
③ One should, however, make a tough decision on someone else's life
④ One cannot deny, however, that the choice is a grace as well

24
~
25
Disgust is the most virulent of human emotions. Although it arises as an adaptive response to potential disease vectors — starkly, things that are normally inside but are now outside, such as vomit, blood, and feces — it is a mischievous emotion, sneaking into other problems, wreaking havoc on group structure, and then spreading. Throughout the history of warfare, every warring group has tagged their enemy with qualities _____ disease, filth, and parasites. The imagery is overwhelming, designed to trigger the rallying cry. Though the destruction of 6 million Jews by the Nazis was made possible by an extraordinary advertising campaign, it was made all the more possible by the carefully crafted manipulation of disgust: In the Nazis' eyes, Jews were vermin, dirty, diseased, and thus disgusting.

24 The best title of the passage would be _____.

① Why Do We Feel Disgusted?
② Be Vigilant Regarding Disgust
③ Vulnerable Human Emotions
④ Mysterious Brainwork
⑤ Victims of Racial Prejudice

25 Which one is most appropriate for the blank?

① abstinent of
② acquainted with
③ extraneous to
④ reminiscent of
⑤ immune to

26~27

We live in a time that worships attention. When we need to work, we force ourselves to focus, to stare straight ahead at the computer screen. There's a Starbucks on seemingly every corner — caffeine makes it easier to concentrate — and when coffee isn't enough, we chug Red Bull.

In fact, the ability to pay attention is considered such an essential life skill that the lack of it has become a widespread medical problem. Nearly 10% of American children are now diagnosed with attention-deficit disorder. In recent years, however, scientists have begun to outline the surprising benefits of not paying attention. Sometimes, too much focus can backfire; all that caffeine gets in the way. For instance, researchers have found a surprising link between daydreaming and creativity — people who daydream more are also better at generating new ideas. Other studies have found that employees are more productive when they're allowed to engage in "Internet leisure browsing" and that people unable to concentrate due to severe brain damage actually score above average on various problem-solving tasks.

26 The best title of the passage would be _____.

① A Common Disease in the Internet Age
② How Caffeine Helps You Focus
③ The Downside of Too Much Focus
④ What Causes Attention-deficit Disorder
⑤ Relax Your Brain and Reap Better Results

27 Which of the following can be inferred from the passage?

① Workers need to take a nap to be more creative and productive.
② Problem solving abilities do not necessarily correspond to the ability to focus.
③ Drinking a lot of coffee can lead to attention-deficit disorder.
④ Concentrating too much can cause brain damage due to excessive strain on the brain.
⑤ People with great focusing ability can't be creative workers.

MEMO

Unit. 02

40 Mins 02회

01 When the world learned about the death of Cecil the Lion, a beloved resident of a national park in Zimbabwe who had been lured away by hunters, then killed and beheaded for a trophy, outrage came swiftly. Walter James Palmer, the Minnesota dentist who killed Cecil, became the target of online death threats. Investigations have been launched on two continents. But while Cecil's death has put a new focus on illegal poaching, other hunters are pursuing their own trophies - and _____. That's because of another, less publicized side of big-game trophy hunting: the sanctioned stalking of animals that are bred, grown and kept in captivity specifically so that the right to kill them can be sold to wealthy sportsmen. It's called "canned hunting."

① it is absolutely dramatic
② it is perfectly legal
③ it is less expensive
④ it is very popular
⑤ it is more humane

02 Choose the one that is closest in meaning to the given sentence.

The enduring values of freedom of thought outweigh any particular advantages that demand its violation.

① The long-held merits of freedom of thought are greater than benefits gained from restricting it.
② Freedom of thought endured long persecution and it gives advantages even when it is partially violated.
③ Advantages coming from the breach of freedom of thought are often greater than those from upholding it.
④ The values of freedom of thought are so great that its violation must be tolerated only when warranted.

03 Inflation did _____ because of government spending cuts and continued high interest rates, but the "cure" _____ the business recession under way since 1979, leading to the worst downturn in the economy since the 1930s. Factories closed, businesses went bankrupt, and farm mortgages were foreclosed at an increasing rate. By the end of 1982, more than 12 million Americans were out of work, more than 10 percent of the labor force. Double-digit inflation had been ended at the cost of double-digit unemployment.

① occur — exacerbated   ② abate — accelerated
③ ripple — quashed   ④ decline — appeased

04 Political Economy or Economics is a study of mankind in the ordinary business of life; it examines that part of individual and social action which is most closely connected with the attainment and with the use of the material requisites of wellbeing. Thus it is on the one side a study of _____; and on the other, and more important side, a part of the study of _____. For man's character has been moulded by his every-day work, and the material resources which he thereby procures, more than by any other influence unless it be that of his religious ideals.

① wealth — man   ② welfare — capitalism
③ society — religion   ④ class — parity

05 Nineteenth-century apologists for capitalism provided a rationalization for the exploitation of the poor by the rich by _____ the free market and the struggle for existence described by Darwin, in which the fit survive.

① transcending the kernel of
② contrasting the relationship between
③ critiquing the whole idea of
④ drawing an analogy between

06 In 2006, Dan Brown, author of the best-selling book The Da Vinci Code, was taken to court by the authors of The Holy Blood and the Holy Grail published in 1982 for allegedly using the theory set out in their book as the basis for his novel. In doing so, they raised an interesting intellectual property dilemma. Facts themselves are not copyright, so you can always quote a fact, no matter where you have first come across it. But a fictional narrative, or the actual words used to describe facts, remain the intellectual property of the author, and anyone wanting to quote them needs to get permission and make clear the original source of that material. The dilemma was this. If the earlier book was a work of fiction, then its copyright could be protected. On the other hand, in order to be convincing, it had presented its research as fact rather than fiction — and hence the 'facts' it revealed were not so protected, and Dan Brown was free to use them. Writers beware — you cannot own facts!

이 글을 통해 추론할 수 있는 것으로 가장 적합한 것을 고르시오.

① Dan Brown was convicted of plagiarism of a story in his novel.
② Intellectual property dilemmas cannot be solved even by thorough research.
③ Permission is not required as far as writers quote the actual words describing facts.
④ A fact that writers present in their fictional work is not protected by copyright.

07
~
08
Throughout history and through a cross-section of cultures, women have transformed their appearance to conform to a beauty ideal. Ancient Chinese aristocrats bound their feet as a show of femininity; American and European women in the 1800s cinched in their waists so tightly, some suffered internal damage; in some African cultures women continue to wear plates in their lower lips, continually stretching the skin to receive plates of larger size. The North American ideal of beauty has continually focused on women's bodies: the tiny waist of the Victorian period, the boyish figure in vogue during the flapper era, and the voluptuous curves that were the measure of beauty between the 1930s and 1950s. Current standards emphasize a toned, slender look, one that exudes fitness, youth, and health. According to psychologist Eva Szekely, "Having to be attractive at this time means unequivocally having to be thin. In North America today, thinness is a precondition for being perceived by others and oneself as healthy". However, this relentless pursuit of thinness is not just an example of women trying to look their best, it is also a struggle for control, acceptance and success.

07 The best title of the passage would be _____.

① Discrepancy between Reality and Ideal
② Women's Pursuit of Ideal Beauty
③ Shackles of Forced Femininity
④ Prerequisites to Happiness
⑤ Superficiality of Women's Lives

08 According to the passage, which of the following is true?

① Throughout history ample body has never been a beauty ideal.
② Women in general are willing to risk their health for beauty.
③ Health has always had something to do with being a beauty.
④ Ideal beauty has served as a constraint to women's freedom.
⑤ There's more to the pursuit of thinness these days than meets the eye.

09
~
10

Iceland enjoys a much milder climate than its name and location adjacent to the Arctic circle would imply. A branch of the Gulf Stream flows along the southern and the western coasts greatly moderating the climate. However, this brings mild Atlantic air in contact with colder Arctic air resulting in a climate that is marked by frequent changes in weather and storminess. Furthermore, this leads to more rainfall in the southern and western parts than in the northern part of the island. The summer tourist season is from late May to early September. During this period, the sun stays above the horizon for 24 hours, and the interplay of light and shadows on mountains, lava fields, and glaciers yields an ever-changing landscape. The winter season is the abode of long nights and severe winter storms. However, the serenity of the frozen expanse and the dance of the aurora borealis, the so-called northern lights, on a clear night sky draw an increasing number of tourists.

09 Which of the following makes the Icelandic climate warmer than might be expected?

① The Gulf Stream
② Arctic air
③ Lava fields
④ Northern lights

10 Which of the following is true of Iceland?

① Winter travel to Iceland is decreasing in popularity.
② Rainfall is equally distributed across the country.
③ The weather in Iceland is highly changeable.
④ Summer tourists can watch the sun sink below the horizon.

11
~
12

"Paradigm shifts" are those moments in history when _____. It is a term that was first applied to the history of science to describe a change in basic assumptions that realigns all subsequent thinking, such as the so-called Copernican revolution, after which it became impossible for anyone to propose that the sun orbits the earth without being taken for a fool. Paradigm shifts occur not just in science but also in belief systems, even though when it comes to beliefs, the older interpretations can survive and even thrive alongside the new ones. When it comes to belief, then, a paradigm shift does not necessarily kill off older ways of thinking — although that can happen sometimes, as with polytheism in Europe — but it does certainly bring about the existence of a rival interpretation of reality.

11 Which is most appropriate for the blank?

① thinking changes irreversibly
② reality renders ideals impracticable
③ revolutionary ideas give way to established system
④ radical behaviorism takes over reason and rationality

12 Which of the following is NOT true about "Paradigm shifts"?

① Paradigm shifts in belief systems work differently than in science.
② Paradigm shifts are characterized by fundamental changes in thinking.
③ Paradigm shifts are bound to eradicate older values.
④ Older ideas become incompatible with new ones when Paradigm shifts occur in science.

Unit. 02

13~14

That's why there are emotional potholes in cyberspace. A false sense of emotional intimacy is easily achieved when all you have to work with is words and thoughts and feelings. What is missing is the fullness of another person's whole personality and the context of his or her three-dimensional life. (a)Therefore, what people experience is generally not true intimacy, although a relationship can indeed be extremely intense and most people are unprepared for the level of intensity that can characterize online communication. (b)Many husbands and wives feel shut out of their spouse's heart and mind because they spend hours a day at the computer, communing with unseen people with whom they readily share their deepest selves. (c)Women are especially vulnerable in online communication for two reasons: first, because God made us verbal creatures, and we respond deeply to words. And words are everything in cyberspace. Secondly, women are vulnerable because of the pervasive loneliness in our culture. (d) Even those in marriages and families experience unmet needs for attention, warmth, and interaction. Many women are starving for romance, and any attention from a man can feel like the romance they're starving for. When a woman receives focused attention from a man who is listening to her heart as well as her words, it can feel like the romance God designed her to receive.

13 Where does the following sentence fit best?

Sometimes, though, that experience of emotional intimacy can come at the cost of intimacy in one's "real life" relationships.

① (a)   ② (b)   ③ (c)   ④ (d)

14 Which of the following cannot be inferred from the passage?

① Online relationships can be more serious than real life ones.
② When women seek real romance in life, they turn to down-to-earth people.
③ Words and thoughts exchanged on online can have a visible impact on real life.
④ Certain types of people are more vulnerable to the dangers of online relationships.

15
~
17
There hasn't always been quite such optimism about love's longevity as there is today. For the Greeks, inventors of democracy and a people not amenable to being pushed around by despots, love was a disordering and thus preferably brief experience. Later, during the reign of courtly love, love was illicit and usually fatal. Passion meant suffering; the happy ending didn't yet exist in the cultural imagination. The innovation of happy love didn't even enter the vocabulary of romance until the 17th century. Before the 18th century - when the family was primarily an economic unit of production rather than a hothouse of Oedipal tensions - marriages were business arrangements between families; participants had little to say on the matter. Some historians consider romantic love a learned behavior that really only took off in the late 18th century along with the new fashion for reading novels, though even then affection between a husband and wife was considered to be in questionable taste. Historians disagree, of course. Some tell the story of love as an eternal and unchanging essence; others, as a progress narrative over stifling social conventions. But has modern love really set us free? No. We feel like failures when love dies.

15 In which course is this passage most likely to be assigned reading?

① Medicine
② American history
③ Sociology
④ Human biology

16 Which of the following is NOT true of the passage?

① Marriage was a business bridegrooms controlled.
② The Greeks considered love to be a mental problem.
③ The popularity of reading novels altered perceptions of romance.
④ Love's portrayal in the past was generally inconsistent with current views.

17 Which of the following is the best title for the passage?

① Love's Longevity: A Fantasy
② Love's Business Arrangement: Practicality
③ Love as Eternal Truth
④ Love as a Never-Changing Social Form

Unit. 02

**18
~
20**

To inform a young person, say, a ten-year-old, that we live in an information society would be almost meaningless. To state something like this to him would be akin to saying we live in time and space. At one level this would be a profound observation, but then again we are born into time and space and move through them with hardly a thought, so second nature have they become. '_____' might be his incredulous reply. For the typical ten-year-old in a developed country, connectivity and access to networks are simply part of what life is. We live in and live by pervasive and rapid 'flows' of digital information. To be part of the information society and to be affected by its pressure and its imperatives, you don't even need to be connected — you only have to live and work in a modern or modernizing economy. It is important to recognize that so deeply and powerfully has the information society transformed our world that it moves us as workers and as consumers in ways we hardly register, except often as a form of stress. Even if we don't sit at a networked computer screen, or walk around with a mobile phone clamped to one ear, as millions of people do, these others who are ostensibly 'unconnected' are nonetheless linked to vast networked flows of information that create momentum and speed, to produce what Hartmut Rosa has termed a generalized 'social acceleration'. In other words, as the social world gets faster, its centripetal force draws us all in whether we are connected or not.

18 Choose the one that best fills in the blank.

① That hits the road.　　　　② It doesn't kick in.
③ What's there to know?　　　④ Don't keep me in suspense.

19 Which of the following is the main purpose of the passage?

① To analyze the factors constituting a modern society
② To show that we cannot resist the flow of digital information
③ To contradict that the information society is a turbulent environment
④ To argue that the compulsion to be a part of the information society should be curbed

20 The characteristic of digital information can be best described as _____.

① ubiquitous
② detrimental
③ progressive
④ exclusive

21~23 Even as the health of Americans has improved, ⓐ**the disparities** in treatment and outcomes between white and black patients are almost as big as they were 50 years ago. A growing body of research suggests that doctors' unconscious behavior plays a role in these statistics. For example, several studies show that African American patients are often prescribed less pain medication than white patients with the same complaints. Black patients with chest pain are referred for advanced cardiac care less often than white patients with identical symptoms. Doctors, nurses, and other health workers don't mean to treat people differently, says health-care expert Howard Ross. But all these professionals harbor unconscious stereotypes. "Everybody does. This is normal human behavior. We can no more stop having bias than we can stop breathing." ⓑ_____ often surfaces when we're multitasking or when we're stressed. It comes up in tense situations where we don't have time to think — which can happen frequently in a hospital. "You're dealing with people who are frightened, they're reactive," Ross says. "If you're doing triage in the emergency room, for example, you don't have time to sit back and contemplate, 'Why am I thinking about this?' You have to instantaneously react." Doctors are trained to think fast, and to be confident in their decisions. ⓒ**"There's almost a trained arrogance,"** Ross says.

21 Which of the following is NOT true of ⓐ?

① They partly come from trained biases.
② They are an enduring problem in medical practices.
③ They discriminate against ethnic minorities.
④ They largely result from conscious decisions.

22 Which of the following best fits into ⓑ?

① Contemplative behavior
② Logical thinking
③ Unconscious bias
④ Complex reasoning

23 Which of the following is the consequence of ⓒ?

① Doctors considering options objectively
② Doctors making informed decisions
③ Doctors multitasking under stress
④ Doctors acting in a prejudiced way

Unit. 02

24~26

In the HBO movie "Game Change," about the 2008 campaign, John McCain's strategist Steve Schmidt was appalled when he realized that their vice presidential pick, Sarah Palin, thought Queen Elizabeth, rather than the prime minister, was actually running the show in Britain. But with David Cameron growing smaller and the queen growing larger, Palin seems prescient. In leading a reconciliation with Ireland, reaching a white-gloved hand across the bloodstained tide, the queen has restored a luster dimmed by her 1992 "annus horribilis" and her insensitivity after the death of Princess Diana.

Her elevation to Ireland's Prodigal Mother began last year when Liz, as The Irish Daily Star calls her, arrived for a four-day visit to the Irish Republic — the first by a British monarch in a century — wearing an emerald green suit, surrounded by ladies-in-waiting wearing 40 shades of green. The Irish immediately understood that the queen meant business. In this island of myth, superstition and symbol, where the past is always present, she urged both sides "to bow to the past but not be bound by it."

The mood was ⓐ**tentative** at first, but the ice broke when the monarch bowed her head at the Garden of Remembrance, the sacred ground for Irish patriots who died battling for independence, spoke some Irish, and visited Croke Park, the site of the 1920 Bloody Sunday, when 14 Irish civilians died after British forces opened fire on them.

24 What is the best title for the above passage ?

① Palin's Unparalleled Political Foresight
② Queen's Resurgence as a Political Leader
③ Ireland: Britain's Longtime Enemy
④ Power Struggle in British Politics

25 Which is the closest meaning for ⓐ**tentative** ?

① temporary
② hesitant
③ sinister
④ positive

26 Which could not be inferred from the above the passage ?

① David Cameron is the British Prime Minister.
② Irish people appreciated the Queen's political gestures.
③ The Queen's visit to Ireland was successful.
④ Queen Elizabeth is a cold-hearted woman.

MEMO

40 Mins 03회

01 Contrary to what might seem logical, the alpha males of many species engage in what might be dubbed "_____." The preeminent male bird in a group, for instance, certainly could command the lion's share of the food due to his status, but instead has been known to force feed other males, which usually accept their gift passively. This display — both the dominance of the alpha and the resulting acquiescence of the lower status male — is undoubtedly an instinctive attempt to impress the females in the vicinity.

① forced charity
② a capricious mind
③ an irresistible instinct
④ the reign of the alpha male

02 The most important variables that distinguish one culture from another are not easily observable phenomena such as dress, housing, food or table manners but rather, underlying values, attitudes, beliefs, and worldviews that shape how a culture perceives itself and others. Because these elements, which are below the level of conscious awareness, form such a large part of culture, it is difficult for people to describe their own cultural ways without _____. Just as native speakers of a language who have not studied language often have a lot of problems in explaining the grammatical structures, members of a particular culture who have not learned to study culture find it difficult to explain the components of culture and to comprehend how these shape people's perspectives and interpretations of the world.

① interaction   ② training
③ imagination   ④ acculturation

03 Janet has often criticized her friend Lois for driving too fast, yet she herself has had her license suspended for exceeding the speed limit. Lois once tried to tell her that _____, but it didn't do much good. Janet simply didn't accept the fact that she should not pass judgment on other people when she is just as bad as they are.

① misfortunes never come single
② the early bird catches the worm
③ birds of a feather flock together
④ when the going gets tough, the tough get going
⑤ people who live in glass houses shouldn't throw stones

04 Choose the one that is closest in meaning to the given sentence.

People organize their lives to avoid the imagined catastrophe of certain conversations.

① When some conversations are imagined to be potentially catastrophic, people make conscious efforts to avoid them.
② Some conversation are so catastrophic that only through systemic planning may one avoid reliving them.
③ Organizing lives can help people to bear certain imaginary conversation that may be catastrophic.
④ Imaginary conversations rarely turn out to be catastrophic even when careful organization of lives cannot prevent them.

Unit. 03

05 Choose the one that is closest in meaning to the given sentence.

> There are some things money can't buy, but these days, not many.

① money is an adequate measure for the value of some things, but today it does not apply to many things.
② Only a few things remain unpurchasable today, although certain things still cannot be exchanged for money.
③ Some things are unaffordable today, but only those with money have access to a few of them.
④ There are prices for most things, but these days a lot of things are unaffordable.

**06
~
07**
Plato's Theory of Forms states that while experience is changing and illusory, ideal forms are unchanging and real. Plato advanced Parmenides' theory that both experience and forms are real. Aristotle and Socrates also began their philosophical thought from Parmenides, who was known as Parmenides of Elea. Although his reasoning was shown by Aristotle, Socrates, Plato, and other philosophers to be mostly unsound, Parmenides, _____, began the entire concept of logical deduction that was to make these scholars well-known.

06 Which of the following would be the best title for the passage?

① The Absurdity of Parmenides' Theory
② A Philosopher Lays Foundation for Great Thinking
③ Differences Between The Thoughts of Plato and Socrates
④ Vainglorious Search for The Truth

07 Which of the following would best complete the blank?

① rather ironically   ② to no one's surprise
③ beyond his belief   ④ as might have been expected

08 The sacrosanct status of unfettered sovereignty is being increasingly questioned. Part of the assault has come from the traditional critics of sovereignty; for instance, opponents of war argue that armed conflict is an integral, inevitable and regrettable consequence of a world in which sovereignty reigns. From this view, dismantling sovereignty is the necessary prerequisite for world peace. At the same time, the rise of other concerns such as human rights collide with state sovereignty. Why? Because a major historical justification for mistreatment of individuals and groups within states is that sovereign states possess absolute authority over their citizens, and that how states act within their sovereign jurisdiction is strictly their own business.

주어진 글의 내용과 가장 거리가 먼 것을 고르시오.

① Opponents of war point to the link between armed conflict and sovereignty.
② Conflict may sometimes arise between human rights and state sovereignty.
③ Critics of sovereignty argue that world peace can better be promoted by the abolition of sovereignty.
④ The author suggests that a sovereign state should possess an unfettered license to limit its citizen's rights.

09 다음의 문장이 들어갈 가장 알맞은 곳은?

Therefore in a just society the liberty of equal citizenship is taken as settled: the rights secured by justice are not subject to the calculus of interests or to political bargaining.

Justice is the first virtue of social institutions, as truth is of systems of thoughts. ⓐ A theory, however elegant and economical, must be rejected or revised if it is untrue; likewise, laws and institutions, no matter how efficient and well-arranged, must be reformed or abolished if they are unjust. ⓑ Each person possesses an inviolability founded on justice that even the welfare of society as a whole cannot override. ⓒ For this reason justice denies that the loss of freedom for some is made right by a greater good shared by others. It does not allow that the sacrifices imposed on a few are outweighed by the larger sum of advantages enjoyed by many. ⓓ The only thing that permits us to acquiesce in an erroneous theory is the lack of a better one; analogously, an injustice is tolerable only when it is necessary to avoid an even greater injustice. Being the first virtues of human activities, truth and justice are uncompromising.

① ⓐ   ② ⓑ   ③ ⓒ   ④ ⓓ

10 ~ 11

In hyper-consumerist America, where shopping is part of the lifeblood of the economy and the culture, shoplifting — a crime of stealing from a shop by hiding things in a bag or clothes — takes many shapes and represents many things. It sits on one side of the struggle over a key aspect of the American identity - in the tension between "getting something for nothing" and "working hard to achieve the American Dream." Shoplifting, like gambling, offers immediate gratification, an apparently effortless (though illegal) way to get ahead. In boom times, much shoplifting, like much shopping, is aspirational. Encouraged to covet what the superrich possess, those who can't afford go a step further and steal. Yet shoplifting can also be cast as a desperate theft that the little guy commits to rail against big corruption. In the wake of financial frauds perpetrated at the top, such as the prime mortgage bust, which has been justified in the name of necessary risk taking, it is easy to imagine a shoplifter thinking; his crime is irrelevant, or should be. Finally, in our tough economic decade, the crime is also regarded as proof of the failure of the so-called New Thrift — by this depressing logic, frugality alone cannot counter the recession's woes: Americans must shoplift to survive.

10 What is the best title for the passage above?

① The Gulf Stream
② Shoplifting: A Silent Epidemic
③ Consumption Holding Irresistible Power Over People
④ What is Beyond the Act of Shoplifting?

11 Which of the following cannot be inferred from the passage?

① Shoplifting during economic recession can be irresistible to some people for survival.
② Shoplifting tends to increase during economic downturns rather than during times of robust growth.
③ Shoplifters justify their crime as a response to the shamelessness of white-collar criminals.
④ Shoplifting can be triggered by the widening economic gap among people.

12
~
14
The zoo is not a window on nature but rather a prism that bends the light according to the culture it is set in. And our view of nature accords us a _____. We have always defined man in comparison to other animals. We thought we were the only tool users, but Jane Goodall and others dispelled that notion. Today, our place as the only true language users is being questioned. But human beings are not defined by what we do with our hands or our vocal cords but by what we do with our hearts. Arguments can be made for preserving nature because it may hold medical and technological secrets that could cure cancer or provide more efficient solar energy. Arguments can be made that we must preserve the fragile web of life because changing one small thread could alter the whole world. But the best argument for putting so much energy into preserving nature is for the sheer, breathtaking, poetic beauty of the diversity of life. This is an argument that is at once selfish and altruistic. Throughout history, zoos have entertained and educated; now they have a staggering opportunity before them: to tip the global balance back in favor of nature: to work toward the restoration of harmony in the living world. Zoos, which have provided so much joy to people, can now breathe life back into moribund populations of wild creatures.

12 Choose the one that best fills in the blank.

① more reasonable layout of a zoo
② clearer view of ourselves
③ commonly biased understanding of plants
④ more profitable usage of animal species

13 Which of the following cannot be inferred from the passage?

① Human beings are unquestionably the only species that can use language, if not tools in general.
② Confining wildlife in zoos for entertainment and education is now facing adamant objections.
③ It is worthwhile to preserve nature if only for the sake of the diversity of life itself. Shoplifting can be triggered by the widening economic gap among people.
④ Nature must be studied mainly because it will certainly yield knowledge we can use for our well-being.

14 What is the main idea of the passage?

① Zoos have performed many functions and now can contribute to the preservation of nature.
② Zoos must be preserved for humankind to keep benefiting from animals. Endangered species can now be protected because they prefer zoos to their natural habitats.
③ Shoplifting can be triggered by the widening economic gap among people.
④ Zoos no longer provide an occasion for awareness of human uniqueness.

**15
~
16**

_____, one of the biggest reasons for being optimistic is that there are systemic flaws in the reported worldview. Certain types of news (for example, dramatic disasters and terrorist actions) are significantly overreported, others (such as scientific progress and meaningful statistical surveys of the state of the world) are significantly underreported. Although this imbalance leads to major problems — such as distortion of rational public policy and a perpetual gnawing fear of apocalypse — it is also reason to be optimistic. Once you realize you're being brainwashed to believe that things are worse than they are, you can step out into the sunshine. Then, how does the deception take place?

The problem starts with a deep human psychological response. We are wired to react more strongly to dramatic stories than to abstract facts. One can readily imagine possible historical and Darwinian reasons why this might be so. The news that an invader has just set fire to a hut in your village demands immediate response. Genes promoting equanimity in such circumstances got burned up long ago. Although our village is now global, we still instinctively react the same way.

15 Which one is most suitable for the blank?

① All of a sudden ② Fortunately
③ Essentially ④ Paradoxically

16 What cannot be inferred from the passage?

① Genes have evolved in such a way that increases the chances of survival of a species.
② As the media display, the reality of the world is not so much optimistic as doomed.
③ Woeful events attract us more effectively than the good ones.
④ Today the media seem to take in sources from hurtful events than hopeful ones to keep their audience's eyes on them.

17
~
18
Globalization is an uneven phenomenon. Its impact varies over space, through time, by social strata and by aspects of our life. We need to conceptualize globalization less as a wave sweeping all before it, and more like a leopard-spot pattern, with small islands of wealth and global connectivity interspersed with marginalized areas and populations. Marginalization may be occurring as much as globalization. The popular discourses of globalism have exaggerated the islands rather than the seas of poverty and marginalization.

The uneven nature of globalization occurs in three ways: geographical unevenness, social unevenness and sectoral unevenness. The uneven process of globalization in geographical terms can be observed in the disparity between developed and developing economies, booming and declining regions, and world and non-world cities. There have always been winners and losers in the regional development of capitalism, but now the inequality between winning and losing places (countries, regions and cities) is _____. Places which are more global have a much better chance to take advantage of globalization processes, while less global places are, relatively and sometimes absolutely' losing ground.

17 Which of the following can be inferred from the passage?

① Due to globalization, resources are now shared among hitherto antagonistic sectors for a uniform betterment of both.

② Worsening poverty may give to previously marginalized regions an impetus and motivation to accelerate their development.

③ Globalization regulates the degrees of economic development in distant regions so that the quality of life may improve worldwide.

④ Discussions of globalization have often emphasized local concentrations of prosperity and progress, not extensive dispersions of cultural and economic disadvantages.

18 Choose the one that best fills in the blank.

① ameliorated   ② eluded
③ aggravated   ④ mollified

19 ~ 21

There are two pivotal and momentous moments in the lives of any family — when that first child and last child is born. Given the attention that goes to both of those children, those who fall in the middle may exhibit certain signs and behaviors that others do not. The birth order does make a difference, and those who are in the middle run the risk of developing a condition known as middle child syndrome. As psychologists are becoming increasingly aware of the middle child syndrome, there are certain commonalities that run among many who are afflicted with it. The effects of middle child syndrome are numerous. The child may feel as if he or she does not belong. The middle child may also feel as if he or she is loved less, have low self esteem and suffer from a lack of a sense of direction.

However, just a change in the parents' attitudes often will go a long way toward alleviating the situation. Parents should be mindful that the middle born child often receives the least amount of attention. It is always up to the parents to make sure every child feels loved and appreciated. When there are multiple siblings, parents should find the time to give them _____ attention.

19 What is the purpose of the passage?

① to explain a psychological condition
② to persuade the readers out of abusing their children
③ to inform the audience of the importance of a family
④ to criticize parents for the apathy toward their children
⑤ to warn of the danger of having many children

20 Which one is most appropriate for the blank?

① immediate   ② considerable
③ individual   ④ heightened
⑤ undivided

21 Which of the following can be inferred from the passage?

① Parents have only so much influence in preventing the middle child syndrome.
② Earlier born children get more attention than later-born ones.
③ The only children are more likely to get balanced upbringing than those with siblings.
④ Middle child syndrome wasn't widely recognized among scientists.
⑤ Children usually outgrow the middle child syndrome as they reach adulthood.

22
~
24
Mr. Makari's highly engaging story begins with René Descartes. Ever since Greek philosophy had merged with Christianity, the soul had been regarded as the "unifying link between nature, man and God," Mr. Makari writes. By the 17th century, however, Christendom was in crisis, and many found it hard to reconcile the notion of an incorporeal soul with a mechanical world that was increasingly understood as made up of matter.

Descartes tried to satisfy the demand of skeptical naturalists by narrowing the concept of the soul to a "thing that thinks," yet that was separate from the body. The French philosopher thus breathed new life into the Christian belief in an immortal soul. At the other end of the ⓐ_____ stood Thomas Hobbes, who thought there was no such thing as "immaterial substance." In his view the soul, rather than being rational and Godlike, was "material, prone to illness and errors." ⓑ_____. And they were to demonstrate the importance of Mr. Makari's narrative as more than just an intellectual exercise. After Hobbes concluded that men were controlled by animal feelings that inevitably produced conflict, his proposed solution was to hand over power to an absolute monarch.

22 Select the statement most consistent with the passage.

① European philosophy became increasingly religious in the seventeenth century.
② Mr. Makari charts the rise of modern secular philosophy.
③ Hobbes advocated modern forms of demagoguery based on humans' tendency to "illness and errors."
④ Descartes emphasized the insignificance of the mechanical world.

23 Choose the best sentence that fits blank ⓑ above.

① Hobbes's views were consistent with those of Descartes but extrapolated them one step further.
② Hobbes corroborated Descartes's ideas by translating his notion of the immaculate soul into material terms.
③ The disparate views on the nature of the "thing that thinks" were to have monumental implications.
④ Rather than "I think, therefore I am," Hobbes famously posited, "I think, therefore I am," but "I am, therefore I think, too.

24 Choose the best word for blank ⓐ above.

① diaspora   ② bulwark
③ obscurity   ④ gamut

Unit. 03

25
~
27
Suppose that you are suffering from serious heart disease and that your doctor proposes a grueling operation. You're understandably curious about the odds. The doctor says, "Of one hundred patients who have this operation, ninety are alive after five years." What will you do? If we fill in the facts in a certain way, the doctor's statement will be pretty ___ⓐ___, and you'll probably have the operation. But suppose the doctor frames his answer in a somewhat different way. Suppose that he says, "Of one hundred patients who have this operation, ten are dead after five years." If you're like most people, the doctor's statement will sound pretty ___ⓑ___, and you might not have the operation.

In numerous experiments, people react very differently to the information that "ninety of one hundred are alive" than to the information that "ten of one hundred are dead" - even though the content of the two statements is exactly the same. Framing works because people tend to be somewhat mindless decision makers. **Their reflective system** does not do the work that would be required to check and see whether reframing the questions would produce a different answer. One reason they don't do this is that they wouldn't know what to make of the contradiction. This implies that frames are powerful nudges, and must be selected with caution.

25 What is the best title for the passage above?

① Little framing, Big difference
② Emotion Governs Reason
③ Why We Make Irrational Decisions
④ How to Moderate Human Fallibility

26 What is the characteristic of 'Their reflective system' ?

① deliberation   ② randomness
③ passivity   ④ subjecthood

27 Choose the one that best fills in ⓐ-ⓑ.

① encouraging - reassuring
② alarming - reassuring
③ distressing - encouraging
④ comforting - alarming

MEMO

40 Mins 04회

01 _____. In the past few years a new generation of artists, graphic designers and others accustomed to digital life has rediscovered a process barely changed since its invention by Johannes Gutenberg over 500 years ago. Letterpress is "so old it's new", writes David Jury, whose book on the topic is subtitled "The allure of the handmade". Even MOO, an online maker of business cards, has just unveiled eight letterpress designs.

① Printing has undergone radical innovations in recent years
② The printing press completely transformed the landscape of modem European history.
③ Traditional hand printing is set to overtake laser printing in the next decade.
④ For all the fetishising, this turn back towards hand printing is real and widespread.

02 Choose the one that is closest in meaning to the given sentence.

Neglect and repression seem to be the only forces protecting what's left of Cuba's once-wondrous biodiversity.

① Cuba's biodiversity is so remarkable that despite neglect and repression its preservation seems hardly necessary at all.
② Biological diversity in Cuba was once so remarkable that it seems to have preserved itself well despite long neglect and repression.
③ Cuba used to have amazingly diverse flora and fauna, and now even the remaining part of it seems barely neglected and repressed.
④ No other measures than neglect and repression appear to work in protecting the remainders of the previously remarkable diversity of Cuba's flora and fauna.

03 Choose the one that is closest in meaning to the given sentence.

> A form of scientific debate called adversarial collaboration requires both parties to agree on empirical tests that will resolve the dispute and conduct these tests with the involvement of a neutral arbiter.

① Scientists who share the same views can still collaborate, through an adversarial process that is supervised by a neutral person, to devise empirical tests that will yield more useful outcomes.

② Adversarial collaboration requires that scientists work in hypothetical opposition so that they may conduct empirical research and arbitrate disputes at the same time.

③ Adversarial collaboration is a mode of scientific dialogue where disagreeing scientists jointly conduct empirical experiments with an unbiased third party for arbitration.

④ One form of dispute resolution in science is adversarial collaboration, which requires opposing scientists to remain detached throughout scientific experiments conducted by an arbiter.

04 Across all social classes, parents pay close attention to their children's education. Working-class and poor parents are no less eager than middle-class parents to see their children succeed in school. They take a different approach to helping them reach that goal, however. Working-class and poor parents often fear doing "the wrong thing" in school-related matters. They tend to be much more respectful of educators' professional experiences than are their middle-class counterparts. Thus, working-class and poor parents typically are ⓐ_____ rather than ⓑ_____ toward school personnel; they seek guidance from educators rather than giving advice to them; and they try to maintain a separation between school and home rather than foster an interconnectedness.

① ⓐ indifferent - ⓑ skeptical
② ⓐ frustrated - ⓑ gratifying
③ ⓐ deferential - ⓑ demanding
④ ⓐ clangorous - ⓑ encouraging

05 Dawkins points out that an organism differs from a rock or a river because it is inclined to ⓐ_____. Any organism that has evolved to be violent is a member of a species whose other members, on average, have evolved to be just as violent. If you attack one of our own kind, your adversary may be as strong and pugnacious as you are, and armed with the same weapons and defenses. The likelihood that, in attacking a member of your own species, you will get hurt is a powerful selection pressure that disfavors indiscriminate pouncing or lashing out. It also rules out most folk theories of violence, such as a thirst for blood, a death wish, a killer instinct, and other destructive itches, urges, and impulses. When a tendency toward violence evolves, it is always ⓑ _____.

① ⓐ hit back   -   ⓑ strategic
② ⓐ get in the way   -   ⓑ passive
③ ⓐ pursue its interests -   ⓑ lethal
④ ⓐ callously exploit others - ⓑ straightforward

06 Which statement CANNOT be inferred from each passage

In vitro fertilization does not contribute to developmental delays up to age 3, according to a new study. As many couples who use IVF to have children are older, for example, other factors can affect fetal development. The study showed that developmental delays were not more prevalent among children conceived through IVF. The new study also said children conceived through IVF were not at greater risk with full-blown developmental disabilities such as learning disabilities, speech or language disorders, or autism. The researchers found no significant difference between IVF and non-treatment groups of children with developmental delays — 13 percent of children conceived with IVF had a delay, while 18 percent of those not conceived with treatment had a delay.

① IVF is not one of the factors in neonatal developmental delays.
② The IVF industry has been disrupted by parental perturbations.
③ IVF is not more precarious than other factors for fetal development.
④ The age of parents can be germane to the health of their child.

What if we could build a giant mirror in space to deflect the sun's energy? Or inject sulfur into the stratosphere to cool the earth? Scientists are examining such sci-fi methods as a gigantic Plan B should efforts to end carbon emissions fail. Geoengineering, as the field is called, involves rearranging the environment on a planetary scale. The best-known idea involves the so-called space mirrors. Roger Angel, an astronomer at the University of Arizona, suggests putting trillions of small, ultra-thin lenses into orbit, enough to form a cylindrical cloud with a diameter half the size of the Earth's equator and a length of 60,000 miles. Placed 1.5 million km above the Earth's surface, the massive mirror would reduce the amount of sunlight reaching the planet by about 2%, which Angel believes would be enough to offset a significant amount of warming. Implementing this plan would be ⓐ**no mean feat**: the mirrors would collectively weigh 20 million tons and cost trillions of dollars. And to get all those lenses into orbit, we'd have to launch rockets every five minutes for 10 years. Such strategies may sound ___ⓑ___, but the president of the prestigious National Academy of Sciences recommended exploring geoengineering options last year. That these far-out ideas are getting a serious hearing in mainstream science is a measure of how desperate the battle against climate change is becoming.

07 Which of the following cannot be inferred from the passage?

① DGlobal warming is, in part, attributable to carbon emissions.
② Artificially changing the earth's environment involves huge obstacles.
③ The idea of geoengineering is increasingly embraced by orthodox scientists.
④ Geoengineering has been the main method to tackle the problems associated with climate change.

08 According to the passage, which one is true of ⓐ**no mean feat**?

① greatly difficult
② extremely expensive
③ absolutely impossible
④ relatively effortless

09 Which is most appropriate for the blank ___ⓑ___?

① feasible
② substantial
③ implausible
④ inadvertent

10
~
12

Years from now, historians will likely look back at this period in American history as one of heightened prejudice amongst a significant portion of the public and shortsightedness amongst many political leaders. ⓐ The consensus among serious observers of the Middle East is that the reasons for (a)_____ in the region towards the United States are multifold, having to do with: the United States' unconditional support of Israel and its expansionary and oppressive policies against the Palestinians; propping up of a host of unrepresentative, corrupt and repressive dictatorships throughout the Middle East and North Africa; and widespread military intervention in the Muslim world, from drone attacks that have claimed tens of thousands of civilian lives to whole-scale invasions that have cost the lives of hundreds of thousands of Muslims. ⓑ Nearly 80 percent of the people living under the Palestinian Authority and Hamas qualify America as an "enemy." ⓒ Polls show that 7 of the top 10 countries that view the United States most unfavorably are Muslim countries, while only 1 of the top 10 countries that view America most favorably is Muslim. ⓓ

10 Choose the best word for blank (a) above.

① redolence   ② comity
③ animosity   ④ rapprochement

11 Choose the best location for the following statement.

"About 85 percent of Egyptians and Jordanians and 73 percent of Turks, all key U.S. allies in the Middle East, have an analogous opinion."

① ⓐ   ② ⓑ
③ ⓒ   ④ ⓓ

12 Select the statement most consistent with the passage.

① The antipathy between the U.S. and the Middle East is expected to decrease in the near future.
② Muslim countries have a pejorative feeling towards the U.S.
③ The U.S. lacks a strong confederate in the Middle East.
④ America's asymmetrical interference in the Middle East is one of the causes of stridency in the region.

13
~
14
Ever wonder why you can buy frozen pizza that stays "fresh" for five-plus months? Thank _____, which has outsize influence on the contents of our modern-day grocery carts. For decades, it has worked to perfect meals that are ready for combat — meaning they don't go bad even in extreme conditions. That has yielded many civilian-friendly advancements that trickle down to companies like Nabisco and General Mills — everything from preservatives that stop bread from going stale to the reconstituted meat in, say, the McDonald's McRib. During WWII, the military even worked with the United States Department of Agriculture to pioneer a method for "dehydrating" cheese. It's now used to make one of America's most popular snack foods, the Cheeto.

13 Which of the following is most appropriate for the blank?

① Mother Nature   ② the food industry
③ American diet   ④ the military
⑤ the medicine

14 The main theme of the passage is that _____.

① military necessity encouraged food-technological invention
② the U.S. military spoiled the way Americans eat
③ foreign food companies infiltrated American diet
④ major food companies maintain their strong influence through lobbying
⑤ Americans eat more processed foods than anyone else in the world

Unit. 04

15
~
16

Security grew neither smoothly nor without interruption. In some periods, during domestic wars, for example, it stalled or even slipped back. The early twenty-first century seems to be such a period. "A new insecurity has entered every mind, regardless of wealth or status," said United Nations secretary general Kofi Annan in December 2001. He was alluding, of course, to the 9/11 terrorist attacks, which took nearly three thousand lives. Foreign threats loomed again. But of probably deeper, more everyday, consequence was the growing economic insecurity that average Americans experienced from the 1970s into the financial crisis of the late 2000s.

The historical expansion of security was _____. In some eras, for example, when medicine began to seriously improve, richer Americans gained much more than poorer ones did. In other eras, for example, when public health measures took effect, the poorer gained the most, because their conditions had been so bad. Such qualifications in mind, we can still say that modern Americans live with far more security and predictability than their ancestors: about one of every four men who turned twenty in 1880 failed to reach forty-five. Nonetheless, whether Americans' feelings of security kept pace is a more complex question.

15 Which of the following is NOT true according to the passage?

① American life has become much less precarious than in the 1880s.
② Modern Americans are not free of foreign threats.
③ Economic insecurity has more fundamental impact on Americans than foreign threats.
④ Americans feel more secure in accordance with security expansion.

16 Choose the one that best fills in the blank.

① unevenly distributed
② vastly underestimated
③ carefully implemented
④ inadvertently omitted

독한독해3.0

17
~
18
It is important to distinguish between being legally allowed to do something, and actually being able to go and do it. A law could be passed allowing everyone, if they so wish, to run a mile in two minutes. That would not, however, increase their effective freedom, because, although allowed to do so, they are physically incapable of it. Having a minimum of restrictions and a maximum of possibilities is fine, but in the real world most people will never have the opportunity either to become all that they are allowed to become, or to need to be restrained from doing everything that is possible for them to do. Their effective freedom depends on actually having _____.

This idea of effective freedom relates back to the consideration of fairness. The quest for a fair society — whether through the sort of agreements suggested by Rawls, or through a utilitarian assessment of benefits — is at the same time a quest for a society in which effective freedom is maximized. To be treated unfairly is to have one's potential limited, and therefore to be denied things that would be possible if one had a fairer share of resources. Poverty is not just a matter of having insufficient money or resources, it is also about not being free to do the things that people with more money are freely able to choose to do.

17 위 글에서 빈 칸에 들어가기에 가장 적합한 것을 고르시오.

① the social agreement on utilitarian views
② legal regulations which defend their rights
③ maximum benefits from minimum restrictions
④ the means and ability to do what they choose

18 위 글을 통해 추론할 수 있는 것으로 가장 적합한 것을 고르시오.

① Assuring a maximum of possibilities by law contributes to more effective freedom.
② Effective freedom can be enhanced by increasing fairness of a society.
③ Law often fails to reflect reality and thus needs to be amended.
④ Poverty cannot be reduced even with the increase of effective freedom.

19 ~ 20

As specific patterns originating in the evolutionary past characterize the behavior of four-dimensional man, so the more general psychological needs have seen their beginnings in the time before man was born. Identity, stimulation, security: if you will think of them in terms of their opposites, their images will be sharpened. Identity is the opposite of anonymity. Stimulation is the opposite of boredom. Security is the opposite of anxiety. We shun anonymity, dread boredom, seek to dispel anxiety. We grasp at identification, yearn for stimulation, conserve or gain security. The extent of a given need, of course, will vary from species to species, group to group, individual to individual. The need for security must be greater in prey animals than in predators, in the female than in the male. It is characteristic of an innate need, however, that it is never absent, and never more than temporarily satisfied. Like a vitamin, _____. Also, there is a definite hierarchy of value among the three needs, and these too must vary from species to species, individual to individual. But curiously enough there is not the variation that one might expect. There are few exceptions to the rule that the need for identity is the most powerful and the most pervasive among all species. The need for stimulation is not far behind. And security, normally, will be sacrificed for either of the other two.

19 Choose the one that best fills in the blank.

    ① there must be a daily dose
    ② extra amounts can be toxic
    ③ it is taken over a long period
    ④ it can be left unable to function

20 Which of the following is NOT true about the three psychological needs according to the passage?

    ① Some needs are more pressing than others.
    ② Some groups desire security more than others.
    ③ There is a universal trend regarding which need is craved the most.
    ④ It is more straightforward to satisfy the need for security than the other two.

21
~
22

Creativity for the scientist does have certain characteristics that are unique. To begin with, the scientist picks his problem because he knows enough about it to know that no one knows very much about it — except that there are ⓐ_____ there. Out of insight or inspiration, he suggests a possible answer to one of the questions: for example, what is a possible structure for the atom? What does bind the atoms together to form molecules? By what means does the living cell store the chemical energy released within its walls? The creative moment occurs when the suggested answer is being formed. Naturally, the scientist would like to be proved right, and so the performance of the deciding experiment can never be the ⓑ_____ it is popularly thought to be. Experiment carries all the emotion of a contest. Objectivity lies in the scientist's willingness to accept, however reluctantly, evidence that his brilliant conception is wrong. Once Nature gives its decision, there is no appeal. In fairly short order, the scientist is ruthlessly informed whether his creation is valid or not.

21 위 글에서 내용의 흐름상, 빈 칸 ⓐ과 ⓑ에 들어가기에 가장 적합한 것을 고르시오.

① ⓐ infinite orders   -   ⓑ adverse trial
② ⓐ assumed hypotheses   -   ⓑ fervent experience
③ ⓐ creative possibilities   -   ⓑ supportive task
④ ⓐ unanswered questions   -   ⓑ dispassionate exercise

22 위 글을 통해 추론할 수 있는 것으로 가장 적합한 것을 고르시오.

① Objectivity is the most important quality for a scientist in suggesting a possible answer.
② The world of science needs to be restricted to researching on testable phenomena.
③ Scientists exert creativity in their quest for scientific problems.
④ Inspirational conception plays a crucial role in interpreting the results of an experiment.

Unit. 04

23~25

After their two-day meeting ended on Tuesday, leaders of the Group of 20 top economies managed to say some of the right things. Focusing on the euro-zone debt crisis they pledged to do more to spur growth, ensure financial stability and support a stronger European fiscal union. The question now is whether these words will ever translate into effective action. If the past two years of the euro crisis is any guide, the likely answer is no. As recession and banking crises have enveloped Greece, Ireland, Portugal, Spain and Italy, the crisis response, led by Germany, has been dominated by a relentless insistence on self-defeating austerity and piecemeal rescue plans. The result has been deeper recession, social unrest and political upheaval in Europe's weaker economies and increasing mistrust between the strong and weak nations of Europe.

There are mounting reasons for Germany to alter its stance. For one, the stakes are higher. No sooner did the elections in Greece ease fears of a disorderly Greek exit from the euro than borrowing costs spiked in Spain and Italy. Both countries must sell government bonds to refinance heavy debt loads, but investors, (_____), are instead pulling money out of the countries. That presages far bigger challenges than Europe has faced thus far and underscores the failure of policies to stem the crisis. Against that backdrop, the world leaders had a chance to press Angela Merkel, Germany's chancellor, to provide stronger and more flexible bailout support.

23 What is the best title for the passage above?

① New Chauvinism in Europe
② Reckless Management of European Banks
③ Escalating Pressure on Deep-pocketed Germany
④ Austerity: The Only Way to Fix Europe in Trouble

24 According to the passage, which of the following is true ?

① G-20 Summit yielded concrete rescue plans for euro crisis.
② The initial rescue plans for euro crisis were ill guided.
③ Germany is mainly responsible for Euro crisis.
④ More drastic austerity measures are needed for euro zone countries.

25 Which is most appropriate for the blank?

① full of hope for recovery of eurozone economies
② spooked by recession and financial instability
③ ignoring the universal investment risks
④ reluctant to give up lucrative investment

MEMO

40 Mins 05회

01 Choose the one that is closest in meaning to the given sentence.

One change certain to affect public education coalesces around the movement to establish standards for student achievement linked to some form of national assessment.

① The one certainty regarding public education is the futile attempt to enhance student achievement through national assessment standards.
② A coalition to influence the development of public education through national assessment standards is expected to form a nationwide movement.
③ As issues of public education definitely affect the movement for national standards for student evaluation, public education is initiating nationwide change.
④ Attempts to establish standards to evaluate student outcomes based on nationwide testing will induce change that will definitely affect public education.

02 Choose the one that is closest in meaning to the given sentence.

The mass media tend to be very selective in their coverage of crime, exploiting the possibilities for a 'good story' by exaggerating and sensationalizing some crimes out of all proportion to their actual extent in society.

① The mass media distort actual crimes only to satiate the public's desire for sensational pleasure with disproportionately exaggerated stories about their inevitable recurrence.
② The mass media are drawn to criminals with a strong inclination to offer a 'good story' the details of which they then tweak to further stimulate the public's interest.
③ The mass media tend to choose which crimes to report, trying to take advantage of materials that can be blown out of proportion and provocatively embellished into a 'good story'.
④ The mass media are highly discerning in what they publish, and the possibilities.

03 Parasitic plants are plants that survive by using food produced by host plants rather than by producing their own food from the Sun's energy. Because they do not need sunlight to survive, parasitic plants are generally found in _____ areas rather than in areas exposed to direct sunlight. Parasitic plants attach themselves to host plants, often to the stems or roots, by means of haustoria, which the parasite uses to make its way into the food channels of the host plant and absorb the nutrients that it needs to survive from the host plants. The world's heaviest flower, a species of rafflesia, is a parasite that lives off of the roots of jungle vines. Each of these _____ blooms can weigh up to 15 pounds and can measure up to 3 feet across.

① fertile — bulky
② parched — exuberant
③ alluvial — meager
④ umbrageous — ponderous

04 Today laws govern the number of hours that young people may work as well as the conditions in which they work. This was not always so, however. For example, until the twentieth century, the children of poor families in England were often exploited for inexpensive labor. This exploitation took a number of forms. Children as young as nine years old were forced to work for fourteen to sixteen hours a day. Poor working conditions seriously impaired the children's health. Although many parents tried to envelop their children with protection and care, the families needed the money and could not fight the factory and mine owners. Many children must have felt _____. English writers criticized such mistreatment of children. For example, Charles Dickens, the famous novelist, often described the _____ waste of young lives.

① pampered — brutal
② forsaken — inhumane
③ redeemed — critical
④ abandoned — insipid

05
~
07
I am not so much of a fool as to think that people will stop the careless destruction of flora and fauna for personal, corporate, national or international gain. I do believe that the advent of rapidly updating, citizen-available, high-resolution imagery will remove the protection of the veil of ignorance and secrecy from the powerful and exploitative among us. No one can tell you that clear-cutting a forest isn't so bad, if you can see past the half-acre of preserved trees into the desert-like atmosphere of the former rain forest. No one can tell you that the impact of a dam is minimal, as humanity watches countless villages being submerged. No one can paint a war as a simple police action, when the results of the carpet bombing will be available in near real time on the Internet.

We have already started down ⓐ**this path**, with journalists, bloggers, and photographers taking pictures and uploading them to Web sites for people to see. Secrecy of this kind is dying, but it needs one last nudge to push our national and international leadership into a realm of truth unheard of to date. Can our leaders stand before us and say something is not occurring, if we can see, via our low-earth-orbiting eyes, that it is? A more honest existence, with humankind understanding the full global impact of its decisions, is in our future.

05 According to the passage, which one could stop the human's destructive behavior ?

① Restored conscience of the world leaders
② Ever-developing and easily available technology
③ The enlightenment of ordinary people through education
④ Gradual change in people's attitude toward the environment

06 What does the ⓐ mean ?

① slowing down the development for the sustainability
② massaging facts to show better images of the world
③ showing the real images of the world without modification
④ reducing the gap between the developed and the developing

07 Which of the following cannot be inferred from the passage?

① In the past, we couldn't see the naked details of the inconvenient truths.
② Some people gain by keeping us from seeing what's really happening.
③ The author expects that forced honesty will bring about a better future.
④ Those who are not familiar with high technology are least likely to be deluded.

08
~
09

Life tastes much the same, whether we quaff it from a golden goblet, or drink it out of ⓐa stone mug. The hours come laden with the same mixture of joy and sorrow, no matter where we wait for them. ⓑA waistcoat of broadcloth or of fustian is alike to an aching heart, and we laugh no merrier on velvet cushions than we did on ⓒwooden chairs. Often have I sighed in ⓓthose low-ceilinged rooms, yet disappointments have come neither less nor lighter since I quit them. Life works upon a compensating balance, and the happiness we gain in one direction we lose in another. As our means increase, so do our desires; and we ever stand midway between ⓔthe two.

08 Among ⓐ, ⓑ, ⓒ, and ⓓ, which one does not group together with the others?

① ⓐ   ② ⓑ   ③ ⓒ   ④ ⓓ

09 According to the context, which of the following is closest to what ⓔ refers to?

① Desire and desperation
② Wealth and poverty
③ Happiness and sadness
④ Accomplishment and disappointment

10
~
12
When was the last time you flashed a fake smile at the office? <u>For some, it may be just another mundane aspect of work life</u> — putting on a game face to hide your inner unhappiness. But new research suggests that it may have unexpected consequences: worsening your mood and causing you to withdraw from the tasks at hand.

In a study, scientists tracked a group of bus drivers for two weeks, focusing on them because their jobs require frequent, and generally courteous, interactions with many people. The scientists examined what happened when the drivers engaged in fake smiling, known as "surface acting," and its opposite, "deep acting," where they generated authentic smiles through positive thoughts, said an author of the study.

After following the drivers closely, the researchers found that on days when the smiles were forced, the subjects' moods deteriorated and they tended to withdraw from work. Trying to suppress negative thoughts, it turns out, may have made those thoughts even more persistent. But on days when the subjects tried to display smiles through deeper efforts — by actually cultivating pleasant thoughts and memories — their overall moods improved and their productivity increased. Women were affected more than men. Researchers suspected cultural norms might be at play: women are socialized to be more emotionally expressive, so hiding emotions may create more strain.

10 What does the underlined sentence mean?

① Some people may feel that it is one of their routines at work.
② Some people may take it as one of their work responsibilities.
③ Some people may take it so seriously as to affect their work life.
④ For some, it can be as stressful as their work related problems.

11 According to the passage, what is the most desirable attitude for workers to take?

① Keeping negative thoughts to yourself
② Expressing negative thoughts forthrightly
③ Encouraging positive thoughts to counteract negative ones
④ Understanding and combating the causes of negative thoughts

12 According to the passage, which of the following is NOT a possible result of a fake smile?

① A fake smile can lead to more depressive mood.
② Productivity at work can be influenced by a fake smile.
③ Natural smiles can be generated by a series of fake smiles.
④ A fake smile may generate more anxiety.

13
~
14
Young people learn violence by living in situations containing violence. Such is the claim of Geoffrey Canada, who draws from his experience working with young people in Harlem. He argues that society should not concern itself with punishing youth violence so much as its members should work to prevent the circumstances that encourage it. Thus, he advocates a range of new programs that address the needs of young people before they commit violent or criminal acts. These include: creating a peace officer corps to keep gang-related flashpoints from escalating; reducing the demand for drugs by creating jobs for teens; preventing child and spouse abuse by training people with coping skills; reducing the amount of violence in the media; and requiring teens to take tests before buying handguns. These steps would ensure children and teens would not be exposed to violence, and therefore not learn it. Although he is a karate instructor, he trains young people to settle disagreements through dialog and mediation. He points out that violence costs over 5,000 American children their lives each year, and unless ⓐ things change, this number will increase.

13 According to the passage, which of the following is true?

① Seeing violence promotes violence in children.
② Limits on the ownership of pistols are unnecessary.
③ Prevailing approaches to youth drug use are credible.
④ Violent youths should face severe consequences.

14 Which of the following is closest to what ⓐ refers to?

① Disagreement among parents and teens
② The dire situation for youth in America at present
③ Creating a task force to prevent violent conflicts among gangs
④ Youth unemployment and drug use

15 ~ 17 When it comes to health and safety, Americans tend not to take the best precautions: we text behind the wheel, overeat, exercise too little and smoke and drink too much. Add to the fact, we also tend to be unable to assess true risks to our safety in a rational way, especially when it comes to embracing products that are meant to keep us safe — airbags, vaccines, smoke detectors, for instance. When people learn about the risks of these products, they tend to feel betrayed and avoid them. People have strong emotional reactions when such safety devices have even a very small potential to betray them. So rather than weighing the costs and benefits, they will reject these options outright, even if it makes them worse off for doing so. The researchers found that participants who were told that the airbag could cause deadly trauma were more likely to choose the higher-risk option without the airbag element. Interestingly, it was participants who scored high on a personality test measuring intuitive thinking who were most likely to avoid safety products because of a small potential risk of an adverse outcome. The research has implications for social policymakers and health professionals. Policymakers, who generally prefer alternatives that maximize overall safety, need to be sensitive to the possibility that members of the public will find some of those alternatives _____.

15 Which of the following is the best title of the passage?

① The Risks of Defective Devices
② Americans Insensitive to Safety
③ The Pros and Cons of Safety Products
④ Why People Refuse What Protects Them

16 According to the passage, which of the following is true ?

① The more intuitive people are, the more reasonably they tend to think.
② People have higher expectations of safety related devices than of other products.
③ We'd better do without safety devices than take even a small potential risk of their malfunctioning.
④ Americans intentionally ignore safety precautions, enjoying a certain degree of risk-taking.

17 Choose the one that best fills in the blank.

① meagerly viable
② consistently flawed
③ emotionally repugnant
④ willfully misinformed

18 In an given society, the transmission of privilege is mis-recognized. Individuals tend to see their society's social arrangements as legitimate. Status, privilege, and similar social rewards allegedly are earned by individuals; that is, they are perceived as resulting from intelligence, talent, effort, and other strategically displayed skills. Pierre Bourdieu makes clear that individuals' social position is not the result of personal attributes such as effort or intelligence. In particular, he argues that individuals in privileged social locations are advantaged in ways that are not a result of the intrinsic merit of their cultural experiences. Rather, cultural training in the home is awarded unequal value in dominant institutions because of the close compatibility between the standards of child rearing in privileged homes and the standards proposed by these institutions.

주어진 글의 내용과 가장 거리가 먼 것을 고르시오.

① Individuals tend to wrongly accept their social position as legitimate.
② Bourdieu sees a pattern of domination and inequality at the heart of social structure.
③ Bourdieu points to the close relationship between cultural training in the home and dominant institutions, in the case of children in privileged homes.
④ Bourdieu argues that individuals' social locations result from the their intelligence, talent and effort.

19 A very different conception of order emerges from the writings of socialists and anarchists. Anarchists, for instance, advocate the abolition of the state and all forms of political authority, including, of course, the machinery of law and order. Marxist socialists have also sympathized with this utopian vision. Marx himself believed that the state—and law and other forms of social control—would gradually "wither away" once social inequality was abolished. Parliamentary socialists and modern liberals have made more modest proposals, but they have nevertheless been critical of the belief that order can only be maintained by strict laws and stiff penalties. Although such views are critical of the conventional notion of "law and order," they do not amount to an outright rejection of "order" itself. Rather, they are based upon the alternative belief that social order can take the form of spontaneous harmony, regulated only by the natural good sense of individuals themselves.

주어진 글의 내용과 가장 거리가 먼 것을 고르시오.

① Marxists sympathize with arguments of anarchists on the concept of social order.
② Anarchists advocate that all forms of political authority should be abolished to solve the problem of social inequality.
③ Socialists are critical of the belief that social order can more easily be maintained in a society which encourages spontaneous harmony by individuals.
④ Anarchists and Marxists have more radical views on the conception of order than parliamentary socialists and modern liberals.

20 ~ 21

Not only is it bad form, in light of rising childhood obesity rates, to nag your kids to finish their food, but new research shows it's also bound to backfire and create the dreaded Picky Eater. Researchers in the United Kingdom asked 104 British mothers of children ages 3 to 6 about how they interacted with their kids about food. They found that moms with fussy, slow or problem eaters tended to be those who hounded their kids more to eat -_____. Mothers who pressured their children about food were likely to end up with kids who avoided eating even more fiercely. The same goes for those who used food to try to shape their kids' behavior. Further, urging kids to eat when they're not hungry tends to override a child's innate sense of satiety, which can create kids who have a hard time regulating their appetite, the author said. Healthy children are born able to regulate their hunger and fullness. The conclusions will make a lot of sense to anyone who knows even a little bit about child development. Tell a child what to do, and he'll rebel. But gently guide, and you may have more success.

20 What is most appropriate for the blank?

① a time-proven strategy
② hardly a prudent move
③ an action to be appreciated
④ an effective but strenuous method

21 Which of the following is NOT true of the passage?

① Pressuring kids to chow down is more likely to produce food avoidance.
② Dietary restraint on children is more effective when done in a consistent, gentle manner.
③ Forcing children to eat when they are not hungry disables their appetite regulation.
④ Kids are best left alone to regulate their dietary habits on their own.

22 다음의 문장이 들어갈 가장 알맞은 곳은?

Although this is somewhat generational, in fact, it is generally the case that the higher up in the organizational hierarchy an individual is, the less you will find online about that individual.

No matter what type of career you choose, work you do or what to do, managing your online reputation can be critical for both obtaining and maintaining employment. ⓐ It's important that you consider how you wish to "brand" yourself on the Internet — what perceptions you want others to have of you. ⓑ This may mean changing information about yourself that is currently available online, taking steps to publish and promote new information about yourself, and generally exercising care about what you say and do online. ⓒ Generally, the current rules follow the dictum that "less is more." ⓓ Try "Googling" a few individuals, and you will find this is the case. Additionally, the information that you do find about this individual is almost always the same, no matter what site you view it on.

① ⓐ   ② ⓑ   ③ ⓒ   ④ ⓓ

23 ~ 26

Many are worried about what technology means for books, with big bookshops closing, new devices spreading, novice authors flooding the market and online behemoths growing ever more powerful. Their anxieties cannot simply be written off as predictable technophobia. The digital transition may well change the way books are written, sold and read more than any development in their history, and that will not be to everyone's advantage. Veterans and revolutionaries alike may go bust; Gutenberg died almost penniless, having lost control of his press to Fust and other creditors. But to see technology purely as a threat to books risks missing a key point. Books are not just "tree flakes encased in dead cow," as a scholar once wryly put it. They are a technology in their own right, one developed and used for the refinement and advancement of thought. And this technology is a powerful, long-lived and adaptable one.

Books have not merely weathered history; they have helped shape it. The ability they offer to preserve, transmit and develop ideas was taken to another level by Gutenberg and his colleagues. Being able to study printed material at the same time as others studied it and to exchange ideas about it sparked the Reformation; it was central to the Enlightenment and the rise of science. No army has accomplished more than printed textbooks have; no prince or priest has mattered as much as "On the Origin of Species"; no coercion has changed the hearts and minds of men and women as much as the first folio of Shakespeare's plays.

23 Which of the following can be inferred about the "digital transition"?

① Only innovative people may survive it.
② It makes information traffic less competitive.
③ It tends to make large-scale internet businesses thrive.
④ It will eliminate the demands for book authors.

24 Choose the closest in meaning to the underlined "written off."

① engaged with
② put forth
③ called for
④ argued away

25 Which of the following cannot be inferred about "books"?

① They are also a fruit of technological evolution and will continue to adapt to changing times.
② Undoubtedly developing technologies will turn them into relics of history in the foreseeable future.
③ As bearers of ideas and information, they have been more influential than any single politician or religious leader.
④ The modes of their production and consumption will change with new technologies.

26 What is the best title for the passage?

① Technophobia and Its Fatal Aftermath
② A Brief History of Print Culture
③ Books as a Powerful Technology for Knowledge
④ Digital Printing and the Challenges of New Media

27
~
29
Bargaining may be defined as tacit or direct communication in an attempt to reach agreement on an exchange of value — that is, of tangible or intangible items that one or both parties value. Bargaining need not be explicit. Sometimes the content is communicated through actions rather than an exchange of words. A bargaining process has two or more participants and sometimes has mediators whose participation is nominally neutral. Participants have a direct stake in the outcome; mediators do not. There are one or more issues on which each participant hopes to reach agreement on terms favorable to itself, but the participants' interests diverge on these issues, creating conflicts. These conflicts define a bargaining space — one or more dimensions, each of which represents a distance between the positions of the participants concerning their preferred outcomes. The bargaining process disposes of these conflicts by achieving agreement on the distribution of the various items of value that are at stake. The end result is a position arrived at in the bargaining space. Such agreements do not necessarily represent a fair exchange of value; many agreements are manifestly one-sided and unfair. But in a broad sense, bargains whether fair or unfair contain an element of mutual gain. This is possible because the items of value being exchanged have different value to the different parties.

27 Which of the following can be inferred from the passage?

① Because disparate values are attached to the items being exchanged, inequality is frequent in negotiated outcomes.
② A bargain is accomplished only when all the parties concerned agree on fair, equitable gains.
③ The mediator usually takes a nominal sum in payment for modulating conflicting interests.
④ Bargaining can only be conducted on terms that are unfavorable to all the parties involved.

28 What is the best title of the passage?

① How to A void an Unfair Bargain　② The Secret of Seasoned Bargainers
③ Outwitting the Other Party　④ The Nature of Bargaining

29 Which of the following best defines "the bargaining space"?

① the combination of physical locations occupied by the bargaining parties and the mediator
② the metaphorical space created by distances between conflicting interests
③ the physical place where bargaining parties convene to conduct transactions
④ the range of monetary values that are targeted by the different parties

MEMO

MEMO

[더 실전적인 독해법]

더

편입·공무원 독해 바이블,
『독한독해』 Season 2

전 경 식 저

[해설]

독

해

3.0

지수

Chapter 02

실전 모의고사 해설

01 Warming up 10 Mins 해설

Warming - up 1회 해설

01. ①

Rudy's 해설

첫줄에 빈칸이 있는 문장은 십중팔구 주제문일 가능성이 높고, 주제문 뒤에는 예시문들이 연결되는 것이 일반적인 영문의 구조이다.

해석

오늘 밤 텔레비전 보는 것 말고도 할 일이 많다. 우리는 이웃을 집에 초대하여 카드놀이를 하거나, 미루어 왔던 독서를 만회할 수도 있다. 우리는 벽난로에 불을 지피고, 마시멜로를 굽고, 팝콘을 튀긴 후 몇 시간 동안 체스 놀이를 할 수도 있다. 우리는 심지어 페인트 붓을 꺼내 복도를 다시 칠할 수도 있다. 다른 날 밤에도 여기 텔레비전 앞에만 앉아 있지 않도록 하자.

어휘

besides prep. ~ 외에도, ~ 더하여 catch up on v. 따라잡다, 보충하다 put off v. 연기하다 roast v. 굽다 pop popcorn v. 팝콘을 튀기다 get out v. 외출하다 hallway n. 복도, 현관

02. ②

해석

약 5개월 된 아기를 상상해 보라. 그 아기는 울고 웃을 수 있으며, 먹고 잘 수도 있으며, 기저귀를 더럽힐 수도 있다. 그 아기가 또한 셀 수도 있다는 것을 알고 있는가? 그것이 전부가 아니다. 즉, 조그만 아기들은 또한 작은 수의 것들을 더할 수도 있고 뺄 수도 있다. 이것이 놀라운 소식일지는 모르지만, 한 심리학자가 그것이 사실이라는 것을 입증했다. 많은 사람들은 이러한 능력들이 학교에서 배워진다고 생각한다. 그러나 이 심리학자는 이러한 능력들이 이미 조그마한 아기들 안에 내재해 있다고 믿는다.

어휘

diaper n. 기저귀 add and subtract v. 더하고 빼다 psychologist n. 심리학자 adulthood n. 성인기

03. ④

해석

인간의 자연 정복은 인간을 다른 동물과 구분지어 주는 특성, 즉 지능이 없으면 불가능할지 모른다. 우리는 초기 유인원, 도마뱀, 물고기 등에서 진화한 조상으로부터 육체를 물려받았다. 그러나 지능은 우리 자신의 것이다. 신체 변화는 이제 한계에 이르고 있을지 모르지만 우리의 정신은 더욱 더 발달할 것 같다.

어휘

separate v. 분리하다, 구분하다 inherit v. 물려받다, 상속하다 apes n. 유인원 lizard n. 도마뱀 extinction n. 멸종, 소멸 dimension n. 차원, 크기, 부피

04. ④

Rudy's 해설

빈칸 전후의 on the contrary는 언제나 중요 keyword가 될 수 있다.

사회학자들과 심리학자들은 수세기 동안, 사람의 성격이 어떻게 형성되는가에 대해 논쟁해 왔다. 두 개의 주된 반대 이론에 관한 논쟁은 오랫동안 '본성 대 양육'이라는 것으로 알려져 왔다. 첫 번째 이론에 따르면 성격은 유전적으로 출생 이전에 형성된다는 것이다. 이 이론에 따르면, 본성이 유전적 특징을 통해 그 사람의 유형을 결정해 준다고 한다. 이와는 반대로, 다른 이론은 사람의 성격은 출생 후에 형성된다는 것이다. 이 이론에 따르면, 가장 중요한 요소는 문화적인 것과 환경적인 것이다.

어휘

genetic a. 유전적인 physical a. 신체의, 물질의 rational a. 이성적인, 합리적인

05. ⑤

해석

때때로 부모와 함께 집에 사는 것에 대해 불명예의 증표가 붙기도 한다. 일단 학교를 마치고 진짜 직업을 얻게 되면, 당신은 당신 자신의 집으로 옮겨가야 한다. 당신이 그렇게 하지 못하면 당신은 게으르다거나 이기적이라고 낙인찍힐 위험이 있고, 혹은 더 나쁘게는 외부 세계에 대처하는 데 무능력함을 보여주는 것이다. 그래서 나는 '이사 갈 수 있을 때까지 만입니다.'라고 말하면서 집에 사는 것에 대해 변명을 하게 되었다.

어휘

bad mark n. 악명, 오명 attach v. 부착시키다 risk v. 위험을 감수하다 reveal v. 폭로하다 cope with v. 대처하다, 해결하다 make excuse v. 핑계를 대다 get along with v. 사이좋게 지내다

06. ①

Rudy's 해설

as a result를 통해 빈칸에는 본문 예시의 결론이 적절하다는 것을 알 수 있다.

해석

도시에서 연료를 태우는 것이 엄청난 양의 수증기를 발생시키고 산업체와 여름의 에어컨과 같은 다양한 열원으로 인하여 공기가 위로 올라가서 뒤섞여, 구름 형성에 필요한 상태를 만든다. 더구나 수없이 많은 굴뚝에서 나오는 먼지 입자는 핵의 역할을 해서 그 핵 주위에 작은 물방울들이 형성될 수 있다. 그 결과 도시지역이 그 주변 지역보다 일반적으로 비가 더 많이 온다.

어휘

urban area n. 도심지역 fuel n. 연료 water vapor n. 수증기 dust particle n. 먼지 입자 smokestack n. 굴뚝 nuclei n. nucleus (핵, 원자핵) 복수형

07. ④

해석

매년 부유한 나라는 더욱 부유해지며 가난한 나라는 더욱 가난해지고 있다. 1750년에는 가장 부유한 국가가 가장 가난한 나라보다 5배 더 부유했다. 오늘날 가장 부유한 국가는 가장 가난한 나라보다 약 400배나 더 부유하다. 이렇게 커다란 격차는 대체로 기술의 발달에 기인한다. 가난한 나라들은 산업화된 국가들의 변화하는 기술을 따라잡을 수 없다. 새로운 기술적 발전이 이루어질 때마다 가난한 나라들은 현재보다 훨씬 가난하게 될 가능성이 크다.

어휘

make progress v. 발전하다 remarkable a. 눈에 띄는 export v. 수출하다 natural resources n. 천연자원 catch up with v. 따라잡다

Unit. 01

08. ②

본문의 the way to form a good memory is to use it을 통해 빈칸을 추론할 수 있다.

해석

여러분 스스로가 변변치 못한 기억력을 가지고 있다고 생각한다면 여러분은 다음과 같은 사실에 놀랄 것이다. 여러분의 두뇌는 75년 동안 초당 700가지의 기억을 저장할 수 있다. 우리 모두는 훌륭한 기억력을 갖고 있는데 몇몇 사람들은 단지 그것들을 이용하지 않고 있을 뿐이다. 기억력에 대한 중요한 사실이 있다. 훌륭한 기억력을 기르는 것은 기억력을 이용한다는 것이다. 후에 여러 사항을 기억해 내기를 원할 것이라는 것을 의식하고 그러한 사항에 집중할 필요가 있다. 훌륭한 기억력의 비결은 기억해야 한다는 것을 기억하는 것이다. 이런 방법은 전화 번호, 이름, 혹은 식료, 잡화류 목록을 기억하는데 효과가 있다.

어휘

second n. (시간) 초 concentrate on v. 집중하다 grocery n. 식료품 memorize v. 암기하다 write down v. 받아 적다

09. ②

빈칸 뒤의 eclipse is total을 통해 정답을 선별할 수 있다.

해석

만월일 때 밤중에 월식이 일어난다. 태양 빛을 받는 모든 다른 것처럼 지구도 그림자가 생긴다. 태양으로부터 멀리 떨어진 지구의 한쪽 면의 그림자가 우주공간을 지나 쭉 드리워진다. 만약 달이 완전히 이 그림자 속으로 들어가면 이것은 개기 월식이다. 그때 지구 위의 사람들은 아주 이상한 것을 보게 된다. 달 전체가 짙은 붉은색으로 변한다. 달이 지구의 그림자의 한쪽 부분에 들어가면 부분월식이 생기는 것이다.

어휘

eclipse n. (천문)식, 엄폐 cf) solar eclipse n. 일식 lunar eclipse n. 월식 stretch out v. 뻗다 turn red v. 붉은색으로 변하다 partial eclipse n. 부분 일식(월식) move around v. 돌아다니다

10. ③

빈칸 뒤의 immune systems crashed를 통해 정답을 선별할 수 있다.

해석

생쥐를 실험함으로써, 잠이 얼마나 중요한가를 과학자들이 증명했다. 과학자들을 건강한 생쥐들을 날마다 강제로 깨어 있도록 했다. 곧 잠이 부족한 생쥐들은 죽어 넘어지기 시작했다. 혈액을 채취해 보고서, 과학자들은 생쥐들의 혈액이 집단 감염되어서 죽었다는 것을 알아냈다. 왜냐고? 이로운 것이든 해로운 것이든 박테리아는 언제나 살아 있는 생물체의 체내에 있기 때문이다. 무슨일이 있었는지 잠을 빼앗긴 생쥐는 박테리아가 통제 불능 상태가 되었다. 밤낮 깨어 있었으므로 생쥐의 면역체계가 분명히 무너진 것이다. 박테리아가 몇 배로 증식되어, 그들의 혈액을 압도하게 되었고, 결국 생쥐는 죽었다.

어휘

experiment n. 실험 stay awake v. 깨어있다 day after day av. 며칠 동안 massive a. 엄청난 infection n. 감염 sleep-deprived a. 수면이 박탈된 immune system n. 면역체계 crash v. 붕괴되다, 추락하다 wakefulness n. 불면 multiply v. 번식하다, 곱하다 overwhelm v. 압도하다 get out of control v. 통제를 벗어나다 defensive system n. 방어체계 work v. 작동하다, 효과가 있다 immunity n. 면역, 면제

Warming - up 2회 해설

01. ①

해석

어린이들은 자기 자신의 확신을 이야기하고, 다른 사람이 말을 끝내기를 성급하게 기다린 다음, 자기들이 전에 이미 말했던 것을 단순히 되풀이하는 경향이 있다. 다른 사람들에게 귀를 기울이지 않음으로써 그들은 자신들의 시야를 넓혀줄 수 있는 생각을 알지 못하는 상태로 남아있게 된다. 그러므로 그들에게 다른 관점도 고려해 보도록 유도하라. 만일 당신의 자녀가 어떤 친구를 "멍청하다"라고 묘사한다면 형제나 누이의 의견을 듣도록 해 보아라. 그것은 생각해 보지 못했던 가능성에 대하여 그 아이의 눈을 뜨게 해 줄지 모른다. 마찬가지로 뉴스를 시청하거나 읽는 것은 똑같은 증거들이 다른 방식들로 해석될 수 있다는 중요한 교훈을 가르쳐줄 수 있다.

어휘

conviction n. 확신, 유죄판결 impatiently av. 조급해하면서 broaden v. 확장시키다 outlook n. 전망, 시각 unthought-of a. 뜻밖의, 생각하지 못한 identical a. 동일한, 닮은 precise a. 정확한 look on v. ~ 보다 make friends v. 친구를 사귀다

02. ⑤

해석

우리의 기억은 기억 은행에 예금된 상태로 남아 있는 우리의 과거 경험에 대한 단순한 복제가 아니다. 뼈 조각들로부터 어떤 공룡의 모습을 추리해 내는 고생물학자와 마찬가지로, 우리는 정보의 편린들로부터 우리의 먼 과거를 재구성한다. 그러므로 우리는 변화하는 상황에 알맞도록 무의식적이긴 하지만 쉽사리 우리의 기억을 수정한다. 내 아들이 "Cricket 잡지 7월 호가 배달된 적이 결코 없다."라고 불평했고, 내가 그 잡지가 있는 곳을 알려 주었을 때 그는 "아, 맞아요, 내가 그것을 받았던 것이 기억나요."라고 명랑한 반응을 보였다. 이런 사실들에 비추어 볼 때, 우리의 기억은 종종 새로운 정보에 따라 변화한다.

어휘

copy n. 복사, 복사물 deposit n. 예금, 보증금 paleontologist n. 고생물학자 infer v. 추론하다, 생각하다 dinosaur n. 공룡 revise v. 개정하다, 수정하다 cricket n. 귀뚜라미, (운동) 크리켓 delightedly av. 기뻐하여 preserve v. 보존하다 have nothing to do with v. ~관련성이 없다

03. ⑤

Rudy's 해설

therefore를 통해 빈칸은 앞의 예시들을 종합하는 표현이 적절하다.

해석

우리들 각자는 수면이라 불리는 이상한 상태에서 대략 25년 정도의 삶을 보낸다. 일반적인 믿음과는 반대로 사람들은 수면 중 완전한 무반응 상태에 있는 것만은 아니다. 여러 연구 조사들은 여러분이 다른 사람의 이름이 아니라 자신의 이름이 말하여질 때 잠에서 깨어날 가능성이 더 많다는 것을 보여 주고 있다. 마찬가지로, 잠을 자고 있는 엄마는 머리 위에서 들리는 천둥 같은 제트기의 소리는 무시할지 모르지만, 아기가 가냘프게 우는 소리만을 듣고도 잠에서 깨어난다. 물론 수면은 한계점들을 부과한다. 예를 들어 사람이 수면 중에 수학, 외국어 및 기타 복잡한 기술들을 학습할 수 있다는 증거는 없다. 그러므로 수면은 희미한 의식이 있는 상태로 가장 잘 표현될 수 있다.

어휘

strange state n. 낯선 상태 popular belief n. 상식, 통념 unresponsive a. 반응성이 없는, 감수성이 둔한 awaken v. 잠에서 깨다 jet thundering n. 비행기 소음 impose v. 부과하다 describe v. 설명하다, 묘사하다 inactivity n. 무활동, 휴지기

04. ⑤

Rudy's 해설

총기 사용자들을 비판하는 내용으로 적절한 것이 정답이다. ④는 함정문항으로 총기를 소지할 자유 보다는 총기 사용에 대해서 비판하고 있기 때문이다.

해석

사람들로 하여금 총기의 소유권을 포기하도록 설득하는 일은 쉽지 않다. 시간이 좀 걸리겠지만 이 문제를 해결하기 위해 교육이 이용될 수 있다. 정부의 고위층에서 권총의 공급과 수요에 초점을 맞추어야 한다. 총기 통제는 입법과 시행에 의해 지지를 받아야만 한다. 물론 총기를 좋아하는 사람들은 그들이 권총으로 자신을 보호할 권리를 가지고 있다고 믿을 것이다. 그러나 그들은 마음대로 그것들을 사용할 권리를 가지고 있지 않다는 사실을 알아야만 한다.

어휘

give up v. 포기하다 ownership n. 소유권 take time v. 시간이 걸리다 supply and demand n. 공급과 수요 back up v. 보완하다 legislation n. 입법, 법률 enforcement n. (법) 집행 wildlife n. 야생동식물 recklessly av. 경속하게

05. ①

해석

콤팩이나 코닥과 같은 회사의 실제 가치는 트럭이나 조립 라인, 기타 회사가 갖고 있는 유형 자산보다 오히려 아이디어, 통찰력, 종업원의 머리와 자료 은행 속에 들어 있는 정보, 회사의 특허 등에 달려 있다. 이처럼 자본은 이제 무형 자산에 대한 의존도가 점차 높아지고 있다.

어휘

assembly line n. 조립 공정 asset n. 재산, 자산 intangible n. 무형의 것 man–power n. 인력

06. ①

Rudy's 해설

not ~ but 구조를 통해 빈칸에는 noble과 상반되는 의미가 적절하다.

해석

Judy는 그녀의 아버지처럼 사냥꾼이 되고 싶어 했다. Judy는 뜨겁고 건조한 덤불 속에서 그 하루의 나머지 시간을 사냥꾼 놀이를 하면서 보내다가, 마침내 길을 잃었는데, 그 때 갑자기 그녀를 가만히 멈춰 서게 한 처량하고도, 절망적인 소리를 들었다. 그것은 곤경에 처한 동물의 울음소리였다. 그녀는 그 소리를 따라가다가 죽은 어미 코끼리 때문에 울부짖는 새끼코끼리를 발견했다. Judy는 그 어미를 잃고 고아가 된 짐승을 도우려고 애쓰면서, 사냥이라는 것이 고상하거나 흥미진진한 것이 아니라 잔인하면서도 쓸데없는 것임을 알게 되었다.

어휘

desperate a. 필사적인, 절실한 still a. 정지해 있는 in distress av. 고통을 당하는 cruel a. 잔인한 playful a. 장난스러운, 명랑한 encouraging a. 격려하는

07. ③

해석

거울은 언제나 특별한 힘을 가진 것으로 간주되어 왔다. 거울을 깨뜨리는 것은 재수가 없다는 미신은 아주 오래된 것이고, 그것은 전 세계적으로 대부분의 문화에 있어 어떤 형태로든 존재한다. 하지만, 사실상 최초의 거울들은 그것들이 물로 이루어진 것이었으므로 실제로 깨어질 수는 없었다. 사람들은 물속에 비친 그들의 모습이 자신들의 미래에 대해서 말해 준다고 믿었기 때문에, 호수, 연못, 강에서 자신들의 모습을 바라보았다.

어휘

superstition n. 미신 as a matter of fact av. 사실은, 실상은 reflection n. 반사 fragile a. 약한, 깨지기 쉬운 be made of steel v. 강철로 만들어지다

08. ③

해석

대처 수상은 영국 정부가 당시의 국내와 외교정책 사안들이 절망적으로 뒤얽혀진 냉혹한 현실에 맞서 있을 때 공직에 있었다. 영국의 유럽 공동 시장 참여를 위해서 그녀가 공공비 사용에 있어 과감한 삭감을 주장했던 바로 그 때, 재무부의 관리들은 유럽 공동 시장에 영국이 참여하는 것은 영국인에게 생길지도 모르는 경제적 이익을 웃도는 연간 최소한 10억 파운드의 비용이 든다고 보도했다. 이러한 사실이 공표되자, 그것은 심각한 당혹감을 야기했다.

어휘

stern a. 엄중한, 강경한 intertwined a. 꼬인, 밀접하게 연관된 cut down v. 삭감하다 above and beyond av. 더 초월하여, ~ 더하여 boom n. 활기, 유행 embarrassment n. 당황

09. ⑤

해석

빵장수들이 사업을 발달시키기 위하여, 손님들이 빵 12개를 살 때 13개를 주었다는 추측이 있다. 그러나 '빵장수의 12개(빵을 13개 주는 것)는 사업 촉진의 결과물이 아니라, 일찍이 있었던 가격 억제 정책의 소산인 것이다. 빵은 자른 조각으로 또는 덩어리 전체로 구입되었다. 엄격한 법 때문에 빵장수는 빵을 세어서 무게를 달아야 했고 속이면 무거운 벌금을 물어야 했다. 빵이 말라서 오그라들게 되면 무게가 가벼워지므로, 빵장수는 규정을 준수하기 위해 12개의 빵마다 한 덩어리의 빵을 추가로 더 넣어서 팔아야 했다.

어휘

baker n. 제빵사 loaves n. loaf(빵, 덩어리) 복수형 trade-promotion n. 판매촉진 fine v. 벌금을 부과하다 meet the regulations v. 규정을 준수하다

10. ④

해석

세계의 많은 나라에서, 일정한 수준에 있는 모든 학생들이 모든 과정에 있어서 국가시험을 본다. 그 때 그들은 자신들과 같은 학년 수준에서 전국의 다른 학생들과 어떻게 비교되는지를 알 수 있다. 선생님들도 학생들의 성적을 보고 다른 학생들과 비교해 볼 때 자기 학생들이 어느 정도 하고 있는지를 알 수가 있다. 비록 그러한 국가시험에 약간의 문제점이 있기는 하지만, 그러한 시험은 모두에게 명료하고 공정한 기준이 되도록 하는 데 도움을 준다.

Warming - up 3회 해설

01. ①

Rudy's 해설

빈칸 뒤의 'lose rather than gain prestige'를 통해 정답을 유추할 수 있다.

해석

모든 자동차는 동일하게 수송이라는 기본적 기능을 수행한다. 그러나 우리 사회에서 비싸다고 알려져 있는 일부 자동차가 그에 못지않게 쓸모 있는 다른 자동차보다 더 위신이 있어 보인다. 뿐만 아니라 우리는 자동 창문, 자동 트렁크 열림 장치, 자동 변속기와 같은 제반 자동 장치를 자동차에 갖추기 위해서 별도의 비용을 들이려고 한다. 다른 사회에서는 위신이라는 것을 가진 물건을 과시하는 것이라기보다는 가진 물건을 다른 사람에게 나누어 주는 후한 마음과 연관시킨다. 그러한 사회에서는 남보다 많은 것을 가지고 과시하는 사람들은 탐욕스럽고 인색하다고 여겨질 것이고 위신을 얻기보다는 잃기 십상일 것이다.

어휘

gear shift n. 기어변속 prestige n. 위신, 명성 give away v 나누어 주다 goody n. 근사한 것 greedy a. 욕심많은 stingy a. 인색한 humble a. 겸손한, 초라한 affluent a. 부유한

02. ①

해석

인도를 여행하는 한 사람이 한 가지 진기한 사실을 알아챘는데, 그 사실은 그가 보았던 야생동물과 새들이 인간을 두려워하지 않았다는 것이었다. 그 여행자가 다가가도 동물들은 도망가지 않았다. 실제로 그가 있어도 그 동물들은 아주 편안해 보였다. 이러한 행동을 보이는 이유에 대해 그는 인도 사람들이 인간이 아닌 생명체에 대한 깊은 이해심을 가졌다는 사실에서 결론을 찾았다. 모든 인도의 종교 교파들은 모든 생명체를 신성하게 여겨서 모든 생명체에게 해를 끼치는 것을 금지하고 있다.

어휘

run away v. 도망가다 presence n. 존재 sect n. 분파, 교파 sacred a. 신성한 considerate a. 사려 깊은

03. ⑤

해석

사물들이 어떻게 유사하고 다른가를 살펴보는 것은 그렇지 않으면 연결되지 않을 수 있는 경험들에 대해서 의미를 부여해 주는데 도움이 된다. 무의식적으로 우리는 '나는 오늘 아침 굉장히 기분 좋게 일어났지만 지금 불안하고 걱정을 하고 있어. 내가 왜 이렇게 다르게 느끼는지 궁금해.'혹은 "내가 기숙사에서 살아야 할까 아니면 아파트를 빌려야 할까? 내가 급료가 많은 직업을 택해야 할까 아니면 급료는 적지만 더 많은 도전을 제공하는 직업을 택해야 할까?"라고 혼자서 생각할 수도 있을 것이다. 이러한 내면의 질문은 우리가 빈번하게 우리 자신과 세상을 이해하는 데 사용하는 비교와 대조의 단지 몇 가지 예이다.

어휘

impose v 부과하다 disconnected a. 관련성이 없는 uneasy a. 불안함, 불편함 dorm n. 기숙사 (=dormitory) trial and error n. 시행착오 cause and effect n. 인과관계 stimulus and response n. 자극과 반응 reward and punishment n. 보상과 처벌 comparison and contrast n. 비교와 대조

04. ②

해석

초소형화의 지속적인 발전으로 nanotechnology, 즉 분자나 100만분의 1 밀리미터 단위로 수술하는 기술을 믿고 있는 과학자들은 언젠가는 극소형 장비를 개발하여 이를 몸에 투입하면 종양 제거나 막힌 동맥을 뚫는 등의 세포 수준의 질병을 퇴치가 가능할 것으로 예측하고 있다.

어휘

microminiaturization n. 초소형화 nanotechnology n. 나노기술(반도체 등의 미세가공기술) molecular a. 분자의 nanometer n. 나노미터 excise v. 절단하다 tumor n. 종양, 종기 clean out v. 청소하다 clogged a. 막힌, 폐쇄된 artery n. 동맥

05. ②

해석

우리는 종종 자연 재해나 전쟁, 죽음 같은 큰 일들이 스트레스의 주된 원인이라고 생각 한다. 물론 이런 것들이 스트레스를 주기는 한다. 그러나 심리학자들에 따르면 일상생활에 있어서 스트레스의 주범은 줄서서 기다리기, 차 고장, 차가 막혀 꼼짝할 수 없는 것, 제한된 시간에 해야 할 일이 너무 많은 것 등 사소한 것들이다.

어휘

get stuck v. 갇히다 traffic jam n. 교통체증

06. ②

해석

연구 조사자들은 분실된 대학원 지원서를 공항에 놓고 그 지원서를 발견한 사람들이 그것을 우편함에 넣음으로써 얼마나 자주 도와주느냐를 조사했다. 사람들은 사진에 들어 있는 사람이 남자이건 여자이건 간에 잘생겼으면 그 지원서를 더 보내 주는 경향이 있다는 결과가 나왔다. 평균적으로 덜 매력적으로 생긴 사람들의 지원서의 35퍼센트가 되돌아 온 것에 비해 잘생긴 사람들의 지원서의 52 퍼센트가 되돌아 왔다. 이 익명의 상황에서 남을 기꺼이 도와주느냐는 신체적 외모의 영향을 받았다.

어휘

application n. 지원서 anonymous a. 익명의, 무명의 good-looking a. 잘생긴 willingness n. 의사, 의지

07. ⑤

해석

Scott는 언제나 아팠다. 적어도 그는 자기가 언제나 아프다고 생각했다. 그는 감기가 걸릴 때마다 폐렴에 대해 생각한다. 그는 심장 질환 암 또는 다른 어떤 심각한 의학적 문제를 끊임없이 두려워하면서 산다. 그는 질병에 대해 찾을 수 있는 모든 기사를 읽고 자신이 그 모든 기사에 나오는 증상들을 가졌다고 상상한다. 한 의사가 그에게 아무런 이상이 없다고 말하면 다른 의사에게로 간다. 그의 약장은 약국의 조제실을 닮았다. 그는 공포, 알약, 그리고 처방전의 세계에서 산다. Scott에게 신체적으로 이상이 있는가? 신체적으로 이상이 없지만 그럼에도 불구하고 그는 아픈 것이나 다름없다. 그런 문제를 겪고 있는 것이 Scott 만이 아니다. 많은 사람들이 질병에 대해 비이성적으로 걱정을 하면서 불안을 겪는다.

어휘

catch a cold v. 감기에 걸리다 pneumonia n. 폐렴 constant a. 지속적인 symptom n. 증상 prescription n. 처방 pill n. 알약 sense of guilt n. 죄책감 lose touch with v. 접촉을 끊다

08. ②

해석

사람들은 아무리 노력을 해도 자신의 진짜 감정을 항상 숨길 수는 없다. 한 학생이 시험에 대해 걱정을 하지 않는다고 말할지 모르지만 아랫입술을 깨물거나 평소보다 눈을 더 깜박일 것이다. 그런데 그런 행동은 종종 불안해하고 있다는 것을 나타내는 행동이다. 면접 시험을 기다리는 한 젊은이가 침착하고 평소처럼 보이려고 할지 모르지만 그는 계속 다리를 꼬았다 풀었다 하고 넥타이를 바로 하고 얼굴을 만지고 머리를 만지작거릴 것이다. 평소의 목소리의 높낮이는 진실을 말하고 있을 때보다 거짓말을 하고 있을 때 더 높다.

어휘

nervous a. 불안한, 신경질적인 blink v. 깜빡이다 cross legs v. 다리를 꼬다 pitch n. (음정)높이 nothing but av. 단지 do one's best v. 최선을 다하다 keep still a. 침묵하다, 정지해 있다

09. ①

해석

고양이는 새끼에게 사냥하는 법을 가르친다. 고양이는 생쥐를 잡은 다음에 그것을 산채로 새끼에게 가져가서 새끼 앞에 놓는다. 그 생쥐는 자신이 풀어진 것을 알게 되면 도망가려고 노력하지만 고양이는 멀리 가도록 내버려두지 않는다. 생쥐가 짧은 거리를 이동하자마자 고양이는 새끼들에게 포로(생쥐)가 도망가지 못하게 해보라고 한다. 고양이는 나중에 새끼들을 데리고 나가 어미가 먹이를 잡는 것을 보게 한다. 새끼 고양이는 먹이로 적합한 먹이가 있다고 생각될 때 어떻게 해야 하는지를 이와 같이 천천히 배운다.

어휘

secure v. 확보하다 kitten n. 새끼 고양이 released a. 풀려난, 해방된 make an effort v. 노력하다 pounce v. 발톱으로 잡다, 갑자기 덤벼들다 captive n. 포로

10. ②

해석

당신에게서 멀어져 가는 물체로부터 나오는 음파는 더 낮은 주파수를 갖는다. 광파도 마찬가지이다. 스펙트럼에 있는 다른 색깔들은 다른 주파수를 갖고 있다. 보라색은 가장 높은 주파수의 광파를 갖고 있다 적색 광파는 가장 낮은 주파수를 갖고 있다 과학자들은 먼 은하계에 있는 별들의 움직임을 연구했다. 그들은 이 먼 은하계에서 오는 빛이 스펙트럼의 적색 끝 쪽으로 약간 이동한다는 것과 더 낮은 주파수를 갖고 있다는 사실을 알아냈다. 천문학자들은 이 은하계가 지구로부터 멀어지고 있다는 결론을 내렸다.

어휘

sound wave n. 음파 move away v. 멀어져가다 frequency n. 주파수, 파동 light wave. 빛파동, 광파 spectrum n. 스펙트럼, 분광기, 범위 galaxy n. 은하, 성운

Unit. 04

Warming - up 4회 해설

01. ②

Rudy's 해설

본문의 we can't buy new air, water 등을 통해 정답을 선별할 수 있다.

해석

어떤 면으로 보아 우리들 모두는 실제로 지구 행성이라는 우주선에 타고 있다. 우리는 초당 18마일의 속도로 태양의 주위를 돌며 결코 멈추지 않는다. 우리의 우주선 위에는 40억의 사람들이 있으며, 공기와 물과 땅이라는 한정된 보급품이 있다. 우주 비행사의 우주선에 주어지는 한정된 보급품과 마찬가지로 이 보급품들은 조심스럽게 사용되어야 한다. 왜냐하면 우리는 다른 어느 곳에서도 공기와 물과 땅을 살 수 없기 때문이다. 모두가 살기 위해서는 공기와 물과 땅을 필요로 한다. 우리가 생존을 계속하길 원한다면 우리는 환경의 낭비를 줄여야 한다.

어휘

second n. (시간)초 astronaut n. 우주비행사 escape v. 탈출하다 polluted a. 오염된

02. ④

해석

약 100년 전에는 전혀 공인된 시간이 없었다. 많은 사람들은 지방의 보석 가게에 있는 시계에 따라 시간을 맞추었다. 만약 당신이 한 보석상의 창문을 보고 당신의 친구는 다른 보석 가게의 창문을 본다면, 둘의 시계는 5분이나 10분이 틀릴 것이다. 마침내 이러한 일들을 바꾸어 놓은 것이 기차였다. 기차의 시간 계획은 같은 시간대 체계나 표준 시간 체계를 필요로 한다. 기차는 사회에 공식화된 시간을 부여한 최초의 기관이었다.

어휘

official time n. 공식적인 기준 시간 time zone n. 시간대 sense of belonging n. 소속감 means n. 수단

03. ②

해석

어린이들이 언어를 배우는 것은 때때로 제한된 경험 때문에 생긴 잘못된 결론을 이끌어 낸다. 예를 들면, 한 어린이는 그의 어머니가 "우리는 다음 주에 할머니 댁에 비행기 타고 갈 거다"라고 말할 때 그가 새처럼 날아가는 법을 배워야만 한다고 생각할지 모른다. 사실 어린 아이들은 올바른 의미를 발견하기 위해서 여러 번 틀려야만 한다. 더욱 중요한 것은 어린이가 말하는 것을 배울 때 잘못되었다고 꾸지람 받아서는 안 된다는 것이다. 왜냐하면 실수를 하는 것은 언어를 배우는 데 필수적인 것이기 때문이다. 요컨대, 어린 아이들은 시행과 착오라는 복잡한 과정을 통해서 언어를 익힌다.

어휘

be blamed for v. 비난받다 make mistakes v. 실수하다 essential a. 필수적인, 본질적인

04. ③

해석

얼마 전에 우울증으로 고생하는 두 명의 환자에게 똑같은 알약을 주고 그것들이 새로운 기대되는 약이라고 말했다. 첫 번째 환자는 그 알약이 그의 우울증을 고치고 그의 전반적인 건강 상태에 좋은 효과가 있을거라는 말을 들었다. 두 번째 환자는 알약이 아직 실험 단계이고 어쩌면 좋지 않은 부작용이 있을 수 있다는 말을 들었다. 각 환자는 이 예언에 따라 반응했다. 사실 이 알약은 약이 아니라 무해한 유당 캡슐이었다. 이 연구는 당신의 정신이 당신을 치료할 수 있다는 것을 보여 준다.

어휘

depression n. 우울증 promising a. 장래성이 밝은, 효과가 좋은 reduce v. 줄이다 melancholy n. 우울 react v. 반응하다 prediction n. 예측, 예상 capsule n. 캡슐, 작은 상자 do you good v. 당신에게 이롭다

05. ④

해석

우리 자신의 수입을 지키기 위해서라면 경제적인 변화가 일어나지 못하도록 싸울 것이며 사회에 대항해 우리에게 손해가 되는 정책은 행하지 못하도록 맞설 것이다. 우리의 관점에서 볼 때 그러한 정책은 설사 더 많은 GNP를 가져다준다 해도 좋은 공공정책이 아니다. 우리는 예컨대 에너지 문제에 대한 해결책을 원하되 우리의 소득을 줄이지 않는 것이어야 한다. 그러나 어떤 해결책이든지 불가피하게 누군가의 소득을 줄이게 될 것이다. 만일 정부에서 우리의 소득이 줄지 않는 정책을 택한다면 우리 중에서 지지자를 얻게 되겠지만, 우리 아닌 다른 사람이 소득 감소를 떠안아야 하기 때문에 다른 사람 중에서 반대자가 나오게 될 것이다.

어휘

perspective n. 관점, 전망 income n. 소득 inevitable a. 필수적인 shoulder v. 책임을 지다 n. 어깨, (도로)갓길

06. ⑤

해석

대륙이 갈라져서 이동했다고 과학자들은 믿고 있다. Mesosaurus의 뼈가 아프리카와 남아메리카에서 발견되었다. 그 동물은 약 2억 년 전에 강과 호수 주위에서 살았었다. 그 동물이 어떻게 대양을 건너 한 대륙에서 다른 대륙으로 이주할 수 있었겠는가? Glossopteris의 화석이 남아프리카, 오스트레일리아 그리고 인도에서 발견되었다. Glossopteris는 약 2억 5천 만 년 전에 자랐던 식물이다. 이 식물의 씨앗들은 너무 커서 바람에 의해 대양을 건너 다른 대륙으로 날아 갔을 수가 없었다. 그렇다면 그 씨앗들은 어떻게 그렇게 멀리 떨어진 대륙에서 싹텄겠는가?

어휘

continent n. 대륙, 육지 fossil n. 화석 die out v. 멸종하다

07. ④

해석

신문을 통하여 우리는 전화, 전보, 텔레타이프와 라디오라는 수단에 의해 모아진 세계 뉴스를 얻는다. 라디오와 텔레비전은 우리에게 오락을 주지만 또한 그것들은 시장 정부와 날씨를 보도해 주기 때문에 사업가들과 농부들에게 매우 중요한 것이다. 그리고 가장 최근에 세계에서 일어나는 일들이 뉴스 방송에 보내지기 때문에 세계에서 가장 고립된 지역에서 살고 있는 사람들도 시사를 접할 수 있게 된다.

08. ④

해석

가난한 농부와 어부들은 매매하고 싶은 생산물을 시장으로 운반할 차량이 없다. 그래서 그들은 중간상인에게 생산물을 판매한다. 이 상인들은 그들로부터 생산물을 사서 더 높은 가격으로 시장에 판매한다. 가난한 농부와 어부들이 자신들의 생산물을 판매할 수 없기 때문에 그들은 싼값으로 중간상인에게 판매해야 한다. 지금 많은 단체와 NGO들은 그들이 소비자들에게 직접 생산물을 팔도록 돕고 있다. 이런 방법으로 그들은 자신들의 생산물로 더 좋은 수입을 올릴 수 있다.

09. ②

해석

자신들의 컴퓨터나 냉장고에 그냥 붙이면 달라붙는 메모지를 붙여본 적이 있는 사람은 누구나 이런 편리한 종잇조각의 가치를 알고 있다. 그러나 그들이 좋아하는 접착성이 있는 메모용지가 어떻게 나오게 되었는지를 아는 사람은 거의 없다. 실제로 그것은 우연의 결과였다. Spencer Silver와 Art Fry가 일하고 있었을 때 Silver는 접착제를 발견했으나 접착성이 그렇게 강하지 않았기 때문에 그것을 폐기했다. Fry는 종잇조각을 가지고 성가집의 노래에 표시를 했던 그 일요일에 동료가 발견했던 것이 생각이 났다. 흔히 일어났던 것처럼 Fry가 노래하는 동안 종잇조각들이 떨어져 나갔고 그것은 짜증나는 일이었다. Fry가 월요일에 직장으로 돌아왔을 때 그는 직접 임시로 책갈피로 쓰기 위해 Silver의 접착 용지를 쓰기 시작했다.

10. ④

해석

당신이 저울 위에 올라설 때, 당신은 저울 속의 용수철을 누르게 되는데 이것은 저울의 바늘과 연결되어 있다. 그 바늘이 움직임을 멈추면 체중을 나타내기 위해 수치를 가리키게 된다. 당신이 움직이는 엘리베이터 안에서 저울 위에 올라섰을 때 그 숫자는 움직임의 속도와 방향에 따라 변한다. 만일 엘리베이터의 속도가 위쪽으로 빨라지면 저울안의 용수철은 더욱 압력을 받게 되어 당신의 체중표시가 더욱 커지게 된다. 엘리베이터가 아래쪽으로 빨라지면 저울안의 용수철은 압력을 덜 받게 되어 당신의 체중표시가 더 작아지게 된다. 만일 엘리베이터 케이블이 끊어져서 자유낙하를 하게 되면 저울 상의 수치는 0이 된다. 저울의 수치에 따르면 당신의 체중은 없어지게 될 것이다.

Warming - up 5회 해설

01. ①

해석

만일 우리가 사물들에 대해서 호기심을 가진다면, 사물들을 이해하는 데 어려움이 없다. 우리가 아둔한 것은 무관심하기 때문이다. 에머슨은 별들을 백 년에 오직 한 번만 볼 수 있다면, 전 세계는 숨죽이며 관심 있게 그 장관을 기다릴 것이라고 말한다. 우리는 영국의 지도를 알듯이, 하늘의 지도를 알게 될 것이다. 그것들은 매일 밤 볼 수 있으므로, 우리는 요람에서 무덤에 이르기까지 그것들을 거의 쳐다보지 않는다.

어휘

dull a. 무딘, 우둔한 spectacle n. 장관, 광경 from the cradle to the grave av. 요람에서 무덤까지, 평생 동안

02. ①

해석

기술자나 의사에 의해 적용되어진 과학은 다리를 건설하거나 건강을 회복시키는 데에 도움이 된다. 그러나 똑같은 지식이 물건을 파괴하고, 사람을 불구로 만들거나 죽이는 데 사용될 수도 있다. 다시 말해서, 과학은 우리에게 건설적이거나 파괴적으로 사용될 수 있는 힘을 제공해 준다. 과학은 우리가 바람직한 목표뿐 아니라 좋지 못한 목표의 추구를 손쉽게 해 주는 수단을 제공해 주는 것이다. 과학 그 자체는 도덕적으로 중립이다. 즉 그 수단이 사용되는 목적의 가치에는 무관심한 것이다. 그러므로 과학이 우리에게 제공해 주는 수단이 가치 있는 목적에 활용되려면 과학은 철학에 의해 보완되어야 한다.

어휘

cripple v. 손상시키다, 불구로 만들다 facilitate v. 촉진시키다 supplement v. 보충하다 end n. 끝, 목표 indispensable a. 필수적인 well-being n. 복지, 행복

03. ②

해석

남극에서는 부패하지도 않고, 녹슬지도 않으며, 곰팡이도 슬지 않는다. 고기를 상하게 할 박테리아도, 빵을 곰팡이 나게 할 포자도 없다. 1947년 크루겐 제독이 35년 전 스코트 대령이 남겼던 에반스봉의 캠프를 찾아갔을 때, 캠프의 겉모양으로 봐서는 그것을 이용했던 사람들이 막 떠났던 듯이 보였다. 막사의 판자와 서까래는 막 제재소에서 들여온 것 같았고, 목재에는 썩은 데가 없었으며, 못에는 녹 하나 없었다. 당나귀를 잡아매는 밧줄도 새것처럼 보였으며, 헬리콥터를 연결시키기 위해 사용되었을 때만큼 강한 것이 증명되었다. 과자와 통조림으로 된 고기도 여전히 먹을 수 있었다.

어휘

antarctica n. 남극 대륙 rot n. 부패 rust n. 녹, 둔화 mould n. 곰팡이 spoil v. 망치다, 상하게 하다 spore n. 포자, 생식세포 abandon v. 버리다, 포기하다 sawmill n. 제재소 timber n. 목재 speck n. 점, 얼룩 pony n. 조랑말 hitch v. 걸다, 말뚝에 매다 decayed a. 부패한, 썩은 edible a. 식용의

04. ④

우리는 언제나 다른 사람들에 대해 호기심을 가지고 있다. 우리는 그들이 우리와 얼마나 비슷한지, 또는 얼마나 다른지 궁금해 한다. 우리는 그들의 행동에 공감을 나타내거나, 반대한다. 우리는 특히 흔하지 않은 경험을 한 사람에게 흥미를 가진다. 그러므로 책 중에서 전기가 잘 팔린다는 것은 놀랄 만한 일이 아니다.

어휘

comic book n. 만화책 novel n. 소설 diary n. 일기 biography n. 전기, 자서전 poem n. 시

05. ②

해석

결단력이 없는 사람은 결정을 내리는 데에 어려움을 겪는다. 그들은 잘못된 결정을 내릴까 두려워 어떤 결정이든지 뒤로 미룬다. 새로운 책임이 주어지면, 그들은 그 일을 완결했어야 할 때가 한참 지난 후까지도, 이 사람, 저 사람에게 계속하여 조언을 구한다. 그들은 실수하는 것을 너무나 두려워하기 때문에 한 가지 일을 끝내는 데 영원한 시간이 걸릴 것이다. 그들의 좌우명은 이런 것이다. "아무리 신중해도 지나치지 않다."
① All is not gold that glitters – 빛나는 모든 것이 금은 아니다
② You cannot be too careful – 아무리 조심해도 지나치지 않다
③ As you sow, so you reap – 뿌린 대로 거둔다
④ The later, the better – 늦으면 늦을수록 좋다
⑤ Even Homer sometimes nods – 원숭이도 나무에서 떨어진다

어휘

indecisive a. 우유부단한 make up one's mind v. 결심하다 put off v. 연기하다 motto n. 모토, 좌우명

06. ②

Rudy's 해설

두괄식 구성으로 주제문 뒤에 등장하는 재진술 내용들을 토대로 정답을 선별할 수 있다.

해석

채식주의자들은 여러 가지 이유 때문에 고기를 먹으려고 하지 않는다. 때로는 채식주의자들은 단지 고기를 좋아하지 않는다. 그래서 고기를 먹지 않는다. 일부 채식주의자들은 고기를 먹는 것은 건강에 좋지 않다고 믿는다. 다른 채식주의자들은 동물을 죽이는 것은 나쁘다고 믿는다. 그들은 동물을 사람처럼 살아있는 것이라고 믿으며 그래서 동물을 해쳐서는 안 된다고 믿는다. 다른 채식주의자들도 사람들이 곡식을 더 많이 먹고, 고기를 덜 먹으면 음식 값이 덜 비싸며, 이 세상에서 굶주리는 사람은 훨씬 적어지리라고 느낀다.

어휘

vegetarian n. 채식주의자 corn n. 옥수수 wheat n. 밀 oat n. (식물)귀리 taste n. 취향

07. ②

해석

사람들은 TV는 훌륭한 선생님이 될 수 있다는 것을 잊어서는 안 된다. TV를 통하여 나는 다른 나라 사람들이 어떻게 살며, 그들이 무엇을 입고, 어떻게 말하는지 볼 수 있다. 비록 그런 나라들을 여행할 여유는 없지만, 나의 증조할머니는 살아 있는 캥거루가 호주에서 뛰어 돌아다니는 것을 본 적이 없었다. 할머니는 아프리카의 정글을 본 적이 없지만, 나는 보았다. 내 나이 15살에 나는 그녀가 한평생 보았던 것보다 TV로 더 많은 세상을 보았다.

어휘

great-grand mother n. 증조할머니 hopping a. 껑충 뛰는 idiot box n. 바보상자, 텔레비전 get together v. 뭉치다

08. ④

해석

어휘는 종종 말하는 사람의 태도를 반영한다. 예를 들어 어떤 사람은 저녁 시간과 주말을 내내 직장에서 보내는 사람을 부지런한 사람이라고 일컬을지도 모른다. 다른 사람은 그 사람을 일 중독자라고 할지도 모르는데 일 중독자란 알코올 중독자가 알코올에 중독되어 있듯이 그 사람이 일에 중독되었다는 것을 암시하는 말이다. 칭찬이 비판으로 변했다. 우리는 우리 자신을 묘사할 때 thin(마른)이나 frugal(알뜰한)과 같은 긍정적인 낱말을 사용하고, 우리가 좋아하지 않는 사람들을 묘사할 때 skinny(가죽만 남은)나 stingy(인색한)와 같은 단어를 사용하는 경향이 있다.

어휘

refer to v. 언급하다 industrious a. 근면한 workaholic n. 일 중독자 imply v. 함축하다 compliment n. 칭찬, 찬사 criticism n. 비판, 비평 tend to v. ~하는 경향이 있다. ~ 하기 쉽다 such as = for example thin a. 마른, 얇은 frugal a. 검소한, 절약하는 skinny a. 마른 stingy a. 인색한

09. ②

해석

1960년대와 1970년대 유럽과 북미의 많은 대학생들은 정부에 대항해 시위를 하면서 사회의 큰 변혁을 가져오기를 희망하였다. 그 당시의 많은 학생들은 사회학이나 다른 사회 과학 분야를 전공으로 선택하였다. 문학, 예술, 철학 등과 같은 인문학 과목들이 또한 인기가 있었다. 그러나 그 때 이후로 대학 생활은 변화되었으며, 요즈음의 학생들은 정치에는 큰 관심을 쏟지 않는다. 그 대신에 대부분의 학생들은 오직 자신의 공부와 장래의 직업에 관심을 쏟는다. 그래서 전 세계의 대학생들은 경영학이나 컴퓨터 관련 학문, 그리고 공학과 같은 좀 더 실용적인 과목을 전공하는 것이다.

어휘

demonstrate v. 증명하다, 입증하다 sociology n. 사회학 humanity n. 인간성, 인문학 major in v. 전공하다 get high grade v. 높은 점수를 획득하다 idle away v. 시간을 낭비하다

10. ②

해석

Charles Darwin을 포함한 많은 과학자들은 왜 인간이 눈물을 흘리면서 우는지 궁금하게 여겼다. 눈물을 흘리는 생물학적 흑은 진화론적 목적은 무엇일까? 우리는 눈물을 흘리지 않으면서도 똑같이 울 수 있을 텐데. 그러나 사실 우리의 눈은 눈물로 글썽이게 마련인 것이다. 과학자들은 눈물에 대한 수많은 이론들을 제시해 왔지만 그 중 어느 것도 입증된 것이 없다. 그리고 역시 진화론적 견지에서도 눈물의 기원은 풀리지 않은 신비로 남아 있다.

어휘

wonder v. 궁금해 하다, 의심하다 biological a. 생물학의, 생물학적인 as well av. 또한 terms n. 관점

Unit. 06

Warming - up 6회 해설

01. ②

해석

식량 공급을 위해 사냥을 하는, 에스키모인들은 뛰어난 시력을 가지고 있다. 이는 그들의 자연 환경에서 설명된다. 에스키모인들이 사는 지역은 뚜렷한 경계가 없는 끝없는 설원으로 되어 있다. 에스키모인들은 충분한 식량을 얻기 위해 도로 표지가 없는 지형을 널리 여행할 필요가 있다. 그러므로 시력은 일종의 살아남기 위한 수단으로서 발전된 것이다. 에스키모 젊은이들은 어릴 때부터 공간 지각력을 발달시키는 훈련을 받는데, 이는 그들도 성장하면 식량을 찾아 광활한 설원을 돌아다녀야 하기 때문일 것이다.

어휘

lie in v. 놓여있다, 달려있다 consist of v. 구성되다 distinctive a. 눈에 띄는 landmark n. 이정표, 표지물 unmarked a. 표시를 하지 않은, 눈에 띄지 않는 perception n. 인식 roam v. 배회하다, 방랑하다

02. ①

해석

과학적으로 우리는 식물과 동물을 이해하고 그것들로부터 이익을 얻을 기회를 잃고 있다. 현재 그리고 미래에, 치료제로 사용할 수 있는 약은 삼림에서 얻을 수 있는 가장 중요한 이익 중 하나이다. 모든 처방전에 필요한 약의 4분의 1이 삼림에서 나온다. 예를 들면, 3천 가지의 식물이 암을 물리칠 수 있는 가능성을 보여 주지만, 이 중 1퍼센트만이 검사되었다. 일단 한 식물의 종이 사라지면, 치료제를 얻을 기회는 영원히 없어지는 것이다.

어휘

prescription n. 처방전 cure n. 치료 preserve v. 보존하다 farm v. 경작하다

03. ③

해석

많은 한국의 교육자들은 현행 교육 제도를 개혁하고 싶어 하는 데, 그 이유는 교육 제도가 학생들에게 암기하는 방법을 가르치지만 추론하고 논리적으로 생각하는 방법은 가르치지 못하고 있다고 믿기 때문이다. 어느 한국의 대학 교수는 학생들이 관념들을 분석하고 자신들의 의견을 제시하는 것을 어려워한다고 말했다. "만일 당신이 학생들에게 다항식 시험을 치르는 것 외에 다른 것을 하라고 요청한다면, 그들은 어찌할 바를 모를 것이다. 그들은 독창적으로 생각하여 문제를 푸는 방법을 알지 못한다. 그들은 무엇에 관해서든 자신이 어찌 생각하는지도 알지 못한다. 이제 그들은 자신들의 견해들을 분명하게 표현하는 방법을 알아야 한다."

어휘

reform v. 개정하다 memorize v. 암기하다, 기억하다 multiple-choice test n. 다항식 시험

04. ②

해석

지능이 높은 사람은 어떤 주제에 관하여 의견을 갖게 되면 그 견해를 매우 능숙하게 변호할지 모른다. 어떤 사람이 자신의 견해를 더 훌륭히 변호하면 할수록, 그 사람이 실제로 그 주제에 관하여 탐구할 가능성은 작아진다. 그래서 지능이 높은 사람은 바로 자신의 지능 때문에 꼼짝 못하게 될 수 있다. 게다가, 지능이 높은 사람은 보통 자신이 지적으로 우수하다는 생각을 가지고 성장하므로, 자신이 올

바르다거나 영리한 것으로 비춰져야 한다는 필요성을 갖게 된다. 그런 사람은 창조적이고 건설적인 생각을 하려 들지 않는다. 왜냐하면 그러한 생각들은 자신의 가치를 입증하고 남으로부터 수용을 받기까지 시간이 걸릴지 모르기 때문이다. 사실, 높은 지능을 가진 사람이 실제로는 형편없는 사고가인 것으로 판명되는 경우가 종종 발생한다.

어휘

highly av. 매우, 높이 take up a view v. 견해를 갖다 ably av. 능숙하게 get trapped v. 갇히다 turn out v. 입증되다

05. ③

해석

외국어를 공부하는 학생의 궁극적인 목적은 외국어로 된 글을, 모국어를 읽을 때만큼이나 빠르고 쉽게 이해하는 것이다. 그러나 대부분의 학생들이 외국어 학습의 초기 단계에 번역을 하려 든다. 번역은 느리고 힘이 드는 일이다. 그래서 글을 읽는 재미나 글의 맥락을 놓치기가 쉽다. 더욱이 정확한 번역은 그 자체가 기술이어서 일상적인 독서를 하면서 번역을 할 수는 없다. 학생들은 외국어에 대한 감각을 키워서 단어를 하나하나 해독하는 것이 아니라 진정으로 읽고 이해할 수 있도록 해야 한다.

어휘

grasp idea v. 사상, 생각을 이해하다 inclination n. 경향, 성향 laborious a. 힘든 thread n. 실, 줄거리, 맥락 decipher v. 판독하다, 번역하다

06. ②

해석

어떤 사냥개가 사슴을 쫓기 시작했다. 그러나 눈앞에 여우가 지나가자 개는 사슴 대신 여우를 쫓기 시작했다. 잠시 후 눈앞에 토끼가 지나가자 사냥개는 토끼를 쫓았다. 나중에 또 쥐가 나타나자 개는 쥐구멍까지 쥐를 쫓아갔다. 큼직한 사슴을 목표로 시작했던 사냥개의 사냥은 쥐구멍을 노려보는 것으로 끝난 것이다. 우리들은 대부분 그 사냥개에 대하여 웃을 것이다. 그러나 깊이 생각해 보면 우리도 자주 쉽게 삶의 초점을 잃는다는 것을 깨닫게 된다. 출발은 잘 했지만 그 다음 우리 눈앞에 나타나는 것을 따라가기가 쉽다. 그러므로 원래의 목적을 고수하라.

어휘

bloodhound n. (강아지)블러드하운드, 집요한 추격자, 탐정 chase v. 추적하다 after a while av. 잠시 후에 magnificent a. 거대한 distracted a. 주의가 산만한, 빗나간 run after v. 추적하다

07. ①

해석

컴퓨터는 우리를 집에 붙어 있게 만들어서, 우리를 다른 사람들로부터 고립시켰다. 우리 사회는 또한 컴퓨터를 통해 서로 의사소통을 할 수 있게 해 주는 전 세계적인 시스템인 인터넷에서 우리가 학위를 따고, 연애를 하고, 잡담을 하면서 덜 친밀하게 되는 것이다. 그러나 그것은 우리로 하여금 공간의 오랜 물리적 장벽을 넘어서게 해 준다. 여기에서 우리는 집을 떠나지 않고도 전 세계를 돌아다니며 새로운 친구를 사귀고, 지구를 도는 우주 비행사들과 대화를 나누고, 새 옷을 사고, 게다가 훨씬 더 많은 일을 할 수 있다.

어휘

isolate v. 단절시키다 intimate a. 친밀한 gossip v. 잡담하다 go beyond v. 초월하다 break the law v. 법을 위반하다

08. ③

해석

리마르크에 따르면, 동물의 (신체기관)변화는 사용 유무에 따라서 발생한다. 특정하게 사용되는 기관은 특정하게 발달된다. 이런 특별 훈련의 필요성은 동물이 사는 조건에서 생겨난다. 그래서 변화하는 환경은 동물에게 여러 요구를 함으로써 동물을 변화시킨다. 예를 들어 기린은 상대적으로 빈곤한 기간에 점점 더 높은 나뭇가지의 잎사귀를 먹으려 노력하다 목이 길어졌다. 그와 반대로 쓰이지 않는 기관은 완전히 사라지게 된다. 어둠 속에 사는 데 길들여진 동물들의 눈은 점점 더 작아지고 몇 세대 후에 그 자손들은 마침내 눈이 없는 채로 태어나게 된다.

어휘

scarcity n. 부족, 결핍, 식량난 feed on v. 먹고 살다 branch n. 나뭇가지 take to living v. 생활하는데 익숙하다 descendant n. 후손

09. ④

해석

미국에서 당신은 안락한 차에서 내리지 않고 많은 것들을 할 수 있다. 당신이 차를 몰고 집으로 가다가 현금이 떨어졌다는 사실을 갑자기 알게 되면, 당신은 가장 가까운 곳에 있는 은행에 멈추고, ATM(현금 자동 인출기)으로 차를 몰고 가 차에서 내리지 않고 돈을 인출할 수 있다. 만일 당신이 급히 직장을 가느라 아침을 아직 먹지 못했다 하더라도 걱정을 하지 마라. 대부분의 패스트푸드점들은 용무를 볼 수 있는 창구가 있다. 식당 밖에서 당신은 단지 손잡이를 감아 창문을 내리고, 원하는 음식을 주문하고, 창구로 차를 몰고 다가가면, 출납원이 당신에게 음식을 건네줄 것이다.

어휘

be short of cash v. 현금이 부족하다 ATM n. 현금지급기 (automatic teller machine) take out v. 인출하다 drive-up window n. 차를 탄 채 서비스를 받는 창구 roll down v. 내리다 hand v. 건네주다

10. ①

해석

아무리 바쁘더라도 당신은 자신을 돌볼 시간을 가져야 한다. 당신이 황금알에만 집착하고 거위를 소홀히 한다면, 곧 당신은 황금알을 전혀 생산할 수 없을 것이다. 당신이 계속 생산적이기를 원한다면, 영양가 있는 음식을 먹고, 운동을 하고, 충분히 수면을 취하는 것이 꼭 필요하다. 또한 일주일에 하루를 휴식, 예배 또는 여가 시간을 위해 비워 두어라. 나의 경우 일요일이면 내 직업과 비슷한 일이기만 해도 아무 것도 하지 않으려고 한다. 그렇게 해서 나는 월요일마다 활기차게 된다.

어휘

produce v. 생산하다 nutritious a. 영양가 많은 look back v. 회상하다 keep up with v. 유행을 따르다

Warming - up 7회 해설

01. ③

해석

가족들은 종종 시간과 먼 거리로 인해 서로 떨어지게 된다. 추수감사절과 크리스마스는 미국의 가족들이 함께 모이는 매우 특별한 때이다. 결혼식과 장례식도 가족들이 함께 모이는 다른 행사들이다. 일부 가족들은 옛날을 만회하고 가족들의 기억을 공유하기 위해 일년 혹은 몇 년에 한 번씩 가족들의 특별한 재회 모임을 만들 것이다. 가족들의 재회 모임은 가족 구성원들 간에 자기 가족에 대한 깊은 우애를 발견하는 하나의 훌륭한 방법이다. 가족 구성원들은 서로 간에 특별한 유대를 공유한다. "피는 물보다 진하다"가 이러한 의도를 잘 나타내고 있다.

① No news is good news – 무소식이 희소식
② Rome was not built in a day – 로마는 하루아침에 건설되지 않았다
③ Blood is thicker than water – 피는 물보다 진하다
④ He who knows most speaks least – 가장 많이 아는 사람이 가장 적게 말한다

어휘

funeral n. 장례식 occasion n. 행사, 중요한 의식, 기회 reunion n. 상봉, 재회 loyalty n. 성실, 충실 special bond n. 강한 유대감, 특별한 유대감

02. ⑤

해석

어떤 사람들은 실수를 덮어버림으로써 비난을 피해가는 것 같다. 내가 어떤 고객의 사무실을 방문했을 때 이런 현상을 목격했다. 그 남자는 실수로 (통화 중에) 스피커폰을 팔꿈치로 건드려서 전화 연결이 끊어졌다. 비서가 그 전화를 다시 연결해 주었을 때, 그가 "미안합니다. 실수로 전화기를 쳤어요."라고 말할 것이라 나는 예상했다. 대신에 그는 "이봐요, 무슨 일이 있었던 거죠? 잠깐 통화 하시다 다음 순간엔 사라져버리는군요!" 이런 일이 짜증나게 할 수도 있으나, 이 고객처럼 사람들이 상황을 자신에게 유리하게 바꾸는 경우가 많이 있다.

어휘

elbow v. 팔꿈치로 누르다 instance n. 경우, 실례 put off v. 미루다, 연장하다 cover up v. 감추다

03. ③

해석

요즘 사람들은 복잡한 삶의 방식으로 살아가야한다는 압박감을 느낀다. 많은 사람들은 더 오랜 시간을 일하고 더 많은 돈을 벌고, 이전보다 빚이 늘어나고 있다. 쉬는 시간이 줄어들고 가족과 보내는 시간이 적어진다. 그러나 자발적으로 단순함을 추구하는 경향의 조짐을 보이고 있다. 이 흐름에 참여하는 사람들은 그들의 삶을 더 편하고 즐겁게 만드는 여러 가지 방법을 택한다. 어떤 이는 가족, 친구들과 더 많은 시간을 보내기 위해 일하는 시간을 줄이려고 하고, 또 어떤 이는 여가 시간을 더 많이 갖기 위해 직장 근처로 이사하기도 한다.

어휘

complicated a. 복잡한, 정교한 get in debt v. 빚을 지다 relaxing a. 편안한, 느긋한 diversity n. 다양성, 변화
financial stability n. 재정 안정성 voluntary a. 자발적인 simplicity n. 단순, 소박함 materialism n. 물질주의, 유물론

04. ②

해석

스위스인들은 번영에 필수적이라고 생각되는 것들 중의 어느 것도 갖지 못하였다. 그들 나라는 작고 인구밀도가 높다. 인구의 절반을 먹여 살릴 만한 경작지도 없다. 그들은 석탄과 석유가 전혀 없고 쇠와 광물도 거의 없다. 그러나 스위스는 세계 어느 나라 못지않은 − 비록 더 높은 정도는 아니라 하더라도 − 정도의 번영을 구가해 왔다. 이런 상대적 번영으로 스위스는 훨씬 더 중요한 어떤 것, 즉 개인의 자유를 지켜왔다. 아마도 그들은 자유롭기 때문에 번영한다. 왜냐하면 스위스인들의 생활 방식은 확고하게 하나의 개념, 즉 개인의 재능과 창의력이라는 것에 기반을 두고 있기 때문이다. 그 외에도 경쟁뿐만 아니라 협동이 있다. 스위스인 개개인은 그 자신의 번영이 이웃사람의 번영과 밀접한 관계가 있다는 것을 잘 알고 있다.

어휘

prosperity n. 번영 overcrowded a. 혼잡한 arable a. 경작할 수 있는 maintain v. 유지하다 rest on v. 의지하다, ~ 달려있다 solidly av. 견고하게 resourcefulness n. 재능 initiative n. 진취성, 개시, 주도권 be bound up with v. ~밀접하게 연관되어 있다 regardless of av. ~ 관련 없이

05. ④

해석

충격과 공포는 새를 죽게 할 수 있다. 새들은 때로 닫혀있는 창문으로 날아든다. 새들은 자신들이 가고자하는 곳과 자신들이 있는 곳 사이에 있는 유리 장벽을 보지 못한다. 유리창에 부딪치고 나면 새들은 땅으로 떨어진다. 그들은 대개 기절하거나 충격을 받은 상태다. 그 새를 돕고자 하는 어떤 사람이 그 새를 집어 들면 그 새는 죽을 수 있다. 새를 집어 들면 유리창에 부딪친 충격에 공포감이 더해진다. 그 새는 너무도 두려움을 느낀 나머지 심장마비의 반응을 일으킬 수 있다. 그러므로 부상당한 새를 돕고자 하는 사람은 절대로 그 새를 집어 들면 안 된다.

어휘

stunned a. 어리벙벙한, 기절한, 멍한 get scared v. 겁먹다 heart attack n. 심장마비 feed v. 먹이를 주다 pick up v. 집다, 회복하나, 차에 태우다

06. ②

Rudy's 해설

콜론은 앞 문장에 대한 재진술이고 more reasonable를 통해 정답을 추론할 수 있다.

해석

비록 낡은 컴퓨터들은 오래된 타자기보다는 훨씬 더 유용하지만 여러분이 중고 컴퓨터를 사는 일은 조심해야만 한다. 컴퓨터 속의 마이크로 칩은 수명이 오래갈 수 있지만 하드 디스크는 그렇지 않다. 하드 디스크를 새것으로 교체하는 것은 컴퓨터 자체를 사는 것보다 값이 비쌀지도 모른다. 더욱이 컴퓨터 속에 내장되어 있는 구형 프로세서를 교체하는 것은 때로 새로운 소프트웨어를 가동할 수 없기 때문에 쓸모없이 애만 쓰는 것이 된다. 결국 구형 컴퓨터를 보존하고 수리하는 것은 남는 부품으로 차를 만드는 것과 같다. 차라리 새 컴퓨터를 사는 것이 더 합리적일 것이다.

어휘

second-hand a. 중고의 replace v. 교체하다, 대신하다 spare a. 여분의, 예비의 v. 아끼다

07. ④

Rudy's 해설

본문의 to return the things을 통해 정답을 추론할 수 있다.

해석

대부분의 유럽인과 미국인들에 있어서 미술은 주로 장식으로 쓰인다. 그것은 박물관 벽이나 유리 진열장에 등장한다. 그것은 집을 더 아름답게 보이게 한다. 사람들은 그것을 보고 감탄한다. "아, 얼마나 아름다운 그림인가!" 장식으로서의 기능에 더하여, 이 그림 속에 종종 사상이 표현된다. "이것은 멋진 조각상이군요." "그리고 반전사상이 강렬하게 나타나 있군요."라고 찬양자들은 말할 것이다. 그러나 이 세계의 다른 많은 지역에서는 미술이 일상생활과 동떨어져 있는 것으로 간주되지 않는다. 미술은 일정한 기능이 있다. 어떤 부족 사회에 사는 사람이 가면장식을 보았을 때 이렇게 말할는지도 모른다. "아, 참 훌륭한 가면이군요. 우리 집을 안전하게 지켜주겠네요." 간단히 말해서, 사람들이 예술을 즐기는 방법은 각자의 문화적 배경에 달려있는 것이다.

어휘

deterrent n. 억제력, 방해물 restore v. 회복하다

08. ④

해석

대부분의 유럽인과 미국인들에 있어서 미술은 주로 장식으로 쓰인다. 그것은 박물관 벽이나 유리 진열장에 등장한다. 그것은 집을 더 아름답게 보이게 한다. 사람들은 그것을 보고 감탄한다. "아, 얼마나 아름다운 그림인가!" 장식으로서의 기능에 더하여, 이 그림 속에 종종 사상이 표현된다. "이것은 멋진 조각상이군요." "그리고 반전사상이 강렬하게 나타나 있군요."라고 찬양자들은 말할 것이다. 그러나 이 세계의 다른 많은 지역에서는 미술이 일상생활과 동떨어져 있는 것으로 간주되지 않는다. 미술은 일정한 기능이 있다. 어떤 부족 사회에 사는 사람이 가면장식을 보았을 때 이렇게 말할는지도 모른다. "아, 참 훌륭한 가면이군요. 우리 집을 안전하게 지켜주겠네요." 간단히 말해서, 사람들이 예술을 즐기는 방법은 각자의 문화적 배경에 달려있는 것이다.

어휘

serve v. 역할을 하다 decoration n. 장식 statue n. 동상 anti-war statement n. 반전 성명 tribal a. 종족의 in nature av. 본질적으로, 천성적으로 artistic taste n. 예술적 취향

09. ①

해석

몸이 더욱 열심히 일할 때 몸은 보다 많은 노폐물을 배출한다. 혈액이 제거할 수 있는 것보다 더 빠르게 노폐물이 만들어질 때, 어떤 노폐물은 근육에 남는다. 만약 몸이 계속해서 일하면 점점 더 많은 노폐물이 쌓이고, 그러면 근육이 잘 작동하지 않는다. 근육이 아프고 뻐근하게 된다. 다시 말해 근육이 피로를 느낀다. 이러한 피곤한 느낌은 몸이 휴식을 요구하는 것이다. 우리가 몸에 해를 끼치는 행위를 억제하려면 이러한 요구에 응답해야 한다.

어휘

waste material n. 폐기물, 쓰레기 ache v. 쑤시다, 아프다 sore a. 염증의 n. 상처

10. ③

해석

초기에 사용된 염료는 동식물에서 만들어 낸 천연 염료였다. 때로는 염료 재료를 아주 먼 곳에서 가져와야 했기 때문에 값이 아주 비쌌다. 지금은 대부분의 염료가 화학적으로 만들어지기 때문에 값이 훨씬 싸다. 값이 싼 직물도 아름다운 색으로 만들 수 있다.

어휘

dye n. 염료, 물감 low-cost a. 저렴한 fabric n. 직물, 구조 rare a. 드문, 희귀한

Unit. 08

Warming - up 8회 해설

01. ①

해석

문화가 변하는 것은 분명하지만 대부분의 변화는 문화의 표층 구조에만 영향을 미친다. 심층 구조는 큰 변화에 저항한다. 옷, 음식, 교통, 주택 등 겉으로 보이는 변화는 단지 현존하는 문화의 가치 체계와 연관된 것이다. 가치, 윤리, 도덕, 자유관, 종교 행위 등 문화의 심층 구조와 연관된 것들은 문화의 구조 속에 깊이 뿌리를 내리고 있어서 여러 세대에 걸쳐 지속된다.

어휘

surface n. 표면, 피상적인 부분 resist v. 저항하다 alteration n. 변경, 수정 ethic n. 윤리, 도덕 religious practices n. 종교적 의식, 관행 persist v. 지속되다 fade away v. 사라지다, 희미해지다 crumble v. 부서지다, 무너지다 modified a. 수정된, 한정된

02. ②

해석

5살과 8살 사이에는, 어린이들이 그들을 괴롭히는 것이 무엇이든지 두렵지 않다고 말하는 경향이 있다. "부정하는 것이 어린이가 공포에 대처하는 방법"이라고 치료 전문가 Robert Dosh는 말한다. 부모들은 다음과 같은 말을 해줌으로써 도와줄 수 있다. "네 나이의 많은 아이들이 두려워 할 거야. 그런 식으로 느끼는 것은 아무 일도 아니란다." 함께 이야기하는 것은 아이로 하여금 수치심 없이 그의 두려움을 해결하도록 해줄 수 있고 그 아이에게 그 두려움은 줄어들어 결국은 사라지게 된다는 것을 확신하게 해 준다"고 Dosh는 말하고 있다.

어휘

work out v. 해결하다 shame n. 수치심 reassure v. 안심시키다 diminish v. 감소하다 turn into v. ~ 되다, 변하다 self-confidence n. 자신감

03. ③

해석

과거 30년 이상 동안 한 때 그토록 인기 있었던 축음기는 녹음기(녹음재생장치)에게 밀려나고 말았다. 녹음기의 디자인과 질에 있어서의 세련됨과 낮은 가격의 테이프 카세트의 도입은 음악과 오락 산업에 이익을 주게 되었다. 그러나 과거에 축음기가 녹음기에 자리를 양보해준 것과 아주 똑같이 콤팩트디스크 기술의 발달은 이제 테이프 인기의 하락을 가져왔고, 녹음기는 곧 과거의 물건이 될 것이라고 산업분석가들이 예상하고 있다.

어휘

have lost ground v. 기반을 잃다, 근거를 상실하다 refinement n. 세련, 정제, 개량 phonograph n. 축음기 make way for v. 양보하다 erosion n. 부식, 침식, 침해 regain v. 다시 회복하다 appeal to v. 호소하다, 매력적으로 보이다

04. ②

해석

최근 수 년 동안에 의료기술의 발달은 사람들이 과거보다 더 오래 사는 것을 가능하게 만들었다. 새로운 약품과 기계들이 생명을 연장하기 위하여 매일 개발되어지고 있다. 그러나 일부 의사들을 포함한 어떤 사람들은 이러한 생명을 연장시키는 수단에 찬성하지 않고 사람들이 원할 때 죽을 수 있는 권리를 가져야 한다고 주장하고 있다. 그들은 삶의 질은 삶 그 자체만큼이나 중요하며 사람들이 삶의 조건이 견딜 수 없게 될 때에도 계속해서 살도록 강요받아서는 안된다고 말한다. 그들은 사람에게 위엄있게 죽는 것을 허용해야 한다고 말하고 있다.

extend life v. 생명을 연장하다 unbearable a. 참을 수 없는 dignity n. 존엄, 품격 consult v. 상의하다 to the end av. 끝까지

05. ①

해석

외국어 학과 수업은 성공적으로 제1 외국어를 배우는 데 있어서 때로 부적절하다. 단지 교실 안에서 외국어를 유창하게 말하게 되는 사람은 거의 없다. 그 이유는 두 언어를 다 잘 구사하게 된다는 것은 삶의 방식과 많은 관계가 있기 때문이다. 제1 외국어를 배우려고 노력하는 동안, 당신의 전인은 새로운 문화, 새로운 사고, 느낌, 행동 방식에 의하여 영향을 받는다. 전적인 몰두, 즉 육체적, 지적 그리고 감정적 반응이 제1외국어를 성공적으로 배우는 데 필요하다.

어휘

inadequate a. 적절하지 않은 second language n. 외국어 fluency n. 유창함, 능숙함 bilingual a. 이중 언어를 구사하는 have to do with v. ~관련이 있다 way of thinking n. 사고방식

06. ②

해석

심각한 우울증에는, 우리 모두가 때때로 느끼는 금방 지나가 버리는 그런 종류의 우울과는 반대로, 몇 가지 위험을 알리는 조짐들이 있다. 이런 우울증의 증상 중 하나는 잠자는 형태의 변화인데, 불면증에 걸리거나 지나치게 잠을 자는 것이다. 또 하나의 조짐은 비정상적인 식사 형태로 아주 많이 먹기 시작하거나 혹은 거의 먹지 않게 되는 것이다. 끝으로, 보통의 절망감은 우울의 전조가 될 수 있다. 사람들은 가족과 직업에 대해 무관심해지고 인생을 살 만한 가치가 없는 것으로 생각하게 되는 것이다.

어휘

depression n. 우울증, 침체 momentary a. 일시적인 abnormal a. 비정상적인 indifferent a. 무관심한, 공평한 after all av. 결국에는 voyage n. 항해, 탐험

07. ⑤

해석

애완동물의 존재는 환자의 회복에 도움이 된다고 의사들은 말한다. 우리 사회는 역사적 걱정거리였던 식량 문제를 기본적으로는 이겨 냈으나, 현대 사회에서의 삶은 인간에게 많은 심리적 부담감을 느끼게 하고 있다. 식량을 제공해 준다는 전통적 기능은 곧 배제될 것 같지 않지만, 점점 더 많은 사람들이 가정에서 애완동물의 존재가 스트레스 해소의 방안으로 여기는 것 같다.

어휘

presence n. 존재 psychological a. 심리적인 exclude v. 배제하다, 제외하다 in need av. 궁핍한 householder n. 소유자, 세대주 annoyance n. 짜증, 성가심 consolation n. 위안

08. ②

오늘날 녹색 운동에 있어서 개인들이 환경 보호에 앞장선다. 사람들이 자원을 보존하고, 쓰레기를 최소화하는데 기여할 수 있는 가장 손쉬운 방법은 자신들이 버리는 물건들을 보는 것이다. 매년 신문 제작을 위해 수백만 그루의 나무가 베어지지만, 이들 중 태반은 엄청난 양의 알루미늄 깡통들과 함께 폐기된다. 문제는 폐기물 자체를 어떻게 처리할 것인가가 아니라, 어떻게 그것을 줄이느냐 하는 것이다.

forefront n. 선두, 최전선 contribute to v. 기여하다 throw away v. 버리다, 폐기하다 discard v. 폐기하다 deal with v. 해결하다, 다루다

09. ③

한 친구가 지루하게 긴 통화를 피하는 방법을 하나 제안했다. "요리용 타이머를 작동 시켜 놓고 전화를 건 사람에게 현관 벨이 울리고 있어요." 라고 말하라는 것이었다. 그래서 그 다음 번에 TV를 보고 있는데 전화가 걸려 왔기에 그 계획을 실행에 옮겼다. 그러자 전화를 건 사람이 말했다. "그거 이상하군요. 당신네 집 앞 내 차 안에서, 새로 산 휴대폰을 시험해 보고 있는 중인데."

lengthy a. 매우 긴, 지루한 set off v. 시작하다, 출발하다 out of order a. 고장난 had better v. ~하는데 더 낫다

10. ④

세계적인 천재 중의 한 사람인 Albert Einstein은 첫 번째 대학 입학시험에 실패했다. 미국의 유명한 작가 중의 한 사람인 William Faulkner는 나중에는 쉽다고 생각되던 영어 과목을 통과할 수 없어서 대학 교육을 마치지 못했다. 가장 설득력 있는 연설가 중의 하나로 간주되는 Winston Churchill 경은 초등학교 시절에 특별히 가정교사에게 영어를 배워야 했다. 이런 몇 가지 예를 보면, 학교에서의 실패가 반드시 인생의 실패를 의미하는 것은 아님을 알 수 있다.

persuasive a. 설득력 있는 demonstrate v. 증명하다 do not have to be v. ~ 필요는 없다 not always av. 항상 ~ 것은 아니다 (부분 부정)

Warming - up 9회 해설

01. ④

해석

빛이 없다는 것(따라서, 보이는 것도 없다는 것)은 때로는 불유쾌한 성격적 특징들과 함께 연상된다. 즉, 우울한 사람은 너무 심각하며, 특별히 불유쾌한 사람은 자신의 성격에 '어두운 면'이 있다는 말을 듣게 된다. 그러나 사람들의 성격이든 일반적인 생활에 적용되든지 간에, 빛의 존재는 희망과 낙관을 시사한다. 우리가 어떤 일에 대해서 비관적으로 느끼고 있을 때, 친구들은 "사물의 밝은 면을 보라."라고 하거나, "어떤 구름이라도 그 뒤쪽은 은빛(희망)으로 빛난다."라고 하면서 우리들을 위로한다
① Rome was not built in a day – 로마는 하루아침에 건설되지 않았다
② A stitch in time saves nine – 호미를 막을 것을 가래로 막다 (미리 예방하는 것이 중요하다)
③ Too many cooks spoil the broth – 사공이 많으면 배가 산으로 간다
④ Every cloud has a silver lining – 어려움 뒤에는 반드시 희망이 있다
⑤ Make hay while the sun shines – 쇠뿔이 당길에 빼라. (기회를 놓치지 말라)

어휘

associate v. 연상시키다, 연결하다 gloomy a. 우울한

02. ②

해석

도시 지역에 사는 사람은 자동차를 가져야만 하는가? 이 물음에 대답하기 위해서는 문제의 양면을 다 저울질해 보아야 한다. 한편으로는 이동의 자유, 안락함과 안전함이 있다. 다른 한편으로는 비용, 근심과 삶의 질에 대한 관심이 있다. 대도시에 있는 많은 사람들에게 있어서 자동차를 가지지 않는 이유는 자동차를 소유하는 이유를 능가한다. 따라서 그 대답은 부정적이다. 도시 지역에 사는 사람은 차를 소유하지 말아야 한다.

어휘

weigh v. 깊이 고민하다, 무게를 재다 urban a. 도심의

03. ①

해석

우리가 필요할 때 태양열을 구하고, 또는 태양열이 너무 강할 때 그것을 피하는 대신에 우리는 인공적인 기계로 우리 자신들을 따뜻하게 하고 서늘하게 한다. 이러한 것이 우리로 하여금, 우리가 자신들의 환경을 만들어서 더 이상 자연에 의해 제공되는 환경에 의존하지 않는다는 것을 믿도록 하고 있다. 우리가 현대 과학과 기술에 대한 이익을 열심히 추구함에 있어 우리는 기계를 통하여 마침내 자연환경에 의존하는 것으로부터 도피했다고 하는 거의 치명적인 환상에 빠지게 되었다.

어휘

man–made a. 인공적인 search for v. 찾다 benefit n. 이점, 장점 fatal a. 치명적인 illusion n. 환상, 환영 automation n. 자동화 mass production n. 대량생산

04. ④

뉴잉글랜드와 미국의 어떤 지방에서는 그 도시의 시민들이 만나서 모든 지역 문제들에 관해 이야기를 나눈다. 그 사람들은 때로 서로 간에 의견이 일치되지 않아 약간의 논쟁이 있을 수도 있다. 각각의 편은 자기 관점이 가장 좋은 것이라고 다른 편 사람들을 설득하려고 노력한다. 그러나 흔히 두 편은 그들의 견해가 실제로 너무 동떨어진 것이 아니기 때문에, 이런 종류의 대중 토론은 그들의 차이점을 해결하는 데 도움이 된다.

argument n. 주장, 논쟁 result in v. 귀결되다 ardent a. 열렬한, 헌신적인 settle v. 정착하다, 해결하다

05. ④

링컨은 남북 전쟁 중 남북 양쪽의 수천 명의 군인이 죽은 펜실바니아주, 게티스 버그에서 연설을 하도록 초청받았다. 대통령은 그 날 주요 연사가 아니었다. 대통령은 저명한 주지사이자 상원 의원이며 대학 총장이었던 Edward Everest 다음 차례였다. Everest는 거의 2시간 동안 연설했다. 링컨 대통령은 그 후에 몇 분 동안 연설했다. 그러나 그의 연설은 성실, 간결 그리고 웅변의 모범이 되었다.

distinguished a. 저명한 senator n. 상원의원 address n. 연설 sincerity n. 진실성, 진정성 brevity n. 간결함 eloquence n. 웅변, 달변 orator n. 연설자

06. ③

필리핀 삼림의 반 이상이 과거 10년 동안에 사라졌고 인도네시아의 3분의 1의 삼림이 다 소모되었다. 한국은 다른 나라에서 너무도 많은 목재를 수입하고 있는데 그것이 어떤 나라의 정부로 하여금 주의를 촉구하게 하는 원인이 되고 있다. 인도네시아는 목재 수출을 제한하는 최초의 아시아 국가가 되었다. 필리핀도 최근에 또한 목재 수출을 제한했다. 한국 사람들이 지금 하고 있는 것처럼 목재를 낭비하는 것은 잘못된 일이다. 우리는 사용하고 있는 목재가 제한되고 있다는 것을 명심해야 한다.

be used up v. 고갈되다 take notice v. 주목하다, 관심을 갖다 export n. 수출 amount n. 양, 금액 import v. 수입하다

07. ③

바퀴벌레는 약 350만 년 동안 곳곳에서 존재해 왔다. 거의 모든 곳에서 발견되기 때문에 그것은 공룡 시대 생물의 생존자이다. 바퀴벌레가 그처럼 오랫동안 존속해 온 이유는 그들이 매우 빠라서 쉽게 적을 피할 수 있다는 것이다. 또한 그들이 공격을 받으면 지독한 냄새를 내뿜기 때문에 그들을 잡아먹고 싶은 동물은 거의 없다는 것이다. 그들 중 많은 것들은 필요하면 자신을 구하기 위해 날아다닐 수도 있다. 바퀴 벌레들이 오랜 기간 동안 곳곳에서 존재해 왔을 뿐 아니라 그들은 인간이 사라진 후에도 지상에 살아남을 것이다.

cockroach n. 바퀴벌레 give off v. 발산하다 odor n. 냄새, 악취 terrible a. 엄청난, 끔찍한

08. ④

해석

어떤 사람이 입원하거나 병상에 눕게 되면, 그는 건강한 사람들의 세계에 뒤처지지 않을 수 없다. 마치 그가 존재하지 않는 것처럼 외부의 삶이 진행되기 시작한다. 그는 외부의 세계와 접촉을 상실한다. "병이 그 사람의 내면세계에 영향을 미쳤어."라고 바깥세상의 사람들을 수근 거리며 그에게서 뒷걸음질치고, 이것은 그를 더욱 더 자기 자신만의 생각 속으로 감금시킨다. 의사는 그 환자의 병을 표시하여 그만의 특별한 장소에 그를 가두어 둔다. 그러므로 질병이 우리를 가장 의기소침하게 만드는 점은 소외감일 것이다.

어휘

hospitalize v. 입원시키다 keep up with v. 보조를 맞추다, 뒤처지지 않다 murmur v. 중얼거리다, 투덜거리다 shrink v. 위축되다, 감소하다 imprison v. 수감하다 confine v. 수감하다 side effect n. 부작용 sense of separation n. 단절감 sympathy n. 동정, 연민, 공감

09. ③

해석

생닭을 썬 다음 같은 칼로 야채를 썰지 마라. 먼저 그 칼을 씻어라. 만일 닭고기에 병원균이 묻어 있다면 당신은 이미 그것을 샐러드용 야채에 옮겨 놓았을 것이다. 마찬가지로, 날고기나 칠면조를 요리한 후에는 항상 손과 주방 용구와 도마를 비누와 뜨거운 물로 씻어라. 당신의 가족을 건강하게 유지시키기 위해서는 부엌에서 청결을 유지해야 한다.

어휘

cut up v. 절단하다 chop v. 절단하다 pass on v. 전염시키다, 전달하다 poultry n. 가금류 (닭, 오리) get rid of v. 제거하다 utensil n. 도구, 식기

10. ⑤

해석

Sharon은 친구들이 자기를 잘못 대해 준다고 늘 투덜거린다. 그녀를 잘 알기 전에는 이 같은 불운에 대하여 동정심을 가졌으나 이제 나는 상황을 더 잘 이해하게 되었다고 생각한다. 그녀 자신은 어떻게 행동하더라도 친구들은 자기에게 무조건적인 사랑과 용인을 보여주길 기대한다. 심지어 그녀의 친구들을 바람맞히거나 거짓말을 하거나 그들을 이용할 경우라 할지라도, 그녀는 그들이 더 이상의 우정을 지속하지 않으려 할 때 몹시 놀란다. 친구를 잃는 경험을 계속 되풀이하고 있음에도 불구하고 그 상황에 대하여 자신에게 책임이 있다는 사실을 깨닫지 못한다.

어휘

do 사람 wrong v. 사람을 잘못 대우하다 sympathize v. 공감하다 unconditional a. 무조건적인 stand 사람 up v. 바람맞히다, 약속을 어기다 lie to 사람 v. 거짓말하다

Warming - up 10회 해설

01. ③

해석

에티오피아에서의 기아에 관한 기사가 수개월 동안 신문으로 보도되었다. 그 기사들은 사람들이 굶주리고 있는 모습을 묘사했지만 대중들로부터의 반응은 거의 없었다. 1984년 10월 NBC TV에서 기아에 대한 5분짜리 보도를 방영했을 때 이 모든 상황은 바뀌었다. 굶주리고 있는 어린이들의 모습이 화면으로 나타난 직후 방송국의 스위치 판이 환하게 밝아졌다. 이것은 에티오피아에 원조하려는 거대한 전 세계적인 노력의 도화선이 되었다. 이와 비슷하게 월남전에 대한 텔레비전 보도는 반전 운동이 확산되는데 기여하였다. 사람들을 행동으로 옮기게 하는데 있어서 그림이 말보다 훨씬 강력한 영향력을 행사할 수 있다.

어휘

starving a. 배고픈 switchboard n. 전화 교환대 light up v. 점등하다 take the lead v. 주도하다, 리드하다

02. ①

해석

미국 혁명은 급진적인 변화라는 관점에서 본다면 혁명은 아니었다. 그것은 이후에 독립 국가였던 프랑스와 러시아에서 일어난 것처럼 정치, 사회구조가 갑작스럽고 급격하게 전복된 것은 아니었다. 중대한 변화를 불러오기 했지만 깜짝 놀랄만한 것은 아니었다.

어휘

overturning n. 전복 framework n. 근거, 체제 usher v. 안내하다, 인도하다 significant a. 중요한 breathtaking a. 대단한, 아슬아슬한 radical a. 급진적인 coherent a. 논리적인

03. ③

해석

오랫동안, 영국의 고고학자들은 오늘날 스톤헨지라고 부르는 기하학적 원형의 거대한 돌을 연구해 왔고, "불가능한 일이다!"라고 말해 왔다. 고대의 것들을 연구하는 이 전문가들은 영국의 초기 거주민들이 그들 스스로 그러한 구조를 창조했을 리가 없다고 믿었다. 그들은 스톤헨지는 여행하고 있던 그리스 건축가가 고안해서 만들었다고 생각했다. 그러나 근래의 연구에 따르면 스톤헨지는 대부분이 믿고 있는 것보다 훨씬 오래 되었고, 이집트의 피라미드만큼 오래 되었거나, 그보다 훨씬 더 오래 되었다고 한다. 사실, 그것은 3번의 다른 시기에 지어졌고, 그 양식은 그리스 문화나 건축과 아무런 관계가 없다.

어휘

archaeologist n. 고고학자 geometric a. 기하학의 inhabitant n. 주민, 거주자 influence n. 영향력

04. ③

해석

우리는 문제 행동을 내적이거나 외적인 힘의 탓으로 생각하는 경향이 있다. 누군가가 차로 전봇대에 충돌하는 것을 당신이 보았을 때 당신은 그 사람이 형편없는 운전자이거나 정서적으로 혼란 상태라고 결론 내릴 수 있고(내적 요인) 혹은 다른 차가 그 운전자를 길에서 벗어나게 했다고 결론지을 수도 있다(외적 요인). 만일 당신이 시험에 낙제한다면 당신은 그것을 자기의 우둔함 같은 내적 요인 탓으로 여길 수도 있고 혹은 지나치게 더운 교실 같은 외적 요인의 탓으로 돌릴 수도 있다.

어휘

attribute A to B v. A를 B의 탓으로 생각하다 crash v. 충돌하다 stupidity n. 어리석음 nervousness n. 신경질, 조바심 overheated a. 과열된, 몹시 흥분한

05. ①

해석

아프거나 외로운 사람들에게 편지를 쓰는 과정은 보통의 편지를 쓰는 과정과 사뭇 다르다. 먼저 그들이 편지를 받을 날을 기대할 수 있도록 정기적으로 써야 한다. 그리고 여러가지 편지들 가운데서 거의 독특하다고 할 수 있는 것으로서, 내용을 간결하게 쓰라는 권고는 이 경우에 해당되지 않는다. 많으면 많을수록 그만큼 더 좋다. 만약에 그 편지가 너무 길어서 한 자리에서 읽을 수 없다면, 언제든지 다음날 읽을 수 있도록 치워둘 수 있기 때문이다.

어휘

look forward to v. 기대하다 brief a. 간결한 apply v. 적용되다 put aside v. 한쪽에 두다, 따로 떼어두다

06. ①

해석

우리가 당연시하는 시각이라고 부르는 작용은 믿기 어려울 정도로 복잡하다. 인간의 눈은 영상을 받아들이기만 하는 렌즈이다. 이러한 영상은 뇌로 전달되는데, 이 뇌에서 영상은 도식에 따라 분류되고 의미를 부여받는 것 같다. 그런데 의미란 우리가 받은 교육과 우리가 품은 기대감을 바탕으로 이루어진 약속이다. 그러므로 우리는 사물을 우리가 배운 대로 보고 있는 그대로 보지 않는다.

어휘

process n. 과정 take for granted v. 당연시 하다 complicated a. 복잡한, 정교한 be referred to v. 보내지다 convention n. 관습, 집회 things as they are n. 있는 그대로의 모습 impression n. 인상

07. ④

해석

옛날에 하와이에서 카누를 만드는 것은 지위가 높은 주술사가 감독하는 전문화된 일이었다. 추장이 카누를 만들어 줄 것을 요청하면 그 주술사는 적합한 나무를 고르기 위해 깊은 숲 속으로 한 무리의 일꾼들을 이끌고 들어갔다. 나무가 키가 크고 튼튼하며 충분히 굵게 보일지라도 최종 결정을 내리기 전에 그 주술사는 전쟁의 신 Ku의 아내 Lea가 자신의 선택을 승인해 주기를 기다렸다. Lea는 나무줄기와 나뭇가지 위를 걸어 다니는 하와이 딱따구리의 모습으로 나타났다. 만약 딱따구리가 나무에 머물러 앉아 그 나무를 쪼면 그 나무가 썩었다는 뜻이었고, 그러면 주술사와 일행은 다시 나무 고르는 일을 계속했다. 그러나 만약 그 새가 나무에 앉아 이리저리 나무를 살펴보고 쪼지 않고 날아간다면, 그 나무는 카누를 만들 수 있을 만큼 단단하다는 뜻이었다.

어휘

canoe n. 카누, 통나무배 supervise v. 주관하다, 감독하다 woodpecker n. 딱따구리 rotten a. 썩은 peck v. 부리로 쪼다

08. ①

해석

가슴까지 내려오는 길고 흰 수염과 베개에 머리를 대자마자 잠을 자는 능력, 두 가지를 매우 자랑스러워하는 노인이 있었다. 하루는 그

의 손자가 "할아버지는 주무실 때 수염을 어떻게 두세요? 수염을 이불 아래에 두나요, 위에 두나요?"라고 여쭈어 보았다. 노인은 이런 세세한 것에 신경을 써 본 적이 전혀 없었다. 그는 알아보겠다고 약속했다. 노인은 그날 밤에 잠자리에 들어서는 이불을 몸 위로 끌어 당겼다. 그때 그는 갑자기 손자의 질문이 생각났다. 그는 그의 수염이 이불 밑에 있다는 것을 예민하게 의식했다. 그는 수염을 들어서는 이불위에 놓았다. 그러나 곧 그는 수염이 이불 안에 있다면 더 나을 것이라고 생각했다. 수염이 들락날락했다. 처음에는 이불 밑에 있다가, 그리고는 이불 위에 나오고, 그 다음에는 다시 이불 밑으로 들어갔다. 노인은 밤새 한 숨도 못 잤다.

어휘

the moment con. ~하자마자 arrange v. 배치하다, 배열하다 take pride in v. 자부심을 느끼다 dye v. 염색하다 praise v. 칭찬하다

09. ②

해석

가자미는 넙치의 일종이다. 이 물고기에 관한 기이한 사항은 두 눈이 머리의 같은 쪽에 있다는 점이다. 그러나 가자미는 그렇게 태어나지 않았다. 그것이 부화했을 때, 가자미는 여느 물고기와 똑같이 보인다. 자라면서 가자미의 몸은 점점 납작해진다. 가자미의 한 쪽 면은 흰색이고, 다른 쪽은 모래색이다. 이 물고기는 바다의 바닥에 흰 쪽을 향하고 다닌다. 그것의 모래색 쪽이 위를 향하고 있다. 그것은 가자미가 모래와 혼동되어 보이게 하기 때문에, 가자미가 쉽게 눈에 뜨이지 않는다. 이러한 점은 물고기에게 있어 한 가지 문제를 야기 시킨다. 한쪽 눈이 바로 모래를 보고 있게 된다. 그러나 자연이 가자미의 이러한 문제를 해결해 주었다. 가자미가 자라면서, 바닥 쪽에 있던 눈이 위쪽으로 이동하게 된다.

어휘

flounder n. 가자미 flatfish n. 가자미, 넙치 hatch v. 부화하다 flat a. 평평한, 납작한 face up v. 얼굴을 들다. 위로 올라오다

10. ④

해석

수 만년 동안 신화는 구두로 전달되어 시인이나 전문적인 이야기꾼들에 의해 세대에서 세대로 전승되었다. 어떤 마을들은 특정한 이야기꾼을 지명했는데 그들이 하는 일은 그 집단의 신화를 외워서 다른 마을 사람들을 교육시키고 즐겁게 해 주기 위해 그것들을 다시 말해주는 것이었다. 다른 마을을 방문하는 여행 이야기꾼도 있었는데 그들은 이야기를 해 주고 음식과 숙박을 제공받았다. 흔히 그렇듯이, 이야기가 입으로 전해질 때는 매 이야기꾼과 이야기에 의해 세부 내용이 바뀐다. 그 결과 많은 문화에서 같은 이야기가 다르게 각색된다.

어휘

myth n. 신화, 이야기 pass on v. 전승되다, 전달되다 hand down v. 전승되다 retell v. 재현하다, 바꾸어 표현하다 food and lodging n. 음식과 숙박 orally av. 구두로, 말로

02 20 Mins 해설

20 Mins 01회 해설

01. ② ★

Rudy's 해설

순서배열 문제는 언제나 첫 문항을 찾는 것이 핵심이다. 첫 문항 확보 후에 보기문항들을 비교한 소거법을 통해 정답을 선별한다. 첫 문항을 선정할 때의 원칙은 다음과 같다. [더독해2.0 Chapter 3. unit 04]
1) 대명사 또는 연결어(but, however, in addition to...)는 첫 문항으로 올 수 없다.
2) 일반적 진술이 구체적 진술 보다는 앞에 위치한다.

첫 문항 확보 후에 나머지 문항들의 순서를 정하는 원칙은 다음과 같다.
1) 동일어구(동의어, 선행사와 그것을 의미하는 대명사)를 중심으로 연결한다.
2) 연결어(but, however, in addition to, despite.....)를 중심으로 전후 순서를 정한다.

첫 문항으로 적합한 것은 (c)와 (e)문항들이다. 따라서 (b), (d), (e)를 비교해서 정답을 선별한다. 이때는 동시에 3개의 문항을 비교하기에 앞서 첫 문항이 동일한 (d), (e)를 먼저 비교해서 더 자연스러운 것을 선별하고, 그 후에 (b)와의 비교를 통해서 정답을 선별하는 것이 효과적이다.

해석

(e) 대부분의 사람들은 아마도 기후에 대해서 보다 날씨에 대해서 생각하는데 더 많은 시간을 보낼 것이다.
(d) 비록 날씨와 기후는 밀접하게 관련되어 있지만 기후는 날씨와 다른 것이다.
(c) 날씨란 특정 시간 동안의 온도나 비, 바람. 태양 그리고 눈의 양을 말하는 것이다.
(b) 반면, 기후란 수년간에 걸친 특정 지역의 대표적인 날씨의 패턴을 가리키는 것이다.
(a) 따라서 기후란 날씨에 대한 장기적인 관찰인 것이다.

02. ③ ★★ [한양대]

Rudy's 해설

빈칸의 which는 앞 절에 대한 재진술로 빈칸에는 strong variance의 결과에 해당하는 표현이 적절하다. 실험 결과들 사이에 커다란 격차가 존재하고, 서로 비교할 수 없기에, 결과적으로 실험 결과들을 신뢰할 수 없다는 의미이다.

해석

신경성 통증의 질 높은 치료는 의학계에서 지속적으로 시행되고 있지 않는데, 치료를 위한 과학적 연구의 결과들이 현재로서는 신뢰할 수 없기 때문이다. 그 연구의 결과들은, 특히 아이들의 경우. 집단 연구에서 커다란 격차를 포함하고 있기에, 이 연구 결과들을 비교할 수 없게 만들고 있다.

어휘

neuropathic a. 신경병에 걸려 있는 implement v. 실행하다 incomparable a. 비교할 수 없는 synthesize v. 종합하다 variance n. 가변성. 격차 justifiable a. 정당한 incomparable a. 비교할 수 없는 interchangeable a. 호환할 수 있는

03. ③ ★ [건국대]

Because boys were believed to be more _____, teachers assumed they would excel in math and science. 전형적인 인과구조로 '원인 - 결과'의 구조이다. 결과에 해당하는 수학과 과학을 통해서 정답을 유추할 수 있다.

구문 분석

Teachers would focus on boys, calling on them more and challenging them.
= Teachers would focus on boys, called on them more and challenged them.
두 개의 분사구가 주어의 동작을 보충설명하고 있다. [더독해1.0 Chapter 3, unit 02]

해석

아이들이 교육제도 속으로 편입되게 되면, 소년들과 소녀들에 대한 전통적인 기대치들은 계속 된다. 과거에 많은 연구들은 어떻게 교사들이 소녀들을 부당하게 교육했던가에 초점을 맞추었다. 교사들은 소년들에게 초점을 맞추고, 더 많은 것을 요구하고, 도전적 과제를 제시했었다. 소년들이 더 분석적이라고 믿었기 때문에, 교사들은 소년들이 수학과 과학에서 더 뛰어나다고 생각했다. 교사들은 소년들이 컴퓨터 과학이나 공학과 같은 분야의 직업을 갖도록 소년들을 격려했다.

어휘

shortchange v. 부당하게 대우하다 call on v. 요구하다, 방문하다 analytical a. 분석적인 effeminate a. 여자 같은 conscientious a. 양심적인

04. ④ ★ [건국대]

Rudy's 해설

서론에 주급 노동자들의 급여보다 비싼 사료를 먹인다는 내용과 빈칸 앞에 자신보다 비싼 음식을 먹인다는 내용을 토대로 부유한 사람을 비판하는 내용이 적절하다.

해석

기본 생계에 필요한 것들 보다 몇 배나 더버는, 부유한 개인은 애완동물을 위해 미식가용 유기농 식품을 구입한다. 최저임금 노동자의 주급보다 많은 비용이 드는. 그는 자신의 애완동물을 잘 돌봐줄 수 있다는 것을 자랑스럽게 여기고 이것이 애완동물을 사랑한다면 당연한 것이라고 생각한다. 무엇보다, 그가 브랜드 제품을 구입하도록 추천하는 사람은 수의사다. 브랜드 음식을 부유한 사람의 차에 실어주는 최저임금 노동자는 분노할 것이다. 얼마나 많은 돈을 이 부유한 사람이 애완동물을 위해 지출하는지를 알게 될 때. 최저임금 노동자는 이 부유한 사람의 애완동물이 자신보다 비싼 음식을 먹는다는 사실에 화를 낼 것이다. 최저임금 노동자는 부유한 사람이 현실에 대한 개념을 가지고 있는 것을 의아해 할지도 모른다.

어휘

be met v. 충족되다 gourmet a. 미식가의 fume v. 분노하다 authenticity n. 확실성, 진짜임 validity n. 타당성, 유효성 anarchy n. 무정부 상태 ecology n. 생태환경 after all av. 결국, 무엇보다 vet n. 수의사

05. ① ★ [성균관대]

Rudy's 해설

빈칸 앞에 it means와 뒤에 will keep coming을 통해서 전후 내용이 동시에 발생하고 있다는 것을 알 수 있다.

Unit. 01

It means as much to European voters /as it did a generation ago.
= It means as much to European voters /as it **meant much** a generation ago.
as ~ as 동등비교의 문형이다. [더독해1.0 Chapter 4. unit 03]

해석

최근에 이민 문제는 그 어떤 것보다 유럽의 미래에 더 심각한 위협이다. 이민 문제가 유럽 중앙은행의 약속이나 누군가의 현금을 투입하는 것을 통해서 해결될 수 없기 때문이다. 이민 문제는 유럽의 정체성에 관한 문제이다. 그리고 이것이 한 세대 전 만큼이나 현재 유럽의 유권자들에게도 많은 것을 의미하든, 안하든. 그러는 동안 난민들은 계속해서 지속적으로 몰려 올 것이다. 그리고 유럽 정부들이 난민들을 받아들이는 희생을 감수하는 일은 점점 더 어려워질 것이다.

어휘

migrant n. 이민자 resolve v. 해결하다 infusion n. 투입 identity n. 정체성 refugee n. 난민 all the while av. 그러는 와중에 on the other hand av. 반면에 on the one hand av. 한편으로는 by the way av. 그런데

[6-7] 06. ② 07. ③ ★

Rudy's 해설

06. 전형적인 두괄식 문형으로 첫 줄이 주제문으로 말 보다 글을 잘 쓰는 사람들이 있다는 것이 주제이다.
[더독해2.0 Chapter 1. unit 05]
① 말보다 행동이 중요하다.
② 말보다 글을 잘 쓰는 사람들이 있다.
③ 어떤 위대한 사상들은 대중의 무지 때문에 알려지지 않는다.
④ 웅변은 많은 것을 할 수 있지만 글은 어떤 효과도 발휘하지 못한다.

07. 사색적인 사람의 특징으로 본문에 언급된 것은 자신의 생각을 대중에게 전달하는데 별 관심이 없다는 것이다.
① 그릇된 생각을 그럴듯하게 만드는 법을 알고 있다.
② 자신의 생각을 타인들과 공유하는 것을 꺼린다.
* 함정문항으로 출판에 별 관심이 없었다는 내용을 토대로 타인들과 공유하는 것을 꺼렸다고 하는 것은 논리적 비약이다.
③ 대중에게 자신의 생각을 전달하는데 별 관심이 없다.
④ 그의 생각은 보통 사람들의 생각보다 더 창의적이다.
* 함정문항으로 창의적일 수 있는 개연성은 존재하지만, 단정적 진술로 창의적이라고 말할 수는 없다.

해석

말을 잘 못하는 사람이 때로는 글을 훌륭하게 써서 우리를 놀라게 한다. 이러한 사람은 일반적으로 사색적 타입에 속한다. 이런 사람은 사물의 모든 측면을 깊이 생각하고, 세상에 이것을 알리기 전에 정확한 말로 표현하는 것을 좋아한다. 그리고 밖에서 말을 거의 안하는 대부분의 사색가들은 그의 개인적인 영역에서 많이 은밀한 글쓰기를 한다. 이것은 단지 일기가 될 수 있고, 비망록을 적는 수준 또는 친구에게 보내는 장문의 편지가 될 수 있지만, 여하튼 그는 무언가를 쓴다. 세상에서 가장 위대한 사상 중 어떤 것은 다른 누군가에서 자신의 글을 보이지 않고 죽은 이런 종류의 사람들이 쓴 잊혀진 원고에서 세상에 처음 알려진 것이다. 분명 이들은 자신들의 글을 아주 중요하게 생각하지 않았거나 글로 표현하는 것만큼 출판하는 데에는 별 관심이 없었던 사람들이다.

어휘

cerebral a. 뇌의, 지적인 phase n. 측면 put into words v. 말로 표현하다 intimate a. 친밀한 circle n. 동아리, 단체, 영역 a good deal of a. 많은 surreptitious a. 내밀한, 은밀한 keep a diary v. 일기를 쓰다 jot down v. 적다 memoranda n. 비망록 manuscript n. 원고 get(go) anywhere v. 성공하다 plausible a. 그럴듯한

Rudy's 해설

08. ②와 ③이 반대되는 내용임을 파악하자. 이처럼 보기 문항에서 상반되는 내용이 등장하면, 둘 중 하나가 그릇된 내용일 수밖에 없고, 따라서 틀린 문항일 가능성이 높다.
① 너무나 많은 간섭은 자립정신에 도움이 되지 않는다.
② '하늘은 스스로 돕는 자를 돕는다'는 격언은 한 물 갔다.
③ 자립은 개인의 진정한 발전을 위해서 필수적인 조건이다.
④ 이기적인(개인주의적인) 동기가 이타적인 동기 보다 더 활력을 제공한다.
* 함정문항이 될 수 있는데, 사람들이나 계층을 위해서 하는 일은 추진력이 감소한다는 내용을 통해, 타인이 아닌 나 자신을 위한 동기가 더 효과적이라는 것을 알 수 있다.

09. but을 중심으로 enfeebling과 상반된 표현이 적절하다는 것을 추론할 수 있다.

구문 분석

①Whatever is done for men or classes [to a certain extent] takes away the stimulus and necessity of doing for themselves.
① 복합관계대명사 whatever가 명사절을 이끌며 주어 역할을 하고 있다. 언제나 주어에 명사절이 등장할 때는, '절동사와 문장동사를 파악'하는 것이 요점이다. 부사구 'to a certain extent'가 '주어 – 동사' 사이에 등장한 것에 유의하자. [더독해1.0 Chapter 2. unit 04] & [더독해2.0 Chapter 2. unit 01]

해석

"하늘은 스스로 돕는 자를 돕는다"는 말은 충분히 입증되어온 격언으로, 광범위한 인간의 경험을 통한 결과를 간결하게 나타낸다. 스스로 해보겠다는 정신은 개인의 모든 진정한 성장의 뿌리이고, 많은 이들의 삶에서 볼 수 있듯이 국가적 활기와 힘의 진정한 원천이 된다. 외부로부터의 원조는 종종 그 효과가 약화되지만 내부로부터의 원조는 항상 활기를 북돋운다. 사람들 혹은 계층을 위해 하는 일은 그것이 무엇이든 간에 어느 정도 스스로를 위한다는 추진력과 필요성을 앗아가 버린다. 또한 지나친 지도와 통치를 하게 되면 인간을 상대적으로 무력하게 만드는 필연적 경향을 낳게 된다.

어휘

well–tried a. 충분한 시험을 거친 embody v. 구현하다, 포함하다 in a small compass av. 간결하게, 아담하게 exhaust v. 다 써버리다, 소진시키다 daunt v. 위협하다, 기죽게 하다 vigor n. 활기 bona fide a. 진실한 debilitate v. 약화시키다 from without av. 외부로부터 from within av. 내부로부터 enfeeble v. 약화시키다 invigorate v. 활기를 북돋우다 aphorism n. 경구, 금언 constitute v. 구성하다 obsolete a. 구식의 aphorism n. 격언 altruistic a. 이타적인

10. ② ★ [건국대]

Rudy's 해설

전형적인 예시로 시작해서 주제문을 제시하는 중괄식 구조이다. 언제나 서론에서 구체적인 예시가 등장하면 이를 속독으로 읽으면서 뒤에 예시를 종합하는 진술을 찾아보자. [더독해2.0 Chapter 1. unit 05]

① 선진화된 결혼
② 국가의 중매
③ 사회 복지정책
④ 결혼 관습법
⑤ 경력관리 계획

Unit. 01

구문 분석

Singapore has, among other things, ①banned chewing gum, ②run campaigns encouraging people to smile, and ③passed edicts to stop children from climbing trees.
①+②+③ 모두 has에 연결되는 공통관계 구조이다. [더독해1.0 Chapter 2. unit 02]

해석

완벽한 사회를 건설하기 위한 사회적 조정의 노력 속에서, 싱가포르는 다른 무엇보다도 껌을 금지시키고, 사람들이 미소 짓는 것을 격려하는 캠페인을 벌였고, 아이들이 나무에 오르는 것을 금지하는 법령을 통과시켰다. 1984년 이래 정부기관인 사회개발부는 보다 더 똑똑한 싱가포르인들을 만들어 내는 시도를 하고 있다. 걱정스런 불균형을 바로잡고자 토론회가 개최되었다. 즉, 대다수의 똑똑한 싱가포르 남자들과 여자들이 서로가 결혼하는 것에 관심이 적고, 그들보다 지적으로 열등한 상대와 결혼을 하거나 아예 결혼하지 않는 것을 선호한다는 것이다. 정부는 멍청함으로 가치 없이 향하는 추세를 두려워하면서, 결혼적령기 대학졸업자들을 위한 무도회를 조직해서 중매자 역할을 하기로 결정하였다. 그럼에도 불구하고 SDU(사회개발부)는 비판가들 사이에서 빠르게 "독신자들, 절망하는 자들, 그리고 추악한 자들"을 위한 최후의 안식처라는 평판을 얻었다. 그러나 정부의 노력은 효과가 있었다. 현재 싱가포르 대졸자 남성의 절반 이상이 대졸자 여성과 결혼하고 있다. 이것은 1984년 이후 거의 25% 증가한 것이다.

어휘

engineering n. 토목, 조종 edict n. 포고, 명령 chewing n. 씹기 forum n. 포럼, 토론회 vexing a. 성가신, 애태우는 inexorably av. 멈춤 없이 dullardism n. 우둔함, 멍청함 (dullard에 ism이 결합한 형태) play Cupid v. 중매자 역할을 하다 matchmaking n. 중매 common law 관습법 effective a. 효과적인, 유효한

[11-12] 11. ③ 12. ⑤ ★ [성균관대]

Rudy's 해설

11. 본문을 통해 출산율 저하에서 한 자녀 갖기 정책의 영향력이 크지 않다는 것을 알 수 있다.

12. family planning은 몇 명의 아이들을 낳을지에 대한 출산율에 대한 계획이다. 이 글은 중국의 출산율 저하의 원인에 대해서 논하고 있기에, 주제 또한 출산율 관련 표현이 있어야 한다.

해석

1979년 중국공산당이 한 자녀 갖기 정책을 도입했을 때 공산당은 강제성이 인구증가를 막는 유일한 방법이라고 믿었다. 그 이후로 공산당은 그 정책이 4억 명의 아기들의 출산을 예방했다고 주장하고 있다. 사실상, 이런 주장을 지지해줄 증거는 희박하다. 중국의 출산율은 1970년대 초 이후 교육 캠페인의 영향으로 급격하게 하락했다. 새로운 정책(한 자녀 갖기 정책) 아래서 출산율은 지속적으로 떨어졌다. 그러나 다른 나라들은 그런 잔인함과 억압에 의존하지 않고서도 유사한 출생율의 감소를 목격했다. 이런 현상들은 중국의 낮은 출산율의 중요한 요소들이 직장의 여성 참여 증가, 교육의 증가, 만혼, 빠르게 증가하는 교육비용과 주택비용 등이라는 사실을 나타내 보여주고 있다. 한 자녀 갖기 정책의 주된 효과는 이 정책을 무시하는 소수의 민족들을 대상으로 악명 높은 인권 탄압을 조장하는 것이었다.

어휘

coercion n. 강압, 강제 unsustainable a. 지속할 수 없는 back v. 지지하다 resort to v. ∼에 의지하다 little more than a. ∼불과한, 단지 ∼일 뿐인 egregious a. 악명 높은 foster v. 조장, 촉진하다

20 Mins 02회 해설

01. ④ ★

Rudy's 해설

약어, 두문자의 활용은 향후에도 계속 증가할 것이라는 내용이 본문과 일치한다.
① 대부분의 두문자는 발음하거나 기억하기가 상당히 쉽다.
* 함정문항으로 'if easily pronounced'라는 전제가 충족되어야 맞는 문항이 된다.
② 약어의 활용은 역사를 통틀어 안정적이다. (과거부터 점진적으로 활용되어 왔다는 의미)
* most acute in the 20th century를 통해 적합하지 않은 진술이다.
③ 고대에는 약어들이 등장하지 않았다.
④ 두문자의 확산은 멈추지 않을 것이다.
* ever-burgeoning을 통해 추론할 수 있는 문항이다.

해석

약어(줄임말)란 글을 쓸 때 공간을 줄이기 위해 낱말이나 구를 단축시킨 형태이다. 약어의 유형들 중 몇몇 두문자어의 경우에는 기억하기 쉽게 만들어 주기도 하는데, 쉽게 발음할 수 있다면 그대로 쓰여 지거나 말하여지기도 한다. 약어의 사용은 고대까지 거슬러 올라간다. 그러나 약어는 20세기 들어 가장 널리 사용되고 있다. 이는 정보, 그 중에서도 특히 과학과 기술에서의 정보의 증가, 그리고 사립, 정부기관과 조직이 계속 늘어나고 있는 것과 직접적인 관련이 있다.

어휘

[어휘] abbreviation n. 약어, 축약형 acronym n. 누문사어 (ex. NATO – North Atlantic Treaty Organization) facilitate v. 촉진하다 date back v. 거슬러 올라가다 proliferation n. 확산, 만연 acute a. 날카로운, 급성의 ever-burgeoning a. 계속해서 급증하는

02. ④ ★

Rudy's 해설

적절한 경구들은 결국엔 상투어로 바뀐다.
① 오래된 동전처럼 유통된다.
② 평범한 경험을 표현한다.
③ 사전에 게재된다.
* 함정문항이다. 사전에 게재되는 것은 맞지만, 그 자체를 'unfortunate fate'라고 할 수는 없기 때문이다.
④ 상투어가 된다.

해석

상투어는 생성되는 게 아니라 만들어진다. 그 과정은 누군가가 흔한 경험을 멋지고 새로운 방식으로 말하는 방법을 생각해 냄으로써 시작된다. 그 시점에서 그 말은 하나의 경구이다. 그런데 그것이 외우기 쉬울 뿐만 아니라 아주 적절한 표현이면 그 말은 신조어로 널리 유통된다. 곧 그것은 남용으로 고통 받는다. 그러면 상투어구의 단계에 이른 셈이다. 사전은 상투어를 "평범한 문구, 진부한 표현"이라고 정의 내리면서 경구의 성공 운명을 기록하고 있다. 경구를 쓰는 사람에게 있어 이런 과정에서 유일하게 칭찬 받을만한 점은 그의 표현이 훌륭하다는 것을 증명해 준다는 점이다. 이러한 상황조차도 "모방은 가장 진지한 형태의 아첨이다"라는 상투적 문구에 의해 가려진다.

Unit. 02

03. ② ★ [건국대]

Rudy's 해설

두 개의 빈칸들을 중심으로 모두 시와 광고에 대한 상반된 내용을 진술하고 있다.

구문 분석

Poetry is, in the general apprehension, something special, ①to be studied in schools, ②to be enjoyed by cultivated people who have time for that sort of thing, ③to be read on solemn or momentous occasions.
①+②+③ 모두 something을 수식하는 형용사구들이다. 전형적인 후치수식의 구조이다.
[더독해1.0 Chapter 2. unit 07]

해석

최고의 시는 소수의 사람들에 의해서만 제대로 이해되고, 많은 사람들의 이해는 벗어나 있는 것처럼 보인다. 그러나 최고의 광고는 대중들에 의해 생각되고, 웃음의 대상이 되고, 대중들에 근거해서 만들어 진다. 일반적인 관점에서 시는 특별한 것인데, 학교에서 연구되고, 시에 대해서 시간을 낼 수 있는 교양 있는 사람들이 즐기고, 진지하거나 중요한 순간에 읽히기 때문이다. 대조적으로 광고는 일상생활의 일부분이다.

어휘

beyond the comprehension av. 이해할 수 없는 apprehension n. 이해, 불안 solemn a. 엄숙한 momentous a. 중요한

04. ③ ★ [성균관대]

Rudy's 해설

전형적인 두괄식 구조의 영문으로, 빈칸의 내용은 주제에 해당한다. 언제나 주제가 등장할 경우에는 이어서 논거가 등장한다. 빈칸 바로 뒤에 'change'와 이후에 진술되는 내용을 토대로 정답을 쉽게 추론할 수 있다.

① 병원들은 모든 암환자에게 동일한 간호를 해야만 한다.
② 종양은 수술 후에도 재발한다.
③ 어떤 두 개의 암들도 동일하지 않다.
④ 모든 암들은 근본적으로 동일하다.
⑤ 암은 치유될 수 없다.

구문 분석

We are moving away from the concept that ①all lung cancers are the same and ②all breast cancers are ③the same and all colon cancers are the same.
①+②+③ 모두 the concept을 설명하는 동격절 that에 연결되어 있는 절들이다. [더독해1.0 Chapter 2. unit 05]

해석

유사한 두 개의 암은 없다. 심지어 개별적인 환자 안에서도 종양들은 시간이 지나면서 변한다. 그리고 의사들은 폐암이나 뇌암의 경우의 흑색종 세포 성장이 다른 흑색종 세포에 비해 더 흔하다는 사실을 알아가고 있다. "우리는 모든 폐암들이 동일하고, 모든 유방암들이 동일하고 모든 대장암들이 동일하다는 개념으로부터 벗어나고 있습니다."라고, MSKCC에 있는 Kravis Center for Molecular Oncology의 책임자인 Dr. David는 말한다.

어휘

melanoma (cell) growth n. 흑색종 세포 성장 colon cancer n. 대장암 tumor n. 종양 move away v. 멀어지다, 벗어나다 colon n. 대장, 대장암 molecular a. 분자의 oncology n. 암연구, 종양학

05. ③ ★ [서강대]

Rudy's 해설

단순 어휘 문제로 치환해서 해결하는 것이 실전적이다. 빈칸 뒤에 independence, question을 통해 적절한 어휘를 유추할 수 있다.

해석

영국인이 된다는 것은 무엇일까? 영국인다움의 특권 중 하나는 그런 질문들을 깊이 고민하지 않아도 되는 시기가 있었다. 그런 시대는 오래전에 가버렸다. 최근의 스코틀랜드의 독립을 묻는 국민투표는 필연적으로 스코틀랜드인의 정체성뿐만 아니라 잉글랜드인의 정체성 그리고 정도는 덜하지만 웨일즈인과 북아일랜드인의 정체성에 관한 문제를 불러일으켰다. 지난 20년간 지속되어 온 거대한 이민은 동일한 정체성의 문제를 복잡한 방식으로 제기하고 있다. 즉, 아홉 명의 영국인들 가운데 한명, 그리고 세 명의 런던 시민들 가운데 한명은 해외에서 태어났다. 영국의 민족주의 정당인 영국독립당은 내년 총선을 준비하면서 영국 정치의 분위기를 결정할 것이다.

어휘

perk n. 특전 referendum n. 국민투표 defenestration n. 창밖으로 내던지기, 해직 epilation n. 탈모, 모발 제거 gloaming n. 땅거미, 황혼 set the tone v. 분위기를 정하다 run-up n. 선거 출마 general election n. 총선거

06. ① ★★

Rudy's 해설

순서배열 문제는 언제나 첫 문항을 찾는 것이 핵심이다. 첫 문항 확보 후에 보기문항들을 비교한 소거법을 통해 정답을 선별한다. 첫 문항을 선정할 때의 원칙은 다음과 같다. [더독해2.0 Chapter 3. unit 04]
1) 대명사 또는 연결어(but, however, in addition to...)는 첫 문항으로 올 수 없다.
2) 일반적 진술이 구체적 진술 보다는 앞에 위치한다.

첫 문항 확보 후에 나머지 문항들의 순서를 정하는 원칙은 다음과 같다.
1) 동일어구(동의어, 선행사와 그것을 의미하는 대명사)를 중심으로 연결한다.
2) 연결어(but, however, in addition to, despite.....)를 중심으로 전후 순서를 정한다.

이 지문은 첫 문항 소거법을 통해 첫 문항으로 (a)를 확보하고, (a)와 (e)를 비교해서 정답을 선별한다.

해석

(a) 1979 년 3월 Wertheimer 와 물리학자 Ed Leeper 박사는 세계에서 가장 권위 있는 전염병학 학술지 중 하나인 전미 전염병학 학술지에 이 불길한 연구결과를 발표했다.

(e) 그들은 전선들이 "당연한 것으로 여겨지고 일반적으로 무해한 것으로 생각되어지고 있지만" 그러한 생각은 "충분히 검토된 바 없다"고 밝혔다.

(d) 그들의 연구는 헤어드라이어, 토스트기, 전기 드릴과 같은 특정 가전제품들 또한 강력한 자기장을 만들 수 있다는 사실에 주목했다

(c) 그러나 그들은 전선에 의해 형성되는 자기장과는 달리 대부분의 가전제품들로부터 발생되는 자기장은 전기제품과 거리를 두면 급격히 약화된다는 점을 지적했다.

(b) 더욱이 가전제품들은 간헐적으로 사용되는 경향이 있어 상습적인 즉, 지속적인 자기장에의 노출 대상이 되지는 못한다.

어휘

ominous a. 불길한 epidemiology n. 전염병 appliance n. 가전제품 sporadically av. 간헐적으로 magnetic-field n. 자기장 give off v. 발산하다 fall off v. 떨어지다, 감소하다 power line n. 전선

[7-8] 07. ① 08. ④ ★ [성균관대]

Rudy's 해설

07. 대출기간이 길어지고, 금리가 낮아진 것은 대출조건이 좋아졌다는 의미이다.
   ① 보다 나은 조건의 대출을 제공하다.
   ② 대출 상황기간을 축소한다.
   ③ 신규 고객에게는 대출을 하지 않다.
   ④ 어떤 담보물도 요구하지 않는다.
   ⑤ 매우 높은 금리를 고객에게 부가하다.

08. 본문에서 제시된 예시들은 모두 고객과의 분쟁이나 직접적인 접촉을 피하는 움직임들이다.

해석

Tilburg 대학의 Paola Acevedo와 Zurich 대학의 Steven Ongena가 발표한 새로운 논문에 따르면, 트라우마는 이후에 어떻게 은행가들이 사업을 진행할지에 영향을 미친다. 저자들은, 2003년부터 2011년 사이 835차례에 걸쳐 은행 강도사건이 발생했던 콜롬비아에서 은행 강도 사건 이후의 은행 대출을 살펴보았다. 저자들은 무장 강도 사건의 이후에 대출담당 직원이 대출을 희망하는 사람들을 다르게 대우한다는 것을 발견한다. 대출의 규모는 변하지 않았지만, 권총강도 사건이후 처음 90일 동안 이루어진 대출기간은 70% 정도 길어진다. 콜롬비아의 평균적인 대출 기간은 5.4개월이지만, 은행 강도를 당한 지점은 일반적으로 8.7개월 동안 대출을 해 준다. 트라우마에 사로잡힌 대출 직원은 더 자주, 더 많은 담보를 요구하지만 평소보다 약간 낮은 금리를 제시한다. 이 모든 변화들은 새로운 고객과 직접적으로 소통해야 하는 필요성을 감소시킨다. 더 길어진 대출 기간은 대출금 상환을 위해 고객과 만나는 미팅을 미래 속으로 밀어 넣는다. 더 많은 담보물을 설정하는 것은 고객들을 철저하게 심사할 필요성을 줄어들게 한다. 그리고 낮은 금리는 대출직원이 고객과 언쟁을 벌이는 시간이 줄어들었다는 것을 의미한다. 이러한 행동은 전형적인 외상 후 스트레스 장애 증상이다.

어휘

heist n. 은행 강도, 절도 stickup n. 권총 강도 mature v. 어음 등이 만기가 되다 burgle v. 강도질하다 collateral n. 담보물 vet v. 조사하다, 심사하다 haggle v. 말다툼하다 post-traumatic stress disorder n. 외상 후 스트레스 장애 (큰 정신적 충격 때문에 겪게 되는 의학적 증상)

Rudy's 해설

09. 하와이에 있는 다양한 식물들이 어떤 방식으로 육지에서 씨앗이 운송되었는지가 주된 내용이다.

    ① 하와이 식물 분포에 대한 이론을 생물학자들이 검증할 수 있는 다양한 방법들을 논의하는 것
    * 함정문항으로 식물들의 분포가 아니라, seed에 대한 내용이 적절하다.
    ② 하와이로 식물 씨앗을 운송할 수 있는 다양한 방법들을 논의하는 것
    ③ 대류가 하와이로 식물 씨앗을 살포시킬 수 있는 범위를 논의하는 것
    ④ 새 운송에 식물 씨앗이 적합한지에 대한 문제를 해결하는 것

10. 씨앗에 대한 부양 실험결과를 작가가 인용한 것은, 기존의 주장들을 반박하기 위한 것이다. 즉, 기존에는 씨앗들이 해류를 통해 하와이로 운반되었다는 것이 주류였지만, 실제 실험 결과 적합하지 않다는 것이다.

    ① 하와이 식물들 분포는 씨앗들의 장거리 확산의 결과라는 주장을 뒷받침하기 위해서
    ② 대류가 하와이로 씨앗들이 운송된 방법을 제공했다는 이론을 뒷받침하기 위해서
    ③ 씨앗의 장거리 확산은 장시간이 걸리는 과정이라는 것을 보여주기 위해서
    ④ 해류가 하와이로 씨앗을 운반한다는 주장에 이의를 제기하기 위해서

해석

하와이의 섬들은 결코 다른 땅덩어리와 연결되었던 적이 없기 때문에, 많은 종류의 하와이 식물들은 씨가 먼 거리까지 퍼져나간 결과임에 틀림없는데, 이렇게 씨가 퍼져나가는 것은 어떠한 수송 방법을 필요로 하는 동시에 씨의 원천지의 생태와 수령지의 생태가 비슷할 것을 요구한다. 관련된 수송 방법에 대해서는 약간의 논란이 있다. 몇몇 생물학자들은 해류와 대류가 하와이까지 식물 씨앗을 옮긴 원인이라고 주장한다. 그러나 부양 실험의 결과와 대기의 낮은 온도로 볼 때 이런 가설은 의심의 여지가 있다. 보다 설득력 있는 것은, 외적으로 씨가 우연히 깃털에 묻어서, 또는 내적으로 열매를 삼키고 뒤이어 그것을 배설함으로써, 새가 씨앗을 옮겨왔다는 것이다. 외적으로 하와이에 도착한 식물 씨앗의 종류가 내적으로 도착한 것보다 적을 것 같지만, 더 많은 종류가 내적 수송보다는 외적 수송에 보다 알맞은 것으로 알려져 있다.

어휘

  land mass n. 육지 dispersal n. 분산, 살포 equivalence n. 동등, 등가 recipient n. 수령자 current n. 흐름, 유동, 전류 ocean and air currents n. 해류와 대류 flotation n. 부양 cast doubt v. 의문을 제기하다, 의심하다 swallow v. 삼키다 subsequent a. 뒤이은 excretion n. 배설, 분비물 variety n. 종류, 변화

[11-12] 11. ③ 12. ④ ★ [한양대]

Rudy's 해설

11. 빈칸 뒤의 example이 빈칸의 예시이다. 예시의 내용과 어울리는 표현이 적절하고, 예시는 남녀간의 사랑에 대한 것이다.

12. 추론 문제 형식을 띄고 있지만, 단순 내용일치 문제이다.

    ① 마리아의 야후 계정 비밀번호는 감성적 강렬함(특성)을 가지고 있었다.
    ② J. D. 는 마리아의 아름다움을 여신의 아름다움에 비유했었다.
    ③ 헤어진 후 2004년에 마리아는 J. D에게서 메시지를 받았다.
    * 93년에 만나 헤어지고, 10년 후에 다시 만났기에 맞는 문항이다.
    ④ 마리아는 헤어진 직후에 J. D와 관련된 모든 비밀번호 사용을 중지했다.

해석

컴퓨터 과학자들은 우리의 비밀번호를 깨기 어렵게 뒤죽박죽 섞인 것을 선호하는 반면, 비밀번호를 약점이 있는 것으로 만드는 것 또한 컴퓨터 과학자 Joseph Bonneau를 들뜨게 만든다. "사람들은 비밀번호를 암기하는 것과 같은 불편한 요구조건을 받아들입니다. 그리고 그것을 중요한 삶의 경험으로 만듭니다."라고, 그는 말한다. 적절한 예가 있다. 1993년, 그녀의 나이 22살 이었을 때 Maria T. Allen은 그녀가 여름에 반한 상대 J.D.의 이름과 그들이 처음 만났을 때 J.D.가 그녀와 비교했던 신화 속의 여신의 이름을 조합해서 비밀번호로 사용하게 되었다. 짧은 연애는 끝났다. 그리고 그들은 각자 자신의 길을 갔다. 그러나 비밀번호는 남았다. 11년 후, 난데없이, Maria는 J. D.로부터 "classmates.com"을 통해서 메시지를 받았다. 그들은 몇 년 동안 교재를 했고 결혼하기로 했다. 결혼 전 J. D.는 Maria에게 그들이 헤어져 있었던 10년 동안 자신에 대해서 생각해 본 적이 있었느냐고 물었다. 자신의 비밀번호 비밀을 설명하기 전에 그녀는 "내 야후에 로그인할 때마다 거의 매번 생각했어."라고 답했다. 그는 그 비밀번호를 그의 결혼반지 안쪽에 새겨 넣었다.

어휘

hard-to-crack a. 깨기 어려운 jumble n. 뒤죽박죽 뒤섞인 것 flawed a. 흠이 있는 uplifting a. 희망을 주는 crush v. 부수다 n. 압착, 홀딱 반함 fling v. 던지다 n. 내던지기, 방종 out of the blue av. 갑자기, 난데없이 interim a. 임시의, 과도기적인 breakup n. 이별, 헤어짐 deity n. 신, 여신 log in v. 로그인하다 account n. 계정 recount v. 자세히 말하다 encode v. 암호화하다 liken v. 비유하다

Unit. 03

20 Mins 03회 해설

01. ② ★ [건국대]

Rudy's 해설

첫 줄의 'In order to have the means to buy goods and services, most people have to work'를 통해서 빈칸을 유추할 수 있다. 일을 해서 번 수입과 물건을 교환한다는 의미이기 때문이다.

구문 분석

the existence of this tradeoff between free time and consumption of goods /forces most to work /①to be able to buy the minimum amount of goods /②to keep them content.
자유시간과 물건의 소비 사이에 이러한 교환관계의 존재가, 많은 이들이 일을 하도록 만든다. 최소한의 물건을 구매하기 위해서, 자신들을 만족시킬 수 있는
① '~위해서' 목적의 부사구. [더독해1.0 Chapter 3. unit 03]
② 'goods'를 설명하는 형용사구. [더독해1.0 Chapter 2. unit 07]

해석

재화와 서비스를 구입할 수 있는 수단을 갖기 위해서, 대다수의 사람들은 소득을 창출할 수 있는 최소한의 시간은 일을 해야 한다. 대다수의 사람들은 일하는 것을 선호하지 않지만, 자유시간과 재화의 소비 사이에 존재하는 교환의 존재(관계)가 자신들을 만족시킬 수 있는 최소한의 물건을 구매하기 위해서 일을 하게 만든다. 사람들은 다른 선호를 가지고 있기 때문에, 여가와 소비의 비율은 개인마다 다르다.

어휘

goods and services n. 재화와 용역 generate v. 발생시키다 tradeoff n. 거래, 교환 optimization n. 최적화 vary v. 다양하다, 변경하다

02. ⑤ ★ [성균관대]

Rudy's 해설

but을 기준으로 앞에는 해외파견, 뒤에는 귀국에 대한 내용으로 나뉜다. 빈칸 다음에 등장하는 repatriate를 통해 빈칸에는 귀국과 관련된 내용이 적절한 것을 알 수 있다.

① 보너스를 지불하다
② 회사에서 승진하다
③ 해외에서 체류를 연장하다
④ 직원을 해외로 파견하다
⑤ 직원을 귀국시키다

해석

기업들은 직원을 해외로 파견하는 것에 대해 많은 노력을 한다. 기업들은 유망한 직원들에게 해외파견근무를 제안한다. 기업들은 보다 높은 급료와 많은 수당을 제안하거나 때로는 배우자를 위한 일자리를 찾는데 도움을 주면서 직원들을 회유한다. 그러나 직원이 본국으로 귀국하는 것에 대해서는 완전히 다른 이야기가 된다. 한 연구는 기업들의 4분의 1이 귀국하는 직원을 위해 어떠한 도움도 제공하지 않는다는 것을 보여준다. 많은 기업들은 기껏해야 웹사이트에 대한 몇몇 링크만을 제공할 뿐이다.

Unit. 03

어휘

posting n. 배치, 파견 promising a. 유능한 allowance n. 수당, 용돈 repatriate n. 송환자, 귀국자 sweeten v. 매수하다, 유혹하다 at best av. 기껏해야

03. ③ ★ [한국외대]

해석

우리의 배우자들, 친구들, 부모님들, 그리고 성장한 아이들의 단점들을 고칠 수 있다는 생각은 매력적인 것으로 남아 있다.
(매력적인 것으로 남아 있다는 의미는 매력적일 뿐, 실현성이 없다는 의미)
① 사랑하는 사람들의 단점들을 고치고자 하는 우리의 노력은 그들에 대한 우리 애정의 건강한 신호이다.
② 우리는 사랑하는 사람들의 단점들을 고치려고 해서는 안 되는데, 그것이 그들의 의지에 반하는 것이기 때문이다.
③ 우리는 사랑하는 사람들의 단점들을 고치고 싶어 하지만, 그것은 일어날 가능성이 적다.
④ 사랑하는 사람들의 단점들을 고치려고 하는 바람이 없다면, 그들과 우리의 관계는 작동하지 않을 것이다.

어휘

flaw n. 단점, 결점 tempting a. 유혹하는, 매력적인 affection n. 애정 against one's will av. 의지에 반해서 work v. 작동하다

04. ① ★ [중앙대]

Rudy's 해설

실전적으로 보기문항들의 비교를 통해서 쉽게 정답을 추론할 수 있다. 본문의 내용은 fear에 대한 내용으로 빈칸 또한 아이들의 fear와 관련된 표현이 적절하다.

① 두려움을 야기하는 상황
② 모호한 환상
③ 마음의 의식적 측면들
④ 내면적 자극에 대한 반응

해석

물론 두려움은 위험, 즉 실재하는 위험에 대한 정상적인 반응으로, 결과적으로 조건 반사적인 반응을 야기하는데, 도주, 불안 또는 경계 등에 대한 것이다. 그러나 아이들은 실재하는 위험뿐만 아니라 많은 상상속의 위험들에 대해서도 매우 강하게 두려워한다. 어린 아이에게 두려움을 야기 시키는 상황이 무엇인지에 대해 상당히 많은 논쟁이 심리학자들 사이에서 있어왔다.

어휘

normal a. 정상적인 conditional mode of response n. 조건반사 반응 flight n. 비행, 도주 intensively ad. 강렬하게 fear-provoking a. 두려움을 야기 시키는 non-committal a. 애매한, 모호한 imagination n. 상상, 창의성 committal n. 위임, 투옥, 몰두 inner stimuli n. 내

05. ② ★★

Rudy's 해설

순서배열 문제는 언제나 첫 문항을 찾는 것이 핵심이다. 첫 문항 확보 후에 보기문항들을 비교한 소거법을 통해 정답을 선별한다. 첫 문항을 선정할 때의 원칙은 다음과 같다. [더독해2.0 Chapter 3. unit 04]

1) 대명사 또는 연결어(but, however, in addition to...)는 첫 문항으로 올 수 없다.
2) 일반적 진술이 구체적 진술 보다는 앞에 위치한다.

첫 문항 확보 후에 나머지 문항들의 순서를 정하는 원칙은 다음과 같다.
1) 동일어구(동의어, 선행사와 그것을 의미하는 대명사)를 중심으로 연결한다.
2) 연결어(but, however, in addition to, despite.....)를 중심으로 전후 순서를 정한다.

보기문항이 6개나 되기에 쉽지 않은 문제이다. 첫 문항으로 적합하지 것은 (d), (e) 이다. (d), (e)로 첫 문항이 시작하는 보기를 삭제하고, 나머지 문항들을 비교하는 것이 요점이다. ①의 (c)-(b)-(a), ②의 (a)-(f)-(d)... 각 보기문항들의 논리적 연결성을 토대를 정답을 선별한다.

해석

(a) 지난 2년간 나는 대학에서 암 생존자들에 대한 연구를 수행했으며, 왜 어떤 환자들은 다른 환자들에 비해 그들의 치료에 더 나은 반응을 보이는가를 밝히려 했다.

(f) 처음에 나는 어떤 환자들은 그들의 질병이 다른 환자들의 질병만큼 심하지 않기 때문에 치료가 더 빠르다고 생각했다.

(d) 그러나 좀 더 정밀히 살펴본 결과 나는 질병의 증세 정도는 빨리 회복되는 환자와 그렇지 않은 환자들 간의 차이를 설명하는 많은 요인들 중 하나에 불과하다는 것을 알게 되었다.

(c) 지금 내가 말하고 있는 환자들은 진단에 따라 그들의 개별 상태가 요구하는 모든 치료 즉, 약물, 방사선. 수술 등을 받았다.

(e) 그러나 그러한 치료에 대한 반응은 거의 천차만별이었다.

(b) 어떤 환자들은 다른 환자들에 비해 치료가 훨씬 더 잘 진행되었다.

06. ④ ★

Rudy's 해설

솔라맥스에 대한 설명문으로 조만간 솔라맥스를 통한 문제가 발생할 가능성이 높다는 것이 요지이다.

① Solar max increases our dependency on science. (솔라맥스는 과학에 대한 우리의 의존도를 높인다.)
② We can prevent solar max from activating sooner or later.
   (조만간 우리는 솔라맥스가 활성화되는 것을 예방할 수 있다.)
③ The sun moves toward solar max. (태양이 솔라맥스로 이동하고 있다.)
④ Scientists anticipate solar max problems. (과학자들은 솔라맥스 문제들을 예상하고 있다.)
⑤ We are likely to increase some problems in satellite services.
   (인공위성 서비스에서 있어서 몇몇 문제들이 증가할 것이다.)

해석

국립 해양 대기연구소 과학자들은 현재 태양이 활동 극대점으로 이동하고 있음에 따라 2016년과 2017년 중에 정전. 컴퓨터 장애, 통신 장애가 증가할 가능성이 있다고 이야기한다. 솔라맥스란 태양이 11년 주기 중 가장 활동적인 단계에 이른 때를 일컬으며, 이 단계에서 태양 활동의 수와 강도는 증가한다. 솔라맥스 중에 태양 표면은 전기적으로 충전된 입자들을 우주공간에 쏟아낸다. 입자 운동에 따라 이들은 지구 쪽으로 향할 수도 있다. 1994년의 마지막 솔라맥스 이후로 대부분의 국가는 무선 및 위성서비스에 대한 의존도를 높여왔으며, 따라서 영향을 받을 가능성이 훨씬 더 높아지게 된 것이다.

어휘

solar maximum n. 솔라맥스 (태양 활동이 가장 활발한 시기) outage n. 정전 spew v. 토하다. 쏟아내다 vulnerable a. 취약한. 공격당하기 쉬운 sooner or later av. 조만간

[7-8] 07. ④ 08. ⑤ ★ [건국대]

Rudy's 해설

도입부에 의문문을 통해서 화제를 제시하고 있다. 여성들도 남성들과 동일하게 군대에 복무할 수 있는 능력이 있다는 글이다.

07. 본문의 내용을 토대로 정답을 선별할 수 있다.
* 각 보기문항에 오답이 되는 표현들에 유의하자.
① all women are eager to go into combat.
모든 여성들은 전투에 참가하기를 원한다.
② it is fair to exclude women from combat duty.
국방의무에서 여성을 제외하는 것은 공정하다.
③ men are unwilling to yield their positions to women.
남성들은 여성들에게 자신의 지위를 양보하려 하지 않는다.
④ women can play an important role in national defense.
여성들은 국토방위에서 중요한 역할을 담당할 수 있다.
⑤ Canadian women should serve in all military positions.
캐나다 여성들은 모든 군대의 직책에 복무해야만 한다.

08. 이 문제의 핵심은 'and'를 통해서 두 개의 절이 연결되어 있다는 것이다. and는 유사한 내용을 병렬적으로 열거하거나 '원인-결과'의 구조를 이끈다. 많은 남성들이 여성들에게 양보할 수 있다는 진술 뒤에는 여성들 역시도 기꺼이 참여한다는 내용이 적절하다.
① 자발적으로 스스로를 제외시키다
② 전투 중에 실종될 가능성이 높다
③ 실질적으로 참여하는 것을 두려워하다
④ 여성의 권리를 강하게 반대하다
⑤ 자신들을 입증하기 위해서 기회를 잡다

구문 분석

I think ①it would be foolish ①of me to say that I want to go into battle, but I think ②it's totally unfair ②to exclude women from combat duty when they can handle it as well as men.
①,② 모두 '가-진주어' 구문이다. ①에서 of me to say = I say 구조이다.
[더독해1.0 Chapter 3. unit 03]

해석

여성들을 전투에 보내는 것을 어떻게 생각하는가? 나는 몇 달 동안 육군의 기본 훈련을 받은 여성이다. 나는 내가 전투에 참여하기를 원한다고 말하는 것이 어리석다고 생각한다. 그러나 나는 여성이 남성만큼 전투를 잘 할 수 있을 때, 여성을 전투에서 배제하는 것은 전적으로 공정하지 않다고 생각한다. 여성들은 군대나 전투에서 남성들과 동일한 일을 수행해야만 한다. 언제 쯤 사람들은 국토수호에 있어서 여성이 유용한 자원이라는 것을 알게 될까? 캐나다의 법이 개정되었다. 그래서 이제는 여성들도 잠수함을 제외한 모든 군대의 직책에서 근무할 수 있게 되었다. 여성들에게 전투 직책을 양보할 많은 남성들이 있고 많은 여성들은 전투에서 스스로를 증명할 수 있는 기회를 얻고자 한다.

어휘

combat duty n. 전투 임무 go through v. 경험하다, 겪다 viable a. 실행 가능한, 성장할 수 있는 revise v. 개정하다 submarine n. 잠수함 fiercely ad. 사납게 yield v. 생산하다, 양보하나 substantially av. 실질적으로 jump at v. 기꺼이 응하다

Rudy's 해설

09. 외모가 뛰어난 사람들은 나름의 어려움을 겪는다는 것이 본문의 내용이다.

① 훌륭한 외모는 삶에서 유리하다
② 매력적인 외모는 마법을 발휘한다
③ 아름다운 사람들에게는 함정이 있다
④ 아름다움이 나쁜 인격을 보완하지 못한다
⑤ 미모는 피부 한 꺼풀 (미모는 별 의미가 없다)

10. ⓐ while을 통해 상반되는 내용이 적절하고, better leaders가 앞에 등장했기에, 빈칸에는 여성들에게 불리한 표현이 적절하다.
ⓑ 빈칸 앞에 taken less seriously를 통해 의사보다 더 매력적인 환자들에 대해서 의사들은 덜 신경을 쓴다는 내용이 적절하다.

해석

아름다운 사람들에게는 함정이 있다. 예를 들어 매력적인 남자가 더 좋은 지도자로 여겨질 수 있는 반면, 암묵적인 성차별주의적인 편견은 매력적인 여성에게 불리하게 작용해, 권위를 요구하는 고위직 직업에 고용될 수 있는 가능성을 줄어들게 만든다. 그리고 우리가 예상하듯, 잘 생긴 사람들은 질투를 받기 마련이다. - 한 연구에 따르면, 당신이 동성의 면접관과 인터뷰를 하는 경우, 당신이 그들보다 더 매력적이라고 그들이 판단한다면, 당신을 고용할 가능성은 줄어들게 된다. 더욱 더 불행한 것은, 아름답거나 잘생겼다는 것이 당신의 건강관리에 해를 끼친다는 것이다. 우리는 잘생긴 외모를 건강과 연계시키는 경향이 있는데, 잘 생긴 사람들이 질병에 걸렸을 때 그 질병이 진지하게 치료받지 못한다는 것을 의미한다. 예를 들어, 사람들의 통증을 치료할 때 의사들은 보다 더 매력적으로 보이는 사람들을 덜 돌보는 경향이 있다.

어휘

pitfall n. 함정, 유혹 implicit a. 은연중의, 암묵적인, 암시된 sexist n. 성차별주의자 run into v. 마주치다

Rudy's 해설

11. ⓐ 빈칸 뒤에 otherwise를 통해서 실험 결과와는 상반되는 내용이 적절하다는 것을 추론할 수 있다.
ⓑ 거짓말 탐지기가 잡을 수 없는 거짓말쟁이에 대한 내용이 적절하다.

12. 많은 이들이 거짓말을 쉽게 인식할 것이라고 생각하지만, 실제로는 그렇지 않다는 것이 본문의 내용이다.
① 대부분의 사람들은 거짓말쟁이의 신체적 신호를 통해서 거짓말을 알 수 있다.
② 중대한 거짓말들을 알아채는 것을 배우는 것은 형사사법제도를 수행하는데 중요한 부분이다.
③ 거짓말을 알아차리는 능력을 가진 사람들은 예상보다 적다.
④ 현재 활용할 수 있는 발전된 기술은 확실하게 거짓말을 탐지할 수 있다.

해석

거짓말쟁이는 쉽게 발각될 것이라는 생각을 우리는 가지고 있다. 바로 지난 달, 텍사스 크리스천 대학의 심리학자 찰스 본드는 세계 63개국 2,520명의 성인을 대상으로 한 실험에서, 대략 70% 사람들이 거짓말쟁이들은 자신들의 시선을 피할 것이라고 믿는다는 보고를 했다. 대다수의 사람들은 거짓말쟁이들이 몸을 비틀고, 말을 더듬거리고, 자신의 몸을 만지거나 긁어대고, 평소보다 더 길게 이야기 한다고 믿고 있다. 본드는 거짓말쟁이에 대한 이러한 고정관념이 거의 모든 문화권에 존재하며, "그것이 사실이라고 믿을 수 있는 이유가 있다면 이런 고정관념이 지속되는 것이 당연한 것이다"라고 쓰고 있다. 그러나 진실은 거짓말쟁이들만큼 많은 거짓말을 하는 방법이 존재하며, 거짓말을 하고 있다는 사실을 알려줄 결정적인 증거는 없다는 것이다.

사람들은 거짓말쟁이들을 잘 간파할 수 있다고 생각하지만, 연구결과는 상반된 사실을 보여준다. 아마도 5% 미만인, 소수의 사람들만이 속임수를 정확히 간파하는 타고난 능력을 가지고 있는 것처럼 보인다. 그러나 일반적으로, 판사와 세관원처럼 전문적으로 거짓말쟁이를 찾아내는 사람들조차, 테스트를 해보면, 우연보다 더 나은 수준의 능력을 보여주지 못한다. 다시 말해서 심지어 전문가들도 동전 던지기를 하는 것처럼 거짓말쟁이를 맞출 수 있을 뿐이다. 거짓말 탐지기 등과 같은 이용 가능한 많은 기계적 장비들은 거짓말이 아니라 거짓말에 대한 불안을 찾아낸다. 따라서 거짓말 탐지기는 가장 위험한 종류의 거짓말쟁이들을 놓친다. 즉, 거짓말하는 것에 대해 개의치 않거나 거짓말을 하도록 훈련을 받은 사람을 잡지 못한다. 거짓말 탐지기는 발각된다 해도 더 이상 잃을 것이 없는 거짓말쟁이들, 즉 대의명분을 위해서 기꺼이 죽을 각오가 되어 있는 확신범들 또한 놓칠 수 있다.

어휘

spot v. 찾아내다 gaze n. 응시, 뚫어지게 바라 봄 squirm v. 꿈틀거리다, 몸부림치다, 꼼지락 거리다 stutter v. 말을 더듬다, 더듬거리며 말하다 a dead giveaway n. 확실한 증거 sniff v. 코로 들이쉬다, 냄새를 맡다 deception n. 속임, 사기 chance n. 우연 flip a coin v. 동전을 던지다 cause n. 대의명분

20 Mins 04회 해설

01. ④ ★★

Rudy's 해설

순서배열 문제는 언제나 첫 문항을 찾는 것이 핵심이다. 첫 문항 확보 후에 보기문항들을 비교한 소거법을 통해 정답을 선별한다. 첫 문항을 선정할 때의 원칙은 다음과 같다. [더독해2.0 Chapter 3. unit 04]
1) 대명사 또는 연결어(but, however, in addition to...)는 첫 문항으로 올 수 없다.
2) 일반적 진술이 구체적 진술 보다는 앞에 위치한다.

첫 문항 확보 후에 나머지 문항들의 순서를 정하는 원칙은 다음과 같다.
1) 동일어구(동의어, 선행사와 그것을 의미하는 대명사)를 중심으로 연결한다.
2) 연결어(but, however, in addition to, despite.....)를 중심으로 전후 순서를 정한다.

(b), (d)는 구체적 진술이기에, (e)는 부사 unfortunately 시작하기에 첫 문항으로 적절하지 않다. 소거하고 남은 (a)와 (d)를 비교해서 더 적절한 내용으로 연결된 문항을 선별한다.

해석

(c) 법률이란 우리가 사는 공동체에서 안전과 질서를 유지하기 위해 존재하는 것이다.
(a) 법률은 사람들에게 할 수 있는 일과 할 수 없는 일을 알려주는 규칙들과 같은 것이다.
(e) 불행히도 모든 사람이 다 이러한 규칙들을 지키는 것은 아니다.
(b) 어떤 사람이 법을 어기거나 범죄를 저지르게 되면 범인을 체포하거나 다른 형태의 도움을 제공하기위해 경찰이 개입되게 된다.
(d) 만일 범인이 도망치거나 밝혀지지 않으면 수사관이나 탐정에게 범인을 찾으라는 의뢰를 하게 될 수도 있다.

02. ② ★

Rudy's 해설

순서배열 문제는 언제나 첫 문항을 찾는 것이 핵심이다. 첫 문항 확보 후에 보기문항들을 비교한 소거법을 통해 정답을 선별한다. 첫 문항을 선정할 때의 원칙은 다음과 같다. [더독해2.0 Chapter 3. unit 04]
1) 대명사 또는 연결어(but, however, in addition to...)는 첫 문항으로 올 수 없다.
2) 일반적 진술이 구체적 진술 보다는 앞에 위치한다.

첫 문항 확보 후에 나머지 문항들의 순서를 정하는 원칙은 다음과 같다.
1) 동일어구(동의어, 선행사와 그것을 의미하는 대명사)를 중심으로 연결한다.
2) 연결어(but, however, in addition to, despite.....)를 중심으로 전후 순서를 정한다.

보기들을 토대로 첫 문항에 해당하는 것은 (b), (c), (d)들이다. (b)는 those 때문에 첫 문항으로 적절하지 않다. (c)로 동일하게 시작하는 (b)와 (d)를 비교하고, 남은 것과 (a)를 비교해서 정답을 선별한다.

해석

(c) 연구개발 팀은 경찰을 위해 일하는 계획 입안자들이다.
(b) 그들은 향후의 필요사항을 예측하고, 그러한 필요사항을 충족시킬 준비를 한다.
(d) 예를 들어, 그들은 도시 성장 및 인구 변동을 인식하고, 순찰구역 수의 증감 시기를 결정할 것이다.
(a) 또는 그들은 1년 이내에 경찰이 6대의 순찰차를 추가해야 할 것이라는 결정을 내릴 수도 있을 것이다.

Unit. 04

03. ② ★ [성균관대]

Rudy's 해설

두괄식 구조의 영문으로 첫 줄이 주제문이다. 본문의 내용은 어려운 귀향에 성공한 연어만이 알을 낳을 수 있다는 내용으로 적자생존을 설명하고 있다.

① 선착순
② 적자생존
③ 너 자신을 알라
④ 끝까지 버티다
⑤ 늦더라도 하는 것이 낫다

구문 분석

A large percentage never make it, ①ensuring that only those in top condition are able to pass on their genes.
①은 which ensures을 분사구로 축약한 형태로, which는 앞 절을 받기에, 앞 절을 보충설명하는 역할을 한다. '주어 동사, ~ing'의 구조에서는 다음의 2가지 경우가 존재한다.
1) 분사가 'which 동사'의 축약인 경우로 앞 절을 보충설명하는 경우.
2) 문장 주어를 보충설명하는 경우 'I contacted the store, wanting to know the price'
[더독해1.0 Chapter 3. unit 02]

해석

연어처럼 적자생존의 원리를 잘 보여주는 종은 거의 없다. 초밥의 주된 재료(연어)는 강에서 태어나고, 성숙해지고 나면 바다로 이동하고, 이후에 연어는 알을 낳기 위해서 고향으로 돌아가는 위험한 귀향을 시도한다. 대부분의 연어들은 성공하지 못하는데, 그것은 최상의 조건에 있는 연어들만 자신들의 유전자를 전달할 수 있다는 것을 보장해 준다.

어휘

salmon n. 연어 daunting a. 위협적인 spawn v. 알을 낳다, 산란하다 sushi n. 초밥 staple n. 주된 원료 mature v. 성숙해지다 make it v. 성공하다 ensure v. 보장하다

04. ① ★ [한양대]

Rudy's 해설

할아버지의 반응을 통해서 빈칸에는 화를 내었다는 것과 반대되는 내용을 추론할 수 있다.

① 대신에, 내 기분을 북돋아 주었다.
② 그러나 내 꿈을 실현되었다.
③ 그래서 그는 내 소망을 무시했다.
④ 결국, 나는 유명한 예술가가 되었다.

해석

나는 네 살이었고 습기 찬 켄터키 야외에서 놀고 있었다. 나는 할아버지의 트럭을 보았고 "할아버지가 저런 추한 트럭을 몰아서는 안돼"라고 생각했다. 그 때, 나는 페인트 한통을 보았고, 좋은 생각이 떠올랐다. 나는 브러시를 집어 들었고 트럭 전체를 흰색 물방울무늬로 칠했다. 내가 트럭 지붕에서 칠하는 일을 거의 끝내고 있을 때 할아버지는 전신이 나간 것 같은 표정으로 내게 다가왔다. "Angela, 이 건 내가 본 것 중에서 가장 예쁜 트럭이구나!" 때때로 어른들은 아이들의 눈을 통해서 사물들을 보기 위해서 멈추지 않는다고 생각한다. 할아버지는 나에게 강하게 화를 낼 수도 있었다. 대신 할아버지는 나의 마음을 북돋아 주었다.

humid a. 습기 있는, 눅눅한 spy v. 조사하다, 발견하다 polka dot n. 물방울무늬 in a trance av. 무아지경에 있는 trance n. 최면상태 blossom v. 개화하다, 발전하다 renowned a. 유명한 crush v. 박살내다, 화를 내다 turn a deaf ear to v. 무시하다

05. ③ ★ [서강대]

Rudy's 해설

ⓐ 빈칸을 중심으로 앞에는 human rights가, 빈칸에는 commodity가 등장했기에 저작권에 대한 상반된 인식을 알 수 있다. 따라서 역접, 대조의 연결어가 적절하다.
ⓑ 빈칸을 중심으로 기존 미국 입장이 유럽의 입장으로 변화한다는 내용이기에 앞 문장과 역접, 대조의 관계이다.

해석

낭만주의에 뿌리를 두고 천부인권선언 사상으로부터 유래했기에 유럽의 법은 대개 저작권자들을 보호하는 것을 추구한다. 반면에 저작권에 대한 미국식 개념은 문화를 상품으로 보는 경향이 강하다. 미국헌법은 저작권을 제한된 시간 동안 예술가들이 창조적이 되도록 독려하기 위한 보상으로 규정한다. 그러나 최근에 미국은 예술가 사후 70년까지 저작권의 보호 기간을 확장하는 유럽의 주장을 따르고 있는데, 저자들의 권리에 대한 뒤늦은 인식 때문이 아니라 저작권보호 연장을 위해 로비를 벌여온 할리우드와 다른 중요한 저작권 소유자들에게 굴복했기 때문이다. 1998년 디즈니와 다른 영화사들은 영화에 대한 저작권을 95년까지 연장하는 입법을 추진하기도 했다. 이것은 미키마우스 법안이라고 알려져 있다.

어휘

belated a. 뒤늦은 not so much A as B con. A라기보다는 B 이다 concession n. 양보, 영업권 bill n. 지폐, 계산서, 법안

[6-7] 06. ③ 07. ④ ★ [건국대]

Rudy's 해설

서론에서 의문문이 등장하면 의문문에 대한 대답이나 논의가 주제가 될 가능성이 매우 높다. 흡연자와 비흡연자 사이의 에티켓을 묻고 있기에, 이 글의 주제 또한 그것과 관련한 에티켓에 대한 글이다.

06. 첫줄에 빈칸이 등장하면 첫 줄이 주제가 될 가능성이 매우 높다. 주제 뒤에는 언제나 주제를 보충설명하는 예시나 재진술이 등장하기에, 바로 뒤에 제시되는 내용을 토대로 정답을 추론할 수 있다. 전반적인 내용이 흡연자와 비흡연자가 함께 식사를 할 때 무엇이 적절한 에티켓인지에 대한 글이다.

① 법적 기준
② 주된 이유
③ 적절한 예의
④ 핵심적 관계
⑤ 중요한 차이점

07. since를 기준으로 '원인 결과'의 인과구조이다. 비흡연석에 앉아야 한다고 했기에, 빈칸에는 비흡연자가 다수라는 표현이 적절하다.

해석

흡연자와 비흡연자가 함께 외식을 할 때 적절한 에티켓은 무엇일까? 최근, 우리 8명은 외식을 하기로 했다. 한 명이 생일이어서, 나머지가 그를 위해 파티를 열어주기로 했다. 그 레스토랑은 예약을 받지 않았다. 우리가 들어가자 식당에서는 흡연석과 금연석 중에서 어느 곳을 원하느냐고 물었다. 난 '금연석이요.'라고 말했지만 흡연자인 한 친구가 빠르고 큰 소리로 변경해 버렸다. 우리 중 세 명은 흡연자였고 다섯 명은 비흡연자였다. 그 세 명의 흡연자들은 식사 내내 줄담배를 피워댔다. 식사는 두 시간 동안 이어졌기 때문에, 나는 흡연자들에게 그 시간동안 담배를 참으라고 요구하는 것이 비합리적이라고 생각하지 않았다. 또는 그들이 담배를 피우고 싶으면 몇 분간 자리를 피해 다른 곳에서 담배를 피울 수도 있었을 것이다. 또한 비흡연자들이 다수이기 때문에, 우리가 금연석에 앉았어야 한다고 생각한다.

어휘

dine out v. 외식하다 treat v. 대우하다, 한 턱 내다 chain-smoke v. 줄담배를 피우다 abstain v. 자제하다, 절제하다 rationale n. 합리성, 이유 party animal n. 파티 매니아 excuse oneself v. 자리를 뜨다, 변명을 하다

08. ② ★ [중앙대]

Rudy's 해설

주제나 제목 문제는 언제나 보기문항 keyword를 통해 정답을 선별하는 것이 가장 실전적이다. 제시문의 핵심 keyword는 안드로이드이고, 안드로이드의 장점과 생활의 편리성에 대해서 다양한 예시들이 제시되어 있다.
[더독해2.0 Chapter 1. unit 05]

① How to Succeed in the Android Market 안드로이드 시장에서 성공하는 방법
② How Can Android Benefit Us? 어떻게 안드로이드는 우리에게 혜택을 주는가?
③ Role of Google in Developing Android 안드로이드 개발에 있어 구글의 역할
④ Potential of Open Source Technology 오픈소스 기술의 잠재력

해석

안드로이드는 오픈 소스 기술에 기반을 두었고, 초기 단계에는 애플과 마이크로소프트의 유료기술만큼은 정교하지 않았다. 그러나 지난 20년 동안, 오픈소스 소프트웨어 기술은 기존의 기술만큼 정교해져왔다. 대부분의 가전제품 생산업체들이 윈도우나 매킨토시의 운영체계를 대신해서 리눅스와 자바의 운영체계를 선택함에 따라서 이러한 현상은 2세대 인터넷에서 분명해 졌다. 따라서 안드로이드 개발자들은 스마트폰뿐만 아니라 네트워크 간의 호환이 가능하고 안드로이드 마켓과 접속도 가능한 새롭게 등장하는 가전제품장비들 또한 개발할 수 있게 되었다. 이것은 소비자의 삶의 영역에서 더 많은 제품들에 대한 더 많은 판매를 의미하고, 더 나아가 폐쇄적인 PC운영체계를 넘어서는 안드로이드 운영체계의 개발에 대한 더 많은 동기부여를 의미한다. 안드로이드가 상업적 활용이 무료라는 것 외에도, 안드로이드는 현대 컴퓨터 영역에서 가장 크고, 가장 부유하고, 가장 혁신적인 기업인 구글을 배경으로 삼고 있다. 마지막으로, 가장 중요한 것은, 안드로이드와 유사한 다른 플랫폼을 위한 앱을 출시하는 것보다 안드로이드 앱을 출시하는 것이 훨씬 더 쉽다는 점이다. 우리는 주요 앱 회사들이 자신들이 개발한 앱을 승인받기 위해서 몇 달씩, 때로는 몇 년씩 기다린다는 것과 관련된 끔직한 이야기를 들어왔다. 이런 종류의 문제들은 오픈 소스인 안드로이드 플랫폼에서는 거의 존재하지 않는다.

어휘

inception n. 처음, 시작 refined a. 세련된, 품위 있는 consumer electronics n. 가전제품 compatible a. 양립할 수 있는, 호환이 가능한 sophisticated a. 정교한, 복잡한 operating system n. 운영체계 incentive n. 인센티브, 유인, 혜택 platform n. 플랫폼(컴퓨터 시스템의 기반이 되는 하드웨어 또는 소프트웨어), 승강장 nonexistent a. 존재하지 않는

Rudy's 해설

09. 단순 내용일치 문제로 본문에 내용에 부합되는 내용이 정답이다.
　① 그라눌라는 아이들에게 가장 인기있는 시리얼이다.
　* 최초의 시리얼이지, 가장 인기 있는 제품인지는 알 수 없다.
　② 시리얼은 건강을 위한 건강식품으로 개발되었다.
　③ 시리얼을 과도하게 먹는 것은 소화불량을 야기시킨다.
　④ 미국인들이 시리얼을 생각할 때면, 그들은 요양원을 떠 올린다.

10. 빈칸 문장의 주어가 요양원이고, 본문에 따르면 시리얼을 최초로 도입한 것이 요양원이었기 때문에 빈칸에는 시리얼이 등장, 도입 되었다는 표현이 적절하다.

해석

만일 당신이 미국에서 태어났다면, 아마도 아침식사로 시리얼을 먹으며 자라나게 되었을 것이다. 미국인들에게 시리얼은 어린 시절의 동의어이고 중요한 아침식사라기보다는 (사탕이나 과자 등의) 달콤한 먹거리다. 실제로 시리얼은 오늘날 아이 친화적인 형형색색의 박스들과는 매우 다르게 시작되었다. 믿기 어렵겠지만 시리얼은 최초로 널리 광고된 건강식품들 가운데 하나였다. 시리얼은 증가되고 있는 소화불량을 해결하기 위해 개발되었다. 19세기 후반 미국에서는, 많은 사람들은 유해한 고단백 습관으로부터 만성적인 소화불량으로 고통 받고 있었다. 식습관이 변화돼야 한다는 것은 분명했다. 운동과 건강한 식단을 강조했던 요양원으로 알려진 의료 기관들이 미국전역에 갑자기 등장하기 시작했다. 한 요양원은 James Jackson이 운영했는데, 그는 물의 치유와 정화의 힘을 굳게 믿는 사람이었다. 물과 통밀 가루를 뒤섞고 굽는 것을 통해서, Jackson은 최초의 인스턴트 시리얼인 그라눌라(Granula)를 개발했다. 그것은 아무 맛도 없었고 먹기 전에 하루 동안 우유에 담가 두어야 했다. 비록 그라눌라가 맛이 없게 들렸지만, 몇몇 사람들에게 감동을 주었기에 Our Home Granula Company가 탄생했다. Jackson이 운영하는 것과 같은 요양원들은 미국인들에게 사랑받는 아침 시리얼의 등장에 큰 역할을 하고 있다.

어휘

synonymous a. 동의어인, 뜻이 같은 staple n. 식품, 원료 dyspepsia n. 소화불량 sanitarium n. 요양원 pop up v. 불쑥 나타나다 graham flour n. 통밀 가루 ready-to-eat a. 인스턴트의, 바로 먹을 수 있는 unappetizing a. 맛없는 strike a chord v. 심금을 울리다 tonic n. 강장제 resurrection n. 부활, 재림 implementation n. 이행, 집행, 실행 application n. 적용, 응용

[11-12] 11. ④ 12. ② ★

Rudy's 해설

11. 미국의 심리학자들은 IQ를 유전에서 기인한다고 생각했다. ①과 ④는 상반되는 문항이다. 이처럼 보기문항에서 의미가 상반되는 문항들이 나란히 등장하면, 둘 중 하나가 정답일 가능성이 매우 높다.

　① 미국 심리학자들은 IQ가 유전적이라고 믿었다.
　② Binet의 의도는 미국 심리학자들의 의도와는 달랐다.
　③ 미국 심리학자들은 Binet 점수를 지능의 척도로서 사용했다.
　④ 미국 심리학자들은 IQ는 환경의 소산이라고 믿었다.

12. 미국의 심리학자들이 Binet의 의도를 왜곡했다는 것이 본문의 내용이다.

　① 단지 유전 이론에만 관련되어 있었다.
　② 미국 심리학자들이 남용했다.
　③ 사람들의 사회적 지위에서 기인한다.
　④ 분명하고 커다란 삶의 질과는 무관하다.

해석

지능검사는 금세기에 중요한 영향을 미치고 있다. 이러한 견지에서 볼 때, 만일 그 검사의 창시자가 살아 있고, 그가 관심을 가졌던 부분이 잘 지켜졌더라면 이러한 오용의 비극을 피할 수 있었을 것인가를 알기 위해서 우리는 Binet 검사의 동기들을 조사해 보아야 한다. 왜냐하면, 미국의 심리학자들은 Binet의 의도를 왜곡하고 IQ 의 유전이론을 꾸며냈기 때문이다. 그들은 Binet의 점수를 구체화시켜 이 점수를 지능이라 불리는 실체의 척도로 받아들였다. 그들은 지능은 대체로 물려받는 것이라 가정하고, 문화적 차이를 타고난 능력의 차이와 혼동해서 일련의 그럴듯한 논거를 개발해 놓았다. 그들은 유전된 IQ 지수가 개인의 위치를 결정해 준다고 믿었다. 그리고 그들은 명백하고도 커다란 삶의 질의 변화에도 불구하고, 통상적인 지능의 차이를 대체로 유전에 의한 것으로 가정했다.

어휘

momentous a. 중요한 in this light av. 이 관점에서 보자면 appreciate v. 평가하다, 이해하다 misuse n. 남용, 악용 pervert v. 왜곡하다 invent v. 발명하다, 날조하다 hereditarian a. 유전적인 reify v. 구체화하다 specious a. 그럴 듯한 mark v. 나타내다 product n. 제품, 결과물 heredity n. 유전 manifest a. 분명한 profound a. 해박한, 깊은 variation n. 변화, 차이점 station n. 정거장, 사회적 지위

20 Mins 05회 해설

01. ③ ★ [성균관대]

Rudy's 해설

두괄식 구조의 영문이다. 본문의 to drive을 통해 빈칸을 유추할 수 있다. [더독해2.0 Chapter 1. unit 05]

해석

이동성은 중요하다. 운전할 수 있는 권리를 상실한다는 것은, 많은 노인들에게 있어서 배우자를 잃어버리는 것만큼 충격이 된다. 그리고 노령화됨에 따라서, 미래에 더욱더 많은 사람들이 그러한 충격을 느낄 것이다. 그러나 노인 운전자 자신의 안전은 물론이고, 다른 도로 상용자들의 안전이 가장 중요하다.

어휘

mobility n. 이동차 traumatic a. 외상성의 widowed a. 혼자가 된 let alone av. ~말할 것도 없이 paramount a. 최상의, 매우 중요한 longevity n. 장수, 수명

02. ② ★ [한양대]

Rudy's 해설

빈칸은 앞 문장에 대한 재진술로 'is fragmented among thousands, sometimes millions of heads.'를 통해 추론할 수 있다.

해석

현대 세계의 정교함은 개인의 지적 능력이나 상상력에 놓여 있는 것이 아니다. 그것은 협력하는 분야이다. 그 누구도 - 말 그대로 그 누구도 - 내가 글을 쓰고 있는 컴퓨터는 말할 것도 없이 내 책상 위에 있는 연필을 만드는 법을 알지 못한다. 어떻게 제품을 디자인하고 채굴하고, 베고, 추출하고, 종합하고, 결합하고, 제조하고, 홍보하는 가에 대한 지식은 수천 명의 사람들, 때로는 수백만 명의 머릿속에서 분해된다. 일단 인간의 진보가 시작되고 나면, 진보는 더 이상 인간의 뇌의 크기에 제한되지 않는다. 지적인 능력은 집합적이고 누적적인 것이 되었다.

어휘

sophistication n. 복잡함, 정교함 literally ad. 문자 그대로 let alone av. ~ 말할 것도 없이 mine v. 채굴하다 manufacture n. 제품, 제조, 생산 cumulative a. 누적하는, 점증적인 fragment v. 분해하다 interdisciplinary a. 다른 학문과 제휴하는 interfacial a. 접촉 영역의

03. ① ★★ [서강대]

Rudy's 해설

ⓐ 빈칸 문장의 주어가 risks 이기에, 빈칸 또한 오존층을 감소, 고갈 시킨다는 부정적인 표현이 적절하다.
ⓑ 문맥과 상관없는 단순 어휘 문제로 치환해서 해결할 수 있다. 빈칸 뒤의 particles와 호응하는 표현이 적절하다.

Unit. 05

해석

하버드대 교수인 David Keith는 지구를 냉각시킨다고 알려진 거대한 화산 폭발로 분출된 황에 의해 만들어진 안개와 유사한 성층권의 인공안개를 통해서 태양빛을 반사시키는 방법을 연구하고 있는 중이다. 위험들 가운데 하나는 이 인공입자들이 오존층을 고갈시키는 화학 반응을 불러일으킬 수도 있다는 것이다. Keith 박사와 동료들은 이런 화학반응의 속도가 수증기 입자들의 크기와 배경 농도에 어떻게 의존하는 지를 연구하고자 한다. 이것은 위험을 평가하고 위험을 제한할 수 있는 방법을 발견하는 데 도움이 될 것이다. 그들은 20km 상공에 떠 있는 커다란 기구에 매달려 있게 될 시스템 장치를 만들었다. 이 시스템 장치는 황산입자의 작은 기둥을 만들어내고 물리적, 화학적 변화를 측정할 것이다.

어휘

haze n. 연무, 몽롱한 상태 stratosphere n. 성층권 sulphur n. 황, 유황 query v. 문의하다 plume n. 기둥, 깃털 장식 abattoir n. 도살장 cambric n. 손수건 (면이나 마로 아주 얇게 만든 흰색 천) shower n. 소나기, 샤워

04. ④ ★★

Rudy's 해설

순서배열 문제는 언제나 첫 문항을 찾는 것이 핵심이다. 첫 문항 확보 후에 보기문항들을 비교한 소거법을 통해 정답을 선별한다. 첫 문항을 선정할 때의 원칙은 다음과 같다. [더독해2.0 Chapter 3. unit 04]
1) 대명사 또는 연결어(but, however, in addition to...)는 첫 문항으로 올 수 없다.
2) 일반적 진술이 구체적 진술 보다는 앞에 위치한다.

첫 문항 확보 후에 나머지 문항들의 순서를 정하는 원칙은 다음과 같다.
1) 동일어구(동의어, 선행사와 그것을 의미하는 대명사)를 중심으로 연결한다.
2) 연결어(but, however, in addition to, despite.....)를 중심으로 전후 순서를 정한다.

(a)의 bad housing, (c)의 tenement가 동의어로 둘은 이어져야 하는데, (a)가 일반적 진술, (c)가 구체적 진술이기에 (a)-(c)의 순서가 적절하다. (a)-(c)가 등장한 (d)와 (e)를 비교해서 정답을 선별한다.

해석

인종 소요는 여러 상이한 문제들로부터 빚어진 결과이다.
(a) 한 가지 원인은 열악한 주거환경이다.
(e) 흔히, 소수민족이 살 수 있는 유일한 곳은 쥐와 바퀴벌레가 우글거리는 빈민가 아파트에 불과하다.
(e) 더욱이 이들 집단은 구직에서의 차별 때문에 실업률이 높다.
(d) 사람들이 자신의 가족을 부양할 수 있는 일을 찾지 못하는 경우, 그들은 절망과 불만으로 빠져들게 되고 쉽게 폭동이 일어나게 된다.
(b) 이들 문제를 없애야만 소수민족에 의한 폭력 위협이 줄어들게 될 것이다.

[5-6] 05. ③ 06. ② ★

Rudy's 해설

05. 문제는 '발화는 사회에서 학습된 행위이다, 따라서 그것은 _____ 불린다'는 의미이다. 본문의 'speech is a patterned activity'를 통해서 정답을 선별할 수 있다

06. 아이들이 재잘거리는 것이 발화(언어)가 되는 것은 타인들이 이해할 수 있는 의미 있는 패턴이 되는 경우이다.

　　① 충분한 소음들을 포함할 때

② 의미 있는 형식을 따르기 시작했을 때
③ 그에게 자연스럽게 느껴질 때
④ 모방하기 시작했을 때
* 모방하기 시작했을 때가 아니라, 모방을 통해서 의미를 띄기 시작했을 때 언어가 된다.

해석

말하기 즉, 의미를 전달하기 위해 소리를 내는 행위는 인간 행동의 한 유형이다. 일정하게 반복되는 다른 행동과 마찬가지로 말하기는 학습되어져야만 한다. 하지만 일단 학습하게 되면 대개 무의식적이고 반사적인 과정이 된다. 결론을 내린다면 인간은 말을 하라고 강요받을 필요가 없다. 대부분의 유아들은 말과 유사한 소리를 내려는 본능적인 욕구를 갖고 있는 듯하다. 어떻게 말하느냐와 무엇을 말하느냐는 또 다른 문제이다. 이 행위는 특정 집단인 우리 주변 사람들로부터 습득되기 때문에 말하기는 정형화된 행위이다. 어린아이가 두서없이 종알거리고 재잘거리는 행위는 모방 과정을 거쳐서 정돈된 형태로 운반되는데, 이는 주변 사람들로부터 정형화된 의미로 수용된다. 마찬가지로, 아이가 자신의 입에 물체를 넣는 무분별한 행위는 어떤 특정한 방법으로 자신의 입에 음식을 넣는 행위로 제한이 되게 된다.

어휘

utter v. 소리를 내다 convey v. 전달하다 unconscious a. 무의식의 automatic a. 자동의, 무의식적인 instinctive drive n. 본능적 욕구 learned a. 학습된, 후천적인 meander v. 두서없이 이야기하다, 꼬불꼬불 흐르다 babble n. 중얼거림, 옹알이 chatter n. 수다, 재잘거림 patterned a. 정형화된, 규격화된 channel v. 흐르다, 전달하다 groove n. 관행 orderly a. 질서정연한 indiscriminate a. 무차별적인 practice n. 관행, 실행

07. ③ ★

Rudy's 해설

본문에 따르면 다음 세대에는 진화론이 보편적으로 수용될 것이라는 문항이 적절하다.

① 교회는 진화론을 절대 수용하지 않을 것이다.
② 코페르니쿠스의 지동설은 뉴턴의 중력이론을 반박할 것이다.
③ 지동설이 수용된 것처럼 진화론도 보편적으로 수용될 것이다.
④ 다음 세대는 뉴턴의 중력이론을 변화시킬 것이다.

구문 분석

[1] They were charged by the church, ①<u>as is evolution now</u>
① as is evolution now = as evolution is charged by the church now
'as 주어 동사'에서 'as 동사 주어'로 도치된 문형으로 빈출되는 구조이다. [더독해1.0 Chapter 4. unit 01]

[2] Evolution will universally be accepted ②<u>as has been the heliocentric theory of Copernicus.</u>
② as has been the heliocentric theory of Copernicus = as the heliocentric theory of Copernicus has been accepted
[더독해1.0 Chapter 4. unit 01]

해석

모든 고등 교육 기관에서 진화론을 가르친다. 다음 세대에는 진화론이 코페르니쿠스의 천문학 이론이나 뉴턴의 중력 이론만큼이나 반박할 수 없는 사실로 받아들여 질 것이라는 것은 의심의 여지가 없다. 각각 이러한 이론들은 신학자들에 의해 같은 비판을 겪었다. 지금의 진화론이 유물론과 무신론을 양산해 내면서 비난을 받는 것처럼 예전 이론들도 교회의 비난을 받았다.

[8-9] 08. ④ 09. ② ★★

Rudy's 해설

08. not only A but also B 상관접속사 구문이다. A에서는 물질적인 측면을 이야기했고, 빈칸 뒤에 psychic를 통해 빈칸에는 정신적인 내용이 적절하다는 것을 추론할 수 있다. conversion experience은 '정신개조, 개종체험'이란 의미로 문맥상 적절하다. .

09. 주제문 추론의 영문으로 본문 중간과 마지막 부분에서 주제를 엿볼 수 있다. 자연의 파괴가 매우 심각하기에, 정신개조와 지속적인 관심과 치유 활동이 필요하다는 것이 본문의 주제이다. [더독해2.0 Chapter 1. unit 05]

구문 분석

Healing can occur and new life can sometimes be evoked, but only with ①the same intensity of concern and sustained vigor of action ①as that which brought about the damage in the first place.
① the same A as B (B와 같은 A) 구문이다. that which = what으로 the same 이하를 선행사로 받는 형용사절이다.
[더독해1.0 Chapter 2. unit 06]

해석

생태학자들의 인식에 의하면, 지구를 산업사회 소비자가 이용할 수 있는 자원기지로 환원시키는 것은 이미 정신적·심리적 타락이다. 자연계에 대한 인간의 태도에서 돈과 실용가치가 영적, 미적, 정서적, 종교적 가치보다 우선시되면서 신성한 것, 신성함의 세계에 대한 중요한 경험이 줄어들어 왔다. 자연계를 회복하려면 광범위한 재정조달뿐만 아니라 인간 심리 구조 깊숙한 곳의 정신개조가 일어나야 한다. 현재 우리가 봉착한 난제는 심리적 동요, 정신적 불균형, 정서적 둔감함이 초래한 결과로서, 이들 중 그 무엇도 대응책을 급조함으로써 치유할 수는 없다. 이미 자연은 심각하게, 그리고 많은 경우 돌이킬 수 없을 만큼 손상을 입었다. 치유도 가능하고 새로운 삶을 일으킬 수도 있지만 그러려면 애초에 자연계의 손상을 초래했던 것과 동일한 정도로 상당한 집중적 관심과 지속적 활동이 반드시 필요하다. 그러나 막상 손상된 자연을 이렇게 치유하지 않는다면 인간의 생존가능성은 심각할 만큼 한계에 봉착하게 된다.

어휘

ecologist n. 생태학자 reduce A to B v. A를 B로 환원시키다 resource base n. 자원기지 spiritual a. 영적인 degradation n. 퇴락, 타락 sacred a. 신성한 diminish v. ~을 줄이다, 감소시키다 funding n. 재정조달 financial a. 재정의, 금융의, 돈의 conversion n. 개조, 개심 psychic a. 심리의, 심리적인 dilemma n. 난제, 딜레마 consequence n. 결과 disturb v. ~을 괴롭히다, 교란시키다 insensitivity n. 둔감함 irreversibly ad. 회복할 수 없을 만큼 intensity n. 강도, 집중도 vigor n. 활기 in the first place av. 애초부터 viability n. 생존가능성 limit v. ~을 제한하다 fatuitous a. 자기만족적인 malicious a. 악의적인

10. ③ ★ [서강대]

Rudy's 해설

추론 형식이지만 내용일치를 묻는 문제이다.

① 미국 영어에서 욕실은 화장실을 의미하는 공손한 방법이다.
② 미국 주유소들은 욕조를 가지고 있지 않다.
③ Activia 요구르트는 소화에 유익하다.
* 초기 단계인 소화는 논쟁 중에 있다고 했기에, 단정적으로 소화에 유익하다고 말할 수는 없다.
④ 완곡한 표현은 현대 광고의 중요한 전략이다.

The ways ①marketers manage to get their point across without mentioning the unpleasantness in question offer a school of euphemism in miniature.
① 주어 the ways를 후치수식하는 핑형주전투로 '주어 the ways + 동사 offer'를 파악하는 것이 요점이다.
[더독해1.0 Chapter 2. unit 07]

해석

마케팅 담당자들이 문제가 되는 불만을 언급하지 않고 자신들의 요점을 전달하는 방식들은 최소화된 일련의 완곡 표현을 활용하는 것이다. 한 가지 가치 있는 전략은, 대상이 되는 것을 직접 언급하지 않고, 대상이 되는 것의 주변의 것을 언급해서 연상 작용이 효과를 발휘하게 하는 것이다. 이것이 미국식 영어에서 toilet이 bathroom 이 된 방식이다. 즉, 주유소의 화장실에는 욕조가 없고, 집에는 있겠지만, 그것이면 충분한 의미가 전달된다. 매우 유사한 방식으로 Danone사 제품인 Activia 요구르트는 소화를 돕는다고 광고되고 있다. 소화는 기술적으로 논쟁 중인 과정의 초기 단계다. Activia 요구르트가 정말로 전달하고자 하는 것은 요구르트 상표에 있는 아래로 향하는 화살에 의해서 더 잘 전달된다.

어휘

get across v. 이해시키다. 전달하다 euphemism n. 완곡 어구, 완곡 표현 a school of a. 한 무리의 venerable a. 공경할 만한, 신망 있는 tout v. 강매하다. 비싸게 팔다 propitious a. 적합한, 상서로운 in question av. 문제가 되는, 논쟁 중인, 의심스러운

[11-12] 11. ③ 12. ② ★★ [고려대]

Rudy's 해설

11. 본문의 내용을 토대로 추론할 수 없는 문항을 선별하는 문제이다.

① 의미 있는 결과를 얻기 위해, 과학자들은 자주 당초의 계획 보다 많은 시간과 노력을 기울인다.
② 과학적 연구의 성과들은 인내력을 통해서 달성된다.
③ 연구의 성공은 빠른 실험에 달려있다.
* 오랜 시간과 노력을 투입해도 결과를 얻기 어렵다는 것이 본문의 내용이다. 빠른 실험에 대해서는 전혀 언급이 되어 있지 않다.
④ 과학적 글쓰기의 핵심이 반드시 명확한 설명을 제공하는 것은 아니다.
* 과학적 글쓰기는 설명이나 해답 보다는 질문에 있기에, 적절한 내용이다.

12. 빈칸 앞의 the difficulty를 통해서 빈칸에는 과학 연구의 어려움에 대한 재진술, 예시가 적절하다. 따라서 부정적인 표현이 있는 문항이 정답으로 적절하다. ④는 신체의 고통을 의미하기에 문맥상 적절하지 않다. ②는 엄청난 시간과 노력을 투자해서 무위로 끝날 때의 절망적인 상황을 의미한다.

구문 분석

Meanwhile, most researchers' labors end up wasted, ①lost on hypotheses that were ill-conceived or simply unlucky.
= as most researchers were lost on hypotheses that were ill-conceived or (most researchers were) or simply unlucky.
① 분사구문으로 문맥상 이유의 부사절로 이해하는 것이 적절하다. [더독해1.0 Chapter 3. unit 02]

해석

일반적으로 과학은 화려한 분야가 아니다. 하나의 과학적 데이터 집합은 통상적으로 실험실에서 몇 달, 현장에서의 몇 년을 의미한다. 심지어 가장 생산성이 높은 연구자들조차도 계속해서 한 가지 과제에 달라붙어 있거나 집중적으로 파고들어야 한다. 그러는 동안 잘못된 가설 혹은 불운 때문에 많은 과학자들의 노력은 무위로 끝나고 만다. 그럼에도 과학자들은 때때로 치명적인 결과를 맞으면서도 연

Unit. 05

해석

구를 계속한다. 작업의 어려움은 과학에 본질적인 부분이다. 예를 들어, 어떤 사람은 과학의 진정한 주제는 현실의 냉정함이라고 주장한다.

이런 과학의 특징은 과학적 글쓰기에서도 그대로 적용된다. 과학적 글쓰기는 해답에 관한 것이 아니라 질문에 관한 것이다. 예를 들어, 왜 시간은 한 방향으로 움직이는 것일까? 어떻게 생명이 시작된 것일까? 네안데르탈인들에게는 무슨 일이 일어났던 것일까? 과학적인 이야기들은 흥미진진한 동시에 매우 까다롭다. 과학적 이야기들은 경우에 따라서 문자 그대로, 또는 비유적으로 도달하기 힘든 곳으로 우리를 이끈다. 과학적 질문들은 우리가 새로운 방식으로 세계를 바라볼 것을 요구하고 있다.

어휘

glamorous a. 화려한, 매력 넘치는 ill-conceived a. 잘못 고안된 obduracy n. 고집, 냉혹 metaphorical a. 은유적인 expeditious a. 신속한, 효율적인 vulnerability n. 상처받기 쉬움, 취약성 dig out v. 파다, 집중적으로 연구하다 get stuck v. 갇히다, 달라붙다 end up v. (결국)~ 끝나다 go for v. 찬성하다, 통하다 demanding a. 지나치게 요구하는, 까다로운

20 Mins 06회 해설

01. ① ★ [서강대]

Rudy's 해설

인과구조로 'so 원인 that 결과'이다. 따라서 빈칸에는 지독한 경쟁이 더욱 악화된다는 것이 적절하다.

해석

그 비좁은 동상의 받침대(성공)에 올라서기 위한 투쟁은 사람들이 비교할 수 없는 긴 시간을 노예처럼 일하도록 만들고 있다. 미국에서 정상에 가지 못하는 결과들은 너무나 큰 것이어서 지독한 경쟁은 악화되고 있다. 승자독식사회에서 우리는 이런 긴장의 시간을 가질 수 밖에 없다.

어휘

pedestal n. (기둥□동상 등의) 받침대 slave away v. 노예처럼 일하다 exacerbate v. 악화시키다 divest v. 벗다, 없애다, 처분하다 stint v. 아끼다, 인색하게 쓰다 malign v. 비방하다, 중상하다 rat race n. 극심한 생존경쟁 crunch time n. 고도의 긴장이 요구되는 때

02. ② ★ [한양대]

Rudy's 해설

빈칸 뒤에 제시되는 고양이를 의미하는 단어들을 통해 기호와 의미 사이에는 어떤 연관성이 없다는 것을 알 수 있다.

해석

가장 기본적인 차원에서. 언어는 단지 공유된 상징, 기호들이다. 일련의 사람들이 의미를 만들기 위해서 사용하기로 동의한. 선택된 기호와 합의된 의미 사이의 관계는 지극히 자의적이다. 우리는 익숙한 애완동물을 나타내기 위해서 서로 다른 문화들에서 사용하는 다양한 기호들을 살펴보는 것을 통해 이런 개념을 쉽게 설명할 수 있다. 핀란드 사람들은 Kissa 쓰기로 합의한 반면, 독일에서는 Katze라는 기호가 선택되었고, 스와힐리인 사람들은 paka라는 기호를 사용 한다. 우리가 알고 있는 것처럼. 이 단어들 가운데 어떤 것도 고양이의 실제적인 특징과는 아무런 관련이 없다.

어휘

arbitrary a. 자의적인 identify v. 동일시하다, 구별하다, 확인하다 ethnocentric a. 자기민족중심주의의 settle on v. 합의하다, 정착하다 characteristic n. 특징, 특성

03. ④ ★★ [서강대]

Rudy's 해설

① 뒤에 이어지는 search the car를 통해 빈칸에는 차를 수색하게 된 이유에 해당하는 표현이 적절하다.
② evidence seized를 통해 빈칸에는 증거를 압수한 장소에 대한 표현이 적절하다.

해석

에스코트 차 안을 자세히 살펴보고 뒷좌석에 불편하게 누워있는 한 사내에 의구심을 품고, Mr Darisse는 Mr Heien 씨로부터 차를 수색하겠다는 동의를 얻었다. Mr Darisse는 더플 백 안에 숨겨둔 코카인을 찾아냈고 Mr Heien를 마약 밀매혐의로 체포했다. 그러나 공교롭게도, 노스캐롤라이나의 주법은 자동차가 작동하는 한 개의 브레이크 등만이 있는 것도 허용한다. 그래서 Mr Darisse가 수상하게 주행했던 에스코트 차량을 세운 최초의 결정은 법률의 그릇된 적용에 토대를 둔 것이었다. Heien 씨 사건과 관련된 이슈는 이 법률적인 실수가 에스코트 차량의 정지를 법률적으로 이치에 부합되는지와 77번 주간 고속도로의 갓길에서 압수한 증거가 폐기되어야 하는 가에 대한 것이다.

어휘

peer into v. 자세히 들여다보다 puzzle over v. 골똘히 생각하다 awkward a. 어색한, 서투른 splay v. 펼치다, 벌리다 stash n. 숨겨둔 장소(물건) duffle n. 의류와 장비 drug trafficking charges n. 마약 밀매 혐의 misapprehension n. 오해 toss out v. 던져 버리다 shoulder n. 도로의 갓길 augury n. 점, 예언 accretion n. 성장, 증대 panacea n. 만병통치약 secure a. 안전한 v. 안전하게 하다, 확보하다

04. ③ ★

Rudy's 해설

순서배열 문제는 언제나 첫 문항을 찾는 것이 핵심이다. 첫 문항 확보 후에 보기문항들을 비교한 소거법을 통해 정답을 선별한다. 첫 문항을 선정할 때의 원칙은 다음과 같다. [더독해2.0 Chapter 3. unit 04]
1) 대명사 또는 연결어(but, however, in addition to…)는 첫 문항으로 올 수 없다.
2) 일반적 진술이 구체적 진술 보다는 앞에 위치한다.

첫 문항 확보 후에 나머지 문항들의 순서를 정하는 원칙은 다음과 같다.
1) 동일어구(동의어, 선행사와 그것을 의미하는 대명사)를 중심으로 연결한다.
2) 연결어(but, however, in addition to, despite…..)를 중심으로 전후 순서를 정한다.

(b)의 history of troublemaker의 재진술이 (a)의 fighting, smoking이다. 따라서 (b)-(a)는 추론할 수 있고, (c)와 (d)의 비교를 통해서 정답을 추론할 수 있다.

해석

(b) 셋째 주에 우리는 한 중등학교 문제아의 신상 기록을 분석해 달라는 요청을 받았다.
(a) 그 아이는 여러 과목에서 낙제를 하고 있었고, 복도에서 싸움질, 화장실에서 담배 피우기 등 있을 수 있는 거의 모든 잘못을 저질렀다.
(d) 이 소년을 어떻게 해야 하는지에 대한 질문을 우리는 받은 것이었다.
(c) 우리의 반응은 압도적으로 부정적이었으며, 우리 대부분은 청소년 범죄자 치료가 전문인 정신과 의사에게 보내볼 것을 제안했다.

어휘

fail subject v. 과목에서 낙제하다 accumulate v. 축적하다 demerit n. 결점, 과실 troublemaker n. 말썽꾸러기 overwhelmingly av. 압도적으로 referral n. 위탁, 부탁 psychiatrist n. 정신과 의사

05. ① ★

Rudy's 해설

첫 줄의 'the reverse is true'가 주제문으로 과거와는 달리 현재는 젊은이들이 비난을 받는다는 것이 주제이다. 따라서 보기문항 중에서는 과거와는 달리 기성세대가 젊은 세대를 비난하는 풍조가 있다는 것을 의미하는 ①이 제일 적절할 수 있다. [더독해2.0 Chapter 1. unit 05]

① show that there is a new kind of generation gap (새로운 세대 격차가 있다는 것을 보여주기 위해)
② imply that Boomers are smarter than teenagers (부모세대가 10대들보다 현명하다는 것을 보여주기 위해)
③ prove that human conditions are getting worse (생활환경이 악화되는 것을 입증하기 위해)
④ reveal that people are getting more materialistic (사람들이 점점 물질적으로 변해가는 것을 보여주기 위해)

해석

25년 전만 하더라도 젊은이들은 자기들보다 나이가 많은 사람들을 비난했다. 오늘날에는 그 반대이다. 지난 10년 동안 연구나 이야기 신문 기사를 통해서 젊은이들은 대체로 무식하고, 탐욕스러우며 몹시 형편없다는 비난을 받았다. 그들은 지도에서 시카고를 찾을 줄도 모르며, 남북전쟁이 언제 일어났는지도 모른다. 또한, 텔레비전을 너무 많이 시청하고, 쇼핑하는 데 지나치게 많은 시간을 낭비하며 투표도 잘 하지 않고 (투표를 하더라도 피상적인 근거에 입각해 하고), 시험에서는 부정행위를 하고, 신문은 읽지 않으며, 자동차와 의상과 신발, 돈에 지나치게 신경을 쓴다. 20 년 전에, 부머스는 사람들에게 서른 살이 넘은 사람은 믿지 말라고 경고했다. 그러나 지금의 격언은 "서른 살이 안 된 사람들에게는 물어 보지도 말라"는 것이다. 「워싱턴 포스트」지의 토니 콘하이저는 최근에 "요즘젊은이들은 왜 그렇게 멍청할까?'하고 의아해 했다. "그들은 금전 등록기가 없으면 잔돈 계산도 못해요. 치즈버거와 프라이가 1달러 73센트인데 2달러 3센트를 주면 그들의 얼굴이 어떤 표정을 짓는지 보신 적 있으세요? 그들은 깜짝 놀라 얼어붙어 버리죠. 그들은 그 다음은 어떻게 해야 할지 전혀 이해를 못하는 거죠"

어휘

call 사람 names v. 비난하다 reverse a. 반대의 bombard v. 공격하다, 폭격하다 dumb a. 멍청한 shallow a. 피상적인 cheat on test v. 시험에서 커닝하다 caution v. 경고하다 quip n. 명언, 신랄한 말 remit v. 송부하다, 감면하다 thunderstruck a. 깜짝 놀란 comprehension n. 이해, 지식 boomer n. 부모세대

[6-7] 06. ③ 07. ① ★★

Rudy's 해설

06. 글쓴이가 'fairy tales'에 인용부호를 한 이유를 묻는 문제로, 동화는 아이들을 위한 것이 아니라 성인이나 작은 어른들을 위한 내용이었다는 것을 부각시키기 위한 강조의 표현이다.
　① 책의 제목을 표현하기 위해서
　② 이것이 책의 핵심표현이라는 것을 보여주기 위해서
　③ 이것이 적절한 표현이 아니라고 생각하기 때문에
　④ 동화는 텍스트에서 분리되어야만 한다고 믿기 때문에

07. far more graphic and brutal을 통해 밑줄 친 표현은 '순화되다, 약화되다'라는 것을 추론할 수 있다. 즉, 현재는 watered down이지만, 과거에는 graphic and brutal 이었다는 의미이기 때문이다. 앞은 현재, 뒤에는 과거시제임을 유의하자.

구문 분석

Folklorists explain that classic fairy tales grew out ①of an oral tradition, ①of adults telling children and other adults stories ②they had heard themselves.
① grew out of + grew out of 공통관계구조이다. [더독해1.0 Chapter 2. unit 02]
② stories를 후치수식하는 핑형주전투 [더독해1.0 Chapter 2. unit 07]

해석

오랫동안 비평가들은 아이들에게 읽어주는 일부 고전 '동화'의 내용이 폭력적이라고 개탄해왔었다. 그러나 이들은 지금 우리가 순화된 동화의 버전을 읽고 있다는 점, 그리고 원작들이 훨씬 더 생생하고 잔인했다는 점을 인식하지 못하고 있었다. 민속학자들의 설명에 의

하면 고전 동화는 어른들이 아이들과 다른 어른들에게 자신이 들었던 이야기를 전달해주는 구전전통에서 나온 것이다. 빅토리아 이전 시대 유럽에서 아이들은 '아이'가 아니라 10대에 결혼하여 신혼 밤을 치를 때까지 몇 년 남지 않은 작은 어른 취급을 받았다. 비좁은 삶의 터전은 아이들이 술주정, 형편없는 행동, 폭력을 쉽게 목격했었음을 의미한다.

어휘

critic n. 비평가 content n. 내용 fairy tale n. 동화 water down v. 순화시키다 version n. 변형, 버전 original n. 원작 oral a. 구전의 living quarter n. 생활 장소 witness v. ~을 목격하다 graphic a. 생생한 folklorist n. 민속학자
a handful of a. 몇몇의 cramped a. 비좁고 답답한 inquisitive a. 탐구적인 differentiated a. 구별되는

[8-10] 08. ③ 09. ④ 10. ① ★★ [고려대]

Rudy's 해설

08. 스포츠에 대한 갈등이론의 핵심 목적을 묻는 문제이다. 본문에 따르면 갈등이론은 스포츠는 기득권자들이 자신들의 가치를 확고히 하기 위해 사용하는 것이 스포츠이기 때문에, 이런 의도를 파악해서 사회에 불합리한 구조에 관심을 가져야 한다는 것이다.

① 스포츠에서 평등한 구성원들을 강화해서 자본주의 사회의 불공정한 문제를 해결하는 것
② 부와 권력이 있는 사람들에게 연예기획사를 혁신적으로 변화시킬 수 있는 방법을 제시하는 것
③ 사회에 긴장을 야기하는 정치적, 경제적 문제들과 불평등한 구조에 대해 관심을 촉구하는 것
④ 불안에 대한 공포를 이용해서 사회 변화를 위해 가난한 사람들을 동원하는 것

09. 빈칸의 주어가 갈등이론가들이기에 빈칸은 갈등이론가들의 주장에 부합된 표현이 적절하다. 빈칸 전후 문장을 통해서 이들은 스포츠를 사회 비판적인 의식을 감소시키는 부정적인 것으로 인식하고 있다는 것을 알 수 있다. 빈칸 또한 사람을 무디게, 비판의식을 감소시키는 표현이 적절하다.

10. 갈등이론에서 평가하는 스포츠에 대해 그릇된 내용을 선별하는 문제이다.

① 특권 계층들은 스포츠 사업을 통해 가난한 이들의 재정적 요구를 충족시켜 준다.
* 스포츠를 통해 사회의 불합리한 구조에 대해 무관심하게 만든다는 것이 본문의 내용이다.
② 스포츠는 대중의 가장 큰 관심을 반영하지 않는다.
③ 스포츠는 가난한 사람들이 자신들의 어려움을 망각하도록 이끈다.
④ 스포츠는 자본주의적 가치에 도움이 되는 도구 이상의 특별한 것이다.
* 스포츠는 자본주의적 가치를 확산키시고, 나아가 사회에 대한 비판의식까지 감소시킨다는 것이 본문의 내용이다.

구문 분석

[1] Sport in all its forms, they argue, ①focuses the emotions and attention of the have-nots in society ①on escapist spectator events, which distract them from the need to change the economy.
① focus A on B (A를 B에 집중시키다)의 문형이다. 이처럼 특정 전치사들이 동사와 함께 등장하는 문형들을 평소에 반복해서 정리해 두자. 문장해석에 있어서 정확할 뿐만 아니라 속도가 급격히 증가하기도 한다.
[더독해1.0 Chapter 3. unit 05]

[2] This leads to ①an emphasis on the negative consequences of sports and ①the conclusion that radical changes are needed in sports and society as a whole.
① leads to an emphasis + leads to the conclusion 구조로 lead to의 두 개의 목적어가 병렬로 나열된 공통구조이다. [더독해1.0 Chapter 2. unit 02]

갈등이론가들은 한 사회의 지배적인 스포츠의 형태가 궁극적으로 돈과 경제력을 가지고 있는 사람들의 이익을 촉진시킨다고 생각한다. 그들은 모든 형태의 스포츠가 가난한 이들의 감정과 관심을 도피성 관람 볼거리로 집중하게 하고, 그것은 사회 변화를 위한 그들의 욕구를 감소시킨다고 주장한다. 사실상, 볼거리로 넘쳐나는 스포츠는 돈과 권력을 가지고 있는 사람들이 조직하고 후원하는데, 경쟁, 생산 그리고 소비라는 자본주의적 가치들을 확고히 하기 위한 시도이다. 이와 같이 갈등이론가들은 스포츠를 한 사회의 마약으로 그리고 부와 경제를 통제하는 사람들의 특권과 지위를 영속시키는 동안 경제적 착취에 대한 힘이 없는 사람들의 인식을 줄이는 활동과 볼거리로 여긴다. 이러한 비판인식은 스포츠의 부정적인 결과들을 부각시키고 스포츠와 사회전반에 대한 근본적인 변화가 필요하다는 결론을 이끌어 낸다. 갈등이론가들에 따르면 이런 변화들의 목적은 인도적이고 창조적인 사회의 발전을 가져와서 스포츠를 표현과 창조적 에너지와 건강의 요인이 되게 하는 것이다.

어휘

have-not n. 무산자 deaden v. 줄이다, 죽이다 egalitarian a. 평등주의자 call attention to v. ~에 주의를 환기시키다 opiate n. 마약 prompter n. 프롬프터 cater to v. 제공하다, 구미에 맞추다 perpetuate v. 영속하게 하다 radical a. 근본적인, 급진적인 mobilize v. 동원하다 manipulate v. 조작하다, 속이다 populace n. 대중, 서민 oblivious a. 인식하지 못하는

20 Mins 07회 해설

01. ① ★

Rudy's 해설

본문의 내용에 부합하는 문항을 선별하는 문제이다.
① 과학기술 분야는 다른 분야와는 다른 성장 양상을 보여주고 있다.
② 많은 회사들이 첨단 과학 분야로 이동할 필요가 있다.
③ 과학기술 분야는 전반적인 경기의 성장 양상을 따라가고 있다.
④ 미국 경제는 서서히 침체로부터 벗어나고 있다.

해석

미국은 꾸준하기는 하지만 더딘 경제 성장 순환 주기에 있는 듯하고, 많은 회사들이 약간의 이윤 증가라도 늘이려고 애쓰고 있는 가운데, 기술 산업은 눈에 띄게 성장하고 있다. 컴퓨터나 소프트웨어, 첨단 의약품을 생산하는 회사에서의 수요 증가와 수출 신장은 미국 경제 전반과는 상관없이 고도의 성장이 지속될 것이라는 전망을 하게 한다.

어휘

mire v. 수렁에 빠지다 eke out v. 증가시키다 standout n. 뛰어난 물건, 사람 overall a. 전반적인 divergent a. 벗어난, 일치하지 않는 come out of v. 벗어나다 recession n. 경기침체

02. ③ ★★ [한양대]

Rudy's 해설

빈칸의 내용은 첫줄에 대한 전형적인 재진술이다. 첫 줄의 폐지되었다는 표현을 통해 빈칸들을 추론할 수 있다.
첫 문장의 'suddenly abolished'가 등장하고, 이어지는 문장들은 앞 문장에 대한 재진술이다. 따라서 빈칸에는 빈번하게 이루어지다가 폐지되었다는 내용의 표현들이 적절하다.

해석

우리는 수 천 년 동안 문명의 일부였던 잔인한 관행들이 한 세기가 넘는 시간 만에 갑자기 폐지되는 것을 보아왔다. 마녀 사냥, 죄수들에 대한 고문, 이교도에 대한 박해, 비국교도에 대한 처형, 이방인들에 대한 노예화가 – 모든 것들은 매스꺼울 정도의 잔인함으로 진행되었는데 – 훌륭한 것에서 상상할 수 없는 것으로 빠르게 바뀌었다. 페인(Payne)은 이런 변화를 설명하는 것이 얼마나 어려운지에 대해 이야기 한다. "폭력을 활용하는 것을 폐기되는 절차들은 전혀 예측할 수 없고, 신비하기조차 하다. 우리는 자주 폭력적인 관행들이 너무나 뿌리 깊고 강력해서, 그런 관행들이 극복되는 것이 마법처럼 보인다."

어휘

span n. 한 뼘, 기간 cruel practice n. 잔인한 관습 abolish v. 폐지하다 witch n. 마녀 torture n. 고문 persecution n. 박해 heretic n. 이교도 nonconformist n. 비국교도 stomach-turning a. 매스꺼운 self-reinforcing a. 매우 강력한, 스스로 강화되는 blood sport n. 유혈 스포츠 public hanging n. 공개적인 교수형 explicit a. 명백한, 분명한 argumentation n. 논증 unexceptionable a. 훌륭한 norm n. 규범 millennium n. 천년 commonplaceness n. 아주 흔함 whereby av. 그것으로 인해서 time and again av. 자주

03. ③ ★★ [고려대]

Rudy's 해설

공정한 정의를 위해서는 어느 개인도 임의적으로 심판자 역할을 할 수 없다는 것이 제시문의 내용으로 가장 근접한 내용은 보기 ③이다.

해석

정의의 공정하게 실현되기 위해서는 누구도 자신의 편의대로 재판관 역할을 수행해서는 안 된다. 아무리 지위가 높거나, 동기가 정당하거나 또는 인종, 정치, 종교와 상관없이.

① 사법적으로 정당하기 위해서는 판사의 사회적 지위, 동기, 인종, 피부색, 정치적 성향, 종교 등은 고려대상에서 배제되어야만 한다.
② 판결이 정의의 이상에 부합하기 위해서 한 사람의 사회적 지위, 동기, 인종, 피부색, 정치적 성향, 종교 등은 반드시 고려되어져야만 한다.
③ 정의를 공정하게 구현하는 체제는 한 개인이 타인들을 심판하도록 허용하지 않는다. 개인의 정체성, 동기와 상관없이.
④ 재판이 공정하게 이루어지기 위해서는 개인의 사회적, 동기적, 인종적, 정치적, 종교적 배경을 통해서 심판받아서는 안 된다.

어휘

irrespective a. 무시하고, 개의치 않고 impartially av. 공정하게 judicially av. 사법적으로 account for v. 설명하다, (비율을) 차지하다 implement v. 수행하다

04. ① ★★ [서강대]

Rudy's 해설

① 빈칸 뒤에 from A into B를 통해 빈칸에는 wrangled 또는 gathered가 적절하다는 것을 선별할 수 있다.
② 주어 herders와 호응하면서 A, B 둘 중에서 적절한 것을 선별하면 된다.

구문 분석

I stand in the fence, ①mesmerized by the thousands of beasts ②circling the muddy enclosure, ③ a blur of antlers, mud and hooves.
① 문장주어 I를 의미상 주어로 하는 분사구문. [더독해1.0 Chapter 3. unit 02]
② beasts를 설명하는 핑형주전투. [더독해1.0 Chapter 2. unit 07]
③ beasts를 설명하는 동격구조. [더독해1.0 Chapter 2. unit 01]

해석

순록들은 툰드라로부터 거대한 울타리 안에 보호받기 전까지 나무 사이에서 흩어져 자유롭게 살아간다. 목동과 다른 소유주들은 몇 시간씩 순록들을 지켜본다. 가끔씩 올가미로 한 마리를 끌어내면서. 순록들은 귀에 칼로 표식이 새겨지는데, 모든 소유주들마다 독특하다. 목동들은 먼 거리에서 빠르게 움직이고 있는 순록의 표식을 볼 수 있는 신기한 능력을 가지고 있다. 나는 담장에 기대서서, 뿔과 진흙과 고창증의 흐릿한 형체인, 진흙투성이 울타리를 빙글빙글 돌고 있는 수천마리의 순록들에 매혹되었다.

어휘

reindeer n. 순록 · wrangle v. 논쟁하다, (말, 소 등을) 돌보다 adumbrate v. 개요를 알려주다 cull v. (특정 동물을 그 수를 제한하기 위해) 도태시키다 enclose v. 울타리를 치다 herder n. 목동 lasso n. 올가미 notch n. 급수[등급] uncanny a. 이상한, 묘한 chauvinist n. 광신적 애국주의자 preternatural a. 기이한, 초자연적인 desultory a. 두서없는, 종잡을 수 없는, 산만한 mesmerize v. 매혹하다 blur n. 흐릿한 것 antler n. (주로 복수로) (사슴의) 뿔 hoove n. 가축의 고창증(부패한 사료 때문에 발생하는 질병)

05. ② ★★

Rudy's 해설

순서배열 문제는 언제나 첫 문항을 찾는 것이 핵심이다. 첫 문항 확보 후에 보기문항들을 비교한 소거법을 통해 정답을 선별한다. 첫 문항을 선정할 때의 원칙은 다음과 같다. [더독해2.0 Chapter 3. unit 04]
1) 대명사 또는 연결어(but, however, in addition to...)는 첫 문항으로 올 수 없다.
2) 일반적 진술이 구체적 진술 보다는 앞에 위치한다.

첫 문항 확보 후에 나머지 문항들의 순서를 정하는 원칙은 다음과 같다.
1) 동일어구(동의어, 선행사와 그것을 의미하는 대명사)를 중심으로 연결한다.
2) 연결어(but, however, in addition to, despite.....)를 중심으로 전후 순서를 정한다.

(a)는 it, (b)는 or, (e)는 this 때문에 첫 문항으로 적절하지 않다. (c)로 시작하는 (b), (d)를, (d)로 시작하는 (a), (e)를 비교해서 논리적으로 더 자연스러운 것을 선정, 비교해서 정답을 추론한다.

해석

(c) 인류가 약 5만 년 전 불의 사용법을 알게 되었을 때 그것은 육식동물로부터 자신을 지키고 보다 풍부하고 맛있는 음식을 먹을 수 있음을 의미했다.
(a) 그것은 또한 인간이 열대지방에서 벗어나 보다 추운 기후로 과감히 진출할 수 있음을 의미하기도 했다.
(e) 이것이 아무런 문제점도 일으키지 않았다고 생각하는가?
(d) 추운 겨울 밤 동굴에서 불이 꺼져 다시 지필 수가 없게 되었을 땐 동사할 위험이 있었다.
(b) 또한 연기로 인해 인간의 폐가 못쓰게 될 수도 있었을 것이다.

06. ① ★

Rudy's 해설

두괄식, 또는 양괄식 구성으로 볼 수 있는 영문으로 인간은 타인과 공존하기가 어렵다는 것이 주제이다. 첫 문장의 내용과 마지막 문장의 내용이 동일하다. [더독해2.0 Chapter 1. unit 05]
① It is not easy for us to get on peacefully with our fellows.
　　인간은 동료들과 평화롭게 지내는 것이 쉽지 않다.
② By instinct man is a peace-seeking creature. 본능적으로 인간은 평화를 추구한다.
③ Human beings do not offend one another in a favorable situation.
　　인간은 우호적인 상황 속에서는 서로를 공격하지 않는다.
④ The differences of task and of habit often lead to close friendship.
　　일과 습관의 차이점들은 친밀한 우정을 낳는다.

구문 분석

①Consider the differences of task and of habit, the conflict of prejudices, and the divergence of opinions, which quickly reveal themselves between any two persons and see how much self-control is implicit whenever, for more than an hour or two, they co-exist in seeming harmony.
① '동사 and 동사'의 병렬구조로 '생각하라, 그러면 알게 된다'는 의미로, 명령문 다음에 등장하는 and는 '그러면'이라는 조건의 의미이다. [더독해1.0 Chapter 2. unit 02]

해석

인간이 함께 사는 것은 매우 어렵다. 아무리 일시적이라 하더라도 가장 좋은 여건 하에 서조차 어느 정도 서로의 감정을 상하게 하지 않는 것은 어렵다. 두 사람 사이에서 빠르게 드러나는 일과 습관의 차이, 편견으로 인한 갈등, 의견의 차이들을 생각해 보라. 그러면 서로 사이가 좋아 보이는 한 두 시간 이상 동안에도 은연중에 얼마나 큰 자제심을 발휘해야 하는지 알 것이다. 인간은 동료와 평화롭게 지내도록 만들어진 존재가 아니다. 인간은 천성적으로 자신에게 낯선 상대에게는 독단적이고, 공격적이며, 비판적이다.

07. ④ ★

Rudy's 해설

전형적인 미괄식 구성으로 본다는 것은 선택적 행위라는 것이 주제이다. [더독해2.0 Chapter 1. unit 05] see는 '시야에 들어오니 본다'는 의미, look at은 '의지를 갖고 본다'는 의미이다.

① The act of seeing is merely a mechanical process.
본다는 행위는 단순히 기계적인 과정이다.
② Reaction to stimuli can be considered to be the most important part of the act of seeing.
자극에 반응하는 것은 보는 행위에서 가장 중요한 부분이다.
③ Although many people think otherwise, the act of seeing doesn't involve the retina.
많은 사람들은 달리 생각하지만, 본다는 행위는 망막을 포함하지 않는다.
④ To see is to make choices. 본다는 것은 선택하는 것이다.

구문 분석

This seeing ①which comes before words and can never be quit by them is not a question of mechanically reacting to stimuli.
① 관계사 which에 comes + can never be quit 두 개의 동사들이 병렬적으로 연결되어 있다.
[더독해1.0 Chapter 2. unit 02]

해석

말보다 우선하기에 말을 통해 멈출 수 없는 본다는 행위는 자극에 기계적으로 반응하는 문제는 아니다. 망막과 관련된 과정의 일부분만을 떼어낸다면 그렇게 생각할 수도 있다. 우리는 보려고 하는 것을 본다. 본다는 것은 선택적 행위이다.

08. ① ★

Rudy's 해설

중괄식 구성의 글로 'immediate action must be taken'이 주제문에 해당한다. 환경오염을 줄일 수 있는 행동을 당장해야 한다는 것이 주제로, 환경오염을 줄이자는 표현이 가장 적절하다. [더독해2.0 Chapter 1. unit 05]

① Reducing environmental pollution 환경오염물질을 감소시키는 것
② Catastrophes that threaten the earth 지구를 위협하는 재앙들
③ The harmonious existence of man and nature 인간과 자연의 조화로운 생존
④ Mutual survival 상생

⑤ The quality of the lives of human beings 인간의 삶의 질

해석

지구의 환경오염은 삶의 질을 떨어뜨리는 것 이상의 결과를 초래한다. 즉 인간의 수명을 해치고 단축시킨다. 공중위생 생물학자는 환경오염 물질 때문에 사람들이 질병에 걸린다고 생각한다. 이제는 인간들이 환경으로 유발된 원인 때문에 죽게 된다. 지구를 위협하는 이 파국을 막기 위해서는 즉각 조치를 취해야 한다. 환경 문제가 몇몇 사람만의 일이 아님을 깨달아야 한다. 우리 모두의 문제인 것이다. 우리가 환경 문제에 접근하는 방식은 식량과 연료 그리고 식수의 보존이라는 지극히 실용적인 것이 대부분이다. 우리는 인간과 자연이 조화를 이룬 공존을 원한다. 우리는 환경오염과 대항해서 싸워야 한다. 오염과의 전쟁을 지금 당장 시작하지 않으면 너무 늦을 것이다.

어휘

degrade v. 저하시키다, 내려가다 cripple v. 손상시키다 shorten v. 단축하다 pollutant n. 오염물질 avert v. 피하다 catastrophe n. 대참사, 재난 by and large av. 대체로 utilitarian a. 공리주의의

[9-10] 09. ④ 10. ④ ★★ [한양대]

Rudy's 해설

09. 빈칸 뒤의 문장이 빈칸 문장을 재진술해 주고 있다. 바로 뒤에 제시되는 'both sweetness and harmony' 를 통해 빈칸에는 앞 문장 역시 조화로움이 있었다는 내용이 적절하다.

10. 본문의 내용과 부합하는 문항을 선별하는 문제이다.
① 고대 그리스 화가들은 있는 그대로 현실을 충실하게 모방했다.
② 고대 이집트에서 물체들에 배정된 색상들은 학교에서 공식적으로 교육된 것은 아니었다.
③ 고대 이집트 그림에서는 옅은 노란색이 남성을 묘사하는데 활용되었다.
④ 고대 이집트 그림에서는 동일한 살색이 남성과 여성을 그리는데 활용된 경우들도 있었다.
* 6왕조 무덤에서 발굴된 그림들을 통해서 맞는 문항임을 알 수 있다.

구문 분석

[1] The most brilliant hues are boldly placed side by side, yet with full knowledge ①of the relations subsisting between these hues, and ①of the phenomena which must necessarily result from such relations.
① and로 연결되어 있는 두 개의 of가 모두 knowledge를 수식해 주는 구조이다.
'full knowledge of the relations ~ + and of the phenomena'의 구조로 대등접속사 and가 두 개의 전치사구를 연결하고 있다는 것을 파악하지 못하면 의미 파악이 쉽지 않은 문장이다. [더독해1.0 Chapter 2. unit 02]

[2] each ①maintains its own value, and all, by mere juxtaposition, ①gives rise to the half-tones which harmonize them.
① 'each maintains + (each) gives' 주어공통의 구조이다. [더독해1.0 Chapter 2. unit 02]

해석

고대 이집트의 그림은 전적으로 사실도 아니고 전적으로 거짓도 아니다. 자연을 있는 그대로 모방하지 않는 척 하면서도 고대 이집트의 미술은 가능한 가장 가까이 자연에 다가선다. 때때로 축소하고, 과장하고, 냉정한 현실을 이상적, 관습적 연출로 대체하면서. 예를 들어, 물은 힝싱 푸른색이라는 단조로운 색소로 나타내거나 파란색 바탕에 지그재그로 검은 선을 그어 나타내기도 한다. 독수리의 누렇고 푸른 색조는 선홍색과 선명한 푸른색으로 전환되어 표현된다. 남성의 살색 색조는 짙은 적갈색으로 표현되고 여성의 살색 색조는 옅은 노랑으로 표현된다. 생물과 무생물에 배정된 색상들은 학교에서 학습되었고, 그 색상들의 사용은 세대에서 세대로 변하지 않고 전승되었다. 때때로 동시대의 사람들보다 보다 더 대담한 화가가 이러한 전통을 깨기도 했다. Deir el Gebraw의 이집트 제 6왕조의 무

덤에는, 여성의 살색이 일반적으로 남성을 묘사할 때 쓰이는 색으로 그려진 예들이 있다. 그러나 이런 인위적인 체계가 만들어 낸 효과가 조화롭지 않다고 생각해서는 안 된다. 심지어 '사자의 서'의 채색 원고나 미라의 관과 장례식용 관의 장식과 같은 작은 사이즈의 예술작품에서도 색채의 부드러움과 조화가 모두 존재한다. 가장 눈부신 색조들이 과감하게 나란히 배치되지만, 이런 대조적인 색상들 사이에 존재하는 관계와 이런 관계들로부터 필연적으로 도출되는 현상에 대해서 완벽한 이해를 동반하고 있다. 그 색들은 서로 거슬리지도, 서로 충돌하지도 않고 서로 소멸시키지도 않는다. 오히려 그와는 정반대로 각각의 색은 가지고 있는 고유의 가치를 유지하고, 단지 그 색들을 나란히 배치하기만 해도 모든 색들을 조화롭게 만드는 중간 색조를 만들어 낸다.

어휘

understate v. 축소하다 rendering n. 연주, 묘사, 연출 flat tint n. 무난한 색조 buff a. 담황색의 vulture n. 독수리 bright red n. 선홍색 dark reddish brown n. 적갈색 pale yellow n. 옅은 노랑 discordant a. 조화하지 않는, 일치하지 않는 illuminated manuscript n. 채색 원고 funerary coffer n. 장례용 상자(관) subsist v. 존재하다, 생존하다 juxtaposition n. 나란히 세우기 pivotal a. 축의, 중심의, 중요한 ingenious a. 영리한, 독창적인 insidious a. 교활한, 잠행성의 jar v. 거슬리다, 충돌하다 extinguish v. 불을 끄다, 무효로 하다

20 Mins 08회 해설

01. ③ ★ [한양대]

Rudy's 해설

첫 줄에 빈칸이 등장하는 경우는 주제문일 가능성이 매우 높고, 이 문제 또한 마찬가지이다. 첫 줄이 주제문이고, 바로 이어서 주제문에 대한 재진술이 등장하고 있다. 빈칸 뒤에 이어지는 내용이 소득수준과 상관없이 위험에 영향을 받는다는 내용이기에 모든 위협들은 서로 연결되어 있다는 표현을 추론할 수 있다.

구문 분석

But so would the appearance of a new virulent pandemic disease in a poor country with no effective health-care system.
= But the appearance of a new virulent pandemic disease in a poor country with no effective health-care system **would have devastating effects on the whole world.**
'주어 역시도 그러하다 = so 동사 주어' 문형에서 동사파트가 중복이기에 생략한 구조이다.
[더독해1.0 Chapter 4. unit 01]

해석

글로벌 세계에서, 우리가 직면하고 있는 위험들은 연관되어 있다. 부유한 사람들은 가난한 사람들을 공격하는 위협들에 취약하고, 반대의 경우도 마찬가지이다. 미국과 유럽에 대한 핵무기 공격은 전 세계에 치명적인 결과를 미친다. 그러나 효율적인 의료체계가 없는 가난한 나라에서 발생한 치명적인 전염병의 등장 또한 전 세계에 끔찍한 결과를 미친다.

어휘

vulnerable to a. ~에 상처 입기 쉬운, ~에 피해를 입기 쉬운 vice versa av. 거꾸로, 반대로 devastating a. 파괴적인, 지독한 virulent a. 맹독의, 치명적인 underestimate v. 과소평가하다 interconnected a. 연결되어 있는 pandemic a. 유행하는 health-care n. 건강관리, 의료보험

02. ② ★★ [고려대]

Rudy's 해설

아이들이 채소 먹는 것에 까다로운 것이 오히려 독성이 있는 식물을 피할 수 있는 긍정적인 측면이 있다는 것이 제시문의 내용으로 보기 ②가 가장 유사하다.

해석

일부 생물학자들은 생각한다, 채소를 먹는 것과 관련해서 어린아이들이 보이는 까다로운 태도가 독성이 있는 식물들이 많은 세계에 대한 합리적인 반응이라고 생각한다.
① 일부 생물학자들에 따르면, 식사 때 야채와 관련해서 어린아이들 보이는 일반적인 야단법석이 사실은 그들의 잠재적인 요리 능력을 보여준다는 것이다.
② 일부 생물학자들에 따르면 야채 먹는 것을 꺼리는 널리 알려진 아이들의 저항은 해로운 식물이 많은 세계에서 합리적인 반응이다.
③ 일부 생물학자들에 따르면, 채소에 대한 아이들의 습관적인 까다로움은 균형 잡힌 영양에 대한 그들의 무의식적이지만 근거가 있는 욕망을 보여 주는 것이다.
④ 일부생물학자들은 아이들의 신중한 식습관이 영양가 있는 채소에서 형성되는 식중독에 대한 널리 알려진 민감성을 줄어준다는 이론을 제시한다.

03. ② ★★ [한양대]

Rudy's 해설

ⓐ nor를 중심으로 possible가 동일한 표현이 적절하다.
ⓑ 사람들이 거의 이용하지 않는 두 역을 동시에 이용할 가능성은 매우 희박하다는 것이 논리적이다.
ⓒ 앞 내용은 다양한 여행 경로에 대한 것으로 speed와는 연관성이 존재하지 않는다.

해석

심지어 오늘 날 영국에는 2500개 이상의 기차역이 있고 이 기차역들은 6백만 개 이상의 여행을 가능하게 해준다. 이렇게 많은 여행들을 전산화하는 것은 가능하지도 않고 바람직하지도 않다. 가능성이 있는 여행들 가운데 많은 수는 시도되지 않는다. 2007년 Norfolk에 있는 Buckenham에서 열차에 탑승한 사람은 단지 10명이고, Cornwall에 있는 Coombe Junction Halt의 경우 단지 15명만이 하차했다는 것을 감안해 본다면, 누군가가 Buckenham에서 Coombe Junction Halt까지 여행한다는 것은 가능성이 매우 적어 보인다. 비록 더 빠른 열차들이 여행을 좀 더 일반적인 것이 되게 한다 해도, 이들 두 장소 사이를 달리는 열차의 속도는 철도운영이 어떻게 이루어지고 있는지를 이해하는 것과 관련이 없다.

어휘

[4-6] 04. ④ 05. ④ 06. ④ ★★ [한양대]

Rudy's 해설

04. 빈칸 문장에 등장하는 darker recesses와 뒤에 이어지는 pain에 대한 내용을 토대로 빈칸에 적절한 표현을 추론할 수 있다.

05. 추론이지만 내용일치를 묻는 문제이다.

① 우리는 불편한 모든 원인들을 제거해야만 한다.
② 불편함은 우리에게 새로운 시각을 제공한다.
③ 우리는 안전한 지역에서 불편함을 즐겨야 한다.
④ 창의적은 생각들은 안정감에서 기인한다.

06. 본문의 예술가들에 대해서 맞는 내용을 선별하는 문제이다.

① 예술가들에게 있어 고통은 현실의 고통스런 측면을 탐구할 수 있는 통로였다.
② 고통은 예술가들에게 중요한 주제였지만 현실에서는 자신들의 고통스런 운명을 한탄했다.
③ 매우 소수의 예술가들만이 고통을 광범위하게 연구해서 예술적으로 활용했다.
④ 고통은 거의 영감의 원천이 되지 못했다. 비록 고통이 예술가들이 비정상적인 심리를 알게 해 주었지만.

Unit. 08

구문 분석

①The creative ideas and innovative solutions ②that lead to coveted moments of illumination, and help to solve the thorny problems we encounter in life and on the job, ①don't come from stasis.

① 주어+동사의 구조를 파악하자. 주어 뒤에 that절이 등장해서 주어와 동사 사이가 멀어졌다. 언제나 문장의 구조 파악이 애매한 경우에는 문장동사를 파악하는 것이 핵심이다. [더독해2.0 Chapter 2, unit 01]

② that절 뒤에 두 개의 동사 lead + help가 연결되어 있는 주어공통구문이다. [더독해1.0 Chapter 2, unit 02]

해석

의식적은 아닐지라도, 역사를 통해 예술가들은 인간 환경의 어두운 심연을 탐구하는 작품들을 만들기 위해 지속적으로 고통에 관심을 가져왔다. 이런 일은 부분적으로 고통이 일정 시간동안 일정한 형태로 우리 모두에게 실재하는 삶의 현실이기 때문에 가능했다. 고통은 모두 사람들이 관련을 맺고 있는 것이기에 한 개인을 현존하게 만든다. 예술가들에게 고통을 완화시키거나 부정하는 것은 창조적인 영감을 막는 것이다. 사실, 독일인들은 Weltschmerz라는 이런 우울증을 의미하는 표현을 지니고 있다. 바이런 경에서 커트 보네케트에 이르는 작가들은 삶의 롤러코스터 같은 여정 속에서 마주치게 되는 심리적 고통을 표현하기 위해 이 용어를 사용해왔다. 비관적 세계관은 피할 수 없는 것이다. 즉, 이것은 이해되고 탐구되고 활용되어져야 하는 것이다.

불편함은 우리에게 유익한 것이다. 달리 말하자면 불편함은 우리에게 어떤 것이 해결될 필요가 있다는 것을 말해준다. 불편함은 우리가 처한 상황을 전혀 다른 렌즈를 통해서 보도록 강제하기에 우리를 확장시켜준다. 우리는 안정과 안전함에 이끌리지만, 불편함을 거부하는 것을 통해 우리는 중요한 기회를 놓치게 된다. 즉, 기존의 예측 가능한 관점을 벗어나서 이전에 한 적 없는 날카로운 관찰을 스스로 해 보는 기회를 말이다. 우리가 갈망하는 깨달음의 순간과 일과 생활에서 만나게 되는 난제를 해결하는데 도움이 되는 창의적인 생각들과 혁신적인 해결책들은 안정적인 상황에서는 등장하지 않는다.

어휘

court n. 법원 v. 구애하다, 추구하다 chase v. 추구하다 long for v. 열망하다 resent v. 분개하다, 원망하다 recess n. 휴회, 휴식 기간, 후미진 곳 render v. 만들다, 주다 ameliorate v. 개선하다 melancholia n. 우울증 astute a. 기민한, 교활한, 빈틈없는 covet v. 탐내다, 선망하다 stasis n. 정체, 정지 muse n. 명상, 영감 v. 명상하다 Weltschmerz n. (독어) 염세, 비관적 세계관 put another way av. 다른 말로 표현해서 address v. 처리하다, 해결하다 stasis n. 균형 상태, 안정상태 illumination n. 밝은 조명, 계몽, 깨달음

07. ③ ★ [서강대]

Rudy's 해설

1. 본문에 근거해서 그릇된 내용을 선별하는 문제이다.

① 자동차 배터리를 위해 자원을 채굴하는 것은 공해를 발생시킨다.
② 미국은 석탄을 태워서 전기를 생산한다.
③ 미국의 전기차들은 기존 차들보다 세 배 많은 공해를 유발시킨다.
* 사망자의 수가 세 베 많은 것이지 공해 배출량 자체가 그런 것은 아니다.
④ 전기차들은 환경친화적이라고 홍보된다.

해석

전기차를 운전한다는 것은 환경 친화적이라는 상징을 부여한다. 또는 전기차를 만드는 회사의 마케팅이 그렇게 믿도록 만든다. 그러나 자동차 배기가스 배출 주기를 – 배터리를 만들기 위한 재료의 채굴로 부터, 연료의 생산과 전기의 발생을 거쳐, 실제적인 배기가스가 만들어내는 배출에 이르는 – 분석한 보고서는 다른 모습을 보여준다. 보고서는 화력발전소에 의해서 생산된 전기를 재충전하는 배터리 동력으로 움직이는 차가 석유로 작동되는 기존의 차에 비해서 더 많은 대기 오염을 야기 시키고, 그 결과 세 배나 많은 사람들을 죽음에 이르게 한다는 사실을 밝혀냈다. 심지어 미국에서 생산되는 전력을 평균적으로 혼합해서 운행되는 배터리 자동차들도 기존의 대체 자동차들보다 더 위험하다는 것이다.

greenery n. 푸른 나무, 환경 친화 badge n. 배지, 상징, 증표 muck n. 배출, 비료, 가축 분뇨 all the way av. 처음부터 끝까지 mine v. 채굴하다

[8-9] 08. ③ 09. ① ★

Rudy's 해설

08. 신문기사로 첫 줄이 주제에 해당하는 두괄식 구성이다. 따라서 특허청 대리가 범죄 혐의로 체포되었다는 것이 제목으로 적절하다. [더독해2.0 Chapter 1. unit 05]
　① Verbal Fight between Elmira Police and Nicole Mares 엘마이라의 경찰과 니콜 마레즈 사이의 말다툼
　② Nicole Mares Kills a Police Officer 니콜 마레즈, 경찰을 살해하다
　③ Elmira Police Arrest City Licensing Clerk 엘마이라 경찰, 특허청 대리를 체포하다
　④ Nicole Mares Has Been Charged with Treason 니콜 마레즈, 반역으로 기소당하다
　⑤ Elmira City Licensing Clerk Accused of Making National Security Vulnerable
　　엘마이라 특허청 대리, 국가안보 혐의로 기소되다

09. more details는 사건에 대한 자세한 설명이라는 의미이기에, 빈칸에는 사건에 대한 조사가 진행된다는 표현이 적절하다.

해석

엘마이라시의 특허청 대리가 체포되었다. 니콜 마레즈(Nicole Mares)는 중절도와 두 건의 위조로 기소되었다. 도시의 공직자들은 이 도시의 관청에서 일했던 마레즈가 즉시 해고되었다고 말했다. 이들은 조사가 진행됨에 따라 밝혀질 더 많은 세부적인 설명을 해주겠다고 약속했다.

어휘

senior clerk n. 대리 licensing n. 특허 forgery n. 위조 larceny. 절도, 도둑질 instigation n. 선동 imputation n. 책임전가 verbal fight n. 말싸움 treason n. 반역 national security n. 국가안보 licensing n. 특허 be charged with v. 기소되다

10. ② ★★

Rudy's 해설

모든 보기들이 (a)로 시작하기에, (a)와 다음에 자연스럽게 연결될 수 있는 문항을 선별해야 한다. (a)의 by mail과 (d)의 writing이 연결된다. (a)-(d)가 있는 (b)와 (d)를 비교해서, 정답을 선별한다.

해석

(a) Ken과 나는 그가 베트남으로 떠나기 전에 서로 겨우 세 번 만났을 뿐이다. 그는 한 번도 내게 꽃다발이나 사탕을 준 적이 없었다. 우리는 달빛을 받으며 걸어본 적도, 현관 앞에서 아쉬운 작별의 인사를 나눈 적도 없었다. 우리의 교제는 편지를 통해 이루어졌다.

(d) 나는 군복무를 위해 고국을 멀리 떠나 있는 그에게 안됐다는 마음이 들었다. 그에게 편지를 쓰는 일은 거의 애국적 차원의 의무인 듯 느껴졌다.

(c) 그러나 우리가 서로를 더 잘 알게 되자, 우리가 편지를 주고받는 속도도 빨라져 하루에 세 통의 편지까지도 주고받았다. 점심이면 난 그의 편지를 가지러 차를 몰아 집으로 가기 시작했다. 그러자 Ken이 휴가차 귀국을 했고, 우리는 결혼을 해 함께 외국으로 간다는 사실에 스스로 놀랐다. 낭만적이었겠다고?

(b) 사실은 아니었다. 그 이유인즉슨 갑자기 Ken이 3주 짜리 임무로 떠나는 바람에, 우리의 신혼여행 역시 3주 짜리 임무가 되고 말았기 때문이다.

Unit.08

어휘

each other pro. 서로 linger v. 서성대다 porch n. 현관 courtship n. 구혼, 연애 take place v. 일어나다 acquainted a. 알고 있는, 사귀게 된 in the service of one's country av. 군대에 복무중인 patriotic a. 애국적인

11. ③ ★ [한양대]

Rudy's 해설

미괄식 구성으로 마지막의 "Face your next setback with these questions: What have I learned? What do I want now? How can I get it?" 주제문이다. 따라서 책명 또한 주제가 함축적으로 표현된 것이 적절하고, 예상하지 못했던 사건들에 잘 대처하라는 의미가 가장 적절하다.

① 진지하게 대처하라
② 가지 않은 길
③ 예측할 수 없는 것을 받아들이고, 돌발적인 상황에 능동적으로 대처하라
　(수동적으로 상황에 이끌리지 말고, 능동적으로 극복하라는 의미)
④ 말할 수 없는 것은 침묵으로, 깨지지 않는 것은 온전하게 (모든 상황을 있는 그대로 받아들여라)

해석

작가 Tania Luna에 따르면, 불운 속에서 가치를 찾는 것은 당신의 뇌가 상황들을 다르게 처리하도록 하는데 도움이 된다. Luna는 아이들에게 울고 있는 소년과 같은 정서적으로 강렬한 이미지를 보여주면서 아이들의 두뇌 활동을 측정했다. 그런 다음 그녀는 "이 소년은 방금 전 다시 엄마와 만났단다." 등과 같은 위안을 주는 설명과 함께 그 이미지를 아이들에게 다시 보여주었다. 아이들의 두뇌는 공포를 담당하는 편도체에서의 활동이 급격히 감소되는 것을 보여주었다. 운이 좋은 사람들은 유사하게 고민거리를 긍정적인 사건으로 바꿀 수 있는데, 이것은 계속적으로 기회를 잡는데 도움을 준다. 이런 질문들을 통해서 다음 번 좌절에 맞서라. 나는 무엇을 배웠는가? 내가 지금 원하고 있는 것이 무엇인가? 나는 그것을 어떻게 얻을 수 있을까?

어휘

reassuring a. 안심시키는, 고무적인 stumbling block n. 장애물, 고민거리 amygdala n. (소뇌의) 편도체 take chance v. 기회를 잡다, 모험을 하다 setback n. 장애물, 방해 embrace v. 포옹하다, 받아들이다 engineer v. 감독하다, (능숙하게) 처리하다

20 Mins 09회 해설

01. ④ ★ [고려대]

Rudy's 해설

if절의 목적어와 주절의 내용을 토대로 정답을 추론할 수 있다.

해석

국가들 사이에 존재하는 장벽의 철거, 국경을 가로지르는 무역, 통합되는 경제권, 즉각적인 국제적인 정보의 흐름, 그리고 그 외에 많은 현대사회의 특징들은 모두 다국적인 구조를 만들어 낸다. 만약 당신이 이러한 돌이킬 수 없는 추세를 생각해 본다면, 하나의 정치적 단위가 되는 전체행성(지구)이란 개념에 도달하게 될 것입니다.

어휘

extrapolate v. 추론하다, 추정하다 avert v. 방지하다, 피하다 obstruct v. 방해하다 disrupt v. 방해하다

02. ② ★ [한양대]

Rudy's 해설

if절의 목적어와 주절의 내용을 토대로 정답을 추론할 수 있다.

해석

운 좋게도 노년까지 오래 살 수 있는 모든 사람들은 주택, 음식, 그리고 의료비용 등을 지불해야 하는 문제에 직면하게 될 것이다. 우리 사회가 씨름해야 하는 문제는 어떻게 이 도전에 맞서야 하는 가이다. 일반적으로 보수주의자들은 각자 스스로 알아서 자신의 문제에 대해서 책임을 져야 한다고 주장한다. 이 관점에 따르면, 사람들은 은퇴 이후의 노후 자금을 위한 체계적인 계획을 통해 자신들에게 필요한 자원을 마련하는 일을 확실히 해야만 한다. 진보주의자들은 자립이 부유한 사람들에게는 좋지만, 충분히 벌 수 없는 사람들은 어떻게 해야 하는지 의문을 제기한다. 그들의 견해에 따르면, 정부주도의 해결책이 최선이다. 이런 문제에 대해 당신이 얼마나 보수주의적인지 또는 진보주의적인지는 다음과 같이 요약될 수 있다: 어느 정도까지 소득이 높은 사람들이 소득이 낮은 사람들의 경제적 안정을 위해 도움을 제공해야 한다고 당신은 생각하는가?

어휘

conservative n. 보수주의자 liberal n. 자유주의자 well-off a. 부유한 self-reliance n. 자립 wrestle v. 싸우다, 안간힘을 쓰다 come down to N v. N로 요약되다 self-discipline n. 극기, 절제 self-determination n. 결단

03. ④ ★ [고려대]

Rudy's 해설

현실이나 상식을 거부하는 왜곡된 낙관주의를 제외하고 일반적으로 낙관주의는 긍정적이라는 것이 제시문의 내용으로 가장 근접한 내용은 문항 ④이다.

역경에 직면한 상태에서 낙관주의는 칭찬받을 만한 것이다. 낙관주의가 타락해서 현실과 상식에 대한 고집스런 거부가 되는 경우를 제외하고는.

① 역경에 처했을 때 낙관주의는 일반적이지 않다. 그런 고집스러움이 칭찬받는 경우를 제외하고는.
② 낙관주의는 고귀한 특징으로 여겨지기 때문에, 우리는 낙관주의가 현실이나 상식을 거부한다고 해도 낙관주의를 고수한다.
③ 역경에 대한 지속적인 저항은 칭찬받을 만하다. 현실에 대한 상식적인 저항 때문에.
④ 역경에 처했을 때 긍정적인 것은 칭찬받는다. 그것이 현실적, 합리적인 것에 대한 거부를 야기하는 경우를 제외하고는.

어휘

laudable a. 칭찬할만한, 기특한 defiance n. 저항, 반항 commend v. 칭찬하다 predicament n. 곤경, 궁지 prevail v. 우세하다, 널리 퍼지다, 유행하다 commonsensical a. 상식적인 obstinate a. 고집 센

[4-5] 04. ② 05. ④ ★★

Rudy's 해설

04. Oedipus를 통해 (b) 또는 (c)가 적절하며, 삽입문의 내용을 (b)이하에서 설명하고 있기에, (b)가 적절하다.

05. 본문이 아버지를 성적 경쟁자로 여긴다는 것이 마지막 문장이기에, 이어지는 내용 또한 아버지에 대한 내용을 기준으로 연결해서 생각해 볼 수 있다. 동일어구인 아버지가 등장한 것은 (b), (d)이지만 내용상 (b)가 적절하다.

어휘

프로이드는 자신의 생각을 설명하기 위해 아주 빈번히 문학 속의 사례를 참조했다. **이러한 현상의 가장 널리 알려진 예로 프로이드가 오이디푸스에 얽힌 그리스 신화를 이용한 것을 꼽을 수 있다.** 소포클레스의 연극 Rex Oedipus 에서 주인공은 의도하지 않게 자신의 부친을 살해하고 어머니와 결혼하게 되는데, 이는 프로이드가 "오이디푸스콤플렉스적인 드라마"라고 설명하고 있는 보편적인 인간 경험과 매우 흡사한 상황이다. 프로이드에게 있어 어린 유아는 어머니에게 본능적으로 성적인 애착을 가지고 있다. 그러나 유아는 성장함에 따라, 어머니는 이미 아버지와 성적으로 밀착되어 있기 때문에 자신의 성적 대상이 될 수 없다는 사실을 점차 깨닫게 된다. 프로이드에 따르면, 이 시점에서 아버지는 남아에게 성적인 경쟁자가 되는 것이다.

(b) 뿐만 아니라 남아는 아버지의 힘이 자신의 힘보다 훨씬 더 크다는 사실을 깨닫게 된다.
(d) 특히, 남아는 아버지의 손에 거세를 당할 수 있다는 두려움이 생기게 되어, 아버지를 자신의 욕구 실현에 대한 모든 권위와 제한의 근원으로 생각하게 된다.
(c) 그러한 오이디푸스 위기를 잘 극복함에 있어, 남아는 자신이 궁극적으로는 아버지라는 지위와 관련된 힘과 권위를 공유할 수 있도록 자신을 아버지와 동일시하기 시작한다.
(a) 그러나 위기를 제대로 극복해내지 못하면 모든 유형의 권위와의 관계에 있어 고통, 정신적 불안, 어려움을 평생 동안 안고 살아갈 수도 있다.

어휘

Oedipus complex n. 오이디푸스 콤플렉스 (남자 아이가 어머니에게 갖는 성적 욕망) turn to v. 의지하다 illustrate v. 설명하다 unwittingly av. 무심코 parallel v. 평행하다, 부합하다 erotic a. 성적인 attachment n. 애착, 집착 bitterness n. 괴로움 identify with v. 동일시하다 partake v. 참가하다, 함께하다 castration n. 거세, 난소 절제 fears of castration n. 거세 공포증

06. ① ★ [한양대]

Rudy's 해설

서론에 예시가 등장하고, 이어서 주제문이 등장하는 중괄식 구조의 글로 'we should try to repay, in kind, what another person has provided us.' 주제문이다. 따라서 제목 또한 repay와 관련된 문항이 적절하다.

① 보답의 원칙
② 친절함이 연결할 수 있는 묶음(관계)
③ 창의력을 요구하는 관계들
④ 혁신적인 생각을 작은 카드에 담다

해석

몇 년 전 한 대학 교수가 작은 실험을 시도했다. 그는 완전히 낯선 사람들을 표본으로 크리스마스카드를 보냈다. 비록 어느 정도의 반응을 기대했지만, 그가 받은 반응은 놀라운 것이었다. – 그의 주소가 적힌 크리스마스카드들이 그를 만나거나 들어본 적이 없는 사람들로부터 쇄도했다. 카드를 보내준 사람들 대다수는 알지 못하는 교수의 신원에 대해서 절대로 묻지 않았다. 그들은 카드를 받았고 그에 대한 보답으로 자동으로 카드를 보냈던 것이다. 실험 범위가 좁음에도 불구하고 이 연구는 우리 주변에 영향력을 미치는 무기들 중 가장 강력한 것의 효과를 보여주는데, 그것은 타인이 우리에게 제공한 것과 동일한 것으로 보답한다는 것이다. 만일 한 여성이 우리에게 호의를 베푼다면 우리는 보답으로 유사한 호의를 그녀에 베푼다. 만일 한 남자가 우리에게 생일 선물을 보내준다면 우리는 우리 자신이 준비한 선물로 그의 생일을 기억해야한다. 만일 한 부부가 우리를 그들의 파티에 초대한다면 우리는 틀림없이 그들을 우리의 파티에 초대할 것이다.

어휘

pour v. 쏟다, 토로하다 identity n. 정체성, 신분 in return av. 보답으로 potent a. 강력한, 유력한 reciprocation n. 보복, 교환, 보답 ingenuity n. 창의력, 정교한 장치 in kind av. 동일한 것으로, 같은 방법으로 knot n. 매듭, 결절 interaction n. 상호작용, 소통

[7-8] 07. ① **08.** ② ★★ [한양대]

Rudy's 해설

07. 서론이 예시로 시작하고, 예시를 통해 우리의 인식이 그릇된 것임을 이야기하고 있다. 본문 중간의 'But this inference may be mistaken'이 주제문임을 알 수 있다. 이후에 다른 예시들을 제시하는데, 이 또한 우리의 인식이 그릇될 수 있다는 내용이다. 따라서 마지막 빈칸 또한 앞의 예시들을 종합해서 우리의 인식, 추론이 틀릴 수 있다는 내용이 적절하다.

① 오류에 빠질 가능성이 높다.
② 실제로 존재하는 세상으로 연결된다.
③ 그것의 기원을 보는 것을 통해 추론을 확신하게 된다.
④ 세상은 우리의 두뇌 외부에 존재한다는 것을 인식한다.

08. 내용불일치 문항을 선별하는 문제이다.

① 시리우스는 우주에 더 이상 존재하지 않는다.
② 외부 세계는 우리가 인식한 것과 동일하다.
* 외부 세계에 대한 우리의 인식과 추론이 그릇될 수 있다는 것이 본문의 내용이다.
③ 우리가 보는 것은 두뇌 속에서 발생한 특정 사건에 의해 생겨난다.
④ 외부 세계의 존재는 그 자체로 알려지는 것이 아니라, 추론만을 통해서 존재한다.
* 우리가 외부 세계를 인식하는 것은 외부 세계 자체를 인식하는 것이 아니라, 다양한 빛과 신경 작용, 두뇌라는 과정을 통한 추론을 통해서 가능하다는 것이 본문의 내용이다.

Unit. 09

If physics is to be believed, light waves which started to travel from Sirius many years ago ①reach (after a specified time which astronomers calculate) the earth, ①impinge upon my retinas and ①cause me to say that I am seeing Sirius.
① light waves를 주어로 하는 세 개의 동사들의 병렬구조를 파악하자. reach + impinge + cause 세 개의 동사들은 주어공통관계에 있다. [더독해1.0 Chapter 2, unit 02]

해석

내가 어두운 밤하늘 위에 떠 있는 별, 가령 시리우스(Sirius)를 보고 있는 중이라고 가정해보자. 만일 물리학이 믿을 수 있는 것이라면, 오래 전 시리우스로부터 출발해 여행하기 시작한 빛의 파동은 천문학자들이 계산한 특정한 시간이 지나고 나서 지구에 도착해 나의 망막과 충돌하고, 내가 시리우스를 보고 있다고 말하게 한 것이다. 지금 시리우스에 관해 빛의 파동들이 나에게 전달하는 정보는 시리우스를 출발했을 때 존재하던 정보다. 그러나 이 시리우스는 아마도 더 이상 존재하지 않을 지도 모른다. 시리우스는 그 사이에 이미 사라졌을 수도 있다. 더 이상 존재하지 않은 것을 본다고 말하는 것은 어리석은 것이다. 내가 보고 있는 것이 무엇이든지 간에 그것이 시리우스가 아니라는 결론이 나온다. 사실상 내가 지금 보고 있는 것은 특정한 크기, 형태, 그리고 강도를 가지고 있는 작은 노란색 조각이다. 나는 이 노란색 조각(빛의 파동)이 수년 전에 그리고 수백만 마일 떨어진 곳에 그 기원(물리학적 사건들의 지속적인 연쇄와 연결되어 있는)을 가지고 있다고 추론한다. 그러나 이런 추론은 잘못된 것일 수도 있다. 내가 별이라고 부르는 노란색 조각은 코에 가한 일격이나 배의 돛대에 매달려 있는 램프일 수도 있다. 이것이 관련된 유일한 추론은 아니다. 내가 지금 노란색 조각을 보고 있다고 생각하는 것은 진실이지만, 내가 이러한 믿음을 갖는 것이 정말로 정당화될까? 물리학과 생리학과 관련지어 생각해보면, 우리가 말할 수 있는 전부는 특정한 방식으로 시신경이 자극을 받고 그 결과로서 뇌 속에서 어떤 사건들이 일어난다는 것이다. 우리가 이것 이상을 말하는 것은 정말로 정당화될 수 있을까? 직접적으로 우리는 "시신경이 이런 저런 방식으로 자극을 받고 있는 중" 이라는 단순한 진술을 뛰어 넘어, 이 사실로부터 "그러므로 나는 이런 저런 특징을 가지는 사물을 보고 있는 중이다." 라고 결론 내린다. 우리는 추론을 이끌어내지만 그 추론은 잘못에 빠질 가능성이 높다.

어휘

impinge v. 부딪치다, 침해하다 retina n. 망막 absurd a. 어리석은 optic nerve n. 시신경 inference n. 추론 physiology n. 생리학 mast n. 돛대, 깃발 bare a. 벌거벗은, 단순한

[9-10] 09. ① 10. ③ ★★ [한국외대]

Rudy's 해설

09. 빈칸 앞에 특정한 교육을 받지 않아도 예술이나 교향곡을 즐길 수 있다는 예시들을 통해, 수학 또한 전문적인 소양 없이도 즐길 수 있다는 내용이 논리적이다. 또한 빈칸 바로 뒤 문장의 without calculation or formulas 를 통해서 빈칸의 내용을 유추해 볼 수 있다.

① 수학은 그 자체로 즐길만한 가치가 있다.
② 일단 기초 미적분을 배우면 우리는 수학을 즐길 수 있다.
③ 우리가 즐길 수 있는 수학의 일부분들은 수학적 공식에 대한 지식을 요구한다.
④ 그러나 수학은 다른 예술과는 구별되는 미적 요소를 지니고 있다.

10. 지칭추론으로 문맥상 원을 의미한다. 아무리 선을 많이 만들어 원과 비슷한 모양이 된다 해도 엄밀한 의미에서의 원은 아니라는 의미이다.

해석

대다수의 사람들이 생각하고 있는 것과 달리, 많은 심오한 수학적 사유들은 그것들을 이해하기 위해 수준 높은 스킬을 요구하지 않는다. 우리는 과학 문제나 공학문제를 풀기 위해 실제로 미적분학을 사용하지 않고서도 미적분학이 가지고 있는 힘과 정밀함을 상당히

잘 이해할 수 있다. 예를 들어 이런 방식으로 생각해 보라. 그림 그리는 능력을 배우지 않고도 미술작품을 감상할 수 있고 악보를 읽을 줄 몰라도 교향곡을 즐길 수 있다. 수학 또한 그 자체로 즐길만한 가치를 가지고 있다. 그렇다면 계산이나 공식 없이 어떤 수학적 사유를 감상하고 즐길 수 있을까? 예를 들어, 정다각형의 순서를 살펴보자: 육각형, 팔각형, 기타 등등. 요가 강사가 학생들에게 다각형의 변의 수를 증가시키면 어떤 일이 발생할 것인지 생각해보라고 요청하는 경우를 생각해보자. 변의 길이가 너무 축소되기에 둘레가 곡선으로 보이기 시작한다. 그리고 우리는 알게 된다. 등장하는 것은 원이지만, 동시에 다각형은 실제로 원이 될 수 없다는 것이다. 이런 사유는 유쾌한 것이고, 우리의 쾌락 중추를 밝혀준다. 한계에 대한 이런 근본적인 개념이 미적분학이 기초하고 있는 것이다.

11. ② ★ [한양대]

Rudy's 해설

현대화는 성공적인 경우도 있지만, 그렇지 않는 경우도 있고, 또한 성공했다 하더라도 다른 최신의 현대화로 대체되는 경우도 있다는 것이 본문의 내용이다.

① 현대화 개혁들은 자주 의도하지 않았거나 예상하지 못했던 결과들을 야기하기도 한다.
② 현대화는 실망, 실패 그리고 불행한 충격으로 이르는 유일한 길이다.
* 현대화는 일방적으로 부정적 측면만 있다는 내용이기에 적절하지 않다.
③ 때때로 한때 성공적인 현대화는 보다 지속 가능한 개혁으로 교체될 필요가 있다.
④ 독재자들의 억압적인 장치들과 군사력은 현대화의 부정적 결과들이다.

구문 분석

even the successful modernization of entirely civilian activities can prove to be a wasteful dead end, ①having to be replaced by other modernizations that may prove more durable platforms for sustained development.
① having to be replaced = and have to be replaced로 동시동작의 분사구로 주절의 내용을 보완해주고 있다. [더독해1.0 Chapter 3. unit 02]

해석

현대화가 반드시 모든 합리적 관점에서 분명한 장점만 있는 것은 아니다. 설령 예상치 못하거나 의도하지 않은, 환영받을 수 없는 결과들 없이 현대화의 목적들이 이루어졌다는 좁은 의미에서 성공적인 경우에도. 누구도 독재자들이 억압적인 장치들이나 군사력을 현대화시키는 것을 환영하지 않는다. 심지어 전적으로 민간이 주체가 된 성공적인 현대화들조차도 유익하지 않은 결과로 입증되어서 지속적인 발전을 위한 더 내구성 있는 것으로 입증된 다른 현대화들로 대체되어야 할 수도 있다. 비록 현대화는 다양한 시기에 정책 입안자들에게 상당히 매력적인 것이었지만 현대화가 항상 비장의 카드로 여겨져 왔던 것은 아니고, (현대화에 대한) 다른 수사학적인 정당화들이 폭넓은 개혁을 위해 사용되어왔다.

20 Mins 10회 해설

01. ① ★ [고려대]

Rudy's 해설

빈칸 앞의 so many different responses를 통해 정답을 유추할 수 있다. 빈칸의 문장 또한 앞 문장에 대한 첨가, 재진술 구조에 해당한다. [더독해 2.0 Chapter 1. unit 01]

해석

행복은 인간의 삶에 일종의 기준으로 역할을 하는데, 우리가 왜 우리가 행복을 추구해야 하는지를 합리적으로 물을 수 없다는 의미에서 그러하다. 그렇다면 무엇이 행복이라고 여겨져야 하는가? 이 질문에 대해서는 너무나 많은 대답이 존재한다. 이런 의미에서 행복은 절망적일정도로 애매모호하다. 행복이란 관념은 중요하면서도 공허해 보인다.

어휘

baseline n. 기준선 vacuous a. 공허한, 무위의 disposable a. 처분할 수 있는, 마음대로 되는 palpable a. 손으로 만질 수 있는, 명백한 indeterminate a. 불확실한, 애매한, 모호한 unequivocal a. 분명한 palpable a. 분명한 disposable a. 처분할 수 있는 vacuous a. 공허한

02. ③ ★ [한양대]

Rudy's 해설

ⓐ in biology를 통해서 앞 문장에 대한 예시임을 알 수 있다.
ⓑ 생물학의 경우를 통해 consumers 역시도 다른 의미로 쓰인다는 내용이기에, 동일한 예시를 제시하고 있다. 앞 내용과 동일한 예시를 제시하기에, 유사하다는 표현이 적절하다.

구문 분석

Ordinary words that take on a specialized meaning /when appearing in textbooks //①are just ②as important /②as those specialized vocabulary words /that almost never pop up in ordinary speech.
'특별한 의미를 갖는 보통의 단어들은, 교과서에 등장했을 때, 동일하게 중요하다, 전문적인 용어들 만큼이다. 일상 대화에서 등장하지 않는'
① 언제나 주어가 길 때는 주동사를 찾는 것이 요점이다. [더독해1.0 Chapter 2. unit 03]
② as ~ as 동등비교 구문으로 두 번째 as 앞에서 끊어서 독해하는 것이 요점이다. [더독해1.0 Chapter 4. unit 03]

해석

일상적인 대화에서 사용되는 일부 단어들은 특정한 주제의 문맥 속에서 특별한 의미를 가진다. 예를 들어, 생물학에서, "생산자"는 할리우드 영화나 브로드웨이 연극을 지원해주는 사람을 의미할 때 사용되지 않는다. 생물학 교과서의 맥락 속에서 "생산자"는 환경으로부터 에너지와 원료를 획득하고 자신의 먹이를 생산하는 유기체 혹은 살아 있는 생명체의 범주를 가리킨다. 마찬가지로 "소비자"란 단어는 생물학 속에서 쇼핑하는 사람을 가리키지 않는다. 소비자란 자신의 먹이를 생산하지 못하기에 다른 유기체의 세포 조직과 폐기물을 먹고 살아야 하는 생명체를 가리킨다. 교과서에 등장할 때 특별한 의미를 갖는 일상적인 단어들는 일상 대화에서 등장하지 않는 전문적 어휘들만큼이나 중요하다.

03. ① ★ [한양대]

Rudy's 해설

빈칸 뒤에 이어지는 문장이 전형적인 재진술 내용을 담고 있다. 여성에게 자유를 주면서 외부와는 단절시키다는 내용을 통해서 빈칸을 추론할 수 있다.

① 휴대용 은둔장치
② 여성들을 위한 위장막
③ 자멸적인 분리주의
④ 여성성에 대한 주장

해석

다른 가리개들처럼 브루카는 많은 배경 속에서 남성과 여성의 영역에 대한 상징적인 분리를 나타내는데, 브루카는 여성이 낯선 사람들과 뒤섞이는 공적인 영역이 아니라 가족과 가정과의 일반적인 관계 속의 일부로서 존재하고 있다는 사실을 보여주는 것이다. 20년 전 파키스탄에서 작업을 했던 인류학자 Hanna Pananek은 브루카를 휴대용 은둔 장치라고 설명했다. 그녀는 많은 이슬람 여성들이 브루카를 자유를 주는 발명품으로 여기고 있다는 점에 주목했다. 왜냐하면 브루카는 관련 없는 남성들로부터 여성들을 분리하고 보호하는 기본적인 윤리적 요구사항을 준수하면서, 분리된 생활공간을 나와 돌아다닐 수 있도록 하기 때문이다. 가리개(브루카)는 여성이 특정한 공동체에 속해 있다는 것과 가족이 공동체 조직에서 가장 중요하고, 가정이 여성의 신성함과 연계되어 있는, 도덕적인 삶의 방식에 참여하고 있다는 것을 의미한다.

어휘

burqa n. 브루카, 무슬림 여성의 복식 sphere n. 영역 segregated a. 분리된 signify v. 의미하다, 나타내다 paramount a. 최고의, 가장 중요한 sanctity n. 거룩함, 신성함 camouflage v. 위장하다, 속이다 self-defeating a. 자멸적인

04. ④ ★

Rudy's 해설

문장삽입은 '동일어구', '연결어' 두 가지 원칙에 의해서 해결한다. 전후 문맥을 통한 동의어 또는 명사와 그것을 지칭하는 대명사의 관계, 그리고 전후 관계를 파악할 수 있는 연결어(접속사, 부사)를 고려하여 적절한 위치를 찾는 것이 요점이다.

삽입문의 'these terms'가 일종의 대명사 역할을 하는 것으로, 문맥상 these terms가 지칭하는 것은 ④의 앞 문장이다.

해석

지난 11월 공화당이 민주당을 참패시킨 이후, 난 다음 같은 질문을 수도 없이 받아왔다. "왜 클린턴 대통령은 견실한 경제 상황에 대한 공로를 인정받지 못했죠?" ① 그에 대해 생각을 해봤을 때, 난 그 질문을 던진 이들이 모두 30세 미만이고, 따라서 진정한 의미의 견실한 경제가 어떠한 것인지를 알기에는 나이가 너무 어리다는 사실을 깨달았다. ② 어쩌면 여러분은 1950년대와 60년대에 살며 견실한 경제를 체험했을 수도 있을 것이다. ③ 내가 말하는 견실한 경제란 성장하는 것은 물론 국가의 인적·물적 재원을 고 효율성으로 이용하는 경제를 의미한다. ④ 이런 측면에서 보자면, 미국 경제는 60년대 후반 이래로 위축되어 왔으며, 현재는 예전에 이르렀던 수준에는 근접도 하지 못하고 있다.

어휘

term n. 용어, 기간, 관점 contract v. 축소되다 trounce v. 꾸짖다, 벌을 주다 get credit v. 인정받다, 신뢰받다 degree n. 정도, 범위, 학위 efficiency n. 효율성

05. ① ★

Rudy's 해설

I의 calming effects를 일반적 진술로 보는 것이 요점이다. II, III은 모두 calming effects의 예시들이다. 따라서 I가 첫 문항으로 적절하다.

해석

[I] 음악이 마음을 안정시키는 효과가 있다는 것은 오랫동안 인정되어왔지만, 새 연구 결과에 의하면, 원기를 회복시켜주고 건강을 유지시켜주는 효과를 가지고 있을 수도 있다고 한다.

[II] 티벳의 성가에서부터 베토벤의 교향곡에 이르기까지, 사람의 마음을 진정시켜주는 소리는 감기를 예방하고, 산고(産苦)를 덜어주며, 심지어는 노화를 방지하는 호르몬까지 나오게 하는 것으로 과학적으로 인정을 받고 있다. 최근 한 연구에서 편안한 음악을 들었던 수술 환자들이 좀 더 빨리 회복되고, 음악을 듣지 않은 환자들보다 고통을 덜 느꼈다는 것이 밝혀졌다.

[III] 소리를 이용한 치료방법은 녹음된 음악을 능가한다. The international journal of arts medicine는 직원이 말을 건네고 노래를 해주면, 중환자실의 유아들이 3일 빨리 퇴원하고, 더 잘 먹고, 몸무게도 더 늘어난다는 사실을 전했다.

어휘

appreciate v. 평가하다, 인정하다, 감사하다 calming effect n. 진정효과 soothing a. 진정시키는 chant n. 노래 labor pain n. 분만통, 산고 boost v. 활성화시키다 go beyond v. 능가하다, 초월하다

06. ③ ★ [건국대]

Rudy's 해설

첫 줄의 'to explore many ways of handling labor problems'에서 화재를 제시하고, 그 중 대표적인 것으로 노사가 이익과 손실을 공유하는 것에 대해서 제시하고 있다.

① 노동운동
② 경기침체
③ (이익)공유의 대가
④ 경영전략
⑤ 이윤 극대화

해석

최근의 불확실한 경제 환경은 노조와 경영자들이 노동문제 해결의 다양한 방법들을 모색하도록 만들고 있다. 노동자들은 회사가 호경기일 때, 이익을 공유하기를 늘 원한다. 이제 경영자 대표들은 말한다. "좋습니다. 당신들이 손실도 공유한다면 당신들과 이익을 공유하겠습니다." 이제 노동자들은 불경기에 그들의 임금과 복지가 삭감되는 것을 수용할지를 결정해야만 한다. 노동자들은 직업 안정성이 다른 혜택들 보다 더 중요한지를 결정해야만 한다. 사실상, 노동자들은 분담의 비용을 기꺼이 지불할지를 결정해야만 한다.

어휘

union n. 노조 management representatives n. 경영진 benefit n. 복리후생, 혜택 recession n. 경기 침체 maximization n. 극대화 price n. 대가, 비용

[7-8] 07. ② 08. ③ ★★ [한국외대]

Rudy's 해설

07. 지칭추론 문제로 전후 문맥을 고려한 대명사의 선행사를 찾는 문제유형이다. ⓑ는 얼굴표정들을 의미하고, 나머지들은 Haka를 의미한다.

08. 전형적인 외대 유형으로 문항으로 단순 내용일치를 묻고 있다.

　① 하카는 부자연스런 얼굴 표정들을 활용한다.
　② 하카는 억압된 욕망을 표현한다.
　* 본문의 deep-felt를 repressed로 표현했기에 적절하다.
　③ 하카는 정기적으로 공연된다.
　* 본문의 'Hake are still used'를 regularly로 변환해서 표현한 것은 적절하지 않다. 현재도 공연되고 있다는 것과, 정기적으로 공연된다는 의미는 다르기 때문이다.
　④ 하카는 상대에게 존경을 보이거나 겁을 주기 위해 사용된다.

해석

Haka는 큰 소리, 강한 손동작, 발 구르기, 그리고 허벅지 치기 등으로 구성된 마오리 족의 전통적인 전쟁 춤이다. 공연자들은 창, 방패, 그리고 곤봉 등과 같은 전통적인 무기들을 이 춤에 결합시킬 수도 있다. 하카 공연에서 얼굴 표정은 중요한 요소인데, 얼굴표정들이 공연자의 용맹함, 열정을 보여주기 때문이다. 여성들의 경우, 얼굴 표현에는 눈 크게 뜨기와 문신한 턱 내밀기 등이 포함된다. 남성들의 경우, 이러한 얼굴 표현은 눈 크게 뜨기와 혀 내밀기 혹은 치아 드러내기 등을 의미한다. 비록 이 표현들이 위협적이기는 하지만, 이런 표현들이 반드시 공격성의 상징은 아니며, 강하고 깊은 감정을 단순히 보여주는 것이다. Haka는 자주 조상과 부족의 역사에서 등장하는 사건들을 시적으로 묘사한다. Haka는 손님을 존중하고 행사의 중요성을 보여주기 위해 마오리 족의 의식과 기념식에서 여전히 공연되고 있다. Haka는 또한 스포츠 경기장에서 상대편에게 도전하기 위해 공연되기도 한다. 만일 당신이 Haka 공연을 본 적이 있다면 당신은 Haka가 보기에 무시무시하다는 것에 동의할 것이다.

어휘

chanting n. 노래, 큰 소리 slapping n. 때리기 incorporate v. 통합하다, 결합하다 tattooed a. 문신을 한 ferocity n. 흉포함, 흉포한 행동 facet n. 측면, 양상 jut out v. 돌출하다 bare v. 드러내다 intimidate v. 겁주다 aggression n. 공격, 공격성 unnerve v. 기운을 빼앗다, 기력을 잃게 하다, 용기를 잃게 하다 poetically av. 시적으로 unnerve v. 무기력하게 하다, 용기를 빼앗다

[9-10] 09. ③ 10. ② ★★ [한양대]

Rudy's 해설

09. 언제나 빈칸 두 개를 동시에 찾는 문제는 처음 빈칸에서 적절하지 않은 보기문항들을 소거하고 두 번째 빈칸을 토대로 나온 문항들 중에서 적절한 것을 선별하는 것이 실전적이다.
　ⓐ clearly라는 부사를 통해 빈칸의 문장은 앞 문장에 대한 요약적 진술임을 알 수 있다. 따라서 앞 내용과 호응하는 표현이 적절하고, 부정적인 앞 내용을 고려해 볼 때, 빈칸에는 ①, ③ 둘 중 하나가 적절하다.
　ⓑ- 빈칸 바로 앞에 brand switching을 통해 빈칸에는 상품을 교체하게 되는 이유가 적절하다. 따라서 실망이나 불만족 등의 표현이 적절하다.

10. 단순 내용일치 문제이다.

① 비교 광고가 항상 성공적인 것만은 아니다.
② 최고의 것만을 찾는 사람들은 다른 이들에게 제품들을 비교하라고 유도한다.
③ 최고의 것만을 찾는 것은 상황들과 연관되어 있다.
④ 최고의 것만을 찾는 소비자들을 제일 좋을 것만을 찾는 경향이 있다.

해석

회사는 멋진 제품을 생산하고 소비자들이 당연히 그 제품을 그들이 살 수 있는 최고의 것으로 생각하기를 원한다. 그래서 마케팅팀은 왜 이 제품이 특징과 가격에서 경쟁 제품보다 좋은지를 보여주는 대량의 광고를 만들고, 대량 판매로 성과를 낸다. 그러나 회사는 그런 성공 대신에, 많은 불만사항들을 듣게 되고 많은 환불에 직면하게 된다. 전략은 명백히 실패했다. 그러나 왜 실패했을까? 비교 광고와 "우리 것이 최고다."라는 제품의 이미지 선정은 최고의 것을 추구하는 심리를 활성화시키고, 이것은 완벽하지 않은 제품은 돈 낭비라고 사람들이 생각하게 한다. 우리 연구는, 비록 일부 사람들이 천성적으로 '최고의 것을 추구하고' 다른 사람들은 '충분히 좋은 것'에 만족하지만 이러한 태도들이 고정된 것은 아니라는 것을 보여주었다. 최고의 것을 추구하는 심리는 사람들이 (제품들을) 비교하고 가장 좋은 것을 찾는 환경에 의해 촉발된다. 마케팅 메시지가 의도치 않게 이러한 상황을 촉발시킬 때, 그 결과는 구입 후의 아쉬움이나 약간의 실망에도 브랜드를 바꾸는 것을 야기할 수 있다.

어휘

robust a. 강한, 확고한 roll out v. 대량으로 출시하다 bask in v. 일광욕하다, (애정) 받다 backfire v. 역발하다, 엉뚱한 결과를 낳다 comparative ads n. 비교 광고 adversity n. 역경, 불운 recoil v. 후퇴하다, 위축되다 flounder v. 버둥거리다, 허둥대다, 실패하다 gratification n. 만족, 기쁨, 성취 entice v. 유혹하다 activate v. 활성화시키다 mindset n. 사고방식, 마음가짐 positioning n. 퍼지셔닝, 제품 이미지 선정 inadvertently av. 무심코, 우연히 pay off v. 성공하다, 완전을 빚을 청산하다 contingent a. 조건으로 하는, 의존하는 n. 분담액

[11-12] 11. ② 12. ③ ★★ [한양대]

Rudy's 해설

11. 빈칸 바로 뒤에 재진술에 해당하는 예시를 통해 정답을 추론할 수 있다. 유권자들이 마지막으로 결정한다는 것과 결정하지 못한 유권자들이 있다는 것을 통해 빈칸에는 변화가 많다는 표현이 적절하다.

12. 본문을 토대로 한 내용불일치 문제이다.

① 대중매체의 (여론)발표들은 시청률을 올리기 위해 여론조사를 남용하는 것이라고 인식된다.
② 너무 일찍 이루어진 유권자 여론조사들은 선거의 결과를 정확하게 예측할 수 없다.
③ 유권자 여론조사의 가치는 승자와 패자를 예측하는데 달려있다.
④ 출구 조사와 다른 여론 조사의 차이점은 출구 조사들은 일반적인 샘플링 방법을 활용하지 않는다는 점에서 기인한다.

해석

유권자 여론 조사들은 자주 평가절하 받는데 시청률을 높이기를 열망하는 방송국의 뉴스들이 부정확하게 또는 남용하기 때문이다. 그러나 선거를 위한 유권자 여론 조사를 불신하는 사람들은 몇 가지 사실들을 간과하고 있다. 첫 번째로, 선거가 있기 한주나 두주 전은 악명 높을 정도로 상황이 변덕스럽다. 마침내 유권자들은 선거를 할지를 결정하고, 결정을 내리지 못한 유권자들은 투표할 후보자들에 대한 그들의 미음을 정한다. 이러한 사실은 선기에 너무 앞서서 이루어진 여론조사가 선거의 결과를 정확하게 예측할 수 없다는 것을 의미한다. 두 번째로 출구조사는 다른 모든 종류의 과학적인 여론조사와 다른데, 그 이유는 분산된 여론조사 장소들 때문에 출구여론조사 요원들이 정상적인 샘플링 방법을 배제하도록 하기 때문이다. 그러나 유권자여론조사의 정확성에 대한 논의는 요점을 놓치고 있다. 유권자여론조사가 승자들과 패자들을 예측하는 것을 의도하는 것은 아니라는 점이다. 유권자 여론 조사는 여론의 폭넓은 스펙트

럼을 설명하고 유권자들이 정말로 무슨 생각을 하고 있고 무슨 정책이 그들에게 가장 중요한지를 명확히 하고자 만들어진 것이다. 사실상, 유권자들의 행동과 그들이 가지고 있는 정책 선호에 대해서 우리가 알고 있는 것들의 대부분은 선거에 대한 과거의 여론조사들로부터 온 것이다.

어휘

isparage v. 폄하하다 discredit v. 의심하다 volatile a. 휘발성의, 변덕스러운 dispersed a. 흩어진, 분산된 preclude v. 배제하다, 제외하다 pollster n. 여론조사요원 elucidate v. 명료하게 하다 tranquil a. 조용한, 고요한 fussy a. 까다로운, 야단법석하는

03

40 Mins 해설

40 Mins 01회 해설

01. ⑤ ★ [건국대]

Rudy's 해설

전형적인 재진술 구조로 빈칸 뒤에 'it's almost impossible for an elderly person to adopt a new routine.' 를 통해 정답을 유추할 수 있다. [더독해2.0 Chapter 1. unit 01]

① 호기심이 고양이를 죽인다. (호기심이 지나치면 위험하다.)
② 모든 구름의 뒤편은 은빛으로 빛난다. (괴로움 뒤에는 기쁨이 있다.)
③ 백문이 불여일견
④ 겉모습만 보고 판단하지 마라.
⑤ 늙은 개에게 새로운 재주를 가르칠 수 없다.

해석

많은 친구들에게, Mr. Jones은 매우 특이해보였다. 수년 동안 그는 친구들과 잘 지냈지만, 늦은 밤에 마을에 있는 우범 지역을 혼자 산책하는 오래된 습관이 있었다. 그의 친구들은 산책이 위험한 일이라고 경고했고 낮에 산책하라고 조언했다. 그러나 그는 오래된 습관을 바꾸려 하지 않았다. 노인에게 새로운 것을 가르칠 수 없다는 것은 명백한 사실이었다. 심지어 그의 가장 친한 친구들조차, 그에게 새로운 습관을 받아들이게 하는 것이 불가능하다는 사실을 인정해야만 했다.

어휘

eccentric a. 괴짜의 get on v. 잘 지내다, 승차하다 shoddy a. 가짜의, 허름한 practice n. 관습, 습관 routine n. 관행

02. ④ ★★ [건국대]

Rudy's 해설

추상적인 진술들로만 구성되어 있기에 상당히 난이도 있는 영문이다. 하지만 전체적인 구조를 이해하면 정답을 쉽게 유추할 수 있다. 첫번째 문장인 '기독교가 미의 중심적인 지위를 박탈했다'가 주제문이고, 이후의 진술들은 모두 이에 대한 재진술 구조이다. 즉, 본문의 deprived, limiting등이 기독교가 미를 제약하고 구속한다는 근거이고, 따라서 빈칸에는 미의 지위, 권위 등이 계속해서 사라진다는 내용이 되어야 한다. [더독해2.0 Chapter 1. unit 05]

구문 분석

It was principally the influence of Christianity /that deprived beauty of the central place it had in classical ideals of human excellence.
전형적인 'it 주어 that 동사'의 주어 강조용법이다. [더독해1.0 Chapter 4. unit 04]

해석

다름 아닌 기독교의 영향력이 인간의 아름다움에 대한 고전주의적 이상에서 미가 지니고 있던 중심적인 지위를 제거해 버렸다. 인간의 아름다움을 도덕적 미덕으로만 제한하는 것을 통해서 기독교는 미를 표류하게 했다. 소외되고, 자의석이고, 피상석인 아름나움으로서. 그래서 미는 자신의 권위를 상실하게 되었다. 거의 2세기 동안. 미를 두 개의 성(남성. 여성)중 하나에만 국한시키는 것이 관행이 되었다.

enchantment n. 매혹, 요술 arbitrary a. 변덕스러운, 제멋대로인 novelty n. 새로움, 신기함 banality n. 진부함 prestige n. 명성, 품격 principle n. 원칙, 원리 convention n. 관행 attribute v. ~ 기인한다고 생각하다 n. 특성

03. ⑤ ★ [성균관대]

Rudy's 해설

빈칸 바로 뒤에 등장하는 예시들을 포괄할 수 있는 표현이 적절하다.

해석

드론이 사물을 볼 때 그 사물은 목표물 같아 보인다. 사람들은 사격장 안에 있는 실루엣이 된다. 건물들은 취약해 보이고, 건물들의 지붕들은 무기력하게 노출되어 있고 무방비상태로 있는 것처럼 보인다. 대부분의 색깔들은 사라지고 남아 있는 검은색, 흰색들 그리고 회색들은 모든 인간적인 의미의 모습들을 제거해 버린다. 우리가 보는 것은 데이터가 된다. 전사자 수, 피해 보고서, 전략적 가치 등.

어휘

drone n. 무인 비행기 silhouette n. 실루엣, 검은 윤곽 shooting range n. 사격장 vulnerable a. 상처받기 쉬운 helplessly ad. 무기력하게 evacuate v. 비우다, 제거하다 chaos n. 혼란

04. ④ ★ [성균관대]

Rudy's 해설

본문의 'indicating greater transparency'를 통해 각국이 금융의 투명도가 높아지고 있다는 것을 알 수 있다. 이것은 탈세자들에게는 불리한 일이다. 첫 문장에 빈칸이 등장하는 경우는 주제문일 가능성이 높고, 주제문 뒤에는 언제나 논거에 해당하는 내용이 등장하기에, 빈칸 이후에 중반까지를 독해하고 정답을 유추하는 것이 일반적인 풀이 전략이다.
[더독해2.0 Chapter 1. unit 05]

구문 분석

It looks at various measures of financial transparency ①and information–sharing in more than 90 countries, then ②weights them according to the level of financial services ③each country provides to non–residents.
① 전치사 of의 두 개의 목적어를 연결. [더독해1.0 Chapter 2. unit 02]
② looks + weights 동사 공통구조. [더독해1.0 Chapter 2. unit 02]
③ financial services을 수식하는 형용사절. [더독해1.0 Chapter 2. unit 07]

해석

세계는 탈세자들에게 점점 더 비우호적인 곳이 되고 있다. 이것이 가장 최근의 금융 비밀지수가 내린 결론이다. 금융 비밀지수는 90개국 이상에서 금융 투명성과 정보공유에 대한 다양한 조치들을 살펴보고, 각국이 비거주자들에게 제공하는 금융서비스의 수준에 따라 그 나라들에게 가중치를 매긴다. 대부분의 나라들은 2013년 이후에 점수가 떨어졌는데, 이는 보다 더 큰 투명성을 의미한다. 가장 크게 개선된 나라들에는 한때 악명 높은 조세 피난처였던 Cayman Islands와 조세 활동가들이 금융비밀에서 유럽의 죽음의 별이라고 불렀던 룩셈부르크(Luxembourg) 등이 있다.

어휘

dodger n. 탈세자 tax dodger n. 세금 탈세자 Financial Secrecy Index n. 금융 비밀지수(FSI) weight v. 중요성을 두다 transparency n. 투명성 notorious a. 악명 높은

Unit. 01

05. ④ ★★ [성균관대]

Rudy's 해설

'sealed off in the womb from any harm done to the mother' 통해서 태아는 외부적인 해(환경적인 해)를 차단하기에 태아가 질병이 있다면 모두 어머니에게 물려받는 유전적(선천적) 형질이라는 것을 알 수 있다.

구문 분석

healthy habits and good nutrition during pregnancy make ①it less likely ①that a baby will be born early, underweight or ill.
① 가–진목적어 구문으로 it은 진목적어 that절을 의미한다. [더독해1.0 Chapter 4. unit 04]

해석

50년 전, 의사들은 태아를 완벽한 기식자로 보았다. 즉 자신이 필요한 것을 흡수하지만 자궁 안에서 어머니에게 일어나는 어떠한 해도 차단하는 존재로 여겼다. 대략 절반 정도의 미국 여성들이 임신기간 동안 담배를 피운다. 아기들이 태아기 알코올 증후군이라고 불리는 질병을 가지고 태어났을 때 유전형질이 비난을 받았다. 그 이후, 임신 동안의 유익한 습관과 좋은 영양상태가 미성숙 태아가 출생하거나, 저체중 또는 질병을 가지고 태어날 가능성을 줄인다는 것이 상식이 되었다. 이제 수많은 연구는 출생 전 환경에 의해 발생한 문제들이 출생 시에 명확하지 않을 수는 있지만 평생 동안 영향을 끼칠 수 있다는 것을 보여주고 있다.

어휘

fetus n. 태아 parasite n. 기식자, 기생물, 기생충 seal off v. 봉쇄하다 womb n. 자궁 fetal a. 태아의 fetal–alcohol syndrome n. 태아기 알코올 증후군 prenatal a. 출생전의 resonate v. 공명하다, 울려 퍼지다 heredity n. 유전 형질, 유전 infection n. 전염

06. ④ ★ [건국대]

Rudy's 해설

전형적인 중괄식 구성으로 서론에서 신화는 이야기로 구성되어 있다고 진술하고, but을 통한 전환이후 주제문을 제시하는 구조이다. [더독해2.0 Chapter 1. unit 03]

Greek mythology is largely made up of stories about gods and goddesses, but it must not be read as an account of the Greek religion. According to the most modern idea, a real myth has nothing to do with religion. It is an explanation of something in nature, ~

① 신화는 종교와 매우 밀접한 관계가 있다.
② 최신의 현대 사상은 그리스 신화의 가치를 강조한다.
③ 그리스 신화는 자주 자연 현상을 상세하게 설명한다.
④ 그리스 신화는 종교보다는 자연에 대한 설명들이다.
⑤ 과학은 신화를 통해서 보다 잘 이해될 수 있다.

구문 분석

It is an explanation of ①something in nature, ②how any and everything in nature came into existence: people, animals, trees or flowers, the stars, earthquakes, all that is and all that happens
전치사 of의 목적어로 ①+②가 연결되어 있는 구조이다. [더독해1.0 Chapter 3. unit 05]

그리스 신화는 주로 신들과 여신들의 이야기로 구성되어 있지만, 그리스 종교의 이야기로 읽혀서는 안 된다. 최신의 현대 사상에 따르면, 진정한 신화는 종교와는 관련성이 없다. 신화는 자연 속에 있는 어떤 것에 대한 설명이며, 어떻게 자연 속의 모든 것들이 존재하게 되었는지에 대한 이야기이다. 즉, 신화는 (자연 속에서) 존재하고 발생하는 인간, 동물, 나무와 꽃, 별, 지진들에 대한 이야기이다. 예를 들어 천둥과 번개는 제우스가 벼락을 던질 때 발생한다. 신화는 초기 과학이고 그들의 주변에서 본 것들을 설명하려는 최초 시도의 결과이다.

어휘

mythology n. 신화 account n. 진술, 설명, 중요성 come into existence v. 존재하게 되다 thunderbolt n. 벼락, 번개 hurl v. 던지다 in detail av. 상세하게

07. ① ★ [건국대]

Rudy's 해설

두괄식 구조로 첫 줄이 주제문이다. 주제문에서 근무시에는 제복을 입어야 한다는 내용을 제시하고 이어서 제복을 입지 않았을 때 겪게 되는 다양한 어려움들을 예시로서 제시하고 있다. [더독해2.0 Chapter 1. unit 05]

① 제복의 중요성
② 경찰관에게 필요한 의무
③ 제복확인 순서
④ 경찰관에 대한 대중의 신뢰
⑤ 경찰관에 대한 사회적 편견

구문 분석

An officer at an accident scene /who is wearing everyday clothes might //①find that crowds won't obey someone /who claims to be a police officer /②but is without a uniform.
①은 문장동사로 주어가 길 때는 언제나 문장동사를 먼저 파악한다. [더독해1.0 Chapter 2. unit 03]
②은 who claims + who is를 연결 [더독해1.0 Chapter 2. unit 02]

해석

미국에서 경찰관은 근무를 할 때 식별할 수 있는 제복을 입는다. 평상복을 입고 사고 현장에 있는 경찰관은 알게 된다. 제복을 입지 않고 경찰관이라고 주장하는 사람에게 사람들은 복종하지 않는다는 것을. 사복 차림의 경찰관은 구경꾼들을 막거나 사고 현장으로부터 교통을 돌리는 것이 어렵다는 것을 알게 된다. 기본이 되는 전제가 충족되지 않을 때 (제복을 입고 있지 않을 때) 대중들은 경찰관이 제복을 입고 있을 때처럼 공손하게 반응하지 않을 것이고 경찰관은 의무를 수행하는데 있어서 어려움을 겪게 될 것이다.

어휘

identifiable a. 인식할 수 있는, 식별될 수 있는 on duty av. 근무 중 accident scene n. 사고 현장 onlooker n. 방관자, 구경꾼 at bay av. 궁지에 몰린 keep ~ at bay v. 접근시키지 않다 redirect v. 방향을 돌리다 respectfully av. 공손하게 sequence n. 순서, 배열

08. ② ★★★ [서강대]

Rudy's 해설

18세기와 19세기 초반에 새로운 단어들이 영어에 편입되었고, 그 중 대표적인 다섯 단어들의 쓰임의 변화를 통해 사회의 전반적인 변화를 알 수 있다는 내용이다. 본문, 보기 문항 모두 상당히 난이도 높은 문제이다. 하지만 정답은 의외로 쉽게 선정할 수 있다. 본문에 민주주의에 대한 설명이 등장하지 않았기에 민주주의에 대한 평가가 등장한 문항은 정답이 될 수 없다.

① 사회의 지적인 변화는 언어적으로 울려 퍼진다.
② 민주주의는 훼손되었다, 18세기 후반기까지
③ 의미론의 형태는 한 문화 속에서 통시적으로 변화한다.
④ 18세기에서 19세기 초반의 기간이 영어 역사에서 분기점을 이룬다.

구문 분석

a number of words ①came [for the first time] into common English use or ②acquired new and important meanings.
①+②가 or을 중심으로 공통적으로 연결되어 있다. come ~ into 사이에 for the first time이 중간에 삽입된 구조이다. [더독해1.0 Chapter 2. unit 02]

해석

18세기의 마지막 수십 년과 19세기의 전반기 동안, 많은 단어들이 처음으로 영어의 일상적인 용례 속으로 도입되었고 새롭고 중요한 의미를 획득했다. 이들 단어들에는 변화의 일반적인 유형이 존재하는데, 이러한 유형은 삶에서 일어나는 보다 폭넓은 변화를 바라볼 수 있는 특별한 지도로 사용될 수 있다. 핵심이 되는 다섯 단어에서 이 지도를 그릴 수 있다. 그 단어들은 산업, 민주주의, 계급, 예술, 그리고 문화다. 이 중요한 시기에 이 단어들의 사용의 변화들이 일상생활에 대한 우리의 특징적인 사고방식의 변화를 보여주는데, 사회적, 정치적, 경제적 제도들 그리고 이런 제도들이 구현하고자 하는 교육적, 예술적 목적들이 그것이다.

어휘

institution n. 설립, 제도 embody v. 구현하다 epistemic a. 지식의, 인식론의 epistemic shifts n. 지식, 인식의 변화 reverberate v. 울려 퍼지다 etymologically ad. 어원학적으로 disparage v. 비난하다, 얕보다 semantic a. 의미의, 의미론의 configuration n. 배치, 배열 diachronically ad. (언어) 통시적(역사적)으로 watershed n. 분기점

09. ③ ★ [서강대]

Rudy's 해설

보기 문항들을 통해서 첫번째 순서는 III임을 알 수 있다. III에 charge가 I에서 중복된다. 또한 I에서 폭발이 있었다는 내용과 IV의 생존했다가 논리적으로 연결된다.
순서배열은 1) 첫 문항을 찾고 2) 각 문항들 사이의 접속사와 동의어 찾기 등을 통해서 해결할 수 있다.
[더독해2.0 Chapter 2. unit 07]

해석

III. 150년 전, 케이지라는 미국의 철도 노동자가 버몬트 주에 있는 캐번디시 부근에서 폭약을 설치하고 있었다.
I. 그가 쇠막대기를 이용해서 폭약을 채울 때, 폭약이 폭발했고 쇠막대기가 그의 머리를 관통했다.
IV. 케이시는 기석석으로 살아남았다. 혹은 적어도 그의 일부는 그랬다.
II. 그러나 그의 동료들은 그의 성격이 변했다고 생각했다. 예전에 예절이 바른 사람이었던 반해, 사고 후에 그는 완전히 비사교적인 사람이 되었다.

10. ③ ★★ [서강대]

Rudy's 해설

강력한 함정 문항 ④가 있다. 틀린 부분에 유의하자.

① Europe is suffering from a catastrophic electoral crisis.
유럽은 재앙적인 선거 위기로 고통을 겪고 있다.

② A recent study confirms suspicions that youths have benefited disproportionately from European fiscal austerity.
최근의 연구는 젊은이들이 유럽의 긴축재정정책으로부터 큰 혜택을 보고 있다는 의심을 확인시켜 준다.

③ Recent research suggests that young people have been gypped by fiscal austerity in Europe.
최근의 연구는 젊은이들이 유럽에서 긴축정책에 속아 피해를 보고 있다는 것을 말한다.
(상대적으로 부당한 대우를 받는다는 의미)
* 'the young have been given a raw deal' = have been gypped

④ Recent increases in government spending have favored the elderly over the young.
정부 지출의 최근의 증가는 젊은이들 보다는 노년층에게 유리하다.
* 본문에서는 긴축정책을 설명하는데, 정부지출에 대한 내용은 적합하지 않다.

구문 분석

Many suspect /governments of protecting increasingly wrinkly electorates /over the young /within the big austerity packages ① imposed /since the financial crisis and recession.
(많은 이들을 생각한다. 정부가 나이든 유권자들을 보호한다고, 젊은이들 보다는, 부과된 큰 긴축정책 속에서, 금융위기와 경제 침체 후에)
①은 austerity packages를 후치수식하는 과거분사이다. 동사로 오인해서는 안 된다. [더독해1.0 Chapter 2, unit 07]

해석

많은 사람들은 정부가 금융위기와 경제 침체 이후에 도입된 긴축 재정 안에서 젊은이들 보다는 나이든 유권자들을 보호한다고 생각한다. 젊은이들이 노동시장 안에서 특히나 어려운 상황에 처해있는데 반해, 경제 위기 대응의 전반적인 효과들은 더 복잡하다. '재정 연구'라는 저널의 최신호는 6개의 유럽 국가의 긴축정책을 비교했고, 젊은이들이 부당한 대우를 받고 있다고 생각하는 사람들에게 자신들의 주장을 정당화할 수 있는 단서를 제공하고 있는 것처럼 보인다.

[11-13] 11. ③ 12. ② 13. ③ ★★

Rudy's 해설

11. '기만'에 대한 적절하지 않은 예를 선별하는 문제로 ③(윤리적 의미)는 언급되지 않았다.

12. 바로 뒤의 Self-deception을 통해 정답을 추론할 수 있다. 자기기만은 스스로를 속이면서 인식하지 못하는 것을 의미하기 때문이다.

13. '머리를 긁적인다'는 표현은 ③과 ④를 생각해 볼 수 있다. 바로 뒤의 재진술 문장에서 try to fool each other 를 통해 ③을 선별해야 한다. 자아가 분열되어 서로를 속이려고 한다는 것은 복잡한 상황이라는 의미이기 때문이다.

해석

다른 사람들을 속이는 것은 이득이 된다. 자연에서 위장은 사냥을 하는 자에게나 당하는 자에게 다 도움이 된다. 동물이 영리할수록 자신의 이득을 위해 속임수를 쓸(혹은 알아낼) 확률이 더 크다. 인간은 특히나 속임수에 능숙하며, 이는 돈이나 권력, 혹은 원하는 배우자를 얻는데 있어서 다른 사람들을 앞서기 위함이다. 그러나 다른 이를 속이는 것은 지적인 능력에 관계없이 어려운 일이다. 거짓말을 하면 우리는 종종 긴장하고 불안해진다. 또한 복잡한 거짓말들은 우울감과 면역 기능의 약화를 가져올 수 있다. 게다가 윤리적 결과들도 따라온다.

도서 "미련한 자의 어리석음"에서, 미국의 진화 생물학자인 저자 로버트 트리버스(Robert Trivers)는 다른 사람들을 매우 잘 속이는 이들은 종종 자신들이 속고 있다는 사실을 **의식하지 못한다고** 말한다. 자기기만은 내가 앞서나가기 위해 다른 사람들을 조종하는 것을 더 쉽게 해준다. 특히나 지적 능력이 더 뛰어난 사람들이 자기기만에 더 능할 수 있다.

생물학, 신경 생리학, 면역학, 심리학 등에서 연구결과들을 발췌하여, 트리버스는 속임과 진화과정 사이의 연결고리들에 대해 짧게 설명한다. 이 고리들 중 어떤 것은 직관적이다. 예를 들면 회색 다람쥐는 영리하게도 다른 동물들이 자신의 도토리를 훔쳐가지 못하게 하기 위해 가짜 은닉처를 여러 개 지어놓는다. 가짜약은 가끔씩, 고약한 부작용 없이도 실제 약품과 똑같은 효과를 불러일으킨다. **다른 예들은 좀 더 머리를 긁적이게 만든다**(생각을 요한다). 트리버스는 우리 속에서 부모 양쪽의 유전자들이 "분리된 자아"를 만들어내며, 이 자아들이 생물학적인 차원에서 서로를 속이려 한다고 주장한다.

어휘

camouflage n. 위장, 속임수 deceive v. 속이다, 기만하다 deceit n. 속임, 기만, 사기 self-deception n. 자기기만 camouflage n. 위장 trickery n. 사기 twitchy a. 불안해하는 devious a. 정직하지 못한, 기만적인 maternal a. 어머니다운, 모성의 mine v. 발굴, 채굴하다 deliver v. 판결을 내리다, 전달하다 paternal a. 아버지의, 아버지 같은 placebo n. 위약(僞藥), 가짜약 nasty a. 끔찍한, 형편없는 head-scratching a. 머리를 긁적이는, 고심하는 cache n. 은닉처 raid v. 습격하다 self-loathing n. 자기혐오 keep in mind v. 기억하다 crucial a. 매우 중요한 of significance a. 매우 중요한

[14-15] 14. ② 15. ⑤ ★★ [성균관대]

Rudy's 해설

14. 전반적인 구성이 다양한 역사적 사례와 문학작품들의 예시들의 나열이다. 이런 지문의 특징은 개별적인 문장의 해석은 난이도가 높지만, 전반적인 요지를 파악하는 것은 상대적으로 수월하다는 것이다. 주제문 추론의 구조로 전반적으로 전투에 관련된 다양한 문학적 서술들을 제시하고 있다. [더독해2.0 Chapter 1. unit 05]

① 예전의 결투와 현대에서 유사한 것
② 문학에서의 결투
③ 결투의 기원
④ 유행이 지난 어리석은 행동으로의 결투
⑤ 폭력의 역사

15. 본문의 remarkably measured와 동의 표현을 찾는 문제이다.

① 합법화되다.
② 거의 사라지다.
③ 무정부주의 우발적 행동이다.

④ 폭력의 저급한 형태이다.
⑤ 절제된 폭력의 형태이다.

해석

수세기 동안 결투에서 서로가 마주보고 결투를 하는 것은 시대착오로 보였다. 19세기 작가인 Guy de Maupassant는 결투가 마지막 남은 우리의 비이성적인 관습이라고 말했다. 그로부터 2세기 전, 프랑스의 왕 루이 16세는 결투를 봉건적인 잔재로 불법화시키고자 했다. 그럼에도 불구하고 19세기의 문학은 물론, 심지어 20세기 초의 문학까지도 허세를 부리며 칼싸움 하는 사람들에 대한 진술들은 소설 속에 가득 차 있다. 18세기 초, 많은 작가들은 결투하는 사람들을 성미 급한 인물로 묘사했다. 비록 결투가 낡은 중세 시대로부터 유래하긴 했지만, 19세기까지 대결은 매우 매력적인 것으로 여겨졌다. William Makepeace Thackeray가 쓴 소설인 The Memoirs of Barry Lyndon, Esq(1844)에서 주인공은 "비겁한 권총들"(총을 사용하는 것이 비겁하다는 의미)을 비난하고 명예롭고 남자다운 신사의 무기를 상기시킨다. 20세기의 초반에 시작된 급증하는 폭력과 비교했을 때 결투는 놀랄 만큼 신중해 보인다. 1908년 쓰여 진 G.K. Chesterton의 소설에 등장하는 등장인물은 수상한 무정부주의자에게 결투를 신청해서 폭탄을 터뜨리는 것을 막는다. 그럼에도 불구하고 양 차 대전이 끝난 후, 결투의 매력은 희미해진다. Evelyn Waugh가 쓴 Officers and Gentlemen(1955)이라는 소설 속의 한 등장인물은 만일 그가 결투 신청을 받게 된다면 웃을 것이라고 말한다.

어휘

anachronistic a. 시대착오적인 outlaw v. 불법화시키다 archaism n. 고어, 고문체 pepper n. 후추 v. 후추를 치다, 발사하다, 퍼붓다 swashbuckling a. 허세부리는 duel n. 결투 hot-headed a. 성미 급한 rails against v. 욕하다, 비난하다 harks back v. 상기하다, 떠올리다 burgeoning a. 급증하는

[16-17] 16. ① 17. ⑤ ★★ [성균관대]

Rudy's 해설

16. 빈칸 뒤의 재진술을 통해 정답을 유추할 수 있다. 'cover tracks'는 장점에 해당하지만, 반복해서 로그인을 하거나 장바구니를 이용할 수 없는 것은 단점에 해당하기에, 빈칸의 내용은 양 측면을 모두 의미하는 것이 적절하다.

17. 쿠키의 장점은 자주 가는 사이트에 대해서 로그인을 할 필요가 없는 것이다.

① 새 컴퓨터를 구매할 필요가 없다.
② 정규적으로 컴퓨터는 업데이트 된다.
③ 온라인으로 누구에게나 당신의 생각을 전달할 수 있다.
④ 자주 가는 사이트에 재 로그인을 할 필요가 없다.
⑤ 인터넷 서핑 기록은 자동으로 삭제된다.

해석

우리의 온라인에서의 삶을 추적하는 기술은 보잘 것 없는 쿠키에서 시작되었다. 쿠키란 당신이 어디를 방문했는지를 기억하는 브라우저에 웹사이트가 보낸 데이터의 작은 덩어리다. 웹의 초창기 시절, 쿠키는 전자상거래 회사가 당신이 누구인지 확인하는 태그를 다는 일을 도와주었다. 만일 당신이 어떤 사이트에 로그인 하고, 물품을 온라인 장바구니 집어넣거나, 암호화된 신용카드 번호를 보낼 때, 당신이 여전히 거래중이라고 웹사이트에 말하는 것은 쿠키다. "쿠키를 이해할 수 있는 가장 쉬운 방법은 쿠키를 손목 밴드와 비교하는 것입니다."라고, 온라인 기업인 Sam Oh는 말한다. "당신이 콘서트 장에 갔을 때 손목밴드는 경비원에게 당신이 누구인지를 알려주고 제지 없이 재 입장하게 해 줍니다."
그러나 온라인 마케팅 담당자들은 쿠키가 당신이 온라인에서 하는 활동을 알려 준다는 것을 알게 되었다. 나는 온라인에서 내가 공유하는 것에 대해서 스스로 결정하는 것을 선호하기 때문에, 나의 쿠키들과 브라우저 히스토리를 정기적으로 삭제하는 습관을 가지고 있다. 그러나 나의 이러한 습관은 양날의 칼이다. 이 기록들을 지우는 것은 나의 흔적을 덮어준다. 그러나 이것은 내가 자주 사용하는 서비스를 방문할 때마다 반복해서 로그인해야 한다는 것을 의미한다. 나아가 이 사이트들은 과거에 내가 구입한 것들에 대한 기록을 가지고 있지 않고, 나중에 다시 들어왔을 때 위시리스트나 쇼핑카트에 내가 원하는 아이템을 저장할 수도 없다.

Unit. 01

어휘

cookie n. 쿠키(사용자가 인터넷을 사용할 때마다 중앙 서버에 보내지는 정보 파일) chunk n. 덩어리 encrypted a. 암호화된 cull v. 추려내다, 추려내서 죽이다, 도태시키다 high-tech gadget n. 첨단 기기 a pain in my neck n. 골칫거리

[18-20] 18. ③ 19. ① ★★ 20. ③

Rudy's 해설

18. 두괄식 구성의 영문으로 첫 줄을 주제문으로 직관적으로 파악할 수 있어야 한다.
  [더독해2.0 Chapter 1. unit 05]
  ① The Bigotry of Plato's Ideas 플라톤 사상의 편협함
  ② The Emergence of Practical Philosophy 실용적인 철학의 대두
  ③ Plato's Philosophy against The Sophists 소피스트들을 반대하는 플라톤 철학
  ④ The Absurdity of The Sophists' Teachings 소피스트 철학의 불합리성

19. 빈칸은 플라톤이 소피스트들을 공격하는 내용이기에 부정적인 표현인 ①의 허세라는 표현이 가장 적절하다.

20. 소피스트 철학을 반대하는 플라톤의 사상과 일치하지 않는 내용을 선별하는 문제이다.
  ① 소피스트 철학은 윤리적 가치의 기반을 흔들 수 있다.
  ② 상대적 윤리주의는 국가의 확고한 기반이 될 수 없다.
  ③ 이성적 사고에 토대를 두고, 사람들은 좀 더 현실적일 필요가 있다.
  * 플라톤은 이데아론과 국가론을 통해 확고한 도덕적 기반을 확립하려고 노력했지, 사람들을 좀 더 현실적으로 만들려고 했다는 진술은 언급되지 않았다.
  ④ 소피스트들은 거짓된 주장으로 약한 사람들을 기만하고 있다.

구문 분석

[1] Their teachings capitalized on a void ①left by the ancient myths and religion, ②which were falling out of fashion ③as Greek civilization moved toward a more rational world-view.
  ① void를 후치수식하는 분사구로 핑형주전투 구조이다. [더독해1.0 Chapter 2. unit 07]
  ② 선행사로 myths and religions을 받는다. 관계사는 언제나 선행사 파악이 핵심이다.
  [더독해1.0 Chapter 2. unit 05]
  ③ 부사절을 이끄는 종속접속사로 '~함에 따라서' [더독해1.0 Chapter 2. unit 09]

[2] Plato could see the danger ①this moral relativism posed for the state and for the people who lived in it
  ① the danger을 후치수식하는 핑형주전투 구조이다. [더독해1.0 Chapter 2. unit 07]

해석

플라톤은 궤변가들을 선의 주된 적이라 보며, 그들을 향한 공격에 있어 아주 무자비하다. 플라톤의 시대에 새롭게 등장했다고 볼 수 있었던 궤변가들은 젊은 정치인들에게 돈을 받고 수사법이나 토론기술을 가르치며 떠돌아다니는 선생들이었다. 그들은 가치라는 것은 상대적이기 때문에 누가 옳은가를 가릴 수 있는 유일한 척도는 '누가 이기는가' 라고 가르쳤다. 그들의 가르침은 고대 신화와 종교가 보인 틈새를 이용한 것이었는데 이러한 신화와 종교는 그리스 문명이 좀 더 이성적인 세계관을 가지게 되면서 시대에 뒤떨어져 가고 있었나. 오래된 가치관들은 그 타당성을 잃어가고 있었으며, 이들을 대체할만한 새로운 가치가 없었다. 플라톤은 이런 도덕적 상대주의가 국가와 국민들에게 미치는 위험을 볼 수 있었다. 그리고 궤변가들을 향한 그의 공격은 많은 이들이 지혜라고 여겼던 소피스트들의 **공허한 허세**를 폭로하는 것이었다. 플라톤의 이데아론(Theory of Forms)과 방대한 국가론(The Republic)은 이성적 원칙 안에서 도덕적 가치의 확고한 기반을 찾으려는 시도로 읽혀질 수 있다.

[21-22] 16. ② 17. ② ★★ [성균관대]]

Rudy's 해설

21. 빈칸 바로 뒤에 다양한 국가들의 사례가 되고 있다. 국가들에 대한 고정관념이 각국의 언어에 대한 고정관념을 부여했다는 것이 요점이다.

22. 문제형식은 단순 내용일치이지만, 추론영역의 문제이다. 언어들이 논리적인 것이 아니라 그것을 구사하는 화자들의 개인차에 따라서 언어가 다양한 특성을 지닌다는 것이 필자의 주장이다. 따라서 일반적으로 영어는 실용적이라고 인식되는 것 또한 그렇지 않을 수 있다는 것이 필자의 생각이다.

구문 분석

①How is it that so obviously mythical an idea as the logicality of French has taken such strong root in France ②and /to some extent /among her neighbors?
① how is it that 구문은 가-진주어 구문으로 진주어that절을 가주어 it이 대신하는 구문이다. '어떻게 that절의 내용이 존재할까?'라는 의미이다.
② and는 in France + among her neighbors를 연결하고, to some extent가 중간에 삽입된 구조이다. 언제나 대등접속사는 병렬구조에 유의해서 구조를 파악하자.
[더독해1.0 Chapter 2, unit 02]

해석

사람들이 이해하기 힘든 개념은 언어들이 좋고 나쁜 특성을 지닐 수 없다는 것이다. 즉, 어떤 언어체계도 다른 언어체계보다 더 명확하다거나 더 논리적이라고 (혹은 더 아름답거나 더 추하다거나)하는 것을 보여 줄 수 없다는 것이다. 명석함과 논리성의 차이는 언어 그 자체가 아니라 명석함이나 논리성을 효과적으로 다루는 언어의 사용자들의 능력에 달려있다. 일부 프랑스어 화자들이 놀랄만한 명료함을 보여주는 발화를 하는 반면에, 다른 프랑스어 화자들은 이해할 수 없는 헛소리를 만들어내기 위해 프랑스어에 의존할 수 있다. 그러나 칭찬이나 비난을 받아야하는 것은 언어가 아니라 그 언어를 사용하는 화자들이다.
프랑스어는 매우 논리적이라는 신화적인 생각이 어떻게 프랑스와 이웃한 국가들에서도 어느 정도까지 뿌리를 내릴 수 있을까? 프랑스어에 대한 외적 인식들을 설명하는 것은 어렵지 않다 – 이러한 외적 인식들은 한 세기 전 유럽에서 발전했고 서글프게, 오늘 날에도 유럽 주변을 맴돌고 있는 국가들에 대한 고정관념과 연관되어 있는 것처럼 보인다. 이탈리아어는 음악적인 언어가 되었는데, 의심할 나위 없이 이탈리아 오페라와의 연관성 때문이었다. 독일어는 거칠고 목쉰 언어가 되었는데 프러시아의 군국주의 때문이었다. 스페인어는 투우와 플라맹고 춤 덕분에 낭만적인 언어가 되었다. 프랑스어는, 실용적인 영어와 날카롭게 대조를 이루고 있다고 느껴지는 데카르트 같은 저명한 철학자들의 사유 방식 덕분에, 어쩔 수 없이 논리적인 언어가 되었다.

23. ① ★ [중앙대]

Rudy's 해설

첫줄과 마지막 줄에 빈칸이 있는 경우는 대체로 주제문일 가능성이 매우 높다. 이 영문 또한 서론과 결론에서 저자의 주장을 강조하는 양괄식 구성의 글로, 서론에서 안락사는 이름과 달리 아름다운 행위가 될 수 없다는 분명한 입장을 보여주고 있다. 본문의 내용들은 이 주장에 대한 재진술과 예시들로 구성되어 있으며, 마지막에서 다시 한 번 안락사에 대한 부정적인 입장을 진술하고 있는 구조이다.

① 그러나 그 선택은 우리가 내릴 수 있는 것이 아니다.
② 그러나 그런 경우들은 증가하고 있다.
③ 그러나 우리는 타인의 삶에 대해 어려운 결정을 내려야만 한다.
④ 그러나 우리는 그 선택이 축복이라는 것을 부정할 수 없다.

해석

안락사라는 단어는 "선한 죽음" 혹은 "자비로운 살해"를 의미한다. 그러나 이런 이름이 안락사와 어울리는 것은 아니다. 어떤 사람이 다른 사람의 목숨을 빼앗을 수 있는 권리를 가지게 될 때, 어떠한 선함도 자비도 포함되지 않는다. 누구도 생명이 끝나야 할 때를 결정할 수 있는 권리를 가지고 있지 않다. 생명은 우리의 가장 고귀한 선물이고 우리는 그 선물이 우리에게 맞지 않는다고 해서 그 선물을 던져버릴 수 없다. 호흡을 유지시켜주는 기계로부터의 도움을 받는 것을 거부하는 것과 죽음을 요청하는 것은 다른 문제다. 이런 이유 때문에 'Final Exit'는 출판 역사의 수치다. 이 책은 개인으로서 우리가 우리 자신의 죽음을 계획할 권리를 이야기하는데, 즉, 우리가 삶에 지쳤다는 것을 결정할 수 있다는 것이다. 그러나 언제 생명이 끝날 지를 결정하는 것은 신의 영역이다. 스스로 목숨을 끊는 개인들의 권리를 옹호하는 책 케보키언은 자살을 선동하고 헤드라인을 장식하는 것을 통해서 대중들에 어떤 도움도 주지 않았다. 그 대신, 그가 한 일은 사람들로 하여금 언제 죽을지를 선택할 수 있다고 믿도록 격려하는 것이었다. 그러나 그런 선택은 우리가 내릴 수 있는 것이 아니다.

어휘

euthanasia n. 안락사 mercy n. 자비 assume v. 떠맡다, 추정하다 fling v. 던져버리다 champion v. 옹호하다 make headline v. 헤드라인을 장식하다, 유명해지다 abet v. 부추기다, 선동하다, 교사하다

[24-25] 24. ② **25.** ④ ★★★

Rudy's 해설

24. 다양한 예시들이 제시된 주제문 추론의 구성이다. 역겨움을 교묘하게 조작해서 전쟁이나 대량 학살에 활용했던 예시들을 통해, 역겨움을 악용한 전략 등에 유의해야 한다는 것이 주제이다. 따라서 제목 또한 역겨움에 대한 경계, 주의 등에 대한 표현이 적절하다. [더독해2.0 Chapter 1. unit 05]

① Why Do We Feel Disgusted? (우리가 역겨움을 느끼는 이유)
② Be Vigilant Regarding Disgust (역겨움에 대해서 매우 경계하라)
③ Vulnerable Human Emotions (상처받기 쉬운 감정)
④ Mysterious Brainwork (신비로운 세뇌)
⑤ Victims of Racial Prejudice (인종 편견의 희생자들)

25. 역겨움 악용에 대한 예시로 적들에게 빈칸 뒤의 이미지들이 연상되도록 한다는 것이 적절하다.

해석

역겨움은 인간의 감정 중에서 가장 유독한 것이다. 이러한 역겨움은 질병의 매개체가 될 수 있는 것들 — 분명 구토물이나 피, 배설물과 같이 보통은 안에 있어야 하는 것들이 밖으로 나와 있는 — 에 대한 적응 반응으로 일어나지만, 유해한 감정이며, 다른 문제들 사이로 스며들어 자리를 잡고 그룹 조직에 해악을 미치며 다른 곳으로 퍼져나간다. 전쟁의 역사를 통틀어, 모든 전쟁 중인 그룹은 그들의 적에게 질병이나 오물, 기생충을 **연상시키는** 특징들로 꼬리표를 붙였다. 이러한 형상화는 매우 위력적이며, 사람들을 단결시키기 위해 고안되었다. 나치가 6백만 명의 유태인들을 학살한 것은 뛰어난 홍보전 덕분에 가능했지만, 이는 역겨움을 교묘하게 조작하여 더욱 더 가능했다. 나치의 눈에는, 유태인들이 해충이며, 더럽고 병든, 따라서 역겨운 존재였던 것이다.

어휘

disgust n. 혐오감, 역겨움 virulent a. 악성의, 맹독의 vector n. 매개체 starkly av. 삭막하게, 황량하게 mischievous a. 말썽꾸러기의, 해를 끼치는 wreak havoc v. ~에 큰 피해를 입히다 tag v. 꼬리표를 달다 vermin n. 해충 vigilant a. 바짝 경계하는, 조금도 방심하지 않는 feces n. 배설물, 찌꺼기 sneak into v. 몰래 스며들다 filth n. 오물, 쓰레기 overwhelming a. 압도적인, 견디기 어려운 rallying cry n. 표어, 슬로건 crafted a. 정교하게 만들어진 manipulation n. 조작, 속임수 abstinent a. 절제하는 acquainted a. 잘 알고 있는 extraneous a. 이질적인, 외부로부터 reminiscent a. 연상시키는

[26-27] 26. ⑤ 27. ② ★★

Rudy's 해설

26. 전형적인 중괄식 구성의 영문으로 주제문은 'In recent years, however, scientists have begun to outline the surprising benefits of not paying attention' 이다. 서론에서 주의력을 강조했지만, however을 통해 앞의 주장을 반박하면서 저자의 주장을 제시하는 구성이다.
[더독해2.0 Chapter 1. unit 05]

① A Common Disease in the Internet Age 인터넷 시대의 흔한 질병
② How Caffeine Helps You Focus 카페인이 집중력을 돕는 방법
③ The Downside of Too Much Focus 과도한 집중의 부정적 측면
* 매력적인 함정 문항이 될 수 있다. ③과 ⑤의 keyword 분석을 통해서 정답을 선별하는 것이 가장 실전적이다. ③이 부정적인 측면을 강조한다면, ⑤는 두뇌의 이완을 통한 긍정적 측면을 부각시키고 있고, 주제문과 본문의 예시를 통해서 ⑤가 더 적절하다는 것을 알 수 있다.
④ What Causes Attention-deficit Disorder 주의력 결핍 장애를 가져오는 것
⑤ Relax Your Brain and Reap Better Results 두뇌를 편하게 하면 더 좋은 결과를 얻는다

27. 본문의 'people unable to concentrate due to severe brain damage actually score above average on various problem-solving tasks'를 통해 정답을 선별할 수 있다.

① 근로자들은 더 창의적이고 생산성을 높이기 위해서 낮잠을 잘 필요가 있다.
* 함정문항이 될 수 있는데, daydream은 공상을 의미하지, 낮잠을 자라는 의미는 아니다.
② 문제해결 능력이 반드시 집중력과 일치하는 것은 아니다.
③ 많은 커피를 마시는 것은 주의력 결핍 장애를 가져 올 수 있다.
* 많은 카페인은 집중력을 너무 높여 오히려 방해가 된다는 것이 본문의 내용이다.
④ 두뇌의 과도한 긴장 때문에 너무 집중하는 것은 두뇌 손상을 가져올 수 도 있다.
⑤ 엄청난 집중력을 가지고 있는 사람들은 창의적인 사람이 될 수 없다.
* 집중하지 않으면 창의적인 발상을 할 수 있다는 내용을 토대로 집중력이 높으면 창의적인 사람이 될 수 없다는 주장은 전형적인 논리적 비약이다. 즉, 집중하지 않는 것과 창의력의 관계를 토대로, 집중하는 것과 창의력의 관계를 유추할 수는 없기 때문이다.

해석

우리는 주의력을 숭배하는 시기에 살고 있다. 우리는 일을 해야 할 때 우리 스스로 집중해 똑바로 컴퓨터 화면을 응시하게끔 한다. 길 모퉁이 마다 스타벅스 커피 전문점이 있는 것처럼 보이고(카페인은 집중하기 더 쉽게 만든다) 커피로 충분하지 않을 땐 우리는 레드불(에너지 음료수)을 단숨에 들이킨다.

사실상 집중하는 능력은 너무나 필수적인 삶의 기량이라 여겨지기에, 집중력 부족은 널리 알려진 의학 문제가 되었다. 현재 미국 아동의 약 10 퍼센트가 주의력 결핍 장애로 진단된다. 하지만 최근 들어 과학자들은 주의력을 가지지 않는 것의 놀라운 혜택에 대해 약술하기 시작했다. 때때로 지나친 집중은 역효과를 낳을 수 있는데 특히 카페인이 방해가 된다. 예를 들어, 연구원들은 백일몽과 독창성 사이의 놀라운 관계를 발견했다. 백일몽을 더 많이 꾸는 사람들은 새로운 아이디어 창출을 더 잘한다는 것이다. 다른 연구에서는 직원들이 "인터넷 여가 사용"을 할 때 더 생산적인 모습을 발견했으며, 심각한 뇌손상으로 인해 집중을 할 수 없는 사람들이 다양한 문제 해결 과제를 사실상 평균 이상으로 해낸다고 밝혔다.

어휘

worship v. 숭배하다, 흠모하다 stare v. 응시하다 seemingly av. 외견상으로, 겉보기에는 caffeine n. 카페인 concentrate v. 집중하다 chug v. 단숨에 들이켜다 diagnose v. 진단하다 widespread a. 광범위한, 널리 퍼진 backfire v. 역효과를 낳다 get in the way v. 방해되다 attention-deficit disorder n. 주의력 결핍 장애 daydream n. 백일몽, 공상 engage in v. ~에 관여하다 browse v. 둘러보다, 훑어보다 severe a. 극심한, 심각한 downside n. 불리한 측면 score v. 득점하다, 성공하다 correspond to v. 일치하다

Unit. 02

40 Mins 02회 해설

01. ② ★ [성균관대]

Rudy's 해설

빈칸 앞에 but을 통해 빈칸과 앞 절의 내용이 반대임을 알 수 있다. 따라서 빈칸에는 illegal과 반대의 표현이 적절하다.

구문 분석

the sanctioned stalking of animals ①that are bred, grown and kept in captivity specifically ②so that the right to kill them can be sold to wealthy sportsmen.
①은 animals을 설명하는 형용사절. [더독해1.0 Chapter 2. unit 05]
②는 '~위하여' 목적을 의미하는 부사절. [더독해1.0 Chapter 2. unit 08]

해석

많은 이들이 Zimbabwe 국립공원의 사랑받는 사자 세실을 사냥꾼들이 유인해서 죽이고 전리품으로 목을 자른 것을 알았을 때, 분노가 급격하게 퍼져나갔다. 세실을 죽인 미네소타 치과의사인 Walter James Palmer는 온라인상에서 살해 위협의 타깃이 되었다. 두 대륙에서 조사가 시작되었다. 그러나 세실의 죽음이 불법적인 밀렵에 대해 새롭게 초점을 맞추고 있는 동안 다른 사냥꾼들은 자신들의 사냥 전리품을 획득하고 있다. 완벽하게 합법적으로. 이것은 사람들에게 잘 알려져 있지 않은 대형 사냥감 사냥이 존재하기 때문이다. 즉, 허가된 동물 사냥으로, 그 동물들은 감금 상태로 사육되는데, 부유한 스포츠맨들에게 그 동물들을 사냥할 수 있는 권리를 판매하기 위해서. 이러한 사냥을 통조림 사냥이라고 부른다.

어휘

outrage n. 분노 resident n. 거주자 lure away v. 유인하다 big-game n. 큰 사냥감 sanction v. 허가하다 captivity n. 포획 trophy n. 전리품, 노획물 side n. 스포츠 팀 canned a. 통조림의 poaching n. 밀렵 publicized a. 알려진 stalking n. 스토킹, 사냥 dramatic a. 극적인, 인상적인

02. ① ★★ [한국외대]

Rudy's 해설

paraphrase 문제는 문장의 정확한 해석을 평가하는 문제이다.

해석

사상의 자유가 가지는 영구적 가치는 사상의 자유를 붕괴시키고 얻게 되는 그 어떤 이점들보다 더 중요하다.
(사상의 자유를 포기하고 다른 이점을 얻는다 해도 사상의 자유가 더 중요하다는 의미)

(A) 사상의 자유의 장기적인 장점들은 그것의 자유를 제한하는 것을 통해 얻는 이점들보다 더 크다.
(B) 사상의 자유는 오랜 박해를 견디어 왔고, 사상의 자유는 심지어 부분적으로 침해 될 때조차도 장점들을 제공한다.
(C) 사상의 자유를 위반하는 것으로부터 오는 장점들은 흔히 사상의 자유를 유지하는 것으로부터 오는 장점보다 더 크다.
(D) 사상의 자유의 가치는 너무나 커서 그것을 위반하는 것은 정당성을 가질 때만 용인될 수 있다.

Unit. 02

어휘

enduring a. 영구적인, 지속적인 outweigh v. ~보다 중요하다 violation n. 위반 merit n. 장점 persecution n. 박해 warrant v. 보장하다, 정당하게 만들다 tolerate v. 용인하다, 인내하다 long-held a. 장기간의 breach n. 위반, 침해 uphold v. 유지하다

03. ② ★★ [중앙대]

Rudy's 해설

첫 줄에서 but을 중심으로 인플레이션이 감소했지만, 그에 따른 여파로 경기가 침체되었다는 내용이 제시되어 있다. 즉, but을 통해 서로 상반되는 내용이 등장하는 것을 알 수 있다.

1) because of 이하의 정부지출이 축소되었고, 높은 이자율을 근거로 빈칸 내용을 유추할 수 있다.
   정부지출의 축소와 높은 이자율은 통화의 감소를 의미하기에, 통화량 감소에 따른 인플레이션 억제를 예측할 수 있다.
2) leading to 이하의 내용을 토대로 빈칸을 유추할 수 있다. 최악의 경기를 유발시켰다는 내용이기에 빈칸 또한 경기가 악화되었다는 내용이 적절하다.

해석

정부의 지출 삭감과 지속적인 높은 이자율 덕분에 인플레이션은 완화되었다. 그러나 그 치유책은 1979년 이후 진행되어 온 경기 침체를 가속시켰고, 1930 이후 최악의 경기 침체를 유발시켰다. 공장은 문을 닫았고, 회사들은 파산했고, 담보대출을 받은 농가들은 높은 비율로 압류되었다. 1982년 말, 1,200만 명 이상의 미국인들이 실직상태에 있었고, 이는 미국 전체 노동력에 10%에 달하는 수치다. 두 자리 수 인플레이션은 두 자리 수 실업이라는 대가를 치르고 종식되었다.

어휘

abate v. 완화되다 accelerate v. 가속화하다 under way av. 진행 중인 spending cuts n. 지출 삭감 interest rate n. 금리 recession n. 경기침체, 경기 후퇴 downturn n. 하강, 침체 mortgage n. 저당, 담보 foreclose v. 방해하다, 담보권을 행사하다 double-digit a. 두 자리 수의 ripple v. 잔물결을 일으키다 quash v. 진정시키다 exacerbate v. 악화시키다 appease v. 진정시키다

04. ① ★ [중앙대]

Rudy's 해설

무엇보다 재진술 구조를 이해하는 것이 핵심이다. 서론에서 경제학은 인간의 일상생활을 연구하는 학문으로 정의하고, 그것에 대한 재진술은 일상의 생활은 물질적인 것을 획득하는 것과 밀접하게 연관성을 맺고 있다는 내용이다, 결국 경제학의 중심은 인간의 일상과 물질 획득에 있다. 따라서 빈칸에는 인간의 일상과 물질과 연결된 표현이 적절하다. [더독해2.0 Chapter 1. unit 01]

구문 분석

it examines that part of individual and social action ①which is most closely connected with the attainment and with the use ②of the material requisites of wellbeing.
①는 action을 설명해주는데, individual (action) + social action 구조이다. [더독해1.0 Chapter 2, unit 05]
② 공통관계를 파악하는 것이 중요하다. of는 앞의 두 명사 모두를 수식하는 수식어 공통관계이다.
with the attainment (**of the material requisites of wellbeing**) and with the use of the material requisites of wellbeing. [더독해1.0 Chapter 2, unit 02]

해석

정치 경제학 혹은 경제학은 일상에서 살아가는 인간에 대해 연구하는 학문이다. 경제학은 개인적, 사회적 활동의 분야를 연구하는데 그 분야들은 행복을 위해 필수적인 물질의 획득과 활용과 밀접하게 연관되어 있다. 따라서 경제학은 한편으로 부에 관한 학문이고, 더욱 중요하게 다른 한편으로 인간에 대한 학문이다. 왜냐하면 종교적 이상의 영향력이 아니라면 그 어떤 영향력보다도 인간의 특징은 일상생활과 그것을 통해서 획득하는 물질적 조건들을 통해서 형성되기 때문이다.

어휘

political economy n. 정치 경제학 attainment n. 달성, 성취 requisite n. 필수품, 필요 물 mould v. 주조하다, 형성하다 procure v. 획득하다 parity n. 동등, 동격

05. ④ ★★ [한양대]

Rudy's 해설

rationalization을 통해 빈칸을 유추할 수 있다. 합리화를 시도했다는 것은 자연법칙이 그러하듯 사회구조 또한 적자생존이 정당화된다는 것을 의미하기 때문이다.

① 핵심을 초월하다(벗어나다)
② 관계를 대조하다(비교하다)
③ 전반적인 생각을 비평하다
④ 유사성을 이끌어 내다

해석

19세기 자본주의 주창자들은 자유시장과 다윈이 설명한 적자생존인 생존경쟁 사이의 유사성을 도출해서 부자들이 가난한 자들을 착취하는 것을 합리화했다.

어휘

apologist n. 옹호자 rationalization n. 합리화 exploitation n. 착취 analogy n. 유사, 유추 the fit survive n. 적자생존 transcend v. 초월하다, 능가하다 kernel n. 핵심, 요점 critique v. 비평하다

06. ④ ★★ [중앙대]

Rudy's 해설

추론문제의 형식을 취하고 있지만, 단순한 내용일치 문제이다. 실전 문제들을 분석해 보면, 추론문제 형식이지만 단순한 내용일치를 묻는 문제들이 대부분이다.

① 댄 브라운은 자신의 소설에서 표절을 한 혐의로 유죄판결을 받았다.
* 함정문항인데, 댄 브라운은 고발을 당한 것이지 유죄판결을 받은 것은 아니다. 또한 기존 책에서 사실들을 인용한 것이지, 기존 책들의 내용을 표절한 것이 아니다.
② 지적재산권 분쟁은 철저한 연구를 통해서도 해결될 수 없다.
③ 작가가 사실을 묘사하는 표현들을 인용할 때, 작가는 허락을 받을 필요가 없다.
* 사실 자체가 아닌, 사실을 묘사하는 표현들은 기존 작가의 허락을 받아야 한다.
④ 소설에서 작가가 제시하는 사실은 저작권의 보호를 받지 않는다.

구문 분석

In 2006, Dan Brown, author of the best-selling book The Da Vinci Code, was taken to court by the authors of The Holy Blood and the Holy Grail ①published in 1982 ②for allegedly using the theory ③set out in their book as the basis for his novel.
① The Holy Blood and the Holy Grail을 설명하는 핑형주전투.
[더독해1.0 Chapter 2. unit 07]
② be taken to court ~ for로 연결되는 문형으로 '고소당하다. ~라는 이유로'라는 이유에 해당하는 부사구이다.
③ the theory를 설명하는 핑형주전투. [더독해1.0 Chapter 2. unit 07]

해석

2006년, 베스트셀러 소설인 "다빈치 코드"의 저자인 댄 브라운은 1982년에 출간된 "성혈과 성배"의 저자들에게 댄 브라운이 자신들의 책에서 제시한 이론을 소설의 토대로써 사용했다는 이유로 고발당했다. 그 과정에서 그들은 지적재산권에 관한 흥미로운 점을 제기했다. 사실들은 그 자체로 저작권을 갖지 않기에, 작가는 그 사실들의 출처와 관계없이 자신의 작품에 인용할 수 있다. 그러나 소설적 서술 혹은 사실을 묘사하기 위해 사용된 표현들은 저자의 지적재산이고, 그 표현들을 인용하고자 하는 사람은 누구나 원작자로부터 허락을 받아야하고, 그 자료의 원래 출처를 분명히 밝혀야 한다. 여기서 난점은 다음과 같다. 만일 앞서 나온 책이 허구적인 작품이라면, 그 책의 저작권은 보호받을 수 있다. 반면, 설득력을 부여하기 위해, 성혈과 성배는 허구가 아닌 사실로서 제시를 했고, 이런 사실들은 저작권의 보호를 받지 못한다. 따라서 댄 브라운은 자유롭게 사용할 수 있었다. 작가들은 주의해야 한다. 사실들을 소유할 수 없다는 것을.

어휘

take to court v. 법정에 서다 allegedly ad. 주장한 바에 의하면 grail n. 큰 접시(platter), 잔(cup) come across v. 우연히 마주치다 convincing a. 설득력 있는 plagiarism n. 표절

[7-8] 07. ② 08. ⑤ ★★

Rudy's 해설

07. 전형적인 두괄식으로 'women have transformed their appearance to conform to a beauty ideal' 부분을 주제문으로 확보하는 것이 중요하다. 바로 이어서 중국, 미국, 아프리카 등의 다양한 예시가 등장하고 있다. 언제나 구체적인 예시 앞에 등장한 종합적 진술은 주제가 될 가능성이 매우 높다.
[더독해2.0 Chapter 1. unit 05]

① Discrepancy between Reality and Ideal 현실과 이상의 괴리
② Women's Pursuit of Ideal Beauty 이상적인 아름다움을 여성들이 추구하는 것
③ Shackles of Forced Femininity 강요된 여성성이라는 족쇄
④ Prerequisites to Happiness 행복의 선행조건
⑤ Superficiality of Women's Lives 여성들 생활의 천박함

08. 본문 마지막의 'it is also a struggle for control, acceptance and success'을 통해 정답을 선별할 수 있다. 여성들이 날씬한 것을 추구하는 것은 아름다움 외에도 다양한 이유가 있다는 것이다.

① 역사를 통틀어, 풍만한 체형은 아름다움으로 받아들여진 적이 없다.
* 본문의 예시들을 가지고, 역사 전체로 확장할 수는 없다.
② 일반적으로 여성들은 아름다움을 위해서 건강을 희생한다.
* 몇몇 예시들을 가지고 일반적이라고 확대시키는 것은 논리적 비약이다.
③ 건강은 항상 아름다움과 특별한 관계가 있다.
④ 이상적인 아름다움은 여성들의 자유를 제약하는 것을 자용한다.
⑤ 최근에 날씬함을 추구하는 데에는 눈에 보이는 것 이상의 것들이 있다.

역사를 통해 그리고 다양한 문화에 걸쳐 여성은 이상적인 아름다움에 맞추어 자신의 외모를 변형시켰다. 고대 중국의 귀족은 여성다움의 표시로 자신의 발을 동여맸고 1800년대 미국과 유럽의 여성들은 허리를 지나치게 조여서 내장에 문제가 생기기도 했다. 또한 일부 아프리카의 문화권에서 여성은 아직도 자신의 아래 입술에 금속판을 매달고 다니는데, 더 넓은 사이즈의 판이 들어가도록 피부를 계속해서 늘린다. 북미 지역의 이상적인 아름다움은 계속해서 여성의 몸에 초점을 맞추었다. 빅토리아 시대의 가냘픈 허리, (1920년대의) 신여성 시대에 남성적인 외모가 유행했으며, 1930년대와 50년대 사이에는 미의 잣대로 도발적인 몸매가 중요시 되었다. 현재의 기준은 건강과 젊음을 발산하는 탄력 있고 날씬한 외모를 강조한다. 심리학자 Eva Szekely에 따르면 "이 시대에 매력적으로 보이려면 예외 없이 말라야 한다는 것을 의미한다. 오늘날 북미에서 마른 것은 다른 이와 스스로에게 건강한 상태로 인식되기 위한 선행조건이다."라고 말한다. 그러나 이렇게 무자비하게 마른 경향의 추구는 단지 최선의 외모를 보여주고자 하는 여성들의 사례일 뿐만 아니라 통제, 수용 그리고 성공을 위한 투쟁을 의미하기도 한다.

cross-section a. 전반적인, 다양한 conform to v. ~에 순응하다 aristocrat n. 귀족 bind v. 동여매다, 묶다 cinch v. 조이다 internal n. 창자, 내장 plate n. 판, 접시 stretch v. 늘리다 boyish a. 남자 같은 flapper era n. (1920년대의) 말괄량이 아가씨들이 유행하던 시대 flapper n. 말괄량이 exude v. 배어 나오게 하다, 발산시키다 voluptuous a. 관능적인, 육감적인 curve n. 곡선 slender a. 날씬한 unequivocal a. 절대적인, 명확한 precondition n. 선행조건 relentless a. 무자비한 in vogue av. 유행하는 femininity n. 여성다움 toned a. 탄력 있는, 색상을 띠고 있는 discrepancy n. 불일치, 모순 shackle n. 족쇄, 사슬 superficiality n. 천박함

[9-10] 09. ① 10. ③ ★ [한국외대]

Rudy's 해설

09. 일반적인 예상보다 아이슬란드 기후를 따뜻하게 만드는 요소를 묻는 문제로 멕시코 만류가 적절하다.

10. 본문의 frequent changes 라는 표현을 통해 정답을 선별할 수 있다.

① 겨울에 아이슬란드를 여행하는 것은 인기가 감소하고 있다.
② 전국에 걸쳐 고르게 비가 내린다.
③ 아이슬란드의 날씨는 매우 변화가 많다.
④ 여름 관광객들은 수평선 아래로 해가 지는 것을 볼 수 있다.

However, this brings mild Atlantic air in contact with colder Arctic air ①resulting in a climate ②that is marked by frequent changes in weather and storminess.
① 문장주어 this를 의미상 주어로 하는 분사구문이다. 분사구문이 문미에 등장할 경우에는 주절과 구분하기 위해 콤마를 중간에 써 주는 경우가 일반적이지만, 실전에서는 콤마를 생략한 분사구도 빈출되고 있다. 분사구는 언제나 의미상 주어를 찾아서 문맥에 맞게 이해하는 것이 요점이다. [더독해1.0 Chapter 3. unit 02]
② climate를 설명하는 형용사절 [더독해1.0 Chapter 2. unit 05]

아이슬란드는 이름과 북극권에 인접한 위치가 암시하는 것보다 훨씬 더 온화한 기후를 누리고 있다. 멕시코 만류의 지류가 남쪽과 서쪽 해안을 따라 흘러가면서 온화한 기후를 제공해 준다. 그러나 이러한 현상은 온화한 대서양의 대기와 추운 북극의 대기를 접촉하게 해서 잦은 날씨변화와 폭풍으로 특징짓는 기후를 만들어낸다. 나아가, 이러한 현상은 북부 지역보다 남부와 서부 지역에 더 많은 비가 내리게 한다. 여름 여행 시즌은 5월말부터 9월초까지다. 이 기간 동안 태양은 24시간 내내 지평선 위에 머문다. 그리고 산맥들 위의 빛과 그림자들, 용암지대, 빙하들은 계속 변화하는 풍경을 연출한다. 겨울 시즌은 긴 밤과 혹독한 겨울 폭풍의 거주지다. 그러나 동토의 광대한 지역의 고요함과 맑은 밤하늘 위에 북극광이라 불리는 오로라의 향연은 점점 더 많은 관광객들을 끌어 모은다.

Unit. 02

어휘

the Gulf Stream n. 멕시코 만류 interplay n. 상호작용 abode n. 거주지, 집 aurora borealis n. 북극광 serenity n. 고요함, 평화로움 expanse n. 팽창, 넓은 공간 lava n. 용암

[11-12] 11. ① 12. ③ ★

Rudy's 해설

11. 빈칸 뒤의 a change in basic assumptions을 통해 기본적인 전제들이 모두 변화한다는 것을 알 수 있다. 따라서 빈칸에는 기존의 사고가 크게 변한다는 내용이 적절하다.

① 사고가 돌이킬 수 없을 만큼 크게 변한다.
② 현실이 불가능한 이상이 된다.
③ 혁명적 사고가 기존의 체계에 굴복한다.
④ 급진적 행동주의가 이성과 합리성을 대체한다.

12. 패러다임 전환이 반드시 기존의 사고들을 없애는 것은 아니다.

① 믿음에서 패러다임 전환은 과학과는 다르게 작동한다.
② 패러다임 전환은 사고의 근본적인 변화로 규정된다.
③ 패러다임 전환은 반드시 기존의 가치들을 없애 버린다.
* 믿음의 영역에서는 공존할 수 있다는 것이 본문의 내용이다.
④ 과학에서 패러다임 전환이 발생하면 기존 이론들은 새로운 이론들과 양립할 수 없다.

해석

'패러다임의 전환'은 역사에 있어서 **돌이킬 수 없는 인식의 변화가 일어나는** 그러한 순간들이다. 이 용어는 과학의 역사에서 처음으로 적용되었는데 기본적 가정이 바뀜에 따라 그 다음에 이어지는 모든 인식들을 재정립하게 되는 경우를 설명하기 위한 것이었다. 이른바 코페르니쿠스 혁명(Copernican revolution) 즉, 그 이후로는 바보로 여겨지지 않고서는 태양이 지구 주위를 돈다고 말 할 수 없게 된 것과 같은 경우이다. 패러다임의 전환은 과학뿐만 아니라 신념의 체계에 있어서도 발생하는데, 신념의 경우에는 기존의 해석이 살아남고 새로운 해석과 함께 번성하기도 한다. 따라서 신념에 있어서 패러다임의 전환은, 유럽에서 다신교의 경우와 같이 기존의 사고방식을 없애는 일이 일어날 수 있기는 하지만, 기존의 사고방식을 반드시 제거하는 것은 아니다. 하지만 분명히 현실에 대립되는 해석을 불러 일으킨다.

어휘

paradigm n. 패러다임, 모형 shift n. 변화 irreversibly av. 돌이킬 수 없을 정도로 apply to v. 적합하다, 적용되다 assumption n. 가정, 가설 be bound to v. 반드시 ~하게 되어 있는 subsequent a. 계속해서 일어나는 alongside av. 옆에, 나란히 polytheism n. 다신교, 다신숭배 orbit v. 궤도를 돌다 render v. ~하게 하다 when it comes to v. ~에 대해서 말하지면 bring about v. 야기하다, 초래하다 drastic a. 격렬한, 과감한 realign v. 조정하다 eradicate v. 뿌리째 뽑다, 근절하다 incompatible a. 맞지 않는, 공존할 수 없는 kill off v. 전멸시키다 give way to v. 굴복하다 take over v. 이어받다, 떠맡다

[13-14] 13. ② 14. ② ★★

Rudy's 해설

13. 문장 삽입은 언제나 연결어, 동일어구를 중심으로 해결하는 것이 원칙이다. 삽입문에 emotional intimacy

을 통해 intimacy가 등장한 (a) 전후에 위치해야 한다는 것을 추론할 수 있고, at the cost of intimacy를 통해 (b)에 등장하는 feel shut out of their spouse와 동일표현임을 알 수 있다. 따라서 (b)가 적절한 위치임을 알 수 있다.

14. 여성들은 현실에서 찾기 어려운 로맨스를 온라인을 통해서 찾는 경향이 남성보다 더 강하기에 위험할 수도 있다는 것이 본문의 내용이다.

① 온라인 관계가 현실에서의 관계보다 더 중대할 수도 있다.
* 온라인 관계가 현실의 관계를 희생시킨다는 예시를 통해서 추론할 수 있는 내용이다.
② 여성들이 로맨스를 찾을 때, 현실적인 사람에 의존한다.
* 여성은 온라인에 의지해 로맨스를 추구하는 경향이 강하기에 그릇된 내용이다.
③ 온라인을 통해 주고 받은 표현과 생각들은 현실에서 가시적인 영향을 끼칠 수 있다.
④ 특정한 유형의 사람들은 온라인 관계의 위험성에 좀 더 취약하다.
* 남성에 비해 여성들이 더 취약하다는 내용을 통해 추론할 수 있다.

해석

그래서 사이버 공간에 감성적인 허점이 존재하는 것이다. (사이버 공간 상에서)하는 행위라는 것이 모두 말과 생각 그리고 감정으로 이루어지다 보니 거짓된 감성적 친밀감은 쉽게 얻어 낼 수 있다. 여기서 빠진 부분은 다른 사람의 전인격적 온전함과 그 또는 그녀의 실제(삼차원적) 삶의 환경이다. 그러므로 (사이버 공간에서) 사람들이 경험하는 것은 일반적으로 진정한 친밀감이 아니다. 그렇지만 관계는 실질적으로 굉장히 강렬할 수 있고, 대부분의 사람들은 온라인 소통의 특징이 되는 이러한 강렬함에 대한 준비가 되어 있지 않다. [그러나 때때로 이러한 감성적 친밀감의 경험은 한 사람의 '실제' 관계의 친밀감을 희생시키기도 한다.] 배우자가 하루에 몇 시간씩 컴퓨터 앞에서 보이지도 않는 상대에게 쉽사리 깊은 속내를 털어놓으며 소통하다보니 많은 남편과 아내들이 배우자에게서 소외되는 느낌을 받게 된다. 여성은 특히나 두 가지 이유에서 이러한 온라인 소통에 취약하다. 첫째로, 하나님은 우리(여성)를 언어적 창조물로 만드셨으며, 말에 마음 깊이 반응하도록 하셨다. 그리고 사이버 공간에서는 말이 전부다. 둘째, 여성은 우리 문화에 팽배해 있는 외로움으로 인해 (이런 위험에) 더 취약하다. 기혼이고 가정이 있는 사람조차 관심, 따뜻함 그리고 상호작용의 필요성이 충족되지 않음을 경험한다. 많은 여성은 로맨스를 갈망하고, 남자로부터 받는 어떤 관심이든 그것이 그들이 그토록 갈망한 로맨스처럼 느껴지게 된다. 한 여성이 자신의 말 뿐 이니라 마음에까지 귀를 기울이는 남성으로부터 집중적인 관심을 받게 되면, 이것은 하나님이 그녀를 위해 계획한 로맨스처럼 느껴진다.

어휘

pothole n. 구멍, 허점 whole personality n. 전인격 three-dimensional a. 3차원은, 실제 생활의 intimacy n. 친밀감 intense a. 강렬한 unprepared for a. ~에 준비가 안 된 characterize v. 특징을 이루다 unmet a. 충족되지 않은 at the cost of av. ~을 희생하고 verbal a. 구두의, 말의 starve for v. ~에 굶주리다 commune v. 친하게 이야기하다 respond to v. ~에 반응하다 pervasive a. 만연한, 널리 퍼진 vulnerable a. 상처를 입기 쉬운 down-to-earth a. 실제적인, 현실적인

[15-17] 15. ③ **16.** ① **17.** ① ★★ [한국외대]

Rudy's 해설

15. 이 글의 적절한 종류를 묻는 문제로, 사랑에 대한 시대적 변화에 대해서 서술하기에 사회학에 적절하다.

16. 본문과 일치하지 않는 내용을 선별하는 문제이다.
① 사랑은 신랑들이 통제하는 사업이었다.
* 본문에서 결혼 당사자들은 발언권이 없었다는 내용을 통해 그릇된 문항임을 알 수 있다.
② 그리스 사람들은 사랑을 정신적 문제라고 생각했다.
③ 소설에 대한 인기가 로맨스의 개념을 변화시켰다.
④ 과거의 사랑에 대한 묘사는 현재의 생각들과 일치하지 않았다.

* 사랑의 변천사를 설명하고 있고, 시대마다 사랑의 개념이 다르다고 했기에, 맞는 문항이다.

17. 전형적인 두괄식 구조의 영문이다. 첫 줄의 'There hasn't always been quite such optimism about love's longevity as there is today.' 주제문으로 선정해서 들어가는 것이 매우 실전적이다. 왜냐하면 바로 뒤부터 이어지는 그리스, 기사도, 17~18세기의 내용들이 모두 주제문에 대한 예시, 재진술에 해당하기 때문이다. 따라서 첫 줄의 사랑의 영속성이라는 개념이 핵심 keyword이고, 사랑의 영속성이 과거에는 별로 존재하지 않았다는 내용이 제목으로도 적절하다.

언제나 일반적, 압축적 재진술이 서론에 등장하는 경우에는 주제문일 가능성이 매우 높고, 그 이후에 구체적 예시가 등장하는 구조가 가장 보편적인 영문 구조라는 것을 다시 한 번 정리해 두자.

[더독해2.0 Chapter 1. unit 01 & unit 05]

① 사랑의 영속성 : 그것에 대한 환상
② 사랑을 통한 거래 협정 : 그 실용성
③ 영원한 진리로서 사랑
④ 변화지 않는 사회적 형식으로 사랑

구문 분석

[1] There hasn't always been quite such optimism about love's longevity ①as there is today.

　　① as there is today = as there is love's longevity today 의 축약형.
　　부사절 as의 주어에 해당하는 love's longevity가 중복이라 생략된 구조이다. [더독해1.0 Chapter 4. unit 02]

[2] For the Greeks, ①inventors of democracy and a people not amenable to being pushed around by despots, love was a disordering and thus preferably brief experience.

　　① 명사 Greeks 바로 뒤에 전후 콤마를 중심으로 삽입된 구조로, 전형적인 동격구조이다. 이처럼 '명사, 명사~~~, '의 구조에서는 언제나 동격의 콤마로 파악하는 것이 요점이다. Greeks를 inventors + a people 두 개의 명사들이 동격구조로 보충 설명해 주고 있다.

[3] Some tell the story of love as an eternal and unchanging essence; ①others, as a progress narrative over stifling social conventions.

　　① others, as a progress ~ = others tell the story of love as ~의 축약이다. 중복되는 tell the story of love를 콤마가 대신해주는 구조로, 이처럼 문장부호를 중심으로 전후 중복어구가 등장할 때, 중복어구를 생략하고 콤마로 대신하는 문형 또한 매우 일반적이다. [더독해1.0 Chapter 4. unit 02]

해석

오늘 날과 같은 사랑의 영속성에 대한 커다란 낙관주의가 항상 존재했던 것은 아니다. 민주주의의 창시자들이고, 전제군주의 폭정에 대해서 저항했던 민족인 그리스인들의 경우, 사랑은 무질서하고 따라서 오히려 순간적인 경험일 뿐이었다. 훗날, 기사도적인 사랑이 지배에, 사랑은 부정한 것이고 치명적인 것이었다. 열정은 고통을 의미했다. 즉, 행복한 결말은 문화적 상상 속에 존재하지 않았다. 17세기까지 행복한 사랑이라는 혁신적 개념은 로맨스의 어휘 안에 들어가지도 못했다. 18세기 이전까지 – 가족이 오이디푸스적 중심지보다는 주로 생산을 위한 경제적인 단위가 되는 – 결혼은 가문들 간의 사업협정이었다. 따라서 결혼 당사자들은 결혼 문제에 대한 발언권이 거의 없었다. 어떤 역사가들은 낭만적인 사랑이 소설을 읽는 새로운 유행과 함께 시작된 18세기 후반에 발생한 학습된 행동이라고 생각하는데, 심지어 그 이후에도 부부간의 사랑은 의심스런 취향으로 여겨졌다. 물론 어떤 역사가들은 이런 주장에 동의하지 않는다. 일부 역사가들은 영원하고 변치 않는 본질로서의 러브 스토리에 대해서 말한다. 다른 역사가들은 억압적인 사회적 관습을 극복하고자 했던 러브 스토리를 말한다. 그런데 현대적인 사랑은 우리를 정말로 해방시킨 것일까? 아니다. 사랑이 끝났을 때 우리는 실패자라는 느낌을 받는다.

어휘

amenable a. 순종하는, 복종하는 push around v. 난폭하게 다루다, 괴롭히다 despot n. 전제군주, 폭군, 독재자 preferably ad. 선호해서 courtly love n. 기사도적인 사랑 hothouse n. 중심지, 온상 questionable a. 의심스러운, 미심쩍은 stifling a. 숨 막히는 take off v. 이륙하다, 시작하다

Rudy's 해설

18. 빈칸 뒤의 'simply part of what life is'를 통해 정답을 추론할 수 있다. 따라서 삶의 일부분으로 너무나 익숙하기에, 새로운 부분이 없다는 의미가 문맥상 적절하다.

 ① 출발한다.
 ② 효과가 안 나타나.
 ③ 알아야 할 게 더 있어?
 ④ 궁금하게 하지마.

19. 10살 소년의 예시로 도입부가 시작하고 있다. 따라서 주제문 추론 또는 미괄식 구성일 가능성이 높고, 이 영문은 주제문 추론에 해당한다. 즉, 우리는 이미 시간과 공간에 사는 것이 익숙한 것처럼, 정보화 사회를 떠나서 살 수 없다는 것이 주제로 적절하다.

 ① 현대 사회를 구성하고 있는 요소들을 분석하는 것
 ② 우리가 디지털 정보의 흐름(정보화)을 거부할 수 없다는 것을 보여주는 것
 ③ 정보화 사회가 불안한 환경이라는 것을 반박하는 것
 ④ 정보사회의 일원이 되라는 강요는 억제되어야 한다고 주장하는 것

20. 정보사회의 특징을 묻는 문제로, 우리가 정보화 사회를 벗어날 수 없다는 것은 어디에나 정보화가 존재한다는 것을 의미한다.

구문 분석

It is important to recognize that so deeply and powerfully has the information society transformed our world that it moves us as workers and as consumers in ways we hardly register
= the information society has transformed our world so deeply and powerfully that it ~
① so deeply and powerfully가 문두로 도치된 구조이다. 또한 'so 원인 that 결과'의 인과 부사절 구조를 띄고 있다. [더독해1.0 Chapter 4. unit 01] & [더독해1.0 Chapter 2. unit 08]

해석

젊은 사람, 말하자면 10세 어린이에게 우리가 정보사회에서 살고 있다고 알려주는 것은 거의 무의미할 것이다. 이와 같은 것을 언급하는 일은 우리가 시간과 공간 속에 살고 있다고 말하는 것과 비슷하다. 어떤 면에서 이는 심오한 관찰이겠지만 다른 한편으로 우리는 시공간 속으로 태어나며 거의 의식하지 못하며 시공간을 통해 움직이기에 시간과 공간은 제 2의 본능이 된다. 그 10세 어린이는 의아해하며 '**그래서요?**' 라고 답할 것이다. 선진국에 사는 평범한 10세 어린이에게 네트워크로의 연결성 및 접근은 그저 삶의 한 부분이다. 우리는 디지털 정보의 빠르고도 만연한 흐름 속에서, 또한 그 흐름에 의해 살아간다. 정보 사회의 부분이 되고 이 사회의 압력과 규칙에 영향을 받기 위해서 우리는 접속되어야 할 필요조차 없이 그저 현대 또는 현대화 되고 있는 경제에서 살고 일하기만 해도 된다. 정보 사회가 우리 세계를 매우 철저하고 강력하게 변형시켜 종종 스트레스를 느끼는 것 말고는 우리가 거의 알아채지 못하도록 우리를 노동자로서 또한 소비자로서 움직이게 한다. 우리가 접속된 컴퓨터 화면 앞에 앉아 있거나 수많은 사람들처럼 한 쪽 귀에 고정된 휴대폰을 가지고 걸어 다니지 않을지라도, 겉으로는 접속되지 않은 이러한 다른 사람들은 그럼에도 불구하고 탄력과 속력을 높여, 하르트무트 로사(Hartmut Rosa)가 말한 일반화된 '사회적 가속도(social acceleration)'를 일으키는 정보의 거대한 접속된 흐름에 연결되어 있다. 다시 말해 사회적 세계가 보다 더 급속화될 수록 그 구심점은 우리가 접속되어 있던 아니던, 우리 모두를 끌어 모은다.

어휘

meaningless a. 의미 없는, 무익한 akin to a. ~에 유사한 observation n. 관찰, 인지 incredulous a. 의심 많은, 회의적인 pervasive a. 퍼지는, 널리 미치는 imperative n. 명령, 의무 clamp v. 고정시키다 ostensibly av. 외면상으로, 표면상으로 momentum n. 운동량, 여세, 힘 generalize v. 일반화하다, 귀납하다 acceleration n. 가속, 촉진 centripetal a. 구심성의, 중앙집권적인 kick in v. 효과가 있다 in suspense av. 궁금해 하는 ubiquitous a. 어디에나 존재하는 detrimental a. 해로운, 불리한 progressive a. 진보적인, 누진적인 exclusive a. 독점적인, 배타적인 hit the road v. 출발하다 turbulent a. 사나운, 불안한 curb v. 억제하다, 제한하다 compulsion n. 강제, 강요

[21-23] 21. ④ 22. ③ 23. ④ ★★ [한국외대]

Rudy's 해설

21. 차별적인 치료가 발생하는 것으로 적절하지 않은 것을 선별하는 문제이다.

① 그것들은 부분적으로 훈련된 선입견에서 유래한다.
② 그것들은 의료관행에 있어서 지속적인 문제가 된다.
③ 그것들은 소수인종에 대해서 차별적으로 수행된다.
④ 그것들은 의식적 결정에서 기인한다.
* 무의식에서 기인한다는 것이 본문의 내용이다.

22. 빈칸은 앞 문장에 대한 재진술 내용이다. 따라서 앞에 등장한 unconscious stereotype 을 의미하는 표현이 적절하다.

23. 훈련된 오만함은 선입견에 근거해서 차별적 진료를 수행하는 것을 의미한다.

① 객관적으로 선택적 사항들을 고려하는 의사들
② 정보에 기반한 의사결정을 내리는 의사들
③ 스트레스를 받으며 동시에 여러 일을 수행하는 의사들
④ 선입견을 가지고 진료하는 의사들

구문 분석

We can ①no more stop having bias than we can stop breathing.
① 'A no more B than C D' (A가 B 아닌 것은 C가 D아닌 것과 같다) 구문이다. 요점은 A와 B의 관계를 강조하는 구문으로 C와 D의 관계는 예시로서 등장한다. [더독해1.0 Chapter 4. unit 03]

해석

미국인들의 건강이 향상되긴 했지만 백인과 흑인 환자들 사이에 치료와 결과의 격차는 거의 50년 전 만큼이나 크다. 많은 연구들은 의사들의 무의식적인 행동이 이런 통계들에서 큰 역할을 하고 있다는 사실을 보여주고 있다. 예를 들어, 몇몇 연구들에 따르면, 흑인 환자들은 동일한 질환에 대해서 백인 환자들에 비해 진통제 처방을 덜 받는다. 가슴의 통증이 있는 흑인 환자들의 경우, 동일한 증상을 가지고 있는 백인 환자들 보다 적게 최신의 심장치료를 받도록 맡겨진다. 의사들, 간호사들, 그리고 다른 보건직 종사들이 의도적으로 환자들을 차별적으로 치료하는 것은 아니라고 헬스 케어 전문가인 Howard Ross는 말한다. 그러나 이들 모든 전문직 종사자들은 인종에 대한 무의식적인 고정관념을 가지고 있다. "모두가 그래요. 이것은 정상적인 인간의 행동입니다. 우리는 우리가 숨을 쉬는 것을 멈출 수 없는 것처럼 편견을 가지는 것 또한 멈출 수 없습니다." 우리가 여러 가지 일을 동시에 하거나 스트레스를 받을 때 무의식적인 편견은 자주 표면적으로 드러난다.
무의식적인 편견은 생각할 시간이 없는 상황에서 발생하는데, 이것은 흔히 병원에서 일어난다.
"당신은 두려움에 사로잡힌 사람들을 다루고 있고, 그들은 민감하게 반응합니다."라고, Ross는 말한다. "예를 들어, 응급실에서 부상자를 분류하고 있다면, 앉아서 차분하게 생각할 수 있는 시간을 가질 수 없습니다. '왜 내가 이것에 대해서 생각하고 있는 거지?' 당신은 즉각적으로 반응해야 합니다." 의사들은 빠르게 생각하고 자신들의 결정에 대해서 확신을 갖도록 훈련을 받는다. "이건 거의 훈련된 오만함입니다."라고 Ross는 말한다.

[24-26] 24. ② 25. ② 26. ④ ★★★

Rudy's 해설

24. 도입부가 영화에 대한 내용으로 시작되기에 상당히 난이도 있는 영문으로 볼 수 있다. 이처럼 서론이 구체적인 예시로 등장하는 경우는 대부분 1) 주제문 추론 2) 미괄식 - 둘 중 하나의 구성일 가능성이 매우 높다. 이 지문은 여왕이 아일랜드를 방문하면서 정치적 위상이 다시 올라갔다는 일화를 제시하고 있다.
[더독해2.0 Chapter 1. unit 05]

① Palin's Unparalleled Political Foresight (페일린의 뛰어난 정치적 선견지명)
② Queen's Resurgence as a Political Leader (정치 지도자로서 여왕의 부활)
③ Ireland: Britain's Longtime Enemy (아일랜드 : 영국의 오랜 적)
④ Power Struggle in British Politics (영국정계의 권력 투쟁)

25. 뒤의 the ice를 통해 문맥상 어색한, 주저하는 의미가 적절하다는 것을 추론할 수 있다.

26. 첫 단락에서 여왕을 insensitivity하다고 표현했지만, 이것만을 토대로 여왕은 냉정한 사람이라고 단정적 진술을 유추하는 것은 논리적 비약이 될 수 있다.

① 카메론은 영국의 총리이다.
② 아일랜드 사람들은 여왕의 정치적 방문을 긍정적으로 평가했다.
③ 여왕이 아일랜드에 방문한 것은 성공적이었다.
④ 엘리자베스 여왕은 냉정한 여성이다.

구문 분석

In leading a reconciliation with Ireland, ①reaching a white-gloved hand across the bloodstained tide, the queen has restored a luster ②dimmed by her 1992 "annus horribilis" and her insensitivity after the death of Princess Diana.
① the queen을 주어로 하는 분사구문이다. 여기서 reaching은 도착하다는 의미가 아니라, '~ 뻗다, 내밀다'라는 의미이다. [더독해1.0 Chapter 3. unit 02]
② luster을 후치수식하는 핑형주전투. [더독해1.0 Chapter 2. unit 07]

해석

HBO의 "게임 체인지"라는 영화는 2008년 대선 캠페인에 관한 영화인데, 영화에서 존 맥케인(John McCain)의 전략가인 스티브 슈미트(Steve Schmidt)는 자신들이 부통령 후보로 결정한 사라 페일린(Sarah Palin)이 영국을 총리가 아닌 엘리자베스 여왕이 실제로 다스리는 줄 알고 있다는 사실을 발견하고 경악했다. 그러나 데이비드 카메론(David Cameron)의 영향력이 점점 더 작아지고 여왕의 영향력은 점점 커지면서 페일린은 선견지명이 있었던 것처럼 보이기도 한다. 아일랜드와의 화합을 주도하는 가운데, 피로 얼룩진 해협 건너로 하얀 장갑의 손을 내밀며, 여왕은 1992년, "최악의 해"와 다이애나 왕비의 죽음 이후 보여주었던 냉담함 이후로 떨어졌던 그녀의 위상을 다시 회복했다.
아일랜드의 돌아온 관대한 어머니로 그녀의 위상이 높아진 것은, 아일랜드의 데일리 스타 신문에서 그녀를 지칭한 대로, 리즈(엘리자베스의 애칭)가 작년, 영국에서 100년 만에 처음으로 아일랜드 공화국에 4일간의 방문일정으로 머물렀을 때부터 시작된다. 그녀는 에

메랄드 그린색의 정장을 입고 40가지 그린 색조의 옷을 입은 시녀들에게 둘러싸였다. 아일랜드 사람들은 즉각 여왕의 방문이 비즈니스를 위한 것임을 알아챘다. 신화와 미신, 상징의 나라이며, 과거가 항상 현재가 되는 아일랜드에서 그녀는 양국이 서로 "과거를 존중하되 거기에 묶이지 말자"고 말했다.

처음에는 분위기가 어색했지만, 그녀가 아일랜드를 사랑하던 사람들이 독립을 위해 싸우다 묻힌 숭고한 땅인 추모의 정원(Garden of Remembrance)에서 머리를 숙이고 아일랜드 말을 하며, 1920년 피의 일요일에 영국군의 공격으로 14명의 아일랜드 민간인들이 목숨을 잃은 크로크 공원을 방문하면서 경직된 분위기는 사라졌다.

어휘

strategist n. 전략가, 전술가 appall v. 오싹하게 하다, 질리게 하다 run the show v. 운영하다, 꾸려나가다 prescient a. 선견지명이 있는 reconciliation n. 화해, 조화 luster n. 광택, 영광 prodigal a. 낭비하는, 풍부한 annus horribilis n. (라틴어) 끔찍한 해, 최악의 해 monarch n. 군주 tentative a. 잠정적인 sinister a. 불길한 sacred a. 신성한 cold-hearted a. 냉정한 unparalleled a. 비견할 수 없는 foresight n. 통찰력 resurgence n. 부활, 재기

40 Mins 03회 해설

01. ① ★ [한양대]

Rudy's 해설

빈칸의 내용을 바로 다음 문장에서 재진술해 주고 있다. force feed를 통해 빈칸을 추론할 수 있다.
[더독해2.0 Chapter 1. unit 01]

해석

논리적인 것처럼 보일 수도 있는 것과 반대로, 많은 종의 우두머리 수컷은 강요된 자선이라고 불리는 행위를 한다. 예를 들어, 한 무리에서 우두머리 수컷 새는 지위 덕분에 가장 좋은 먹이를 확실히 차지할 수 있지만, 그렇게 하는 대신, 다른 수컷에게 그 좋은 먹이를 억지로 주는 것으로 알려져 있는데, 다른 수컷 새는 보통은 그 선물을 수동적으로 받아들인다. 이러한 모습은 – 우두머리 수컷 새의 지배와 그에 따른 지위 낮은 수컷 새의 복종 – 의심할 나위 없이 부근에 있는 암컷들에게 인상을 남기기 위한 본능적인 시도이다.

어휘

alpha n. 제 1위, 처음 alpha male n. 우두머리 수컷 engage v. 참여하다, 종사하다 dub v. 작위를 주다, ~라고 부르다 preeminent a. 탁월한, 뛰어난 lion's share n. 제일 좋은 몫 acquiescence n. 묵인, 복종 vicinity n. 주변, 인근 force feed v. 억지로 먹이를 주다 capricious a. 변덕스러운 irresistible a. 저항할 수 없는

02. ② ★★ [한양대]

Rudy's 해설

빈칸 바로 뒤에 just as에서 앞 문장을 재진술해 주고 있다. 'have not learned' 표현을 통해 빈칸에도 배움, 학습과 관련된 표현이 적절하다는 것을 추론할 수 있다.

구문 분석

members of a particular culture who have not learned to study culture find ①it difficult ①to **explain** the components of culture and
①**to comprehend** how these shape people's perspectives and interpretations of the world.
①가진목적어 구문으로 it은 두 개의 진목적어들을 의미한다. [더독해1.0 Chapter 4. unit 04]

해석

한 문화를 다른 문화로부터 구분시켜주는 가장 중요한 변수들은 의상, 주택, 음식 혹은 식사예절 등과 같이 쉽게 관찰할 수 있는 현상들이 아니라, 어떻게 한 문화가 그 자신과 다른 문화들을 인식하는가를 결정하는 근원적인 가치, 태도, 믿음 그리고 세계관 등이다. 왜냐하면 인식의 차원 아래 있는 이러한 요소들이 문화의 큰 부분을 형성하기 때문에, 사람들이 훈련 없이 자신의 문화양식을 설명하는 것은 어렵다. 자신의 언어를 공부하지 않은 원어민이 모국어의 문법구조를 설명할 때 많은 문제를 겪는 것처럼, 자신이 속한 문화를 연구하는 것을 배우지 못한 특정 문화의 구성원들은 그 문화의 구성요소를 설명하고 어떻게 이 구성요소들이 사람들의 관점과 세계에 대한 해석을 형성하는지를 이해하는 것은 어렵다

어휘

variable n. 변수 observable a. 관찰할 수 있는 perspective n. 관점, 견해, 조망 interaction n. 상호작용 acculturation n. 문화변용, 사회화 underlying a. 근원적인

Unit. 03

03. ⑤ ★ [건국대]

Rudy's 해설

전형적인 재진술 구조로 빈칸 뒤에 등장하는 'she should not pass judgment on other people when she is just as bad as they are.'이 빈칸의 내용을 재진술 해 주고 있다. 이처럼 빈칸 전후를 중심으로 재진술 구조가 등장하는 구조는 논리에서 가장 빈출되는 유형이다. [더독해2.0 Chapter 1. unit 01]

① 불행은 혼자 오지 않는다. (안 좋은 일은 함께 일어난다)
② 일찍 일어나는 새가 벌레를 잡는다.
③ 끼리끼리 뭉친다.
④ 난세에는 강한 사람들이 살아남는다.
⑤ 유리 집에 살고 있는 사람은 돌을 던져서는 안 된다. (자신도 결점이 있는 사람은 타인을 비난해서는 안 된다)

구문 분석

Janet simply didn't accept the fact /①that she should not pass judgment on other people /when she is just ②as bad as they are.
① 명사 뒤에 that절은 언제나 명사를 보충설명한다. [더독해1.0 Chapter 2. unit 05]
② as bad as they are (bad) – as ~ as 동등비교 구문으로 뒤에 bad가 생략. [더독해1.0 Chapter 4. unit 03]

해석

Janet은 그녀의 친구 Lois가 자주 과속한다고 비난한다. 하지만 그녀 자신이 과속으로 운전면허가 정지되었다. Lois는 그녀에게 자신도 결점이 있는 사람은 타인을 비난해서는 안 된다고 말을 했지 별 효과는 없었다. Janet은 자신이 타인들만큼 행동이 바르지 못할 때 타인들을 함부로 판단해서는 안 된다는 사실을 전혀 인정하지 않았다.

어휘

suspend v. 정지하다, 매달리다 exceed v. 초월하다, 넘다 speed limit n. (자동차의) 제한 속도 do good v. 도움이 되다 pass on v. 전달하다 pass judgment on other people v. 타인을 평가하다

04. ① ★ [고려대]

Rudy's 해설

특정 이야기들 속에 등장하는 가상적인 재해들을 피하기 위해 우리의 생활을 구성, 조직한다는 의미이다.

해석

사람들은 어떤 이야기들의 상상된 재난을 피하고자 그들의 삶을 조직한다.

① 어떤 이야기들이 잠재적으로 위협적이라고 상상되어질 때, 사람들은 그 상상된 위협을 피하기 위해 의식적인 노력을 기울인다.
② 어떤 이야기들은 너무나 파괴적이어서 오직 체계적인 계획만이 그 이야기들을 완화시킬 수 있다.
③ 삶을 조직하는 것은 재난이 될 수도 있는 상상의 이야기들을 견디는데 도움이 된다.
④ 상상의 이야기들은 거의 위협적이지 않다, 세심하게 조직된 생활이 그것들을 막을 수 없다 해도.

어휘

catastrophe n. 재난(=disaster, calamity) potentially ad. 잠재적으로 imaginary a. 상상의

05. ② ★ [고려대]

Rudy's 해설

돈으로 살 수 없는 것이 존재하긴 하지만, 별로 없다는 것이 제시문의 내용으로 가장 유사한 내용은 문항 ②이다.

해석

어떤 물건들은 돈으로 살 수 없다. 그러나 오늘날 그러한 물건들은 그리 많지 않다.

① 돈은 어떤 사물들의 가치를 평가할 수 있는 적절한 척도이다. 그러나 오늘날 돈이 가지고 있는 그러한 척도는 많은 사물들에게는 적용되지 않는다.
② 특정 물건들은 돈으로 구입할 수 없기는 하지만, 그런 물건들은 매우 극소수이다.
③ 어떤 물건들은 너무 비싸서 구매할 수 없다. 그러나 부유한 소수는 그 물건들 가운데 일부를 구매할 수 있다.
④ 대부분의 물건들에는 가격이 있다. 그러나 오늘 날 많은 물건들은 너무 비싸서 살 수 없다.

[6-7] 06. ② 07. ① ★

Rudy's 해설

06. 플라톤과 소크라테스의 사상의 기반을 제공한 것이 파르메니데스라는 것이 주제로 마지막 문장이 주제문인 미괄식 구성이다. 따라서 제목 또한 파르메니데스를 의미하는 표현이 적절하다. [더독해2.0 Chapter 1. unit 05]

07. ① The Absurdity of Parmenides' Theory (파르메니데스 철학의 불합리성)
② A Philosopher Lays Foundation for Great Thinking
(한 명의 철학자가 위대한 사상의 토대를 제시하다) (파르메니데스의 역할을 의미)
③ Differences Between The Thoughts of Plato and Socrates (플라톤과 소크라테스 철학의 차이점들)
④ Vainglorious Search for The Truth (허영심에 진리를 추구하는 것) (진정성 없이 진리를 추구한다는 의미)

빈칸 앞의 unsound와 뒤의 the entire concept을 통해 빈칸을 추론할 수 있다. 오류가 있었지만, 전반적인 사상적 기반을 제공했다는 것은 서로 모순되는 상황이기 때문이다.

① 다소 아이러니하게도
② 당연하게도
③ 믿음을 초월해서
④ 예상했던 것처럼

해석

플라톤의 이데아론에 따르면 경험은 변화하고 환상에 불과한 것이지만, 이데아는 불변하며 실재하는 것이다. 플라톤은 경험과 이데아 모두 실재한다는 파르메니데스의 이론을 발전시켰다. 아리스토텔레스와 소크라테스 또한 엘레아의 파르메니데스로 알려진 그로부터 그들의 철학적 사고를 시작했다. 그의 추론이 아리스토텔레스나 소크라테스, 플라톤, 그리고 다른 철학자들에 의해 대부분 오류가 있음이 드러났지만, 파르메니데스는 **상당히 아이러니하게도**, 이들 철학자들이 유명해지도록 만든 논리적 추론의 전체적인 개념을 처음 생각해 낸 사람이다.

어휘

Theory of Forms n. 이데아론 illusory a. 환상에 불과한 advance v. 발전시키다 reasoning n. 추리, 추론 unsound a. 오류가 있는 deduction n. 추론, 공제 unsound a. 건강하지 않은, 불합리적인 vainglorious a. 허영심이 강한, 자만하는

Unit. 03

08. ④ ★★ [한양대]

Rudy's 해설

국가주권주의에 대한 비판적 견해를 제시하는 글이다. 국가는 개인과 집단을 초월하는 신성불가침적 권한을 가지고 있기에 국가에 속해 있는 모든 개인과 집단들은 국가의 권위에 복종해야 한다는 것이 국가주권주의이다.

① 전쟁을 반대하는 사람들은 무장충돌과 국가의 주권 사이에 연관성이 있다고 지적한다.
② 인권과 국가주권 사이에 충돌이 발생하곤 한다.
③ 국가주권에 대해 비판적인 사람들은 국가주권을 폐기하는 것을 통해 세계 평화는 증진될 수 있다고 주장한다.
④ 작가는 주권국가는 개인들의 권리를 제한하는 무제한적인 권한을 소유해야 한다고 이야기한다.
* 작가는 국가주권에 대한 비판적 견해를 제시하고 있고, 국가주권주의를 옹호하고 있지 않다.

구문 분석

Because a major historical justification for mistreatment of individuals and groups within states is ①that sovereign states possess absolute authority over their citizens, and ①that how states act within their sovereign jurisdiction is strictly their own business.
① 주격보어로 두 개의 that절이 등장했다. 'Because 주어 동사 보어'의 구조에서 보어로 두 개의 that절이 병렬적으로 등장했다. 또한 because는 부사절 종속접속사로 대등접속사와는 달리 독립적으로 등장하지 않는 것이 원칙이지만, 실제의 지문에서는 빈번하게 'Because 주어 동사~'로 독립적으로 제시되고 있다.
[더독해1.0 Chapter 2. unit 04]

해석

통제받지 않는 주권(정부의 권리)의 신성불가침적 지위는 점진적으로 의문시되고 있다. 비판의 일부는 주권에 대한 전통적인 견해로부터 나왔다. 예를 들어, 전쟁을 반대하는 사람들은 무력 충돌이 주권이 지배하는 세계의 필연적이고 불가피하고 애석한 결과라고 주장한다. 이 견해에 따르면, 주권을 해체하는 것이 세계평화를 위해 필요한 필수조건이다. 동시에 인권과 같은 다른 관심사들의 등장은 국가의 주권과 충돌한다. 왜 그런 것일까? 국가 내에 있는 개인들과 집단들에 대해 국가가 행하는 부당한 대우에 대한 주된 역사적 정당성은 주권 국가(정부)가 시민을 넘어서는 절대적 권위를 소유하고 있고, 어떻게 국가가 관할권 내에서 (개인과 집단을 대우하는 것) 집행하는지는 국가의 고유한 권한이기 때문이라는 것이다.

어휘

sacrosanct a. 신성불가침의 unfettered a. 자유로운, 구속에서 벗어난 sovereignty n. 주권, 통치권, 자치권 assault n. 공격 reign n. 통치, 지배 dismantle v. 해체하다, 철거하다 prerequisite n. 필수조건 sovereign jurisdiction n. 국가 관할권

09. ④ ★★ [한양대]

Rudy's 해설

문장삽입은 '동일어구 접대 일구'가 문제해결의 핵심이다. [더독해2.0 Chapter 3. unit 04]
1) 동일어구 - 유의어, 동일한 표현은 전후에 연결되어야 한다.
2) 접속사 - 연결어를 중심으로 순접, 역접의 흐름을 파악한다.
3) 대명사 - 대명사는 언제나 선행사 뒤에 위치한다.
4) 일구 - 일반적 진술이 구체적 진술보다 앞에 위치한다.

therefore를 통해서 제시문 앞에는 자유가 안정적으로 수용될 수 있는 근거에 해당하는 내용이 적절함을 알 수 있다. ⓓ까지 정의로운 사회의 특성으로, 다수의 행복을 증진시키기 위해 개인들의 자유를 희생하지 않는다는 내용이 제시되고 있다. 따라서 그 이후에 'therefore'로 시작하는 제시문이 연결되는 것이 논리적이다.

진리가 사유의 체계에서 제일의 미덕이듯 정의는 사회제도의 으뜸가는 미덕이다. 하나의 이론이 아무리 고상하고 간결하다 할지라도 그것이 진실 되지 않는다면 거부되거나 수정되어야만 한다. 마찬가지로 법과 제도는 만일 공정하지 않다면, 제 아무리 효율적이고 잘 정비되어 있다고 할지라도 개혁되거나 철폐되어야만 한다. 각 개인은 심지어 사회전체의 복지라도 무시할 수 없는 정의에 근거한 신성불가침성을 지닌다. 이런 이유로, 정의는 일부 개인들의 자유를 희생해서 타인들이 공유하는 보다 큰 이익이 되는 것이 정당하다는 것을 거부한다. 정의는 다수가 향유하는 보다 큰 이익들의 합이 소수에게 부과된 희생보다 더 중요하다는 주장을 허용하지 않는다. **따라서 정의로운 사회에서 시민들의 자유는 안정적으로 수용된다. 즉, 정의를 통해 획득된 권리들은 정치적 흥정이나 이해관계에 영향을 받지 않는다.** 잘못된 이론을 묵인하는 것을 허용하는 유일한 것은 그것보다 나은 이론이 없는 경우다. 마찬가지로 불의는 심지어 더 큰 불의를 피해야 할 필요성이 있을 경우에만 용인될 수 있다. 인간 행위의 으뜸가는 미덕으로서 진리와 정의는 비타협적인 것이다.

어휘

just a. 공정한, 정의로운 virtue n. 미덕 calculus n. 계산법 economical a. 절약하는, 경제적인, 간결한 social institution n. 사회제도 inviolability n. 불가침, 불가침성 override v. 무시하다, 깔아뭉개다 outweigh v. ~보다 무겁다, ~보다 더 중요하다 be subject to v. ~에 종속되다 acquiesce v. 동의하다, 묵인하다 analogously ad. 유사하게 uncompromising a. 타협하지 않는, 단호한

[10 -11] 10. ④ 11. ② ★★★

Rudy's 해설

10. shoplifting에 대한 정의로 시작해서 shoplifting에 대한 다양한 의미를 추상적으로 열거하고 있는 전형적인 주제문 추론 형식의 글이다. 즉, shoplifting은 '쉽게 원하는 것을 얻는 것', '거대한 부패에 저항하기 위한 필사적인 절도', '근검절약 실패의 결과'등등 다양한 의미를 지닌다는 것이 이 글의 주제이다. 따라서 제목 또한 shoplifting의 다양한 의미를 포함하는 것이 적절하다. [더독해2.0 Chapter 1. unit 05]

① Underestimated Impact of Shoplifting (shoplifting의 영향을 과소평가하는 것)
② Shoplifting: A Silent Epidemic (소리 없는 유행과 같은 shoplifting)
③ Consumption Holding Irresistible Power Over People (사람들을 지배하는 압도적인 힘을 지닌 소비)
④ What is Beyond the Act of Shoplifting?
  (shoplifting 행위 뒤에는 무엇이 있는가?) (shoplifting에 담긴 의미)

11. 경기가 좋거나 나쁘거나 shoplifting은 공통적으로 발생한다는 것이 본문의 내용이다.

① 불경기 때 shoplifting은 어떤 사람들에게는 생존을 위해 거부할 수 없는 일이다.
② shoplifting은 호경기 보다는 불경기 때 증가하는 추세가 있다.
③ 물건을 훔치는 사람들은 뻔뻔한 화이트칼라 범죄에 대한 (정당한)반응으로 자신들의 범죄를 정당화한다.
* 본문의 주택담보대출 등의 예를 통해서 맞는 진술임을 알 수 있다.
④ shoplifting은 사람들 사이의 경제적 격차를 통해 촉발될 수도 있다.
* 본문의 superrich의 예를 통해서 맞는 진술임을 알 수 있다.

해석

경제와 문화를 지탱하는 생명 줄의 일부분이 쇼핑인, 극도로 소비자 중심적인 미국에서 shoplifting, 즉 가게에서 물건을 가방이나 옷에 숨겨 훔치는 범죄는 다양한 모습으로 나타나며, 많은 것들을 시사한다. '공짜로 무언가를 얻는 것'과 '아메리칸 드림을 이루기 위해 열심히 일하는 것' 사이의 갈등 속에서 shoplifting은 미국 정체성의 주요한 측면을 둘러싼 논쟁의 일부에 속한다. shoplifting은 도박과 같이 즉각적인 만족을 제공하는 데, 즉 앞서가기 위해 합법적이지는 않아도 힘이 들지 않아 보이는 하나의 방법이다. 경기가 좋은 때에는, 상당수 쇼핑처럼, 대부분의 shoplifting은 욕망 지향적이다. 슈퍼리치가 소유한 것을 부러워하도록 자극받은 경제적 여유가 없

는 사람들은 한걸음 더 나아가 도둑질을 한다. 그러나 shoplifting은 또한 힘없는 개인이 거대한 부패에 대항하는 절박한 도둑질로 그려질 수도 있다. 이제껏 필수적인 위험부담의 일환으로 정당화되었던 주택담보대출의 파산처럼 상류층에 만연한 금융사기의 여파로 shoplifting을 하는 사람들이 자신들의 범죄는 사소하거나, 혹은 사소해야만 한다고 생각하는 것을 쉽게 떠올릴 수 있다. 마지막으로 경기 불황의 시대에서 shoplifting은 소위 새로운 근검절약의 실패의 증거로도 여겨지는데, 이 침울한 논리에 의하면 검소함만으로는 경기불황의 고난을 이겨낼 수 없는 것이 된다. 즉, 미국인들은 살기 위해 shoplifting을 한다.

어휘

hyper a. 극도의, 지나치게 shoplift v. 가게 물건을 훔치다 for nothing av. 공짜로 covet v. 탐내다, 갈망하다 gratification n. 만족감, 희열 aspirational a. 야심적인 corruption n. 타락, 부패 irrelevant a. 부적절한, 문제가 되지 않는 perpetrate v. 저지르다, 범하다 mortgage n. 주택담보대출, 저당 bust n. 실패, 파산 frugality n. 절약, 감소 counter v. 대항하다, 무효로 하다 recession n. 경기후퇴, 불경기 woe n. 비애, 불행 rail against v. 욕하다, 저항하다

[12 -14] 12. ④ 13. ② 14. ② ★★ [고려대]

Rudy's 해설

12. 빈칸 뒤에 'defined man'을 통해서 빈칸에는 인간에 대한 정의, 관점에 대한 표현이 적절하다.

　① 동물원의 보다 합리적인 배치
　② 우리에 대한 좀 더 분명한 관점
　③ 주로 식물에 대한 그릇된 이해
　④ 동물들의 다양한 종들을 좀 더 수익성 있게 활용

13. 추론형식이지만 내용일치 문제와 동일하다.

　① 분명한 것은 인간은 도구는 아니다 하더라도, 언어를 사용하는 유일한 종이다.
　② 야생동물들을 즐거움과 교육을 위해 동물원에 감금하는 것은 강한 반대에 부딪치고 있다.
　③ 생물의 다양성 자체의 목적으로 자연을 보존하는 것은 가치 있는 일이다.
　* 본문의 the best argument의 주장을 토대로 맞는 문항임을 알 수 있다.
　④ 자연은 주로 인간의 복지를 위해 사용할 수 있는 지식을 제공해 주기 때문에 연구되어야만 한다.
　* 인간의 암을 치료하거나 태양 에너지 등을 활용할 수 있는 유익한 점을 위해서 자연은 보존되어야 한다는 것이 본문의 내용이다.

14. 미괄식 구성의 영문으로 주제문은 "Zoos, which have provided so much joy to people, can now breathe life back into moribund populations of wild creatures."이다. 자연을 보존해야 하는 다양한 이유를 제시하고, 동물원이 자연 보호에 있어 중대한 역할을 하고 있다는 것이 저자의 주장이기 때문이다.

　① 동물원은 다양한 역할을 수행해 왔고, 이제는 자연 보존에 기여할 수 있다.
　② 동물원은 동물에게서 인간이 혜택을 얻는 것을 유지하기 위해 보존되어야만 한다.
　③ 자신들의 서식처로 동물원을 선호하기 때문에 멸종위기 종들은 보호받을 수 있다.
　④ 동물원은 더 이상 인간의 고유성에 대한 인식의 장을 제공하지 않는다.

구문 분석

But human beings are ①not defined by what we do with our hands or our vocal cords ①but by what we do with our hearts.
① 상관접속사 not A but B 문형으로 'but by = but defined by'로 defined가 생략된 구조이다.
[더독해1.0 Chapter 2, unit 01]

동물원은 자연에 대한 창이 아니라 동물원이 배치되어 있는 문화에 따라서 빛을 구부러지게 하는 프리즘이다. 그리고 자연에 대한 우리의 견해는 우리 자신에 대한 더 명백한 관점을 부여한다. 우리는 항상 인간을 다른 동물들과의 비교 속에서 정의해 왔다. 우리는 인간이 유일한 도구사용자라고 생각했지만, 제인 구달과 다른 학자들은 이러한 견해를 타파해버렸다. 오늘날 유일한 언어사용자라는 우리의 위상 또한 의문시되고 있다. 그러나 우리 인간은 손과 성대를 가지고 하는 일에 의해서가 아니라, 우리의 마음을 가지고 하는 일로서 정의된다. 자연이 암을 치료하거나 보다 효율적인 태양 에너지를 제공하는 의학적, 기술적 비법을 지니고 있기에 자연을 보존하자는 주장이 제기될 수 있다. 또 생명체의 작은 실 한 가닥을 변화시키는 것이 세계 전체를 변화시킬 수 있기 때문에 취약한 생명의 그물을 보존해야만 한다는 주장이 제기되기도 한다. 그러나 자연을 보존하는데 많은 에너지를 쏟아야만 한다는 주장들 가운데서 최고의 것은, 다양한 종들의 순수하고 숨이 멎을 듯하고 시적인 아름다움 때문이라는 것이다. 이러한 주장은 이기적인 동시에 이타적인 것이다. 역사를 통해서 동물원은 사람들에게 즐거움을 주며 나름 교육적인 역할도 수행해왔다. 이제 동물원들은 엄청난 기회를 가지고 있다. 즉, 지구적인 균형을 자연에 우호적인 쪽으로 되돌려 놓는 것이며, 생태계의 조화를 회복시키기 위해 노력하는 것이다. 사람들에게 많은 즐거움을 제공해 왔던 동물원은 이제 소멸 직전에 있는 많은 야생동물들에게 활력을 불어넣어줄 수 있다.

set in v. 놓여있다, accord v. 부여하다, 부합하다 in comparison to av. ~와 비교할 때 define v. 정의내리다 dispel v. 타파하다, 없애다 fragile a. 부서지기 쉬운, 약한 web of life n. 생명체의 그물, 생물망 staggering a. 충격적인, 믿기 어려운, 비틀거리는 tip back, v. 되돌리다 moribund a. 소멸직전의, 빈사상태의 adamant a. 단호한 for the sake of av. ~위해서

[15 -16] 15. ④ 16. ② ★★

Rudy's 해설

15. 빈칸 뒤의 optimistic과 systemic flaws를 통해 정답을 추론할 수 있다. 낙관적이라는 것과 시스템에 결합이 있다는 상반되는 내용이 나란히 제시되었기 때문이다.

16. 우리가 낙관적일 수 있다는 것이 본문의 내용이다. 따라서 세상이 비관적이라는 내용은 적절하지 않다.

① 유전자는 종의 생존 가능성을 증가시키는 방향으로 진화해 왔다.
* 추상적인 내용 보다는 마을에 불이 났다는 구체적인 사건에 더 즉각적으로 반응한다는 예시를 통해서 추론할 수 있는 내용이다.
② 언론에서 보여 주는 것처럼, 현실은 낙관적인 측면 보다는 비관적인 측면이 더 많다.
* not so much A as B - A라기 보다는 B이다
③ 비참한 사건이 즐거운 일 보다는 우리의 관심을 더 끈다.
* 인간은 더 안 좋다고 생각하도록 세뇌되었다는 것을 통해 비참한 사건에 더 관심을 가질 수 있다는 것을 추론할 수 있다.
④ 오늘날 대중매체는 대중의 관심을 끌기 위해서 희망적인 사건보다는 비극적인 사건에서 뉴스거리를 얻는다.

역설적이지만 낙관적일 수 있는 가장 큰 이유 중 하나는 언론에 비친 세계의 모습에 구조적인 결함이 있기 때문이다. 어떤 뉴스들(비극적인 참사나 테러 행위)은 대서특필되는 반면, 다른 것(과학 발전이나 세계의 실상에 관한 의미 있는 통계 조사)은 상당히 적게 보도된다. 그 같은 불균형은 합리적인 공공 정책을 왜곡하거나 우리를 항상 묵시론적 공포에 시달리게 하는 등 심각한 문제를 낳지만, 이는 또한 낙관의 근거가 되기도 한다. 세상이 실제 모습보다 더 안 좋다고 생각하도록 세뇌되었다는 것을 깨닫는 순간, 당신은 햇살 속으로 걸어 들어갈 수 있다. 그렇다면 그러한 속임은 어떻게 발생하는 것일까?
이 문제는 인간 내면에서 일어나는 심리 반응에서 비롯된다. 우리는 추상적인 사실보다는 극적인 이야기에 더욱 강렬하게 반응하도록 설계되어 있다. 왜 그런지에 대해서는 역사적 이유와 다윈 이론에 따른 이유를 쉽게 떠올릴 수 있다. 침략자가 당신네 마을 헛간에 불을 붙였다는 뉴스에는 즉각적인 반응이 요구된다. 이러한 상황에서 평정심을 갖도록 하는 유전자는 오래 전에 사라져버렸다. 이제 우리의 마을은 전 세계가 되었지만 우리는 본능적으로 여전히 똑같이 반응하는 것이다.

어휘

overreported a. 과잉 보도되는 underreported a. 축소 보도되는 perpetual a. 끊임없이 계속되는, 빈번한 brainwash v. 세뇌시키다 gnawing a. 괴롭히는, 신경을 갉아먹는 apocalypse n. 세상의 종말, 파멸 doomed a. 운이 다한, 불운한woeful a. 비통한, 한심한 deception n. 속임, 사기 wire v. 연결하다, 엮다 abstract a. 추상적인 equanimity n. 침착, 평정 all of a sudden av. 갑자기 paradoxically av. 역설적으로 get burned up v. 소진되다, 타 버리다

[17 -18] 17. ④ 18. ③ ★★   [고려대]

Rudy's 해설

17. 추론 형식이지만 내용일치 문제와 동일하다.

① 세계화 덕택에, 세계화의 찬성, 반대하는 영역들의 균일한 발전을 위해서 지금까지 세계화에 반대했던 영역에도 자원들이 배분된다.
② 악화되는 가난은 기존에 소외된 지역들에게 발전을 증진시킬 수 있는 원동력과 동기를 제공한다.
③ 삶의 질이 세계적으로 향상될 수 있도록 세계화는 먼 거리에 있는 지역들의 경제적 발전 속도를 조절한다.
④ 세계화의 논의들은 문화적, 경제적 불평등의 광범위한 확산이 아니라 번영과 발전의 지역적 편중만을 강조해왔다.
* "~ exaggerated the islands rather than the seas of poverty and marginalization" 통해 일치하는 문항임을 알 수 있다.

18. 빈칸 뒤에 much better chance와 losing ground를 통해 불균형이 더 심화되고 있다는 것을 추론할 수 있다.

해석

세계화는 불균등한 현상이다. 세계화의 효과는 공간과 시간, 사회계층과 우리 삶의 여러 측면들에서 다양하게 나타난다. 우리는 세계화라는 것을 그 앞에 있는 모든 것을 휩쓸어 버리는 파도라는 개념보다는 부의 작은 섬들과 소외된 지역들과 사람들 사이에 드문드문 배치되어 있는 표범의 점 패턴으로 개념화해야 한다. 소외는 세계화만큼이나 일상적으로 일어나고 있다. 대중적인 세계화의 담론은 가난과 소외된 주변부의 바다가 아니라 (부가 집중된) 섬들만을 과장해왔다.
세계화의 불균형적인 본질은 세 가지 방식으로 일어나는데, 지리적, 사회적 그리고 각 분야에 존재하는 불균형이 그것이다. 지리적 관점에서 세계화의 불균형은 선진국 경제와 개발도상국 경제, 호경기와 침체된 지역들, 그리고 세계적인 도시들과 그러지 못한 도시들 사이에 존재하는 격차 속에서 관찰된다. 자본주의의 지역적 발전 속에는 늘 승자들과 패자들이 있어왔지만, 지금 성공한 장소들(국가, 지역, 도시)과 패배한 장소들 사이에 존재하는 불평등은 악화되고 있다. 더욱더 세계화된 지역들은 세계화 과정을 이용할 수 있는 더 좋은 기회를 가지고 있는데 반해 덜 세계화된 장소들은 상대적으로 그리고 때로는 절대적으로 자신들의 입지를 상실하고 있다.

어휘

social strata n. 사회적 계층 conceptualize v. 개념화하다 marginalization n. 소외, 주변부화 marginalize v. 뒤처지게 하다, 내버려두다 intersperse v. (간격을 두고) 배치하다 sectoral a. 분야마다의 disparity n. 차이, 격차 lose ground n. 입지가 줄어들다 take advantage of v. 이용하다 booming a. 급속히 발전하는, 호경기의 ameliorate v. 개선하다 elude v. 회피하다, 벗어나다 aggravate v. 악화되다 mollify v. 진정시키다, 완화시키다 dispersion n. 분산, 유포 hitherto av. 지금까지 antagonistic a. 대립하는, 적대적인 betterment n. 개선, 향상 impetus n. 자극, 힘, 원동력

[19 -21] 19. ① 20. ③ 20. ④ ★★

Rudy's 해설

19. 중간아이증후군에 대한 정의와 대처 방안을 설명하는 것이 이 글의 목적이다. 따라서 심리적인 증상을 설명한다는 것이 제일 적절하다. [더독해2.0 Chapter 1. unit 05]

① to explain a psychological condition (심리적 증상을 설명하는 것)
② to persuade the readers out of abusing their children
   (독자들을 설득해서 아이들 학대를 그만두게 하는 것)
③ to inform the audience of the importance of a family (가족의 중요성을 청중에게 알리는 것)
④ to criticize parents for the apathy toward their children (아이들에게 무관심한 부모들을 비판하는 것)
⑤ to warn of the danger of having many children (많은 아이들을 출산하는 것의 위험을 경고하는 것)

20. ②가 함정 문항이 될 수 있다. 아이들에게 충분한 관심을 기울이라는 것도 적절할 수 있기 때문이다. 하지만, 이 글은 중간아이증후군에 대한 내용으로, 첫째나 막내에 비해서 중간의 아이들이 적당한 관심과 애정을 받지 못하는 것에 대한 글로, 모든 아이들에게 개별적인 관심을 줘야 한다는 것이 더 적절하다. 충분한 관심은 특정 아이들에게만 한정될 수 있기에 ③이 더 적절하다.

21. 본문의 'As psychologists are becoming increasingly aware of the middle child syndrome'를 통해 정답을 선별할 수 있다.

①부모들은 중간아이증후군을 예방하는데 영향력의 한계를 가지고 있다.
* 부모들이 노력해도 한계가 있다는 내용으로, 본문의 내용과 어긋난다.
② 일찍 태어난 아이들이 나중에 태어난 아이들보다 더 많은 관심을 받는다.
* 막내의 경우에는 해당하지 않기에 그릇된 내용이다.
③ 외동아이들이 형제자매가 있는 아이들보다 더 안정적인 양육환경을 가질 가능성이 높다.
④ 중간아이증후군은 과거에는 과학자들에게 폭 넓게 알려지지 않았다.
* 과거시제에 유의하자. 본문의 내용을 토대로 맞는 진술이다.
⑤ 아이들은 성인이 되면서 보통 중간아이증후군을 벗어나게 된다.

구문 분석

①It is always up to the parents ①to make sure (that) every child feels loved and appreciated.
① 가진주어 구문으로 'to make sure ~ 하는 것이 부모들에게 달려있다'는 의미. [더독해1.0 Chapter 4. unit 04]

해석

모든 가족의 생활 속에서 매우 중요한 두 순간이 있다. — 첫째 아이가 태어났을 때와 막내가 태어났을 때이다. 이렇게 첫째와 막내에게 가는 관심을 고려해보았을 때, 중간에 태어나게 된 아이는 다른 아들에게는 없는 특정 증상과 행동을 보여줄 수 있다. 태어난 순서가 차이를 만들고, 중간에 태어난 아이들은 중간아이증후군이라고 알려진 문제를 가질 위험이 있다. 심리학자들이 중간아이증후군에 대해 점점 더 알게 되면서, 이 문제로 고통 받는 아이들에게서 공통점이 나타나고 있다. 중간아이증후군으로 나타나는 영향은 다양하다. 아이는 소속감을 느끼지 못할 수 있다. 또한 자신이 덜 사랑받고 있다고 느끼며 자존감이 낮고, 어디로 나아가야 할지를 모르는 상태로 고통 받을 수 있다.

그러나 부모의 태도 변화만으로도 이러한 상황에 큰 도움이 되는 경우가 흔히 있다. 부모들은 중간에 태어난 아이들은 종종 관심을 제일 적게 받는다는 것을 염두에 두어야 한다. 모든 아이들이 사랑받고 있다고 느끼도록 하는 것은 항상 부모들에게 달렸다. 자녀가 여럿이라면, 부모는 각각의 아이에게 개별적인 관심을 줄 수 있는 시간을 찾아야 한다.

어휘

pivotal a. 중심이 되는 momentous a. 중대한 exhibit v. 전시하다, 보이다, 드러내다 self esteem n. 자존감 run the risk of v. 위험을 감수하다 commonality n. 공통성, 평범함 afflict v. 괴롭히다, 피해를 입히다 go a long way toward v. 효과가 있다, 크게 도움 되다 alleviate v. 완화하다 mindful a. 주의하는 sibling n. 형제자매 it is up to 명사 v. 명사에 달려있다, 명사가 결정하다 apathy n. 무관심, 냉담 only so much av. 일정한 한계가 있는, 단지 그 정도로만 upbringing n. 양육, 성장, 가정교육 balanced a. 균형 잡힌, 안정적인 outgrow v. 몸이 커서 옷을 입지 못하다, 벗어나다

[22 -24] 22. ② 23. ③ 24. ④ ★★★ [서강대]

Rudy's 해설

22. 본문 첫 줄의 'begins'를 통해 본문은 마카리 저서에 대한 내용임을 알 수 있는데, 본문에서 마카리는 데카르트와 홉스로 대표되는 근대 철학의 흐름을 설명하고 있다.

① 17세기에 유럽의 철학자들은 지속적으로 종교적이 되었다.
② 마카리는 근대 대중철학의 등장을 보여주고 있다.
③ 홉스는 병에 걸리고 실수를 저지르는 인간의 성향에 토대를 두고 선동의 현대적인 운동들을 옹호한다.
* 홉스가 옹호한 것은 '절대군주' 체제였다.
④ 데카르트는 기계적 세계관이 무의미하다고 강조했다.

23. 빈칸 뒤에 'they'의 선행사가 문맥상 어느 것이 가장 적절한 것으로 문제를 치환해서 접근하는 것이 실전적이다. 홉스와 데카르트의 차이점이 의미가 있다는 진술이 논리적으로 가장 적절하다. 다른 보기문항들은 내용상으로도 어색하다.

① 홉스의 견해는 데카르트의 견해와 일치하지만, 거기서 한 걸음 더 나아간다.
② 홉스는 결점 없는 영혼이라는 데카르트의 사상을 물질적 관점으로 전환함으로서 데카르트의 사상을 강하게 지지 했다.
③ 생각하는 사물이라는 인간 본성에 대한 다른 관점들은 기념비적인 의미를 지닌다.
④ 홉스는 '나는 생각한다, 그러므로 나는 존재한다' 대신에 '나는 생각한다, 그러므로 나는 존재한다' 그러나 '나는 존재한다, 그러므로 나는 생각도 한다'라고 가정했다.

24. 빈칸을 중심으로 앞에는 데카르트의 주장이, 뒤에는 이와는 반대되는 홉스의 주장이 제시되어 있다. 양 극단의 철학을 제시하고 있기에, 빈칸에는 양극단을 포괄하는 표현이 적절하다.

구문 분석

many found ①it hard ①to reconcile the notion of an incorporeal soul with a mechanical world that was increasingly understood as made up of matter.
①가–진주어 구문이다. reconcile ~ into의 문형까지 함께 파악하자. [더독해1.0 Chapter 4. unit 04]

해석

마카리에 대한 매력적인 이야기는 르네 데카르트와 함께 시작된다. 그리스 철학이 기독교와 통합된 이후에 영혼은 "자연, 인간, 그리고 신을 통합시켜주는 연결고리라고 여겨져 왔다."고 마카리는 쓰고 있다. 그러나 17세기에 기독교는 위기에 처해있었고, 많은 사람들은 형체가 없는 영혼과 물질로 이루어진 것으로 이해되던 기계적 세계관과의 조화가 어렵다고 느꼈다. 데카르트는 영혼의 개념을 신체로부터 분리된 생각하는 존재로 좁힘으로써 회의적인 자연철학자들의 요구를 충족시키고자 했다. 이런 방식으로 프랑스의 철학자인 데카르트는 불멸의 영혼이라는 기독교적 믿음에 새로운 생명을 불어넣었다. 전체적인 관점의 반대편에는 토마스 홉스가 있었는데, 그는 비물질적인 존재 같은 것은 없다고 생각했다. 그의 견해에 따르면, 영혼은, 이성적인 존재, 신과 같은 존재라기보다는 병에도 걸리고 오류도 저지르는 물질이었다. 생각하는 존재의 본성에 관한 이와 같은 다른 견해들은 기념비적인 의미를 가지고 있다. 그리고 이러한 상이한 견해들은 마카리의 이야기가 하나의 지적 운동 이상의 것으로서의 중요성을 가지고 있음을 보여주었다. 홉스는 인간이 필연적으로 갈등을 만들어내는 동물적 감정에 의해 지배받는 존재라고 결론을 내린 후에, 권력을 절대군주에게 넘겨주는 것이 그의 해결책이었다.

engaging a. 남의 마음을 끄는, 매력 있는 incorporeal a. 무형의, 영적인(=spiritual) naturalist n. 자연주의자, 박물학자 immortal a. 불멸의 substance n. 물질, 본질, 실체 disparate a. 다른, 이종의, 공통점이 없는 implication n. 함축, 암시 extrapolate v. 추론하다 immaculate a. 결점 없는, 완전한 absolute monarch n. 절대군주 diaspora n. 집단 이주, 흩어져서 다른 나라에 살고 있는 유대인 bulwark n. 성채, 방파제, 보루 gamut n. 전음계(全音階), 전 영역

demagoguery n. 선동, 악의적인 선전

[25 -27] 25. ① 26. ③ 27. ④ ★★

25. 첫 줄이 suppose로 시작하고 있다. 전형적인 예시로 글이 시작한다면 주제문 추론 또는 미괄식 구성일 가능성이 높다.
이 글은 미괄식 구성으로 본문의 마지막 'This implies that frames are powerful nudges, and must be selected with caution' 주제문이다. [더독해2.0 Chapter 1. unit 05]

① Little framing, Big difference (작은 관점, 큰 차이) - 작은 관점의 차이가 큰 차이를 만든다.
② Emotion Governs Reason (감정이 이성을 지배한다)
③ Why We Make Irrational Decisions (우리가 비이성적 결정을 내리는 이유)
④ How to Moderate Human Fallibility (인간의 실수를 줄이는 방법)

26. 지칭추론으로 '인간의 사고방식'의 특징을 묻는 문제이다. 같은 내용이지만 frame에 따라서 다르게 수용하는 인간의 수동성을 의미한다. .

27. 전후 문맥을 통해 쉽게 정답을 유추할 수 있다.
ⓐ 수술을 받을 것이라는 내용이 연결되기에 긍정적인 표현이 적절하다.
ⓑ 수술을 기피한다는 내용이 연결되기에 부정적인 표현이 적절하다.

당신이 심각한 심장병에 걸려, 의사가 대단히 힘든 수술을 권한다고 가정해보자. 당신은 당연히 생존 확률을 궁금해 할 것이다. 의사가 "100명 중 90명은 이 수술 후 5년 뒤에도 살아있을 것입니다."라고 말한다면, 당신은 어떻게 할 것인가? 우리가 특정 방식으로 (의사 말에서)빠진 부분을 채워 넣어 해석하면, 의사의 말은 꽤 위로가 될 것이고 당신은 아마 수술을 받을 것이다. 그러나 의사가 다소 다른 방식으로 대답한다고 가정해보자. 의사가 말하기를 "수술을 받은 사람 100명 가운데 10명이 5년 이내에 죽습니다." 당신이 대부분의 사람과 같다면 이러한 의사의 말은 상당히 무섭게 들릴 것이고, 당신은 수술을 안 받을 지도 모른다.
많은 실험에서, 사람들은 "100명 중 90명이 산다."는 정보와 "100명 중 10명이 죽는다."는 정보를 다르게 받아들인다. 이 두 말이 담고 있는 내용은 정확하게 같은 내용이라 할지라도 말이다. 이러한 프레이밍이 효과를 발휘하는 이유는 사람들이 다소 생각 없이 결정을 내리는 경향이 있기 때문이다. 사람들의 사고 시스템은 질문을 재구성할 경우 다른 답변이 나올 수 있는지 여부를 점검하고 확인하는 데 필요한 작업을 수행하지 않는 것이다. 이에 대한 한 가지 이유는 모순되는 점에 대해 어떻게 이해해야 할지를 모르기 때문이다. 이는 곧 프레이밍이 강력한 효과(자극)를 발휘하며, 따라서 주의 깊게 선택되어 사용되어야 한다는 뜻이다.

grueling a. 기진맥진하게 하는, 지독한 operation n. 수술 odds n. 확률 frame v. 세우다, 고안하다, 표현하다 contradiction n. 모순, 반박 alarming a. 걱정스러운, 두려운 numerous a. 많은 content n. 내용 mindless a. 어리석은, 신경을 쓰지 않는 randomness n. 무작위, 우연 passivity n. 수동성, 소극성 subjecthood n. 주체성 distressing a. 괴롭게 하는 fallibility n. 쉽게 잘못을 저지름 moderate v. 감소시키다

Unit. 04

40 Mins 04회 해설

01. ④ ★★ [서강대]

Rudy's 해설

첫 줄의 빈칸은 대부분 주제문이고, 재진술 내용이 이어진다. 두 번째 문장부터 활판인쇄술이 등장하기에, 첫 줄 또한 hand printing이 적절하다.

① 인쇄술은 최근에 급격한 혁신을 겪고 있다.
② 인쇄과정은 완벽하게 현대 유럽 역사의 모습을 변화시켰다.
③ 전통적인 인쇄술은 향후 몇 년 안에 레이저 인쇄술을 따라 잡을 것이다.
④ (과거에 대한) 맹목적 집착임에도 불구하고, 활판인쇄로의 복귀는 실질적이고 광범위

구문 분석

In the past few years a new generation of artists, graphic designers and others ①accustomed to digital life /has rediscovered a process ②barely changed /since its invention by Johannes Gutenberg over 500 years ago.
주어와 목적어를 바로 뒤에 형용사구들이 전개된 구조이다. 동사를 먼저 찾고, 나머지를 분사로 이해하는 것이 요점이다.
① others를 후치수식하는 핑형주전투. [더독해1.0 Chapter 2, unit 07]
② a process를 후치수식하는 핑형주전투. [더독해1.0 Chapter 2, unit 07]

해석

(과거에 대한) 맹목적 집착임에도 불구하고, 활판인쇄로의 복귀는 실질적이고 광범위하다. 지난 수년 동안 새로운 세대의 예술가들, 그래픽 디자이너, 그리고 디지털화된 생활에 익숙한 사람들은 500년 전 구텐베르크가 발명한 이래 거의 변한 것이 없는 과정(인쇄과정)을 재발견해왔다. "핸드메이드의 매혹"라는 책을 쓴 데이비드 주리는 그의 책에서 "활판인쇄는 너무나 오래된 것이기에 새롭다."라고 썼다. 심지어 온라인 명함을 만드는 MOO라는 회사는 얼마 전 여덟 개의 활판 인쇄 디자인을 공개하기도 했다.

어휘

fetish n. 맹목적 집착, 미신의 대상 letterpress n. 활판인쇄(기) allure n. 매력, 매혹 unveil v. 베일을 벗기다, 밝히다

02. ④ ★★ [고려대]

Rudy's 해설

①, ② 보기문항들에 등장한 인과구조 'so 형용사 that 주어 동사' 구조를 파악하자.
④ No other measures than neglect and repression appear ~
'No other A than B' - B보다 나은 다른 A는 존재하지 않는다는 의미로, B를 강조하는 최상급 구조이다.

해석

방치와 억제가 쿠바의 한때 경이로웠던 남아 있는 생물학적인 다양성을 보호할 수 있는 유일한 힘인 것처럼 보인다.

① 쿠바의 생물학적 다양성은 너무나 놀라워서 방치와 억제에도 불구하고 그 보존은 거의 필요하지 않은 것처럼 보인다.
② 쿠바의 생물학적 다양성은 한때 매우 놀랄만한 것이어서 장기간의 방치와 억제에도 불구하고 잘 보존되어 왔었던 것처럼 보인다.

③ 쿠바는 한때 경이로울 정도로 다양한 식물군과 동물군을 가지고 있었다. 그리고 심지어 지금도 남아 있는 식물군과 동물군은 거의 방치되거나 억제되지 않는 것처럼 보인다.

④ 방치와 억제를 제외한 다른 어떤 수단들도 예전에 놀라웠던 쿠바의 식물군과 동물군에서 남은 것들을 보호하는 데 효과를 보이는 것은 없어 보인다.

어휘

neglect n. 방치, 소홀 repression n. 탄압, 억제 biodiversity n. 생물학적 다양성 flora n. (특정 장소, 시대) 식물군 fauna n. (한 지역, 특정 시대의) 동물군

03. ③ ★★★ [고려대]

Rudy's 해설

장문의 제시문과 장문의 문항들이 제시되었다. 제시문은 상호 대립적인 견해를 가진 집단들은 중립적인 3자가 수행하는 실험에 참가해서 누가 맞는지 해결할 수 있다는 내용이다.

해석

적대적 협업이라고 불리는 과학적 논쟁은 양당사자들에게 문제를 해결할 수 있는 경험적인 실험을 수행하는 것과 중립적인 중재자가 이 실험들을 수행하는 것에 대해서 동의할 것을 요구한다.

① 같은 견해를 지닌 과학자들은 협력할 수 있다. 중립적인 인물이 진행하는 적대적 협업과정에, 보다 유용한 결과를 산출할 수 있는 경험적 실험을 수행하기 위해서.

② 적대적 협업은 과학자들이 반대 가설 입장에서 연구하는 것을 요구한다. 실증적 연구를 수행하고, 동시에 분쟁을 조정하기 위해서.

③ 적대적 협업은 과학적 대화의 방식이다. 의견이 다른 과학자들이 중립적인 제 3자와 함께 실증적 연구에 참여하는.

④ 과학에서 분쟁을 해결하는 한 가지 형식은 적대적 협업인데, 그것은 중재자가 실험을 수행하는 동안 대립적인 의견을 가진 과학자들이 중립적인 태도를 취할 것을 요구한다.

어휘

adversarial a. 대립적인, 적대적인 collaboration n. 공동작업 arbiter n. 결정권자 detached a. 무심한, 거리를 두는 hypothetical a. 가상적인, 가설적인 arbitrate v. 중재하다, 조정하다 empirical a. 경험적인, 실증적인

04. ③ ★★ [한양대]

Rudy's 해설

빈칸 앞에 thus를 통해서 앞 문장에 대한 재진술임을 유추할 수 있다. 빈칸 앞의 respectful을 통해서 정답을 추론할 수 있다.

해석

모든 사회계층에서 부모들은 자식들의 교육에 매우 집중한다. 노동자 계층에 속하는 가난한 부모도 중산층 부모만큼이나 자식들이 학교에서 성공하기를 열망한다. 그러나 그들은 그런 목표에 도달하기 위해 자식들에게 도움을 주는 다른 접근방식을 취한다. 노동자 계층과 가난한 부모들은 자주 학교와 관련된 문제에서 잘못된 일을 할까 우려한다. 그들은 중산층 부모들에 비해 교육자의 전문적인 경험을 훨씬 더 존중한다. 따라서 노동자 계층에 속한 가난한 부모들은 일반적으로 교육자들에게 무엇인가를 요구하기보다 공손한 태도를 취한다. 즉, 그들은 교육자들에게 충고하기보다 교육자들의 지도를 받고자 한다. 그리고 그들은 학교와 가정의 상호연관성을 증진하기보다는 학교와 가정의 분리가 유지 되도록 노력한다.

어휘

deferential a. 경의를 표하는, 공손한 clangorous a. 울려 퍼지는 frustrated a. 좌절한, 실망한 gratifying a. 흐뭇한, 기쁜 demanding a. 요구가 지나친, 요구하는

05. ① ★★ [한양대]

Rudy's 해설

ⓐ 빈칸 뒤의 to be violent가 앞 문장에 대한 재진술이기에 빈칸 또한 이것과 유사한 표현이 적절하다.
ⓑ 빈칸 앞에 get hurt를 통해서 무차별적인 공격은 자신도 부상을 당할 가능성을 내포하기에, 진화적인 관점에서 폭력은 자신의 피해를 최소화하고 타인을 공격한다는 내용이 적절하다. 난이도 있는 빈칸 추론이다.

구문 분석

The likelihood ①that, in attacking a member of your own species, you will get hurt is a powerful selection pressure ②that disfavors indiscriminate pouncing or lashing out.
① likelihood를 설명하는 동격절로 주어가 길어지는 구조가 되었다.
② pressure를 설명하는 형용사절.

해석

도킨스(Dawkins)는 유기체는 반격하는 경향이 있기에 바위나 강과 다르다는 점을 지적한다. 폭력적으로 진화해온 유기체는 평균적으로 그렇게 폭력적으로 되도록 진화해온 종의 구성원이다. 만일 당신이 당신과 동일한 종 하나를 공격한다면, 당신의 적은 아마도 당신만큼 강하고 호전적이고 당신이 가지고 있는 것과 같은 무기나 방어체계로 무장하고 있을지도 모른다. 동일한 종을 공격할 때, 나 또한 부상당할 가능성은 무차별적인 공격이나 강타를 피하게 되는 강력한 선택적 압력이 된다. 이것은 또한 피의 갈망, 죽음 충동, 살인 본능, 파괴적인 갈망, 충동 자극 같은 폭력에 대한 이론들을 배제시킨다. 폭력이 진화할 때, 그것은 언제나 전략적이 된다.

어휘

hit back v. (공격·비판에) 응수하다 pugnacious a. 호전적인 pounce v. 급습하다 lash out v. 채찍질하다, 강타하다, 비난하다 itch n. 갈망 get in the way v. 방해하다 callously ad. 냉혹하게, 무자비하게 exploit v 착취하다, 개발하다, 이용하다 lethal a. 치명적인

06. ② ★★ [서강대]

Rudy's 해설

정상적인 아기들과 시험관 아기가 발달장애 등에 있어서 동일하다는 의미의 글이다. 부모들이 시험관 사업을 방해하고 있다는 내용은 본문에 언급되어 있지 않다.

① 시험관은 신생아 발달 장애의 원인 중 하나가 아니다.
② 시험관 사업은 부모들의 우려로 붕괴되고 있다.
③ 시험관은 신생아 성장에 있어 다른 요소들 보다 더 위험한 것은 아니다.
④ 부모들의 나이가 아이들의 건강과 관련이 있다.

구문 분석

IVF is not more precarious than other factors for fetal development.
not more A than B 의 비교구문으로 '주어가 B보다 더 A인 것은 아니다' 의미로, A보다 B를 더 강조하는 문형이다. [더독해1.0 Chapter 4, unit 03]

[7 -9] 07. ④ 08. ① 09. ③ ★★

Rudy's 해설

07. 현재완료 has been은 과거부터 현재까지의 동작, 상태를 의미하는데, 주류 과학계가 지구공학에서 제안하는 해결책에 관심을 보인 것은 last year로 최근이다. 따라서 ④는 적절하지 못한 진술이다.

① 지구 온난화는 부분적으로 탄소배출에서 기인한다.
② 인공적으로 지구 환경을 변화시키는 것은 엄청난 구조물을 포함하고 있다.
③ 지구공학의 제안이 점진적으로 기존 과학자들에게 수용되고 있는 중이다.
④ 지구공학은 기후변화와 관련된 문제를 해결할 수 있는 대표적인 (과거부터 현재까지) 방식이다.

08. 문맥 추론의 문제로 ①과 ③ 둘 중 하나를 선택해야 하는 문제이다. 문맥상 둘 다 가능할 수 있는데, ③을 선택하게 되면 뒤에 이어지는 내용과 호응하지 않는다. 즉, 절대적으로 불가능하다고 생각한다면, 국립과학 아카데미에서 고려할 필요가 없기 때문이다. 따라서 문맥상 매우 어렵다가 더 적절하다.

09. but을 통해 정답을 쉽게 추론할 수 있다.

구문 분석

[1] ①Placed 1.5 million km above the Earth's surface, the massive mirror would reduce the amount of sunlight ②reaching the planet by about 2%, which ③Angel believes would be enough to offset a significant amount of warming.
① the massive mirror을 의미상 주어로 하는 분사구문이다. [더독해1.0 Chapter 3. unit 02]
② sunlight을 후치수식하는 핑형주전투. [더독해1.0 Chapter 2. unit 07]
③ '주격관계사 (주어+동사) 동사'의 삽입절이다. 주격관계사 뒤에 등장하는 '주어-동사'는 삽입절로 제외하고 전후구조를 파악하는 것이 요점이다. [더독해1.0 Chapter 2. unit 06]

[2] ①That these far-out ideas are getting a serious hearing in mainstream science is a measure of ②how desperate the battle against climate change is becoming
① 명사절로 주어가 길어진 형태이다. 주어가 긴 경우에는 언제나 '절동사, 문장동사'를 파악하는 것이 핵심이다.
[더독해2.0 Chapter 2. unit 01]
② 'how 형용사(부사) 주어 동사' 구조에서 how는 '얼마나'라는 의미이다. [더독해1.0 Chapter 2. unit 09]

해석

우리가 지구에 도달하는 태양에너지를 반사시키도록 우주에 거대한 거울을 설치할 수 있다면 어떨까? 아니면 성층권에 유황을 주입시켜 지구를 식힌다면? 탄소 배출 억제책이 실패할 경우, 과학자들은 이렇게 공상과학과도 같은 방법들을 대규모 차선책으로 검토하고 있다. 이러한 영역은 지구공학이라 하는데, 지구의 환경을 행성 차원에서 조정하는 방법이 포함된다. 제일 잘 알려진 방법은 소위 우주 거울이라 불리는 것이다. 아리조나 대학의 천문학 교수 로저 엔젤(Roger Angel)은, 엄청나게 많은 수의 작고 매우 얇은 렌즈들을 지구 궤도에 띄워 이것이 지구 적도의 절반 크기의 직경을 가지고, 6만 마일의 길이를 지닌 원통형의 구름을 형성할 수 있도록 하는 방법을 제안한다. 지표면에서 150만 킬로미터 상공에 위치하면서, 이 거대 거울은 지구에 도달하는 햇빛의 양을 약 2퍼센트 줄일 수 있는데, 이는 지구의 기온 상승을 상당히 상쇄시킬 수 있다고, 엔젤 교수는 믿고 있다. 이 계획을 시행하는 것은 매우 어려운 일이 될 것이다. 그 거울들의 중량은 총 2천만 톤에 이를 것이며, 비용도 수조 달러가 소요될 것이다. 또한 그 모든 거울을 궤도에 띄우기 위해서는, 10년 동안 5분 간격으로 로켓을 발사해야 할 것이다. 이러한 계획은 **실현 불가능하게** 들릴 수도 있다. 그러나 명망 있는 국립 과학 아카데미는 지난 해, 지구공학에서 제시한 방법들을 연구해보도록 권하였다. 주류 과학계에서 이런 극단적인 생각들에 진지하게 귀를 기울이고 있다는 것은 기후 변화를 상대로 벌이는 싸움이 얼마나 절박하게 돌아가는가를 보여주는 척도가 된다.

어휘

geoengineering n. 지구공학 inject v. 주입하다 sulfur n. 황 stratosphere n. 성층권 gigantic a. 거대한 carbon emission n. 탄소 배출 rearrange v. 재배열하다, 재조정하다 astronomer n. 천문학자 orbit n. 궤도 cylindrical a. 원통형의 diameter n. 지름, 배율 equator n. 적도 implement v. 시행하다 launch v. 출시하다, 시작하다 mean a. 중간의, 평균의 feat n. 업적, 공훈 implausible a. 믿기 어려운 prestigious a. 일류의, 권위 있는 far-out a. 파격적인, 자유분방한 offset v. 상쇄시키다 inadvertent a. 우발적인 tackle v. 해결하다, 도전하다

[10-12] 10. ③ 11. ③ 12. ④ ★★ [서강대]

Rudy's 해설

10. 빈칸 뒤에 콜론으로 연결되는 다양한 예시들을 통해 빈칸에는 미국에 대한 부정적인 정서가 적절하다는 것을 추론할 수 있다.

11. 'have an analogous opinion'을 통해서 적절한 위치를 알 수 있다. 유사한 의견이 등장하려면, 먼저 앞에 어떤 의견인지가 등장해야 하기 때문이다.

12. 문제에서 most가 등장했기에, 가장 일치하는 내용을 선별해야 한다.

   ① 미국과 중동 사이의 적대감은 미래에는 줄어들 것이다.
   ② 이슬람 국가들은 미국에 대해 적대감을 가지고 있다.
   * 함정문항으로, 이슬람 국가 중에는 우호적인 국가도 존재하기에 적절하지 않다.
   ③ 미국은 중동에서 강력한 연맹이 부족하다.
   * 이스라엘이나 다른 호의적인 중동 국가들도 있기에 적절하지 않다.
   ④ 중동에서 미국의 불균형적인 간섭이 중동지역에서의 갈등의 원인 중 하나이다.

구문 분석

①from drone attacks that have claimed tens of thousands of civilian lives ①to whole-scale invasions that have cost the lives of hundreds of thousands of Muslims.
① from ~ to 구조를 파악하는 것이 요점으로 형용사절들이 연결되어 있기에 장문이 된 구조이다. 언제나 from이 등장하면 문미에 to가 있는지를 살펴보자.

시간이 흐른 뒤, 역사가들은 미국 역사에서 현재를 많은 대중들의 편견과 정치인들의 근시안적 시각이 팽배했던 시기로 바라볼 것이다. 중동지역을 전문적으로 담당하는 사람들의 일치된 견해는 이 지역이 미국에 적대심을 갖는 이유가 다음과 같은 다양한 것들과 연관되어 있다는 것이다. 즉, 이스라엘의 팔레스타인인들에 대한 팽창주의적이고 억압적인 정책들을 미국이 무조건적으로 지지하는 것, 중동지역과 북아프리카 지역에 있는 대표성(적법성)이 없으며 부패하고 압제적인 많은 독재정권들을 미국이 지원한다는 것, 수만 명의 민간인들의 목숨을 빼앗은 드론 공격에서부터 수십만에 달하는 무슬림들의 목숨을 앗아간 전면적인 침략에 이르는 대규모적인 군사 개입. 팔레스타인 자치정부와 하마스 아래서 살고 있는 사람들 가운데 거의 80%가 미국을 적으로 여기고 있다. "중동지역에 있는 미국의 핵심적인 우방이라고 할 수 있는 이집트인과 요르단 인의 85% 그리고 터키인의 73%가 유사한 의견을 가지고 있다." 여론조사들은 미국에 대해서 비우호적인 상위 10개 나라 가운데 7개 나라가 이슬람 국가인 반면, 미국을 우호적으로 바라보는 상위 10개 나라 가운데는 한 나라만이 이슬람국가임을 보여주고 있다.

expansionary a. 팽창하는, 확장하는 prop up v. 지지하다 a host of a. 수많은 unrepresentative a. 대표성이 없는 repressive a. 억압적인 military intervention 군사적 개입 claim v. 목숨을 앗아가다 redolence n. 향기 comity n. 예의 rapprochement n. 친선, 친교, 화해 ally n. 동맹국, 제휴국 analogous a. 동등한, 유사한 antipathy n. 반감, 싫은 일, 혐오스러움 pejorative a. 경멸적인, 가치를 떨어뜨리는 confederate a. 동맹한, 연합한 asymmetrical a. 동맹한, 연합한 stridency n. 삐걱거림, 귀에 거슬림

[13 -14] 13. ④ 14. ① ★ [성균관대]

13. 빈칸 뒤에 이어지는 내용이 앞 내용에 대한 직진 진술로 for combat를 통해 정답을 추론할 수 있다.
[더독해2.0 Chapter 1. unit 02]

14. 전형적인 두괄식 구조로 서론에서 제시한 먹거리 발전에 군대가 기여했다는 것이 주제에 해당한다.

① 군사적 필요성이 먹거리 기술 개발을 촉진했다.
② 미국 군대는 미국인들의 식습관을 망쳐놓았다.
③ 외국 식품회사들이 미국 먹거리에 들어왔다.
④ 대표적인 식품회사들은 로비를 통해 강한 영향력을 유지하고 있다.
⑤ 미국인들은 어느 지역보다 가공식품을 많이 소비한다.

That has yielded many civilian—friendly advancements that trickle down to companies like Nabisco and General Mills ①—everything ②from preservatives that stop bread from going stale ②to the reconstituted meat in, ③say, the McDonald's McRib.
① 문장 중간에 dash가 삽입된 경우는 구체적인 예시에 해당한다. 이처럼 문장 중간에 dash, colon등의 예시가 길게 등장하는 것들은 재진술에 해당한다. [더독해1.0 Chapter 2. unit 01]
② from A to B 문형을 파악하자.
③ 이처럼 문장 중간에 삽입으로 등장한 say = for example 의미이다.

왜 당신이 5개월 이상 동안 "신선한" 상태로 있는 냉동피자를 구입하는지 의문을 가져본 적이 있는가? 군대에 감사하라. 현대의 식료품 카트에 담긴 먹거리에 엄청난 영향력을 행사한. 수 십 년 동안 군대는 전투에 적절한 완벽한 먹거리를 위해 노력해 왔다. 이것은 극한적인 상황에서도 음식들이 상하지 않는다는 것을 뜻한다. 이런 군대의 노력은 Nabisco and General Mills 같은 회사들로 연결되는 많은 민간 친화적인 기술의 진보를 이루어내었다, 예를 들어 빵이 상하는 것을 막는 방부제에서부터 McDonald's McRib의 가공육에 이르기까지. 세계 제 2차 대전 동안 군대는 치즈를 탈수화하는 방법을 개발하기 위해 미 농무부와 함께 일하기도 했다. 이 가공 치즈는 현재 미국에서 가장 인기 있는 스낵들 가운데 하나인 Cheeto를 만드는데 사용되고 있다.

어휘

outsize a. 대형의   yield v. 생산하다, 산출하다 civilian-friendly a. 민간친화적인 trickle down v. 흘러내리다   reconstituted meat n. 가공육 stale v. 상하다 spoil v. 망쳐놓다 infiltrate v. 침입시키다, 잠입시키다

[15-16] 15. ③ 16. ③ ★★

Rudy's 해설

15. 본문의 마지막 'Americans' feelings of security kept pace is a more complex question'를 통해서 ④ 가 그릇된 문항임을 알 수 있다.

① 미국인들의 생활은 1880년대 보다 덜 불확실하다.
② 현대 미국인들은 해외의 위협으로부터 자유롭지 않다.
* 9.11테러 등을 볼 때, 해외의 위협을 느끼고 있다고 말할 수 있다.
③ 경제적 불안이 해외의 위협 보다 미국인들에게 근본적인 영향을 미치고 있다.
④ 미국인들은 안보가 확장(강화)되는 것과 일치해서 보다 큰 안전을 느낀다.

16. 빈칸 뒤의 재진술 'richer Americans gained much more than poorer ones did'를 통해 정답을 추론할 수 있다.

구문 분석

But of probably deeper, more everyday, consequence was the growing economic insecurity that average Americans experienced from the 1970s into the financial crisis of the late 2000s.
= But the growing economic insecurity that average Americans experienced from the 1970s into the financial crisis of the late 2000s **was of probably deeper, more everyday, consequence.**
① '주어 be of 추상명사(보어) = of 추상명사 be 주어'로 도치된 보어 도치문장이다.
[더독해1.0 Chapter 4. unit 01]
② deeper consequence + everyday consequence의 공통관계도 파악하자. [더독해1.0 Chapter 2. unit 02]

해석

안보는 순조롭거나 지속적으로 발전하지 않았다. 예를 들어, 내전중과 같은 어떤 시기에는 안보가 답보 상태이거나 심지어 후퇴하였다. 21세기 초가 그러한 시기인 듯하다. 2001년 12월 유엔 사무총장 코피 아난(Kofi Annan)은 "새롭게 생긴 불안감이 부나 지위와 관계 없이 모두의 마음에 침범했습니다."라고 말했다. 물론 그는 거의 3천명의 생명을 빼앗은 9/11 테러를 언급하고 있었다. 해외의 위협이 다시 등장한 것이다. 그러나 1970년대부터 최근 2000년대 후반의 재정적 위기까지 일반 미국인들이 겪었던 경제 불안정이 점점 커졌다는 것이 아마도 이보다 더 깊고 일상적인 중요성을 갖는 것이었다.
역사적으로 안보의 확대는 **불균등하게 분배되었다.** 예를 들어, 의약품이 매우 발전하기 시작했을 때는 보다 부유한 미국인들이 가난한 사람들보다 훨씬 더 많은 혜택을 얻었다. 또 다른 시기에 공공 보건 조치가 실시되었을 때는 형편이 열악했던 빈곤층 사람들이 가장 큰 수혜를 입었다. 이렇게 불균등한 상황을 고려한다 해도, 우리는 여전히 현대 미국인들은 그들의 선조들보다 훨씬 높은 안전성과 예측 가능성을 누리며 산다고 말 할 수 있다. 왜냐하면 1880년도에 20세가 된 남자 네명 중 한명은 45세까지 살지 못했으니 말이다. 그럼에도 불구하고 미국인들의 안전에 대한 느낌이 (실제 안전성의 증대와) 보조를 맞추었는지는 보다 어려운 질문이다.

어휘

smoothly av. 매끈하게, 평탄하게 interruption n. 방해, 중지 stall v. 가두다, 지연시키다 slip v. 미끄러지다 regardless of prep. ~에 상관없이 status n. 상태, 지위 expansion n. 팽창, 확대 allude to v. 언급하다, 비추다, 암시하다 loom v. 어렴풋이 보이다 vastly av. 광범위하게 consequence n. 결과, 중요성 take effect v. 효력을 나타내다, 실시하다 qualification n. 지격, 조건 keep pace v. 보조를 맞추다, ~에 뒤지지 않다 complex a. 복잡한 precarious a. 불확실한, 위험한 unevenly av. 들쭉날쭉 하게, 고르지 않게 distribute v. 분배하다 underestimate v. 과소평가하다 implement v. 실행하다, 충족하다 inadvertently av. 고의가 아니게, 우연히 omit v. 생략하다, 게을리 하다 qualification n. 능력, 자격, 조건 keep pace v. 보조를 맞추다

Rudy's 해설

17. 상당히 난이도 있는 문제이다. 첫 단락의 서론에서 법적으로 허용된다 해도, 할 수 있는 능력이 없다면 의미가 없다는 내용을 통해서, 실질적인 자유는 자신들이 원하는 것을 할 수 있는 능력이나 수단에 달려 있다는 것을 추론할 수 있다.

① 공리주의에 대한 사회적 합의
② 사람들의 권리를 옹호하는 법적 조치들
③ 최소한의 규제로부터 최대한의 이익
④ 수단들과 사람들이 선택하는 것을 수행하는 능력

18. 이 문제 또한 추론의 형식을 취하고 있지만, 내용일치 문제로 전환해서 접근하는 것이 실질적이다. 두 번째 단락 첫 줄에서 실질적인 자유는 공정한 사회와 연관되어 있다는 것을 토대로 정답을 선별할 수 있다.

① 법적으로 가능성을 최대치를 보장하는 것이 실질적인 자유에 기여한다.
② 실질적인 자유는 공정한 사회를 통해서 실현될 수 있다.
③ 법은 현실을 반영하지 못하기에, 개정될 필요가 있다.
④ 실질적인 자유가 증대한다 해도 가난은 감소하지 않는다.

구문 분석

most people will never have the opportunity ①either to become all ②that they are allowed to become, ①or to need to be restrained from doing everything ②that is possible for them to do.
① either A or B 문형으로 opportunity를 수식하는 to become + to need를 연결하고 있다.
[더독해1.0 Chapter 2, unit 01]
② 두 개 모두 앞의 all, everything을 설명하는 형용사절을 이끌고 있다. [더독해1.0 Chapter 2, unit 05]

해석

어떤 것을 할 수 있게 법적으로 허용된 것과 실제로 그것을 하는 것을 구별하는 것이 중요하다. 2분 만에 1마일을 달리는 것을 허용하는 법이 통과될 수도 있다. 그러나 그러한 법이 통과된다고 해도 사람들의 실질적인 자유가 증대되는 것은 아닌데, 물리적으로 불가능하기 때문이다. 제한을 최소화하고 가능성을 최대치로 하는 것은 좋은 일이다. 그러나 현실에서 사람들은 그들이 될 수 있는 모든 것이 될 수 있는 기회도, 그들이 할 수 있는 가능성이 있는 것을 하는 것을 제약받게 될 기회도 가질 수 없다. 사람들의 실질적인 자유는 수단들과 자신들이 선택한 것을 수행하는 능력에 달려있다.
실질적인 자유에 대한 이런 사유는 공정함에 대한 고찰과 관계를 맺게 된다. 공정한 사회를 추구하는 것은 ─ 철학자 롤스가 제안한 합의를 통해서이든, 혹은 이익에 대한 공리주의적인 평가를 통해서이든 ─ 실질적인 자유가 최대가 되는 사회를 동시에 추구하는 것이다. 불공정하게 대우받는 것은 개인의 잠재적인 능력을 제한받는 것이고, 따라서 공정한 자원 분배를 가졌다면 가능했던 것들을 부정당하는 것이다. 가난은 단지 불충분한 돈 혹은 자원을 가진 다는 것뿐만 아니라, 부유한 사람들이 자유롭게 할 수 있는 것들을 자유롭게 할 수 없다는 것이다.

어휘

legally ad. 법적으로, 합법적으로   effective a. 실질적인, 효과적인   restrain v. 제지하다, 억압하다   utilitarian a. 공리적인, 실용적인   assessment n. 평가   insufficient a. 불충분한

Unit. 04

Rudy's 해설

19. 빈칸 앞에 일시적으로만 충족된다는 것과, vitamin을 통해 정답을 추론할 수 있다. 비타민은 매일 다양한 음식들을 통해서 섭취해야 하고, 한 번 섭취했다고 끝나는 것이 아니라 지속적으로 섭취해야 하기 때문이다.

   ① 매일 섭취해야만 한다.
   ② 초과량은 독성이 될 수도 있다.
   ③ 오랜 시간이 걸린다.
   ④ 역할을 할 수 없게 된다.

20. 안전에 대한 욕구를 충족시키는 것이 더 수월하다는 내용은 본문에 언급되어 있지 않다.

   ① 어떤 욕구들은 다른 욕구들 보다 더 강력하다.
   ② 어떤 집단들은 다른 집단들 보다 안전을 더 선호한다.
   ③ 어떤 욕구가 가장 강력한지에 대해서는 보편적인 경향이 있다.
   ④ 나머지 둘 보다 안전에 대한 욕구를 충족시키는 것이 더 수월하다.
   * straightforward는 '수월하다'는 의미로도 쓰인다.

해석

진화의 과거에서 기인하는 특정 경향들이 4차원적인 인간의 행동을 특징짓는 것과 같이, 보다 일반적인 심리적 욕구는 인간이 태어나기 이전 시대에서 시작되었다. 정체성, 자극, 안전이 바로 그것인데, 이는 정반대의 면에서 생각해보면 그 이미지들이 또렷해질 것이다. 정체성은 익명의 반대이다. 자극은 지루함의 반대이다. 안전은 불안의 반대이다. 우리는 익명성을 꺼려하며 지루함을 두려워하고 불안을 해소하고자 한다. 우리는 정체성을 얻으며 자극을 열망하고 안전을 지키고 얻어낸다. 물론 욕구의 정도는 종(種)에 따라, 집단에 따라 개인에 따라 다르다. 안전에 대한 욕구는 포식 동물보다 먹잇감이 되는 동물에게서, 남자보다 여자에게서 보다 중요함에 틀림없다. 그러나 선천적인 욕구의 특징은 항상 존재한다는 것과 일시적으로만 충족된다는 것이다. 비타민처럼 **일일 섭취량이 필요하다**. 또한 이세 가지 욕구 사이에는 뚜렷한 가치의 서열이 있으며, 이러한 것들 또한 종(種)에 따라, 개인에 따라 확실히 다르다. 그러나 흥미롭게도 보통 생각할 수 있을 만한 다양함은 없다. 정체성에 대한 욕구가 가장 강력하고 가장 보편적이라는 관례에는 거의 예외가 없는 것이다. 자극에 대한 욕구도 많이 뒤쳐지지 않는다. 그리고 안전은 보통 이 두 가지 욕구 중 하나를 위해 희생되어지는 경우가 많다.

어휘

originate v. 생기다, 일어나다 dimensional a. 크기의, 차원의 pervasive a. 만연하는, 스며드는 serve v. 제공하다, (요구·필요를) 만족시키다 anonymity n. 익명, 무명 boredom n. 권태, 지루한 것 shun v. 피하다, 멀리하다 dread v. 두려워하다, 걱정하다 dispel v. 쫓아버리다, 없애다 variation n. 변화, 변동 yearn for v. 그리워하다, 갈망하다 vary v. 변화하다, 다르다 predator n. 약탈자, 육식동물 hierarchy n. 계급, 체계 exception n. 예외, 제외 anonymity n. 익명성 straightforward a. 직접의, 솔직한, 수월한 crave v. 갈망하다

Rudy's 해설

21. 빈칸 전후의 문맥을 통해서 정답을 유추하자.
   ⓐ 바로 뒤에 possible answer를 통해서 빈칸에는 해결되지 않은 문제, 가설들이 존재한다는 내용을 추론할 수 있다. ②, ④를 선별할 수 있고, 두 번째 빈칸 비교를 통해서 정답을 도출해야 한다.
   ⓑ 빈칸 바로 뒤에 emotion of a contest를 통해 빈칸에는 이성적, 냉철한 과정이 아니라는 의미가 적절하다는 것을 추론할 수 있다.

22. 고난이도의 추론 문제이다. ①, ③를 선별하는 것까지는 가능한데, ③이 매우 매력적인 함정문항이다.

① 객관성은 과학자가 가능한 해답을 제시할 때 가장 중요한 척도이다.
* 객관성이란 자신의 실험 결과와 실제 자연현상이 부합하는지에 대한 것이고, 자신의 실험결과가 그에 부합되지 않는다면 과학자는 기꺼이 결과를 수용해야 한다는 진술을 통해서 추론할 수 있는 내용이다.
② 실험 가능한 현상을 연구할 때 과학 분야는 제한될 필요가 있다.
③ 과학자들은 과학적 문제들을 추구하면서 창의성을 발휘한다.
* 창의력이 발휘되는 것은 과학적 문제가 아니라 'The creative moment occurs when the suggested answer is being formed.' 진술을 토대로 가능한 해답을 제안할 때이다. 상당히 매력적인 함정문항이다.
④ 직관적 개념은 실험 결과를 해석함에 있어 중요한 역할을 한다.
* 실험결과 해석에 중요한 것은 객관성이다.

해석

과학자에게 있어 창의성은 독특한 특징을 가지고 있다. 우선 과학자들은 문제를 선택하는데, 해결되지 않은 문제가 있다는 것을 제외하고는 누구도 그 문제에 대해서 충분히 알고 있지 않다는 사실을 숙지하고 있기 때문이다. 통찰력과 영감을 통해서, 과학자는 문제들 중 하나에 대한 가능한 답을 제안한다. 예를 들어 원자의 가능한 구조가 무엇인가? 무엇이 원자들을 결합시켜서 분자를 형성하게 하는가? 어떤 수단을 통해서 살아있는 세포는 분출되는 화학에너지를 세포 벽속에 저장시키는 것일까? 이런 질문들에 대해 가능한 해답이 형성될 때, 창의적인 순간이 도래한다. 자연스레 과학자는 자신이 옳다는 것을 증명하고 싶어 하며, 결정적인 실험을 하는 것은 결코 널리 알려진 것처럼 냉정한 활동이 아니다. 실험이란 다양한 감정들을 동반한다. 객관성은 아무리 싫다 해도 과학자가 기꺼이 자신의 이론이 틀렸음을 보여주는 증거를 기꺼이 수용하는데 달려 있다. 자연의 공정한 판결(명령)을 통해서, 과학자는 자신의 창의력이 가치가 있는지 없는지를 여과 없이 통보받는다.

어휘

unique a. 유일한, 독특한 inspiration n. 자극, 격려 objectivity n. 객관성 appeal n. 애원, 항소 ruthlessly ad. 무자비하게, 잔인하게 valid a. 법적으로 유효한, 논리적인 adverse a. 적의를 품은, 반대의 trial n 실험, 시도, 재판 fervent a. 뜨거운, 열렬한 dispassionate a. 감정적이 아닌, 공평한 hypothesis n. 가설, 가정

[23-25] 23. ③ 24. ② 25. ② ★★★

Rudy's 해설

23. 도입부가 구체적인 예시로 시작하기에, 주제문 추론 또는 미괄식 구성일 가능성이 높고, 2번째 단락에서 유럽 국가들이 독일에 대한 압력을 증대시키고 있다는 내용이 주제로, 미괄식 구성의 글로 파악하는 것이 타당하다.
[더독해2.0 Chapter 1. unit 05]

① New Chauvinism in Europe (유럽에서의 새로운 극단적 애국주의)
② Reckless Management of European Banks (유럽 은행들의 방만한 경영)
③ Escalating Pressure on Deep-pocketed Germany (돈줄을 쥐고 있는 독일에 대한 증가하는 압력)
④ Austerity: The Only Way to Fix Europe in Trouble (긴축재정 : 어려움에 빠진 유럽을 구할 유일한 방법)

24. 첫 단락의 'The result has been deeper recession'을 통해 당초의 위기 정책이 잘못되었다는 것을 알 수 있다.

① G20 정상회담은 유로위기에 대한 현실적인 구조정책을 만들었다.
* 몇 가지 생산적인 제안을 했지만, 실행여부에 대해서 부정적이라고 했기에 결과를 만들었다는 것은 적절하지 않다.
② 유로위기에 대한 당초의 위기관리 계획은 그릇된 것이었다.
③ 유럽이 유로 위기에 가장 큰 책임을 지고 있다.
* 함정문항이다. 독일이 비판받는 이유는 유로 위기에 대한 책임이 아니라, 유로존에 위기가 닥쳤을 때, 그것에 대한 위기방안을 효과적으로 수행하지 못했다는 점이다. 따라서 독일이 위기 자체에 책임이 있다는 것은 논리

적 비약이다.

④ 유로존 국가들의 위기에 대해서 보다 강력한 긴축 정책이 필요하다.

* 많은 국가들은 독일에 더 강한 구제금융을 요구하고 있기에, 긴축 정책이 요구된다는 것은 적절하지 않다.

* straightforward는 '수월하다'는 의미로도 쓰인다.

25. but을 통해 정답을 추론할 수 있다. 국가들은 채권을 팔아 자금을 조달하려고 하지만, but을 통해 투자자들은 상반되는 태도를 취한다는 것을 알 수 있고, 투자가 아니라 돈을 회수한다는 것을 통해서 빈칸에는 투자자들의 부정적인 태도를 의미하는 표현이 적절하다.

① 유로존 경제가 회복될 것이라는 희망을 품고서

② 경기침체와 재정 불안에 겁을 먹어서

③ 세계적인 투자 위험을 경시하면서

④ 수익성 높은 투자 포기를 주저하면서

구문 분석

[1] ①Focusing on the euro-zone debt crisis they pledged ②to do more to spur growth, ②ensure financial stability and ③support a stronger European fiscal union.

　① they를 의미상 주어로는 하는 분사구문으로 '~하면서' [더독해1.0 Chapter 3. unit 02]

　② 공통관계로 to do + to ensure + to support [더독해1.0 Chapter 2. unit 02]

[2] ①No sooner did the elections in Greece ease fears of a disorderly Greek exit from the euro ①than borrowing costs spiked in Spain and Italy.

　① hardly A when B = no sooner A than B 'A하자마자 B하다' 도치의 빈출 부사절이다.

　[더독해1.0 Chapter 4. unit 01]

해석

화요일, 이틀간에 걸친 회의 이후, G20회의에 참석한 각국의 정상들은 올바른 소리 몇 가지를 할 수 있었다. 유로존의 부채 위기에 초점을 맞추며, 그들은 성장을 촉진시키고, 재정을 안정시키며, 유럽 재무 연대를 더 강화하겠다고 다짐한 것이다. 이제 문제는 이러한 약속이 효과적인 행동으로 연결될 것인가이다. 지난 2년간에 걸친 유로존의 위기에 비춰본다면, 아마도 대답은 '아니오'일 것이다. 경기침체와 은행권의 위기가 그리스와 아일랜드, 포르투갈, 스페인, 그리고 이탈리아를 가속화하면서, 독일이 위기에 대응하는 방식은 자멸적인 내핍과 찔끔찔끔 제공하는 구제안을 끈질기게 고수하는 것이었다. 이에 따른 결과는 유럽의 악화된 경제와 점점 증가하는 불신 속에서 더욱 심한 경기침체와 사회적 불안정, 그리고 유럽의 강대국과 약소국들 사이의 커져가는 불신 속에서 정치적 대변동으로 나타나고 있다.

독일이 그 입장을 바꿔야 하는 이유는 점점 많아지고 있다. 우선, 위험부담이 더 높아졌다는 것이다. 그리스 총선으로 그리스의 무질서한 유로탈퇴에 대한 두려움이 완화되자마자 스페인과 이탈리아의 차입 관련 비용이 치솟았다. 이 두 나라는 막대한 부채를 차환(借換)하기 위해 정부 국채를 팔아야 하지만 투자자들은 **경기침체와 금융 불안정에 겁을 먹어** 이 나라들에서 돈을 빼내고 있다. 이는 지금껏 유럽이 직면했던 것보다 훨씬 더 큰 문제들을 예고하고, 결과적으로 금융 위기를 막기 위한 정책들이 실패하는데 한 몫 할 것이다. 이러한 상황 속에서, 세계 정상들은 더 강력하고 유연한 구제금융 정책을 내놓으라고 독일의 총리인 앙겔라 메르켈을 압박할 수 있는 기회를 가졌던 것이다.

어휘

pledge v. 맹세하다, 서약하다 spur n. 자극제, 원동력 fiscal a. 국가 재정의 relentless a. 가혹한, 완고한 self-defeating a. 자멸적인 austerity n. 긴축, 엄격함 bailout n. 구제금융 piecemeal a. 단편적인 disorderly a. 무질서한, 어수선한 bond n. 채권 refinance v. 자금을 보충하다 presage v. (불길한 일의) 전조가 되다 underscore n. 밑줄 표시, 강조 stem v. 막다, 저지하다 stake n. 말뚝, 이해관계, 위험 spike v. 대못, 정점, 급상승 v. 못으로 고정시키다, 급상승하다 chauvinism n. 쇼비니즘, 광신적 애국주의 deep-pocketed a. 재력이 있는 reckless a. 무모한 spook v. 무섭게 하다 lucrative a. 이익이 되는

40 Mins 05회 해설

01. ④ ★★ [고려대]

Rudy's 해설

제시문은 공교육의 변화와 전국단위로 학생들의 성취도를 평가하는 기준과 서로 연결되어 있다는 것이다. 즉, 공교육의 변화와 학생성취도 평가가 밀접하게 연결되어 있다는 내용이기에, ④의 학생 성취도의 평가기준이 공교육에 변화를 가져온다는 내용이 가장 근접하다.

구문 분석

Attempts to establish standards to evaluate student outcomes ①based on nationwide testing will induce change ②that will definitely affect public education.
① outcomes를 설명하는 분사로 동사로 오인하지 말자. [더독해1.0 Chapter 2. unit 07]
② change를 설명하는 형용사절. [더독해1.0 Chapter 2. unit 05]

해석

공교육에 영향을 미칠 것이 확실한 한 가지 변화는 전국적 평가와 연계된 학생 성취도의 기준을 확립할 수 있는 운동과 결합되고 있다.

① 공교육과 관련된 한 가지 확실한 점은 전국표준평가를 통해서 학생의 성취도를 상승시키려고 하는 헛된 시도이다.
② 전국표준평가를 통해서 공교육의 발전에 영향을 미치고자 하는 연대가 전국적인 운동이 될 것이다.
③ 공교육 문제는 학생들의 성취도 평가를 위한 전국적인 기준을 설정하는 운동에 명백히 영향을 미치기 때문에 공교육은 전국적인 변화를 주도적으로 시작할 수 있다.
④ 전국적인 평가에 기초해서 학생들의 성취도를 평가할 수 있는 기준을 확립하고자하는 시도들은 공교육에 영향을 미치는 변화를 이끌어낼 것이다.

어휘

coalesce v. 합치다, 연합하다 futile a. 헛된, 효과 없는 coalition n. 연합, 연대 student achievement n. 학생 성취도 (성적 향상) evaluation n. 평가, 분석

02. ③ ★★ [고려대]

Rudy's 해설

대중매체들은 실제 범죄를 과장하고 선정적으로 다루어서 그럴듯한 이야기로 만든다는 내용으로, 보기 ③이 가장 근접한 내용이다. 전후 문맥상 good story는 좋은 이야기가 아니라, 대중들의 흥미를 끌 수 있는 그럴싸한 이야기라는 의미이다.

구문 분석

The mass media tend to be very selective in their coverage of crime, ①exploiting the possibilities for a 'good story' ②by exaggerating and sensationalizing some crimes out of all proportion to their actual extent in society.
① the mass media를 의미상 주어로 하는 분사구. [더독해1.0 Chapter 3. unit 02]
② by에 연결되는 exaggerating + sensationalizing 병렬구조를 파악하자. [더독해1.0 Chapter 2. unit 02]

해석

대중매체의 범죄에 관한 보도는 매우 선별적인데, 대중매체는 사회 속에 실재하는 범죄의 정도를 과장하고 선정적으로 보도하는 것을 통해서 그럴듯한 이야기의 가능성을 이용한다.

① 대중매체는 실제적인 범죄들을 왜곡한다. 불가피하게 재발할 수 있는 비균형적인 과장된 이야기들을 통해 대중들의 선정적인 즐거움을 충족시키기 위해서.
② 대중매체는 강한 의도를 가지고 범죄자들에게 매력을 느끼는데, 대중의 흥미를 자극하기 위한 그럴싸한 이야기에 왜곡된 세부적인 내용을 붙이기 위해서.
③ 대중매체는 어떤 범죄를 보도할지를 선택하는 경향이 있다. 균형에서 벗어나 자극적으로 각색되어 그럴싸한 이야기가 될 수 있는 내용들을 활용하기 위해서.
④ 대중매체는 그들이 보도할 것과 그 가능성을 매우 잘 인식하고 있다.

어휘

exaggerate v. 과장하다 sensationalize v. 선정적으로 표현하다 satiate v. 만족시키다 recurrence n. 재발, 되풀이 tweak v. 잡아당기다, 수정하다 provocatively ad. 도발적으로, 자극적으로 embellish v. 꾸미다, 윤색하다 discern v. 알아차리다, 파악하다

03. ④ ★★ [중앙대]

Rudy's 해설

내용의 난이도 보다는 어휘의 난이도가 높은 문제이다. 보기문항에 이런 난이도 높은 어휘들을 출제하는 것이 중앙대의 특징이다.

1) 빈칸 앞에 not need sunlight을 통해 sunlight와는 상반되는 표현이 적절하다.
2) 앞 문장에 대한 재진술로 heaviest와 동일한 표현이 문맥상 적절하다.

구문 분석

Parasitic plants ①attach themselves to host plants, often to the stems or roots, by means of haustoria, ②which the parasite uses to make its way into the food channels of the host plant and ①absorb the nutrients that it needs to survive from the host plants.
① and를 중심으로 두 개의 동사들이 주어 Parasitic plants에 연결되어 있다. 이처럼 장문의 문장에서는 언제나 동사를 중심으로 구조를 파악하고, 복수의 동사들이 등장하는 경우에는 접속사를 중심으로 공통관계를 파악하는 것이 요점이다. [더독해1.0 Chapter 2. unit 02]
②는 haustoria를 설명하는 형용사절로 목적격 관계대명사이다. [더독해1.0 Chapter 2. unit 05]

해석

기생 식물은 태양 에너지로부터 양분을 만들어내기보다는 숙주 식물이 생산한 양분을 이용해서 생존하는 식물이다. 기생식물들은 생존을 위해 햇빛을 필요로 하지 않기에, 일반적으로 햇빛에 직접 노출된 지역 보다는 그늘이 많은 지역에서 발견된다. 기생 식물들은 흡수근을 통해 숙주식물의 줄기나, 뿌리 등에 달라붙는데, 이 흡수근을 활용해서 기생식물은 숙주식물의 양분통로로 침투해 생존에 필요한 양분을 흡수한다. 세상에게 가장 무거운 꽃인 라플레시아는 밀림의 덩굴 식물의 뿌리에 기생해서 살아가는 기생식물이다. 매우 무거운 이 꽃의 무게는 15파운드에 이르고 그 폭이 3피트에 달하기도 한다.

어휘

parasitic a. 기생하는 host n. 주인, 숙주 host plant n. 숙주 식물 umbrageous a. 그늘진, 화를 잘 내는 haustorium. n. (기생 식물의) 흡수근 pl) haustoria live off v. 의지해 살아가다 bloom n 꽃, 개화 fertile a. 기름진, 비옥한 parched a. (땅 등이) 바짝 마른, 목이 타는 exuberant a. 원기 왕성한 alluvial a 충적토의 meager a. 빈약한 ponderous a. 매우 무거운, 지루한

04. ② ★★ [중앙대]

두 개의 빈칸 모두 바로 앞 문장의 재진술에 해당하는 구조이다.
1) 빈칸 앞의 could not fight the factory and mine owners를 통해 유추할 수 있다.
2) 빈칸 앞의 criticized such mistreatment of children을 통해서 유추할 수 있다.

해석

오늘날에는 법률이 젊은이들이 일하는 조건 뿐 아니라 근무시간도 통제한다. 그러나 항상 그런 것은 아니었다. 예를 들어 20세기까지만 해도 영국의 가난한 가정의 아이들은 빈번하게 값싸게 노동력을 착취당했다. 이런 착취에는 많은 형태들이 있었다. 아홉 살에 불과한 아이들이 하루에 14시간에서 16시간에 달하는 노동을 해야만 했다. 형편없는 노동조건은 아이들의 건강을 심각하게 손상시켰다. 비록 많은 부모들이 아이들을 보호하고 돌보려고 했지만, 가족들은 돈이 필요했기에 공장주 및 광산주에 맞설 수가 없었다. 많은 아이들은 틀림없이 자신들이 버림받았다고 느꼈을 것이다. 영국의 작가들은 이와 같은 아동 학대를 비판했다. 예를 들어, 유명한 소설가인, 찰스 디킨스는 빈번하게 아이들의 생명이 비인간적으로 남용되는 것을 서술했다.

어휘

exploit v. 착취하다, 이용하다 impair v. 악화시키다 envelop v. 포위하다, 에워싸다 forsaken a. 버림받은, 고독한 mistreatment n. 학대 pampered a. 과잉보호하는 redeem v. 되찾다, 회복하다 insipid a. 재미없는, 활기 없는

[5-7] 05. ② 06. ③ 07. ④ ★★

05. 빠르게 발전하는 다양한 기술들이 인간들의 파괴 행위를 막을 수 있다는 것이 본문의 내용이다.

① 세계 지도자들이 양심을 회복하는 것
② 계속해서 발전하고 쉽게 활용할 수 있는 과학기술
③ 교육을 통한 일반 대중의 계몽
④ 환경에 대한 대중들의 태도가 점진적으로 변화하는 것

06. 지칭추론으로 문맥상 Web sites for people to see을 의미한다. 다양한 기기를 통해 현실에서 일어나는 일을 여과없이 대중들이 볼 수 있다는 의미이다.

① 지속가능한 발전을 위해서 발전 속도를 늦추는 것
② 세상에 대한 보다 좋은 이미지를 보여주기 위해서 사실들을 조작하는 것
③ 조작 없이 세상에 대한 모습을 그대로 보여주는 것
④ 후진국과 선진국 사이의 격차를 줄이는 것

07. 첨단과학기술에 익숙하지 않은 사람들이 속을 가능성이 적다는 언급은 본문에 등장하지 않는다.

① 과거에 우리는 불편한 진실들에 대해 있는 그대로 볼 수 없었다.
② 어떤 사람들은 우리가 있는 그대로 보는 것을 차단함으로써 이익을 얻는다.
③ 작가는 불가피한 정직함이 보다 나은 미래를 가져올 것이라고 생각한다.
④ 첨단과학기술에 익숙하지 않은 사람들은 속을 가능성이 적다.

개인적인 이익이나 기업적, 국가적 혹은 전 세계적 이익을 위해 동식물을 부주의하게 파괴하는 행위를 사람들이 멈출 것이라 생각할 만큼 나는 어리석지 않다. 그러나 빠르게 업데이트할 수 있고 시민들이 이용 가능한 고해상도의 이미지가 출현하면서 우리 중 권력을 가지고 착취를 하는 사람들의 무지와 비밀을 덮고 있는 베일이 벗겨질 것이라 나는 분명히 믿는다. 이전에는 우림으로 보존된 숲이 사막과도 같은 곳으로 변해가는 과정을 여러분이 보게 된다면, 삼림을 개간하는 것이 그렇게 나쁘지는 않다고 여러분에게 말할 수 있는 사람은 없을 것이다. 수많은 마을들이 물에 잠기는 것을 인류가 보고 있는데, 댐의 영향은 미미하다고 이야기할 사람은 아무도 없을 것이다. 인터넷에서 거의 실시간으로 융단 폭격의 결과를 보게 되면, 전쟁을 단순한 정치적 행동으로 포장할 사람은 아무도 없을 것이다. 사람들이 볼 수 있도록 웹사이트에 사진을 찍어 올리는 저널리스트, 블로거, 사진작가들과 함께 우리는 이미 이 길에 접어들었다. 이런 종류의 은밀한 비밀은 사라지고 있지만, 우리나라나 전 세계의 지도층을 지금까지 들어본 적이 없는 진실의 영역으로 밀어 넣을 최후의 환기가 필요하다. 저궤도로 운항하고 있는 눈(인공위성)을 통해 지금 일어나고 있는 일을 볼 수가 있는 데도 우리 앞에 있는 지도자들은 그런 일이 일어나고 있지 않다고 말할 수 있을까? 하나의 결정이 지구 전체에 어떤 영향을 미치는지 인류가 이해하면서, 인류는 보다 정직한 삶을 살게 될 것이다.

flora and fauna n. (한 지역의) 동식물상(구성 종류)   advent n. 도래, 출현   high-resolution n. 고해상도   exploitative a. 착취하는   submerge v. 잠수하다, 물속에 잠기다   carpet bombing n. 융단 폭격   occur v. 일어나다, 발생하다   veil n. 베일, 가리개   humanity n. 인류, 인간애   nudge n. 자극   massage v. 마사지하다, 조작하다   delude v. 속이다, 현혹시키다   bring about v. 가져오다, 야기하다

[8 -9] 08. ② 09. ④ ★★ [한국외대]

08. 문맥상 의미하는 것이 상이한 것을 고르는 문제이다. ②만이 부유함을 의미하고, 나머지는 가난한 일상을 의미한다.

09. 문맥상 의미하는 것을 선별하는 추론문제로 난이도 있는 문항이다. the two는 means와 desires를 의미한다. means는 자신이 원하는 것을 얻을 수 있는 수단, 부유함 등을 의미하고, desires는 여기서 더 많은 것을 원하는 충족되지 못하는 욕망을 의미한다. 또한 바로 앞 문장의 compensating balance를 통해서 하나가 충족되면, 다른 하나가 부족해진다는 것을 알 수 있다. 따라서 어떤 것을 성취하면, 그것만큼 실망이나 불만족 또한 증가한다는 것을 추론할 수 있다.

[1] we laugh ①no merrier on velvet cushions ①than we ②did on wooden chairs.
= we laugh no merrier on velvet cushions than we laughed merry on wooden chairs.
① '주어 동사 no A (비교급) than B' 구문으로 '주어는 B와 똑같이 A이다'는 동등비교.
[더독해1.0 Chapter 4. unit 04]
② did는 대동사로 did = laughed merry

[2] ①the happiness we gain in one direction we lose in another.
= we lose the happiness we gain in one direction in another.
① 목적어인 the happiness we gain in one direction이 문두로 도치된 구조. 목적어 도치의 경우에는, 목적어가 문두로 도치되어도 '주어 동사'의 어순은 변하지 않는다. [더독해1.0 Chapter 4. unit 01]

우리가 황금 술잔으로 마시든, 돌로 만든 머그잔으로 마시든, 인생은 맛은 다르지 않다. 우리가 어디에서 삶의 시간들을 기다려도, 슬

품과 기쁨이 뒤섞인 시간들이 다가온다. 브로드 옷감으로 만든 조끼(부자)나 퍼스티언 천으로 만든 조끼(가난한 자)나 상심한 마음은 다르지 않고 벨벳 쿠션에 앉아서 유쾌하게 웃는 것이 나무로 만든 의자에 앉아서 웃는 것과 다르지 않다. 나는 자주 천장 낮은 방들에서 한숨을 쉬지만, 절망들을 포기한 후에도 절망들은 줄어들거나 가벼워지지 않는다. 삶은 상쇄하는 균형 위에서 작동하기에, 한 방향에서 우리가 얻은 행복을 우리는 다른 방향에서 잃어버린다. 우리의 수단(재산)이 증가하면서 우리의 욕망도 커지며, 우리는 항상 이 둘 사이에 서 있다.

어휘

quaff v. 단숨에 들이 키다 goblet n. 고블릿 (손잡이 없는 술잔) laden a. 잔뜩 실은, 가득 찬 waistcoat n. 조끼 broadcloth n. 브로드 (모직물) fustian n. 퍼스티언 (면직물) aching a. 마음이 아픈, 쑤시는 desperation n. 절망, 자포자기

[10 -12] 10. ① 11. ③ 12. ③ ★★

Rudy's 해설

10. 문맥적 의미를 묻는 지칭추론 문제로 mundane aspect 의미를 묻고 있다.

   ① 어떤 사람들은 그것을 업무에서 하나의 일과로 느낀다.
   ② 어떤 사람들은 그것을 직업적 책임감의 하나로 느낀다.
   ③ 어떤 이들은 그것을 너무나 심각하게 받아들여 직장생활에 영향을 끼친다.
   ④ 어떤 이들에게 그것은 골치 아픈 일처럼 스트레스를 준다.

11. 일하는 사람들의 가장 바람직한 태도를 묻는 문제로, cultivating pleasant thoughts and memories를 통해서 정답을 선별할 수 있다.

   ① 부정적인 생각을 혼자서만 간직하는 것
   ② 직선적으로 부정적인 생각을 표출하는 것
   ③ 부정적인 생각을 줄이기 위해서 긍정적인 생각을 강화하는 것
   ④ 부정적인 생각의 원인들을 이해해서 강력하게 저항하는 것

12. 억지 미소를 통해서 순수한 미소가 생긴다는 진술은 본문의 내용과 부합하지 않는다.

   ① 억지 미소는 더욱 우울한 기분을 야기할 수 있다.
   ② 직장에서의 생산성은 억지 미소에 영향을 받는다.
   ③ 억지 미소를 통해 진심어린 미소가 생길 수 있다.
   ④ 억지 미소는 많은 불안을 가져올 수도 있다.

해석

직장에서 마지막으로 거짓 웃음을 지어보였던 것이 언제였던가? 어떤 사람들에게, 이는 직장 생활에서의 또 다른 일상일 뿐이다. 내면의 불행을 감추기 위해 포커페이스를 지으면서 말이다. 그러나 이것이 사람의 기분을 더 안 좋게 만들고 당장 해야 할 업무를 중단하게 만든다는 새로운 연구결과가 나왔다.
한 연구에서 연구원들은 2주 동안, 버스 운전자들을 조사하였다. 이들의 직업은 많은 사람들을 빈번하게 접해야 하며, 예의바르게 대해야 하기 때문이다. 연구원들은 운전자들이 "표면 행위"로 알려진 거짓 미소, 그리고 이와 반대로 긍정적 생각을 통해 발생하는 진짜 미소인 "심연 행위"를 했을 때, 어떠한 일이 벌어지는지 조사했다.
운전자들을 가까이서 관측한 후, 연구원들은 다음과 같은 사실을 발견했다. 피실험자들이 억지로 미소를 지어야 했던 날에, 그들의 심리 상태는 더 악화되었고, 일을 쉽게 중단하는 모습을 보였다. 부정적인 생각을 억누르려고 애를 쓰는 것이 결국 그 생각을 더 계속하도록 만들었을 수도 있다. 하지만 피실험자가 실질적으로 기쁜 생각과 기억들을 지속적으로 하며, 더 심오한 노력으로 미소를 지으려

하던 날에는 이들의 전반적인 심리 상태가 향상되었고 생산성도 증가했다. 여성들은 남성들보다 더 영향을 많이 받았다. 연구원들은 문화적 규범이 작용했을 것이라 생각했다. 왜냐하면, 여성들이 더 정서적으로 표현하게끔 사회화 되어있기 때문에 감정을 숨기는 것이 더 많은 부담을 자아낼 수도 있기 때문이다.

어휘

engage in v. ~에 관여하다 fake a. 가짜의, 인조의 surface n. 표면 generate v. 만들어 내다 authentic a. 진짜인 mood n. 심리 상태, 기분 deteriorate v. 악화되다, 나빠지다 withdraw v. 철수하다, 취소하다 suppress v. 억제하다, 억누르다 persistent a. 집요한, 끈질긴 cultivate v. 경작하다, 재배하다 productivity n. 생산성 norm n. 규범, 표준 socialize v. 사회화시키다 strain n. 부담, 압박 track v. 추적하다 courteous a. 예의바른 mundane a. 평범한, 일상적인 flash v. 번쩍이다, 보이다 counteract v. 방행하다, 좌절시키다

[13 -14] 13. ① 14. ② ★★ [한국외대]

Rudy's 해설

13. 본문의 내용을 토대로 맞는 문항을 선별하는 문제이다.

　① 폭력을 목격하는 것은 아이들에게 폭력을 조장한다.
　② 총기 소유권에 대한 제한은 필요하지 않다.
　③ 젊은이들의 마약 사용에 대한 일반적인 연구법들은 신뢰할 만 하다.
　④ 폭력적인 젊은이들은 심각한 결과에 직면한다.

14. 밑줄 친 표현에 대한 문제는 지칭추론 문제로 전후 문맥을 고려해서 적절한 표현을 선별하는 문제이다. 'unless things change, this number will increase.'를 통해 things는 현 십대들이 직면하고 있는 부정적인 상황임을 알 수 있다.

　① 부모와 십대들 사이의 갈등
　② 현재 미국 십대들의 끔찍한 상황
　③ 갱들 사이의 폭력적 충돌을 예방하기 위한 특별위원회를 창설하는 것
　④ 십대들의 실업과 마약 사용

구문 분석

He argues that society should ①not concern itself with punishing youth violence <u>so much as</u> its members should work to prevent the circumstances that encourage it.
① not so much A as B = not A so much as B (A이기도 하지만 B이다)
not A but B가 A를 부정하고 B만을 긍정하는데 반해, 이 상관접속사는 A, B 둘다 긍정하지만 B에 강조점을 둔 표현이다. not과 뒤에 등장하는 so much as를 연결해서 파악하는 것이 요점이다. [더독해1.0 Chapter 4. unit 0]

해석

젊은이들은 폭력적인 상황 속에 살면서 폭력을 배운다. 이것은 할렘에서 젊은이들과 함께 일을 한 경험에서 제프리 캐나다(Geoffrey Canada)가 이끌어낸 결론이다. 그는 사회가 젊은이들의 폭력을 추방하는데 관심을 갖는 것도 중요하지만, 젊은이들이 폭력을 조장하는 상황들을 막기 위해 노력하는 것이 더 중요하다고 주장한다. 따라서 젊은이들이 폭력이나 범죄행위를 저지르기 전에, 젊은이들의 욕구를 해결할 수 있는 새로운 프로그램이 범기기 있이아 한다고 수상한다. 이러한 것들은 다음과 같은 것들을 포함한다. 갱단과 연관된 발화점(범죄발생)이 예방할 수 있는 평화 경찰단의 창설, 십대들을 위한 일자리 창출을 통한 마약의 수요에 대한 감소, 대처 기술을 훈련시키는 것을 통해 아이들과 부녀자들에 대한 폭력 예방, 대중매체에서 폭력적인 방송 줄이기, 그리고 권총을 구입하기 전에 십대들에게 심사절차를 적용하는 것 등이다. 이러한 조치들을 통해 아이들과 십대들은 보다 확실하게 폭력에 노출되지 않게 될 것이고, 이

과정에서 그들은 폭력을 배우지 않게 될 것이다. 비록 가라테 강사이지만, 제프리 캐나다(Geoffrey Canada)는 대화와 조정을 통해 갈등을 해결하는 법을 젊은이들에게 가르친다. 그는 매년 폭력으로 5,000명 이상의 아이들이 희생되며, 상황이 변화지 않는다면, 이 숫자는 더 증가할 것이라고 지적한다.

어휘

not A so much as B con. A이기도 하지만 B이다 address v. 다루다, 처리하다 commit v. 행하다, 저지르다 abuse n. 폭행, 남용 flashpoint n. 발화점, (비유적) 화약고 handgun n. 권총 mediation n. 조정, 화해, 중재 cost v. 목숨 등을 앗아가다 dire a. 무서운, 긴박한, 끔찍한 approach n. 접근, 연구법

[15 -17] 15. ④ 16. ② 17. ③ ★★

Rudy's 해설

15. 본문 중간의 'People have strong emotional reactions when such safety devices have even a very small potential to betray them.'가 주제문이다. 이 글은 서론에서 예시를 제시하고, 이어서 종합적인 주제문을, 또 다시 주제문에 대한 다른 예시와 보충 진술을 제시하는 구조를 띄고 있다. '예시 - 주제문 - 예시'의 구조로 이해하는 것이 중요하다. 주제문이 먼저 등장하고 예시가 이어지는 구조가 일반적인데, 이 글은 예시와 주제문의 위치가 전환된 구조의 중괄식으로 파악하는 것이 적합하다.
[더독해2.0 Chapter 1. unit 05]

① The Risks of Defective Devices (결함 있는 장치의 위험성)
② Americans Insensitive to Safety (안전에 대한 미국인들의 무감각)
③ The Pros and Cons of Safety Products (안전장치에 대한 찬반)
④ Why People Refuse What Protects Them (사람들이 안전장치를 거부하는 이유)

16. 안전을 담당하는 안전장치에 대해서는 기대치가 높기 때문에 다른 장치에 비해서 조금의 결점이라도 드러나면 거부하는 감정적 반응을 보인다는 것이 본문의 내용이다.

① 사람들이 더 직관적일수록, 더 이성적으로 생각하는 경향이 있다.
② 사람들은 다른 장치들보다 안전과 관련된 장치들에 더 높은 기대치를 가지고 있다.
③ 장치의 결함으로 인한 작은 잠재적 위험성을 감수하는 것 보다 안전장치 없이 지내는 편이 낫다.
④ 미국인들은 일정한 정도의 위험을 즐기면서 안전수칙을 의도적으로 경시한다.

17. 전체적으로 안전을 극대화하는 방법이 있더라도 사람들은 감정적 판단으로 오히려 더 위험한 선택을 한다는 것이 본문의 내용이다. 따라서 빈칸에는 those alternatives (안전을 극대화하는 대안들)에 대해 사람들이 쉽게 거부감을 느낀다는 표현이 적절하다.

구문 분석

①it was participants who scored high on a personality test measuring intuitive thinking ①who were most likely to avoid safety products
① it ~ that 주어강조 구문이다. 주의할 점은 participants 뒤에 관계사절 who가 등장하기에 뒤에 등장하는 강조의 who와 혼동될 수 있다는 점이다. 'it is 주어+관계사절 that~' 구조에 유의하자. [더독해1.0 Chapter 4. unit 04]

해석

미국인들은 운전하면서 문자 메시지를 보내고, 과식하고 운동은 너무 적게 하며 담배와 술을 너무 많이 하는 등 건강과 안전에 관해서라면 최선의 예방책을 취하지 않으려는 경향이 있다. 이에 더하여 우리는 또한 우리의 안전을 위협하는 진정한 위험을 평가하지 못하

는 경우가 많다. 특히나 에어백, 백신, 연기 탐지기와 같이 우리를 안전하게 지키기 위한 제품을 받아들이는 데 있어서 더욱 그렇다. 사람들은 이러한 제품에 대한 위험성에 대해 알게 되면 배신감을 느끼게 되어, 이런 제품들을 꺼려하게 된다. 사람들은 그러한 안전 제품이 우리를 실망시킬 수 있는 매우 적은 가능성이라도 지니고 있으면 강한 감정적 반응을 보인다. 따라서 손해와 비용, 그리고 이익을 고려하기보다 사람들은 이러한 제품들을 바로 거절할 것이다. 그렇게 하는 것이 그들을 더욱 안 좋게 만든다 할지라도 말이다. 연구가들은 에어백이 치명적인 외상을 일으킬 수 있다고 들은 참가자들은 에어백이 없는, 보다 위험 요소가 높은 선택을 하려 했다고 말했다. 흥미롭게도, 안전 제품의 부작용이 안전과 반대되는 결과를 가져올 것 같은 적은 가능성 때문에, 이러한 안전 제품을 가장 원치 않았던 사람들은 직관적 사고를 측정하는 성격 시험에서 높은 점수를 기록한 자들이었다. 이 연구는 사회 정책입안자와 건강 전문가들에게 시사하는 바가 있다. 보통 전반적 안전을 극대화하는 대안을 선호하는 정책입안자들은 시민들이 몇몇 이러한 대안들이 **감정적으로 반감을 일으킨다고** 생각할 가능성에 주의를 요할 필요가 있다.

어휘

when it comes to v. ~에 대해서[관해서]라면 precaution n. 조심, 경계, 예방책 assess v. 평가하다 be behind the wheel v. 자동차를 운전하다 embrace v. 포용하다, 환영하다, 받아들이다 outright a. 솔직한 av. 완전히 trauma n. 정신적 큰 충격 deadly a. 죽음의, 치명적인 malfunction n. 오동작, 기능불량 intuitive a. 직관[지각]에 의한 adverse a. 거스르는, 반대의, 불리한 alternative n. 대안 meagerly av. 빈약하게, 불충분하게 repugnant a. 혐오감을 주는, 불쾌한 viable a. 실행 가능한, 실용적인, 생명력 있는 consistently av. 시종일관하게, 조리 있게 flawed a. 결함[결점]이 있는 willfully av. 고의로, 계획적으로 misinformed a. 잘못 알려져 있는 worse off a. 더욱 악화되는 meagerly av. 불충분하게 repugnant a. 불쾌한, 반대하는 willfully av. 고의로

---

18. ④ ★★ [한양대]

Rudy's 해설

지문의 난이도는 상당히 높은데, 이에 반해서 문제의 난이도는 높지 않다. 우리는 특권의 획득이 개인의 노력을 통해서 이루어진다는 생각을 하지만, 피에르에 따르면 특권은 개인의 노력 보다는 계층, 사회적 배경에 의해서 결정된다는 것이다.

① 개인들은 자신의 사회적 지위가 적법한 것이라고 잘못 받아들이고 있다.
* 개인들의 노력을 통해서 획득된 사회적 지위가 적법하다고 생각하지만, 실상 이것은 그릇된 생각이라는 것이 저자의 주장이다. 첫 줄의 'mis-recognized'를 통해 서론부터 저자의 주장을 파악하고 본문으로 들어가자.
② 브르디외는 지배와 불평등을 사회 구조의 핵심으로 생각한다.
③ 브르디외는 특권층의 아이들의 경우에는, 교육기관과 가정에서의 교육 사이에는 매우 밀접한 관련성이 있다고 지적한다.
④ 브르디외는 개인들의 사회적 지위는 개인의 지능, 재능, 노력 등의 결과라고 주장한다.
* 개인들은 자신들의 사회적 지위가 개인적 노력의 성취라고 믿지만, 실제로는 사회적 계층을 통해서 개인의 지위가 결정된다는 것이 브르디외의 주장이다.

해석

특정 사회 속에서, 특권의 양도는 그릇되게 인식되고 있다. 개인들은 사회의 배분(특권 배분)을 적법하다고 여기는 경향이 있다. 지위, 특권, 유사한 사회적 보상들은 개인들을 통해서 획득된다고 여겨진다. 즉, 이런 특권들은 지능, 재능, 노력과 다른 전략적 기술 등을 통해 (후천적으로) 획득된다고 사람들은 인식한다. (그러나) 피에르 브르디외는 개인의 사회적 지위는 노력이나 지능과 같은 개인적 특성의 결과가 아니라는 점을 명확히 하고 있다. 특히 그의 주장에 따르면 특권 계층에 있는 개인들은 유리한 상황에 있는데, 이것은 내재적 가치(개인의 선천적인 능력)의 결과가 아니라는 것이다. 오히려 교육기관에서 제시되는 기준과 특권층의 양육기준 사이에는 밀접한 연관성이 존재하기에, 특권층의 교육은 불평등한 가치(다른 계층에 비해서 매우 유리한)를 부여받는다.

어휘

allegedly av. 주장에 따르면, 일선에 의하면 transmission n. 전달 privilege n. 특권 legitimate a. 정당한, 합법적인 intrinsic merit n. 본질적 가치 compatibility n. 적합성, 호환성, 양립성

19. ③ ★★★ [한양대]

이처럼 추상적인 지문들에 첫 줄에 일반적, 압축적 진술이 등장할 경우, 대체로 주제문일 가능성이 높다. 주제문을 파악하면 이후에 전개되는 진술들을 재진술, 보충설명으로 이해할 수 있는 구조가 형성되기에 보다 쉽게 지문의 내용을 파악할 수 있다. 이 지문 또한 전형적인 두괄식 구조로, 사회적 질서에 대한 사회주의자들과 무정부주의자들, 나아가 사회주의자들 사이에서도 상이한 견해를 가지고 있다는 것이 주된 내용이다. [더독해2.0 Chapter 1. unit 01]

① 마르크스주의자들은 사회적 질서라는 개념에 있어 무정부주의자들의 주장에 동조한다.
② 무정부주의자들은 사회적 불평등 문제를 해결하기 위해서 모든 정치적 권위는 폐지되어야 한다고 주장한다.
* 마르크스주의자들과 무정부주의자들의 견해는 일치하는데, 사회적 불평등이 폐지되면서 정치적 권위가 사라진다는 주장이 마르크스주의자들의 주장이다. 따라서 맞는 진술이다.
③ 사회주의자들은 개인들의 자발적인 협력을 촉진하는 사회에서 사회적 질서는 쉽게 유지된다는 믿음에 비판적이다.
* 본문에서는 socialist를 마르크스주의자들과 온건한 사회주의자들로 분류하고 있고, 그들의 의견은 다르기에 틀린 진술이다.
④ 무정부주의자들과 마르크스주의자들은 의회사회주의자들과 근대 자유주의자들보다 질서라는 개념에 있어 보다 급진적인 견해를 가지고 있다.

해석

질서에 대한 매우 상이한 개념들이 사회주의자들과 무정부주자들의 저작들에 등장한다. 예를 들어, 무정부주의자들은 법과 질서를 포함해 국가와 모든 종류의 정치적 권위 철폐를 주장한다. 마르크주의 사회주의자들 또한 이러한 유토피아적인 시각에 동조해왔다. 마르크스 자신은 사회적 불평등이 철폐된다면 국가가 – 법과 사회통제의 다른 형태들 – 점진적으로 쇠퇴할 것이라고 믿었다. 의회 사회주의자들과 근대의 자유주의자들은 보다 더 온건한 제안을 해왔지만, 그럼에도 불구하고 질서가 단지 엄격한 법과 강한 처벌들에 의해서만 유지될 수 있다는 믿음에 대해서 그들은 비판적이었다. 비록 그런 견해들이 법과 질서라는 전통적인 견해에 대해 비판적이기는 했지만, 질서 그 자체에 대한 완전한 거부에 까지 이른 것은 아니다. 오히려, 그 견해들은 대안적 믿음에 기반하고 있는데, 사회적 질서는 개인들의 천성적인 선의에 조절되면서 자발적인 조화의 형태를 지닐 수 있다는 것이다.

어휘

anarchist n. 무정부주의자 abolition n. 철폐 machinery n. 조직, 시스템, 기계류 wither away v. 시들어 가다, 쇠퇴하다 modest a. 겸손한, 소박한 stiff a. 굳은, 엄격한 good sense n. 양식, 분별 sympathize v. 공감하다, 동정하다, 찬성하다 amount to v. 결국 ~되다, 총합이 ~ 되다

[20 -21] 20. ② 21. ④ ★★

20. 빈칸 뒤의 'kids who avoided eating even more fiercely' 통해 빈칸에는 부정적인 표현이 적절하다.

　　① 세월을 거쳐 입증된 전략
　　② 별로 현명하지 못한 방법
　　③ 높이 평가받아야 할 행동
　　④ 효과적이지만 매우 힘든 방법

20. 마지막 문장을 통해서 아이들을 자상하게 안내하는 것이 중요하지, 방치하라는 의미는 아니다.

① 음식을 먹으라고 아이들을 강요하는 것은 음식을 회피하는 결과를 만들 가능성이 높다.
② 아이들에게 식사를 지도하는 것은 일관되고 부드러운 방법으로 진행될 때 더 효과적이다.
③ 아이들이 배가 고프지 않을 때 식사를 강요하는 것은 아이들이 식사 조절을 못하게 한다.
④ 아이들은 스스로 식습관을 조절하기 위해서 혼자 남겨지는 것이 제일 좋다.

해석

당신의 자녀에게 음식을 마저 먹으라고 재촉하는 것은 증가하는 아동 비만율의 관점에서 볼 때 좋지 않을 뿐만 아니라 역효과를 내 무섭게 까다로운 식성의 아이를 만들어내게 될 것이라고 새로운 연구는 말한다. 영국의 과학자들은 3세에서 6세의 아이를 둔 104명의 영국 어머니들에게 아이들과 음식에 관해 어떻게 의사소통하는지에 대해서 물었다. 그들은 소란스럽게 먹거나 느리게 먹는, 혹은 먹는 것에 문제가 있는 아이들의 어머니가 아이들에게 먹는 것을 들볶는 어머니인 경향이 있다는 것을 발견했는데, **이는 그다지 현명한 방법이 아니다.** 음식을 가지고 아이들에게 압력을 가하는 어머니는 먹는 것을 더 강력히 거부하는 아이를 두게 될 가능성이 높다. 이는 음식을 이용해 아이들의 행동을 만들어내려는 이들에게도 마찬가지로 적용된다. 더군다나, 아이들이 배고프지 않을 때 먹을 것을 강요하는 것은 아이의 내재된 포만감을 무시해 식욕을 억제하는데 어려움을 겪는 아이를 만들 수도 있다고 저자는 말한다. 건강한 아이들은 그들의 배고픔과 포만감을 통제할 수 있도록 태어난다. 결론은 아동 발달에 대해 조금이라도 알고 있는 많은 사람들에게 이해가 가는 부분일 것이다. 아이에게 무엇을 하라고 시키면 아이는 반항할 것이다. 하지만 정중하게 지도한다면 아이는 보다 성공할 가능성이 크다.

어휘

backfire v. 역효과를 내다 dreaded a. 두려운, 무서운 fussy a. 소란 떠는 hound v. 사냥하다, 괴롭히다 override v. 무시하다 satiety n. 싫증남, 포만 give in v. 굴복하다, 양보하다 chow down v. 먹다, 식사하다 strenuous a. 활발한, 노력이 필요한 stumble v. 비틀거리다 in light of av. ~ 관점에서 nag v. 잔소리하다 be bound to v. ~ 할 수 밖에 없다 picky a. 까다로운 problem a. 제멋대로 하는 prudent a. 신중한, 분별있는 fullness n. 포만감 make sense v. 타당하다, 논리적이다 rebel v. 저항하다 gently av. 부드럽게 the same goes for 명사 v. ~에게도 동일하게 적용되다

22. ④ ★★ [한양대]

Rudy's 해설

문장삽입은 '동일어구 접대 일구'가 문제해결의 핵심이다. [더독해2.0 Chapter 3. unit 04]

1) 동일어구 - 유의어, 동일한 표현은 전후에 연결되어야 한다.
2) 접속사 - 연결어를 중심으로 순접, 역접의 흐름을 파악한다.
3) 대명사 - 대명사는 언제나 선행사 뒤에 위치한다.
4) 일구 - 일반적 진술이 구체적 진술보다 앞에 위치한다.
제시문의 'the higher ~, the less'라는 표현과 ④ 뒤의 'this is the case'를 통해 적절한 위치를 알 수 있다. this 가 의미하는 선행사가 제시문이기 때문이다.

구문 분석

This may mean ①changing information about yourself that is currently available online, ①taking steps to publish and promote new information about yourself, and generally ①exercising care about what you say and do online.
① mean의 3개의 독석어눌인 changing + taking + exercising 가 병렬적으로 연결되어 있다.
[더독해1.0 Chapter 2. unit 02]

당신이 어떤 종류의 직업을 선택하고, 당신이 하는 일 또는 해야 할 일이 무엇이든지간에, 온라인에서 당신의 평판을 관리하는 것은 일자리를 구하고 유지하는데 있어서 중요하다. 인터넷에서 어떻게 당신이 자신에 대한 이미지를 부여할지, 타인들이 당신에 대해서 어떤 인식을 갖기를 원하는지에 대해서 생각해 보는 것은 중요하다. 이것은 온라인에서 얻을 수 있는 자신에 대한 정보를 바꾸고, 자신에 대한 새로운 정보를 공개하고 홍보하는 여러 조치를 취하고, 일반적으로 온라인에서 말하고 행동하는 것에 대해 당신이 신중해야 하는 것을 의미한다. 일반적으로 온라인에 대한 통용되는 원칙들은 "간결함이 더 좋다"라는 격언을 따른다. **비록 이것은 일정부분 세대 간의 문제이긴 하지만, 사실상, 조직의 위계에서 한 개인의 위치가 높으면 높을수록, 온라인에서 그 개인에 대해 찾을 수 있는 정보가 더 적어진다는(간결하다) 것이 일반적이다.** 몇 몇 개인들을 대상으로 구글링을 시도해본다면 이것이 사실이라는 것을 알게 될 것이다. 게다가, 어떤 사이트를 검색한다 해도, 그 개인에 대해서 당신이 찾아낸 정보는 거의 항상 동일하다.

어휘

exercise care v. 조심하다 dictum n. 격언, 금언 take a step v. 조치를 취하다 google v. 구글 검색을 통해 정보를 찾다

[23 -26] 23. ③ 24. ④ 25. ② 26. ③ ★★ [고려대]

Rudy's 해설

23. 디지털화에 대한 추론 문제이지만, 내용일치 문제와 동일하다.

① 혁신적인 사람들만이 생존한다.
② 그것은 정보 소통을 덜 경쟁적으로 만든다.
③ 그것은 인터넷 대기업들을 양산하는 경향이 있다.
* behemoths growing every more powerful을 통해서 맞는 문항임을 알 수 있다.
④ 그것은 저자에 내한 수요를 없앨 것이다.
* novice authors flooding을 통해 그릇된 내용임을 알 수 있다.

24. 문맥적 의미를 묻는 지칭추론 문제유형이지만, 실제로는 구동사의 의미를 묻는 어휘문제이다. 본문의 밑줄 친 표현의 의미를 알지 못하는 경우에는 보기문항들을 대입해서 가장 문맥에 자연스러운 것을 선별하는 것이 요령이다.
write off v) 중요하지 않은 것으로 치부하다, 삭제하다
engage with v) 교전하다, 싸우다 cf) engage in v) 종사하다
pur forth v) 제출하다, 발표하다
call for v) 요구하다
argue away v) (오해, 불신) 해소하다, 제거하다

25. 본문을 토대로 책에 대해서 추론할 수 없는 문항을 선별하는 문제이다.
B를 제외한 모든 문항들은 책이 영향력이 크고, 향후에도 계속해서 존재할 것이라는 내용이다. 이처럼 나머지 보기문항들과 의미 자체가 상반되는 문항은 언제나 그릇된 내용일 가능성이 매우 높다.

① 책들은 기술적 혁명의 결실이기에 변화하는 시간에 계속해서 적응할 것이다.
② 분명하게 발전하는 기술들이 가까운 미래에 책들을 역사의 유물로 만들 것이다.
* 인쇄술이 등장한 이후로 책들은 형태를 달리하면서도 지속적으로 많은 영향을 끼치고 있다는 것이 본문의 내용이다. 따라서 향후에 사라질 것이라는 내용은 적절하지 않다.
③ 사상과 정보의 전달자로서, 책들은 어떤 단일한 정치인, 종교 지도자 보다 더 많은 영향을 끼치고 있다.
④ 책의 생산과 소비의 형태들은 새로운 기술들과 함께 변화할 것이다.
* 디지털화가 되었지만 책은 다른 형태로 발전하는 것이지 사라지는 것이 아니다. 따라서 향후에 다른 기술이 등장해도 책은 함께 변화할 것이라는 내용은 합리적 추론에 해당한다.

26. 언제나 제목이나 주제는 보기문항 keyword를 중심으로 해결하는 것이 가장 효과적이다.
[더독해2.0 Chapter 1. unit 04]

서론에서 디지털화가 도서 시장을 급격하게 변화시키고 있지만, 책은 예전과 다름없이 매우 효과적인 지식 전달 수단이라는 것이 본문의 주장이다. 주제문 추론의 구조로, 중반부터 책의 효용에 대해서 예시로서 강조하고 있다. 따라서 책의 가치, 효용성에 대한 내용이 제목으로 적절하다.

① Technophobia and Its Fatal Aftermath 기술 공포증과 그것의 치명적인 결과
② A Brief History of Print Culture 인쇄술에 대한 간략한 역사
③ Books as a Powerful Technology for Knowledge 지식을 위한 효과적인 기술로서 책
④ Digital Printing and the Challenges of New Media 디지털 서적과 새로운 미디어의 도전

구문 분석

Being able ①to study printed material at the same time as others studied it and ①to exchange ideas about it sparked the Reformation.
① being able to study + (being able) to exchange 두 개의 주어가 and를 중심으로 연결되어 있는 구조로 동사공통구조에 해당한다.
[더독해1.0 Chapter 2. unit 02]

해석

많은 사람들은 기술이 책에 대해서 의미하는 것을 걱정하고 있다. 대형 서점이 문을 닫고, 새로운 장비들이 확산되고, 신진 작가들이 시장에 들어오고, 온라인 거인들이 강력하게 성장하는 가운데, 그들의 걱정은 흔한 과학기술공포증으로 치부할 수는 없다. 디지털화는 책의 역사 속에서 어떤 새로운 발달보다도 더 책이 쓰여 지고 팔리고 읽히는 방식을 변화시키고 있고, 그것이 모두에게 좋은 것만은 아니다. (출판업계의) 베테랑들과 혁신가들 모두 파산하게 될지도 모른다. 예를 들어, 쿠텐 베르크는 그의 인쇄술에 대한 권리를 Fust와 다른 채권자들에게 빼앗겼기 때문에 무일푼으로 죽었다. 그러나 새로운 기술을 순전히 책에 대한 위협으로만 보는 것은 핵심을 놓치게 될 위험이 있다. 한 학자가 예전 짓궂게 언급했듯이 책은 단지 죽은 암소(책 표지)에 싸여 있는 얇은 나무 박편(종이)가 아니다. 책은 그 자체의 권리로서 하나의 기술이고 사유의 세련됨과 발전을 위해서 개발되고 사용되어져 온 것이다. 그리고 이 기술(책)은 강력하고 오래 살아남았고 적응력도 있는 기술이다.
책은 단지 역사를 견디어 낸 것만이 아니다. 책은 역사를 형성해 왔다. 사상을 보전하고 전달하고 발전시키는 책들이 제공하는 능력은 구텐베르크와 그의 동료들에 의해 또 다른 단계로 이어졌다. 다른 사람들과 동시에 출판된 인쇄물로 공부할 수 있고 그것에 대해 생각을 교환할 수 있다는 것이 종교개혁을 촉발시켰다. 종교개혁은 계몽주의와 과학의 등장에 핵심이었다. 그 어떤 군대도 인쇄된 텍스트가 했던 것보다 더 많은 것을 이룩하지는 못했다. 그 어떤 군주나 성직자도 '종의 기원' 만큼 중요하지는 않다. 그 어떤 강요도 셰익스피어 희곡들의 첫 번째 2절 책자처럼 수많은 남녀들의 마음을 변화시키지 못했다.

어휘

behemoth n. 거수, 거인, 강력한 것 go bust v. 파산하다 flake n. 얇은 조각, 박편 wryly av. 빈정대듯이 weather v. 풍화되다 coercion n. 강요, 압제 folio n. 2절판, 책의 페이지 technophobia n. 기술 공포 predictable a. 예측할 수 없는, 당연한 write off v. 삭제하다, 지우다, 가치가 없는 것으로 치부하다 transition n. 변화, 전환, 이동, 과도기 may well v. 당연하다 spark v. 발화하다, 자극하다 bearer n. 운반인, 전달자

[27 -29] 27. ① **28.** ④ **29.** ② ★★ [고려대]

Rudy's 해실

27. 본문에 근거해서 알 수 있는 내용을 선별하는 문제이다.

① 상이한 가치가 교환되는 아이템에는 부여되기 때문에, 협상 결과에서 불평들이 빈번히 발생한다.
* 본문 마지막에서 거래되는 아이템에 다른 가치가 부여되기에 거래가 항상 공정한 것은 아니라는 내용을 통해 유추할 수 있다.
② 모든 당사자들이 공정한 이해관계에 합의할 때만 거래는 성사된다.
* 공정하지 않은 경우에도 거래는 성사될 수 있다고 했기에 그릇된 내용이다. 부사 only에 유의하자.
③ 중개자들은 이해관계의 갈등을 조정하는데 있어 아주 작은 금액을 받는다.
* 중개자들이 받는 금액에 대한 언급은 없다.
④ 모든 당사자들에게 불리한 조건에서만 거래는 형성될 수 있다.

28. 전형적인 두괄식 구조로 첫 줄이 주제문이고, 이후에 등장하는 진술들은 모두 재진술, 보충 설명 역할을 하고 있다.

① How to A void an Unfair Bargain (불공정 거래를 피하는 방법)
② The Secret of Seasoned Bargainers (노련한 교섭자들의 비법)
③ Outwitting the Other Party (상대방을 능가하는 것)
④ The Nature of Bargaining (거래의 본질)

29. 거래 공간에 대한 정의를 묻는 문제이다.

① 거래 당사자들과 중계자가 점유하고 있는 물리적 공간들의 조합
② 상충하는 이해관계들 사이의 거리에 의해 만들어지는 비유적인 공간
* 거래 공간은 거래 당사자들 사이에 존재하는 입장차이로 실제로 존재하는 공간이 아니라 비유적인 의미의 공간이다.
③ 거래 당사자들이 거래를 하기 위해 모이는 물리적 공간
④ 상이한 당사자들이 목표로 하는 화폐가치의 범위

구문 분석

Bargaining may be defined as tacit or direct communication in an attempt to reach agreement on an exchange ①of value — that is, ①of tangible or intangible items that one or both parties value.
① 둘 다 exchange를 수식하는 피수식어 공통구조이다.
an exchange of value + an exchange of intangible or intangible 구조이다. [더독해1.0 Chapter 2, unit 02]

해석

거래는 가치의 교환을 위한 합의에 도달하려는 암묵적 또는 직접적인 소통으로 정의될 수 있다. 즉, 한 쪽 혹은 양자가 가치 있다고 여기는 물건의 거래이다. 거래는 분명할 필요는 없다. 때때로 거래의 내용은 말이 아니라 행동을 통해서 형성되기도 한다. 거래 과정은 두 명이나 혹은 그 이상의 참가자를 가지고 있고 때로는 명목상 중립적인 중개인이 개입하는 경우도 있다. 참가자들은 결과에 대해서 직접적인 이해관계를 갖고 있지만, 중개자들은 그렇지 못하다. 그 자체의 유리한 조건을 통해서 각 참여자가 합의하기를 원하는 하나 또는 그 이상의 사안들이 존재하는데, 이 사안들을 통해서 참여자들의 이해관계가 갈라지면서 갈등이 생긴다. 이러한 갈등들은 거래 공간으로 정의되는데, 이것은 당사자들이 선호하는 결과와 현재 위치 사이에 존재하는 거리를 의미하는 공간이다. 거래과정은 중요한 가치가 있는 물건들을 분배하는 합의를 통해 이런 갈등들을 처리한다. 최종결과는 거래 공간에서 결정되는 위치다. 이런 합의들이 반드시 가치의 공정한 교환을 의미하지는 않는다. 즉, 많은 합의들은 명백히 일방적이고 불공정하다. 그러나 보다 넓은 의미에서 공정하던 불공정하던 거래는 상호 이익이라는 요소를 포함한다. 이것은 교환되는 가치의 아이템 상대에게는 다른 가치를 지니기 때문이다.

어휘

bargaining n. 교섭, 거래 tacit a. 무언의 침묵의 tangible a. 유형의 explicit a. 명백한 mediator n. 중개자 nominally ad. 명목상으로 stake n. 말뚝, 이해관계 at stake av. 성패가 달려있는, 위태로운 disparate a. 서로 다른, 이질적인 dimension n. 차원, 부피, 크기 중요성 dispose v. 배치하다, 처리하다 nominal a. 명목상의, 아주 작은 terms n. 관계, 조건 conduct v. 실시하다, 시행하다

04

더독해 3.0
Voca

Warming - up 1회

01 besides prep. ~ 외에도, ~ 더하여 catch up on v. 따라잡다, 보충하다 put off v. 연기하다 roast v. 굽다 pop popcorn v. 팝콘을 튀기다 get out v. 외출하다 hallway n. 복도, 현관

02 diaper n. 기저귀 add and subtract v. 더하고 빼다 psychologist n. 심리학자 adulthood n. 성인기

03 separate v. 분리하다, 구분하다 inherit v. 물려받다, 상속하다 apes n. 유인원 lizard n. 도마뱀 extinction n. 멸종, 소멸 dimension n. 차원, 크기, 부피

04 genetic a. 유전적인 physical a. 신체의, 물질의 rational a. 이성적인, 합리적인

05 bad mark n. 악명, 오명 attach v. 부착시키다 risk v. 위험을 감수하다 reveal v. 폭로하다 cope with v. 대처하다, 해결하다 make excuse v. 핑계를 대다 get along with v. 사이좋게 지내다

06 urban area n. 도심지역 fuel n. 연료 water vapor n. 수증기 dust particle n. 먼지 입자 smokestack n. 굴뚝 nuclei n. nucleus (핵, 원자핵) 복수형

07 make progress v. 발전하다 remarkable a. 눈에 띄는 export v. 수출하다 natural resources n. 천연자원 catch up with v. 따라잡다

08 second n. (시간) 초 concentrate on v. 집중하다 grocery n. 식료품 memorize v. 암기하다 write down v. 받아 적다

09 eclipse n. (천문)식, 엄폐 cf) solar eclipse n. 일식 lunar eclipse n. 월식 stretch out v. 뻗다 turn red v. 붉은색으로 변하다 partial eclipse n. 부분 일식(월식) move around v. 돌아다니다

10 experiment n. 실험 stay awake v. 깨어있다 day after day av. 며칠 동안 massive a. 엄청난 infection n. 감염 sleep-deprived a. 수면이 박탈된 immune system n. 면역체계 crash v. 붕괴

되다, 추락하다 wakefulness n. 불면 multiply v. 번식하다, 곱하다 overwhelm v. 압도하다 get out of control v. 통제를 벗어나다 defensive system n. 방어체계 work v. 작동하다, 효과가 있다 immunity n. 면역, 면제

Warming - up 2회

01 conviction n. 확신, 유죄판결 impatiently av. 조급해하면서 broaden v. 확장시키다 outlook n. 전망, 시각 unthought-of a. 뜻밖의, 생각하지 못한 identical a. 동일한, 닮은 precise a. 정확한 look on v. ~ 보다 make friends v. 친구를 사귀다

02 copy n. 복사, 복사물 deposit n. 예금, 보증금 paleontologist n. 고생물학자 infer v. 추론하다, 생각하다 dinosaur n. 공룡 revise v. 개정하다, 수정하다 cricket n. 귀뚜라미, (운동) 크리켓 delightedly av. 기뻐하여 preserve v. 보존하다 have nothing to do with v. ~관련성이 없다

03 strange state n. 낯선 상태 popular belief n. 상식, 통념 unresponsive a. 반응성이 없는, 감수성이 둔한 awaken v. 잠에서 깨다 jet thundering n. 비행기 소음 impose v. 부과하다 describe v. 설명하다, 묘사하다 inactivity n. 무활동, 휴지기

04 give up v. 포기하다 ownership n. 소유권 take time v. 시간이 걸리다 supply and demand n. 공급과 수요 back up v. 보완하다 legislation n. 입법, 법률 enforcement n. (법) 집행 wildlife n. 야생동식물 recklessly av. 경속하게

05 assembly line n. 조립 공정 asset n. 재산, 자산 intangible n. 무형의 것 man-power n. 인력

06 desperate a. 필사적인, 절실한 still a. 정지해 있는 in distress av. 고통을 당하는 cruel a. 잔인한 playful a. 장난스러운, 명랑한 encouraging a. 격려하는

07 superstition n. 미신 as a matter of fact av. 사실은, 실상은 reflection n. 반사 fragile a. 약한, 깨지기 쉬운 be made of steel v. 강철로 만들어지다

08 stern a. 엄중한, 강경한 intertwined a. 꼬인, 밀접하게 연관된 cut down v. 삭감하다 above and beyond av. 더 초월하여, ~ 더하여 boom n. 활기, 유행 embarrassment n. 당황

09 baker n. 제빵사 loaves n. loaf(빵, 덩어리) 복수형 trade-promotion n. 판매촉진 fine v. 벌금을 부과하다 meet the regulations v. 규정을 준수하다

Warming - up 3회

01 gear shift n. 기어변속 prestige n. 위신, 명성 give away v 나누어 주다 goody n. 근사한 것 greedy a. 욕심많은 stingy a. 인색한 humble a. 겸손한, 초라한 affluent a. 부유한

02 run away v. 도망가다 presence n. 존재 sect n. 분파, 교파 sacred a. 신성한 considerate a. 사려 깊은

03 impose v. 부과하다 disconnected a. 관련성이 없는 uneasy a. 불안한, 불편한 dorm n. 기숙사 (=dormitory) trial and error n. 시행착오 cause and effect n. 인과관계 stimulus and response n. 자극과 반응 reward and punishment n. 보상과 처벌 comparison and contrast n. 비교와 대조

04 microminiaturization n. 초소형화 nanotechnology n. 나노기술(반도체 등의 미세가공기술) molecular a. 분자의 nanometer n. 나노미터 excise v. 절단하다 tumor n. 종양, 종기 clean out v. 청소하다 clogged a. 막힌, 폐쇄된 artery n. 동맥

05 get stuck v. 갇히다 traffic jam n. 교통체증

06 application n. 지원서 anonymous a. 익명의, 무명의 good-looking a. 잘생긴 willingness n. 의사, 의지

07 catch a cold v. 감기에 걸리다 pneumonia n. 폐렴 constant a. 지속적인 symptom n. 증상 prescription n. 처방 pill n. 알약 sense of guilt n. 죄책감 lose touch with v. 접촉을 끊다

08 nervous a. 불안한, 신경질적인 blink v. 깜빡이다 cross legs v. 다리를 꼬다 pitch n. (음정)높이 nothing but av. 단지 do one's best v. 최선을 다하다 keep still a. 침묵하다, 정지해 있다

09 secure v. 확보하다 kitten n. 새끼 고양이 released a. 풀려난, 해방된 make an effort v. 노력하다 pounce v. 발톱으로 잡다, 갑자기 덤벼들다 captive n. 포로

10 sound wave n. 음파 move away v. 멀어져가다 frequency n. 주파수, 파동 light wave. 빛파동, 광파 spectrum n. 스펙트럼, 분광기, 범위 galaxy n. 은하, 성운

Warming - up 4회

01 second n. (시간)초 astronaut n. 우주비행사 escape v. 탈출하다 polluted a. 오염된

02 official time n. 공식적인 기준 시간 time zone n. 시간대 sense of belonging n. 소속감 means n. 수단

03 be blamed for v. 비난받다 make mistakes v. 실수하다 essential a. 필수적인, 본질적인

04 depression n. 우울증 promising a. 장래성이 밝은, 효과가 좋은 reduce v. 줄이다 melancholy n. 우울 react v. 반응하다 prediction n. 예측, 예상 capsule n. 캡슐, 작은 상자 do you good v. 당신에게 이롭다

05 perspective n. 관점, 전망 income n. 소득 inevitable a. 필수적인 shoulder v. 책임을 지다 n. 어깨, (도로)갓길

06 continent n. 대륙, 육지 fossil n. 화석 die out v. 멸종하다

07 assemble v. 모이다, 화합하다 means n. 수단 isolated a. 고립된, 단절된 relative n. 친척 keep up with v. ~따르다, 맞추다 current event n. 시사적인 문제 make one's living v. 생활하다, 돈을 벌다

08 vehicle n. 교통수단, 매개체 middleman n. 중매인, 중개자 trader n. 상인 market v. 판매하다, 홍보하다

09 refrigerator n. 냉장고 self-stick a. 접착제가 묻어 있는, 잘 달라붙는 handy a. 편리한 sticky a. 끈적이는 scratch pad n. 메모장 adhesive a. 접착성의 bookmark n. 책갈피 patience n. 인내심 fruit n. 과일, 결과 cooperation n. 협력

10 weighing scale n. 체중계 compress v. 압박하다, 누르다 calibrate v. 측정하다, 눈금을 정하다 weightless a. 중량이 없는

Warming - up 5회

01 dull a. 무딘, 우둔한 spectacle n. 장관, 광경 from the cradle to the grave av. 요람에서 무덤까지, 평생 동안

02 cripple v. 손상시키다, 불구로 만들다 facilitate v. 촉진시키다 supplement v. 보충하다 end n. 끝, 목표 indispensable a. 필수적인 well-being n. 복지, 행복

03 antarctica n. 남극 대륙 rot n. 부패 rust n. 녹, 둔화 mould n. 곰팡이 spoil v. 망치다, 상하게 하다 spore n. 포자, 생식세포 abandon v. 버리다, 포기하다 sawmill n. 제재소 timber n. 목재 speck n. 점, 얼룩 pony n. 조랑말 hitch v. 걸다, 말뚝에 매다 decayed a. 부패한, 썩은 edible a. 식용의

04 comic book n. 만화책 novel n. 소설 diary n. 일기 biography n. 전기, 자서전 poem n. 시

05 indecisive a. 우유부단한 make up one's mind v. 결심하다 put off v. 연기하다 motto n. 모토, 좌우명

　① All is not gold that glitters - 빛나는 모든 것이 금은 아니다.
　② You cannot be too careful - 아무리 조심해도 지나치지 않다.

③ As you sow, so you reap - 뿌린 대로 거둔다.
④ The later, the better - 늦으면 늦을수록 좋다.
⑤ Even Homer sometimes nods - 원숭이도 나무에서 떨어진다.

06 vegetarian n. 채식주의자 corn n. 옥수수 wheat n. 밀 oat n. (식물)귀리 taste n. 취향

07 great-grand mother n. 증조할머니 hopping a. 껑충 뛰는 idiot box n. 바보상자, 텔레비전 get together v. 뭉치다

08 refer to v. 언급하다 industrious a. 근면한 workaholic n. 일 중독자 imply v. 함축하다 compliment n. 칭찬, 찬사 criticism n. 비판, 비평 tend to v. ~하는 경향이 있다. ~ 하기 쉽다 such as = for example thin a. 마른, 얇은 frugal a. 검소한, 절약하는 skinny a. 마른 stingy a. 인색한

09 demonstrate v. 증명하다, 입증하다 sociology n. 사회학 humanity n. 인간성, 인문학 major in v. 전공하다 get high grade v. 높은 점수를 획득하다 idle away v. 시간을 낭비하다

10 wonder v. 궁금해 하다, 의심하다 biological a. 생물학의, 생물학적인 as well av. 또한 terms n. 관점

Warming - up 6회

01 lie in v. 놓여있다, 달려있나 consist of v. 구성되다 distinctive a. 눈에 띄는 landmark n. 이정표, 표지물 unmarked a. 표시를 하지 않은, 눈에 띄지 않는 perception n. 인식 roam v. 배회하다, 방랑하다

02 prescription n. 처방전 cure n. 치료 preserve v. 보존하다 farm v. 경작하다

03 reform v. 개정하다 memorize v. 암기하다, 기억하다 multiple-choice test n. 다항식 시험

04 highly av. 매우, 높이 take up a view v. 견해를 갖다 ably av. 능숙하게 get trapped v. 갇히다 turn out v. 입증되다

05 grasp idea v. 사상, 생각을 이해하다 inclination n. 경향, 성향 laborious a. 힘든 thread n. 실, 줄거리, 맥락 decipher v. 판독하다, 번역하다

06 bloodhound n. (강아지)블러드하운드, 집요한 추격자, 탐정 chase v. 추적하다 after a while av. 잠시 후에 magnificent a. 거대한 distracted a. 주의가 산만한, 빗나간 run after v. 추적하다

07 isolate v. 단절시키다 intimate a. 친밀한 gossip v. 잡담하다 go beyond v. 초월하다 break the law v. 법을 위반하다

08 scarcity n. 부족, 결핍, 식량난 feed on v. 먹고 살다 branch n. 나뭇가지 take to living v. 생활하는 데 익숙하다 descendant n. 후손

09 be short of cash v. 현금이 부족하다 ATM n. 현금지급기 (automatic teller machine) take out v. 인출하다 drive-up window n. 차를 탄 채 서비스를 받는 창구 roll down v. 내리다 hand v. 건네주다

10 produce v. 생산하다 nutritious a. 영양가 많은 look back v. 회상하다 keep up with v. 유행을 따르다

Warming - up 7회

01 funeral n. 장례식 occasion n. 행사, 중요한 의식, 기회 reunion n. 상봉, 재회 loyalty n. 성실, 충실 special bond n. 강한 유대감, 특별한 유대감

① No news is good news - 무소식이 희소식
② Rome was not built in a day - 로마는 하루아침에 건설되지 않았다.
③ Blood is thicker than water - 피는 물보다 진하다.
④ He who knows most speaks least - 가장 많이 아는 사람이 가장 적게 말한다.
⑤ United we stand, divided we fall - 뭉치면 살고, 흩어지면 죽는다.

02   elbow v. 팔꿈치로 누르다 instance n. 경우, 실례 put off v. 미루다, 연장하다 cover up v. 감추다

03   complicated a. 복잡한, 정교한 get in debt v. 빚을 지다 relaxing a. 편안한, 느긋한 diversity n. 다양성, 변화 financial stability n. 재정 안정성 voluntary a. 자발적인 simplicity n. 단순, 소박함 materialism n. 물질주의, 유물론

04   prosperity n. 번영 overcrowded a. 혼잡한 arable a. 경작할 수 있는 maintain v. 유지하다 rest on v. 의지하다, ~ 달려있다 solidly av. 견고하게 resourcefulness n. 재능 initiative n. 진취성, 개시, 주도권 be bound up with v. ~밀접하게 연관되어 있다 regardless of av. ~ 관련 없이

05   stunned a. 어리벙벙한, 기절한, 멍한 get scared v. 겁먹다 heart attack n. 심장마비 feed v. 먹이를 주다 pick up v. 집다, 회복하다, 차에 태우다

06   second-hand a. 중고의 replace v. 교체하다, 대신하다 spare a. 여분의, 예비의 v. 아끼다

07   deterrent n. 억제력, 방해물 restore v. 회복하다

08   serve v. 역할을 하다 decoration n. 장식 statue n. 동상 anti-war statement n. 반전 성명 tribal a. 종족의 in nature av. 본질적으로, 천성적으로 artistic taste n. 예술적 취향

09   waste material n. 폐기물, 쓰레기 ache v. 쑤시다, 아프다 sore a. 염증의 n. 상처

10   dye n. 염료, 물감 low-cost a. 저렴한 fabric n. 직물, 구조 rare a. 드문, 희귀한

Warming - up 8회

01   surface n. 표면, 피상적인 부분 resist v. 저항하다 alteration n. 변경, 수정 ethic n. 윤리, 도덕 religious practices n. 종교적 의식, 관행 persist v. 지속되다 fade away v. 사라지다, 희미해지다 crumble v. 부서지다, 무너지다 modified a. 수정된, 한정된

02 work out v. 해결하다 shame n. 수치심 reassure v. 안심시키다 diminish v. 감소하다 turn into v. ~ 되다, 변하다 self-confidence n. 자신감

03 have lost ground v. 기반을 잃다, 근거를 상실하다 refinement n. 세련, 정제, 개량 phonograph n. 축음기 make way for v. 양보하다 erosion n. 부식, 침식, 침해 regain v. 다시 회복하다 appeal to v. 호소하다, 매력적으로 보이다

04 extend life v. 생명을 연장하다 unbearable a. 참을 수 없는 dignity n. 존엄, 품격 consult v. 상의하다 to the end av. 끝까지

05 inadequate a. 적절하지 않은 second language n. 외국어 fluency n. 유창함, 능숙함 bilingual a. 이중 언어를 구사하는 have to do with v. ~관련이 있다 way of thinking n. 사고방식

06 depression n. 우울증, 침체 momentary a. 일시적인 abnormal a. 비정상적인 indifferent a. 무관심한, 공평한 after all av. 결국에는 voyage n. 항해, 탐험

07 presence n. 존재 psychological a. 심리적인 exclude v. 배제하다, 제외하다 in need av. 궁핍한 householder n. 소유자, 세대주 annoyance n. 짜증, 성가심 consolation n. 위안

08 forefront n. 선두, 최전선 contribute to v. 기여하다 throw away v. 버리다, 폐기하다 discard v. 폐기하다 deal with v. 해결하다, 다루다

09 lengthy a. 매우 긴, 지루한 set off v. 시작하다, 출발하다 out of order a. 고장난 had better v. ~하는데 더 낫다

10 persuasive a. 설득력 있는 demonstrate v. 증명하다 do not have to be v. ~ 필요는 없다 not always av. 항상 ~ 것은 아니다 (부분 부정)

Warming - up 9회

01 associate v. 연상시키다, 연결하다 gloomy a. 우울한

① Rome was not built in a day - 로마는 하루아침에 건설되지 않았다.
② A stitch in time saves nine - 호미를 막을 것을 가래로 막다. (미리 예방하는 것이 중요하다)
③ Too many cooks spoil the broth - 사공이 많으면 배가 산으로 간다.
④ Every cloud has a silver lining - 어려움 뒤에는 반드시 희망이 있다.
⑤ Make hay while the sun shines - 쇠뿔이 당김에 빼라. (기회를 놓치지 말라)

02 weigh v. 깊이 고민하다, 무게를 재다 urban a. 도심의

03 man-made a. 인공적인 search for v. 찾다 benefit n. 이점, 장점 fatal a. 치명적인 illusion n. 환상, 환영 automation n. 자동화 mass production n. 대량생산

04 argument n. 주장, 논쟁 result in v. 귀결되다 ardent a. 열렬한, 헌신적인 settle v. 정착하다, 해결하다

05 distinguished a. 저명한 senator n. 상원의원 address n. 연설 sincerity n. 진실성, 진정성 brevity n. 간결함 eloquence n. 웅변, 달변 orator n. 연설자

06 be used up v. 고갈되다 take notice v. 주목하다, 관심을 갖다 export n. 수출 amount n. 양, 금액 import v. 수입하다

07 cockroach n. 바퀴벌레 give off v. 발산하다 odor n. 냄새, 악취 terrible a. 엄청난, 끔찍한

08 hospitalize v. 입원시키다 keep up with v. 보조를 맞추다, 뒤처지지 않다 murmur v. 중얼거리다, 투덜거리다 shrink v. 위축되다, 감소하다 imprison v. 수감하다 confine v. 수감하다 side effect n. 부작용 sense of separation n. 단절감 sympathy n. 동정, 연민, 공감

09 cut up v. 절단하다 chop v. 절단하다 pass on v. 전염시키다, 전달하다 poultry n. 가금류 (닭, 오리) get rid of v. 제거하다 utensil n. 도구, 식기

10 do 사람 wrong v. 사람을 잘못 대우하다 sympathize v. 공감하다 unconditional a. 무조건적인 stand 사람 up v. 바람맞히다, 약속을 어기다 lie to 사람 v. 거짓말하다

Warming - up 10회

01 starving a. 배고픈 switchboard n. 전화 교환대 light up v. 점등하다 take the lead v. 주도하다, 리드하다

02 overturning n. 전복 framework n. 근거, 체제 usher v. 안내하다, 인도하다 significant a. 중요한 breathtaking a. 대단한, 아슬아슬한 radical a. 급진적인 coherent a. 논리적인

03 archaeologist n. 고고학자 geometric a. 기하학의 inhabitant n. 주민, 거주자 influence n. 영향력

04 attribute A to B v. A를 B의 탓으로 생각하다 crash v. 충돌하다 stupidity n. 어리석음 nervousness n. 신경질, 조바심 overheated a. 과열된, 몹시 흥분한

05 look forward to v. 기대하다 brief a. 간결한 apply v. 적용되다 put aside v. 한쪽에 두다, 따로 떼어두다

06 process n. 과정 take for granted v. 당연시 하다 complicated a. 복잡한, 정교한 be referred to v. 보내지다 convention n. 관습, 집회 things as they are n. 있는 그대로의 모습 impression n. 인상

07 canoe n. 카누, 통나무배 supervise v. 주관하다, 감독하다 woodpecker n. 딱따구리 rotten a. 썩은 peck v. 부리로 쪼다

08 the moment con. ~하자마자 arrange v. 배치하다, 배열하다 take pride in v. 자부심을 느끼다 dye v. 염색하다 praise v. 칭찬하다

09 flounder n. 가자미 flatfish n. 가자미, 넙치 hatch v. 부화하다 flat a. 평평한, 납작한 face up v. 얼굴을 들다, 위로 올라오다

10 myth n. 신화, 이야기 pass on v. 전승되다, 전달되다 hand down v. 전승되다 retell v. 재현하다, 바꾸어 표현하다 food and lodging n. 음식과 숙박 orally av. 구두로, 말로

02 neuropathic a. 신경병에 걸려 있는 implement v. 실행하다 incomparable a. 비교할 수 없는 synthesize v. 종합하다 variance n. 가변성, 격차 justifiable a. 정당한 incomparable a. 비교할 수 없는 interchangeable a. 호환할 수 있는

03 shortchange v. 부당하게 대우하다 call on v. 요구하다, 방문하다 analytical a. 분석적인 effeminate a. 여자 같은 conscientious a. 양심적인

04 be met v. 충족되다 gourmet a. 미식가의 fume v. 분노하다 authenticity n. 확실성, 진짜임 vet n. 수의사

05 migrant n. 이민자 resolve v. 해결하다 infusion n. 투입 identity n. 정체성 refugee n. 난민 all the while av. 그러는 와중에 on the other hand av. 반면에 on the one hand av. 한편으로는

06 ~ 07 cerebral a. 뇌의, 지적인 phase n. 측면 put into words v. 말로 표현하다 intimate a. 친밀한 circle n. 동아리, 단체, 영역 a good deal of a. 많은 surreptitious a. 내밀한, 은밀한 keep a diary v. 일기를 쓰다 jot down v. 적다 memoranda n. 비망록 manuscript n. 원고 get(go) anywhere v. 성공하다 plausible a. 그럴듯한

08 ~ 09 well-tried a. 충분한 시험을 거친 embody v. 구현하다, 포함하다 in a small compass av. 간결하게 exhaust v. 다 써버리다, 소진시키다 daunt v. 위협하다, 기죽게 하다 vigor n. 활기 bona fide a. 진실한 debilitate v. 약화시키다 from without av. 외부로부터 from within av. 내부로부터 enfeeble v. 약화시키다 invigorate v. 활기를 북돋우다 aphorism n. 경구, 금언 constitute v. 구성하다 obsolete a. 구식의 aphorism n. 격언 altruistic a. 이타적인

10 engineering n. 토목, 조종 edict n. 포고, 명령 chewing n. 씹기 forum n. 포럼, 토론회 vexing a. 성가신, 애태우는 inexorably av. 멈춤 없이 dullardism n. 우둔함 (dullard에 ism이 결합한 형태) play Cupid v. 중매자 역할을 하다 matchmaking n. 중매 common law 관습법 effective a. 효과적인, 유효한

11 ~ 12 coercion n. 강압, 강제 unsustainable a. 지속할 수 없는 back v. 지지하다 resort to v. ~에 의지하다 little more than a. ~불과한, 단지 ~일 뿐인 egregious a. 악명 높은 foster v. 조장, 촉진하다

01 abbreviation n. 약어, 축약형 acronym n. 두문자어 (ex. NATO - North Atlantic Treaty Organization) facilitate v. 촉진하다 date back v. 거슬러 올라가다 proliferation n. 확산, 만연 acute a. 날카로운, 급성의 ever-burgeoning a. 계속해서 급증하는

02 cliche n. 진부한 표현, 상투어 hit upon v. 생각해 내다 epigram n. 경구 catchy a. 재미있고 외우기 쉬운, 사람의 마음을 끄는 verbal coin n. 신조어 coin v. 화폐를 주조하다, 신조어를 만들다 cliche-hood n. 상투어 단계 trite a. 진부한 hackneyed a. 진부한, 평범한 befall v. 발생하다

03 beyond the comprehension av. 이해할 수 없는 apprehension n. 이해, 불안 solemn a. 엄숙한 momentous a. 중요한

04 melanoma (cell) growth n. 흑색종 세포 성장 colon cancer n. 대장암 tumor n. 종양 move away v. 멀어지다, 벗어나다 colon n. 대장, 대장암 molecular a. 분자의 oncology n. 암연구, 종양학

05 perk n. 특전 referendum n. 국민투표 defenestration n. 창밖으로 내던지기, 해직 epilation n. 탈모, 모발 제거 gloaming n. 땅거미, 황혼 set the tone v. 분위기를 정하다 run-up n. 선거 출마 general election n. 총선거

06 ominous a. 불길한 epidemiology n. 전염병 appliance n. 가전제품 sporadically av. 간헐적으로 magnetic-field n. 자기장 give off v. 발산하다 fall off v. 떨어지다, 감소하다 power line n. 전선

07 ~ 08 heist n. 은행 강도, 절도 stickup n. 권총 강도 mature v. 어음 등이 만기가 되다 burgle v. 강도질하다 collateral n. 담보물 vet v. 조사하다, 심사하다 haggle v. 말다툼하다 post-traumatic stress disorder n. 외상 후 스트레스 장애 (큰 정신적 충격 때문에 겪게 되는 의학적 증상)

09 ~ 10 land mass n. 육지 dispersal n. 분산, 살포 equivalence n. 동등, 등가 recipient n. 수령자 current n. 흐름, 유동, 전류 ocean and air currents n. 해류와 대류 flotation n. 부양 cast doubt v. 의문을 제기하다, 의심하다 swallow v. 삼키다 subsequent a. 뒤이은 excretion n. 배설, 분비물 variety n. 종류, 변화

11~12 hard-to-crack a. 깨기 어려운 jumble n. 뒤죽박죽 뒤섞인 것 flawed a. 흠이 있는 uplifting a. 희망을 주는 crush v. 부수다 n. 압착, 홀딱 반함 fling v. 던지다 n. 내던지기, 방종 out of the blue av. 갑자기, 난데없이 interim a. 임시의, 과도기적인 breakup n. 이별, 헤어짐 deity n. 신, 여신 log in v. 로그인하다 account n. 계정 recount v. 자세히 말하다 encode v. 암호화하다 liken v. 비유하다

20 Mins 03회

01 goods and services n. 재화와 용역 generate v. 발생시키다 tradeoff n. 거래, 교환 optimization n. 최적화 vary v. 다양하다, 변경하다

02 posting n. 배치, 파견 promising a. 유능한 allowance n. 수당, 용돈 repatriate n. 송환자, 귀국자 sweeten v. 매수하다, 유혹하다 at best av. 기껏해야

03 flaw n. 단점, 결점 tempting a. 유혹하는, 매력적인 affection n. 애정 against one's will av. 의지에 반해서 work v. 작동하다

04 normal a. 정상적인 conditional mode of response n. 조건반사 반응 flight n. 비행, 도주 intensively ad. 강렬하게 fear-provoking a. 두려움을 야기 시키는 non-committal a. 애매한, 모호한 imagination n. 상상, 창의성 committal n. 위임, 투옥, 몰두 inner stimuli n. 내적 자극 as to con. ~대해서

06 solar maximum n. 솔라맥스 (태양 활동이 가장 활발한 시기) outage n. 정전 spew v. 토하다, 쏟아내다 vulnerable a. 취약한, 공격당하기 쉬운 sooner or later av. 조만간

07~08 combat duty n. 전투 임무 go through v. 경험하다, 겪다 viable a. 실행 가능한, 성장할 수 있는 revise v. 개정하다 submarine n. 잠수함 fiercely ad. 사납게 yield v. 생산하다, 양보하다 substantially av. 실질적으로 jump at v. 기꺼이 응하다

09~10 pitfall n. 함정, 유혹 implicit a. 은연중의, 암묵적인, 암시된 sexist n. 성차별주의자 run into v. 마주치다

11~12 spot v. 찾아내다 gaze n. 응시, 뚫어지게 바라 봄 squirm v. 꿈틀거리다, 몸부림치다, 꼼지락 거리다 stutter v. 말을 더듬다, 더듬거리며 말하다 a dead giveaway n. 확실한 증거 sniff v. 코로 들이쉬다, 냄새를 맡다 deception n. 속임, 사기 chance n. 우연 flip a coin v. 동전을 던지다 cause n. 대의명분

20 Mins 04회

03 salmon n. 연어 daunting a. 위협적인 spawn v. 알을 낳다, 산란하다 sushi n. 초밥 staple n. 주된 원료 mature v. 성숙해지다 make it v. 성공하다 ensure v. 보장하다

04 humid a. 습기 있는, 눅눅한 spy v. 조사하다, 발견하다 polka dot n. 물방울무늬 in a trance av. 무아지경에 있는 trance n. 최면상태 blossom v. 개화하다, 발전하다 renowned a. 유명한 crush v. 박살내다, 화를 내다 turn a deaf ear to v. 무시하다

05 belated a. 뒤늦은 not so much A as B con. A라기보다는 B 이다 concession n. 양보, 영업권 bill n. 지폐, 계산서, 법안

06~07 dine out v. 외식하다 treat v. 대우하다, 한 턱 내다 chain-smoke v. 줄담배를 피우다 abstain v. 자제하다, 절제하다 rationale n. 합리성, 이유 party animal n. 파티 매니아 excuse oneself v. 자리를 뜨다, 변명을 하다

08 inception n. 처음, 시작 refined a. 세련된, 품위 있는 consumer electronics n. 가전제품 compatible a. 양립할 수 있는, 호환이 가능한 sophisticated a. 정교한, 복잡한 operating system n. 운영체계 incentive n. 인센티브, 유인, 혜택 platform n. 플랫폼(컴퓨터 시스템의 기반이 되는 하드웨어 또는 소프트웨어), 승강장 nonexistent a. 존재하지 않는

09~10 synonymous a. 동의어인, 뜻이 같은 staple n. 식품, 원료 dyspepsia n. 소화불량 sanitarium n. 요양원 pop up v. 불쑥 나타나다 graham flour n. 통밀 가루 ready-to-eat a. 인스턴트의, 바로 먹을 수 있는 unappetizing a. 맛없는 strike a chord v. 심금을 울리다 tonic n. 강장제 resurrection n. 부활, 재림 implementation n. 이행, 집행, 실행 application n. 적용, 응용

09~10 momentous a. 중요한 in this light av. 이 관점에서 보자면 appreciate v. 평가하다, 이해하다 misuse n. 남용, 악용 pervert v. 왜곡하다 invent v. 발명하다, 날조하다 hereditarian a.

유전적인 reify v. 구체화하다 specious a. 그럴 듯한 mark v. 나타내다 product n. 제품, 결과물 heredity n. 유전 manifest a. 분명한 profound a. 해박한, 깊은 variation n. 변화, 차이점 station n. 정거장, 사회적 지위

20 Mins 05회

01 mobility n. 이동차 traumatic a. 외상성의 widowed a. 혼자가 된 let alone av. ~말할 것도 없이 paramount a. 최상의, 매우 중요한 longevity n. 장수, 수명

02 sophistication n. 복잡함, 정교함 literally ad. 문자 그대로 let alone av. ~ 말할 것도 없이 mine v. 채굴하다 manufacture n. 제품, 제조, 생산 cumulative a. 누적하는, 점증적인 fragment v. 분해하다 interdisciplinary a. 다른 학문과 제휴하는 interfacial a. 접촉 영역의

03 haze n. 연무, 몽롱한 상태 stratosphere n. 성층권 sulphur n. 황, 유황 query v. 문의하다 plume n. 기둥, 깃털 장식 abattoir n. 도살장 cambric n. 손수건 (면이나 마로 아주 얇게 만든 흰색 천) shower n. 소나기, 샤워

05 ~ 06 utter v. 소리를 내다 convey v. 전달하다 unconscious a. 무의식의 automatic a. 자동의, 무의식적인 instinctive drive n. 본능적 욕구 learned a. 학습된, 후천적인 meander v. 두서없이 이야기하다, 꼬불꼬불 흐르다 babble n. 중얼거림, 옹알이 chatter n. 수다, 재잘거림 patterned a. 정형화된, 규격화된 channel v. 흐르다, 전달하다 groove n. 관행 orderly a. 질서정연한 indiscriminate a. 무차별적인 practice n. 관행, 실행

07 science of evolution n. 진화론 uncontradictable a. 반박할 수 없는 astronomy n. 천문학 gravitation n. 중력 pass through v. 통과하다, 견디다 theologian n. 신학자 be charged by v. 비난받다 foster v. 조장하다, 촉진하다 materialism n. 유물론 atheism n. 무신론 heliocentric a. 태양을 중심으로 하는

08 ~ 09 ecologist n. 생태학자 reduce A to B v. A를 B로 환원시키다 resource base n. 자원기지 spiritual a. 영적인 degradation n. 퇴락, 타락 sacred a. 신성한 diminish v. ~을 줄이다, 감소시키다 funding n. 재정조달 financial a. 재정의, 금융의, 돈의 conversion n. 개조, 개심 psychic a. 심리의, 심리적인 dilemma n. 난제, 딜레마 consequence n. 결과 disturb v. ~을 괴롭히다, 교란시키다 insensitivity n. 둔감함 irreversibly ad. 회복할 수 없을 만큼 intensity n. 강도, 집중도 vigor n. 활기 in the first place av. 애초부터 viability n. 생존가능성 limit v. ~을 제한하다 fatuitous a. 자기만족적인 malicious a. 악의적인

10 get across v. 이해시키다, 전달하다 euphemism n. 완곡 어구, 완곡 표현 a school of a. 한 무리의 venerable a. 공경할 만한, 신망 있는 tout v. 강매하다, 비싸게 팔다 propitious a. 적합한, 상서로운 in question av. 문제가 되는, 논쟁 중인, 의심스러운

11 ~ 12 glamorous a. 화려한, 매력 넘치는 ill-conceived a. 잘못 고안된 obduracy n. 고집, 냉혹 metaphorical a. 은유적인 expeditious a. 신속한, 효율적인 vulnerability n. 상처받기 쉬움, 취약성 dig out v. 파다, 집중적으로 연구하다 get stuck v. 갇히다, 달라붙다 end up v. (결국)~ 끝나다 go for v. 찬성하다, 통하다 demanding a. 지나치게 요구하는, 까다로운

20 Mins 06회

01 pedestal n. (기둥·동상 등의) 받침대 slave away v. 노예처럼 일하다 exacerbate v. 악화시키다 divest v. 벗다, 없애다, 처분하다 stint v. 아끼다, 인색하게 쓰다 malign v. 비방하다, 중상하다 rat race n. 극심한 생존경쟁 crunch time n. 고도의 긴장이 요구되는 때

02 arbitrary a. 자의적인 identify v. 동일시하다, 구별하다, 확인하다 ethnocentric a. 자기민족중심주의의 settle on v. 합의하다, 정착하다 characteristic n. 특징, 특성

03 peer into v. 자세히 들여다보다 puzzle over v. 골똘히 생각하다 awkward a. 어색한, 서투른 splay v. 펼치다, 벌리다 stash n. 숨겨둔 장소(물건) duffle n. 의류와 장비 drug trafficking charges n. 마약 밀매 혐의 misapprehension n. 오해 toss out v. 던져 버리다 shoulder n. 도로의 갓길 augury n. 점, 예언 accretion n. 성장, 증대 panacea n. 만병통치약 secure a. 안전한 v. 안전하게 하다, 확보하다

04 fail subject v. 과목에서 낙제하다 accumulate v. 축적하다 demerit n. 결점, 과실 troublemaker n. 말썽꾸러기 overwhelmingly av. 압도적으로 referral n. 위탁, 부탁 psychiatrist n. 정신과 의사

05 call 사람 names v. 비난하다 reverse a. 반대의 bombard v. 공격하다, 폭격하다 dumb a. 멍청한 shallow a. 피상적인 cheat on test v. 시험에서 커닝하다 caution v. 경고하다 quip n. 명언, 신랄한 말 remit v. 송부하다, 감면하다 thunderstruck a. 깜짝 놀란 comprehension n. 이해, 지식 boomer n. 부모세대

05 ~ 07 critic n. 비평가 content n. 내용 fairy tale n. 동화 water down v. 순화시키다 version n. 변형, 버전 original n. 원작 oral a. 구전의 living quarter n. 생활 장소 witness v. ~을 목격하다 graphic a. 생생한 folklorist n. 민속학자 a handful of a. 몇몇의 cramped a. 비좁고 답답한 inquisitive a. 탐구적인 differentiated a. 구별되는

08 ~ 10 have-not n. 무산자 deaden v. 줄이다, 죽이다 egalitarian a. 평등주의자 call attention to v. ~에 주의를 환기시키다 opiate n. 마약 prompter n. 프롬프터 cater to v. 제공하다, 구미에 맞추다 perpetuate v. 영속하게 하다 radical a. 근본적인, 급진적인 mobilize v. 동원하다 manipulate v. 조작하다, 속이다 populace n. 대중, 서민 oblivious a. 인식하지 못하는

20 Mins 07회

01 mire v. 수렁에 빠지다 eke out v. 증가시키다 standout n. 뛰어난 물건, 사람 overall a. 전반적인 divergent a. 벗어난, 일치하지 않는 come out of v. 벗어나다 recession n. 경기침체

02 span n. 한 뼘, 기간 cruel practice n. 잔인한 관습 abolish v. 폐지하다 witch n. 마녀 torture n. 고문 persecution n. 박해 heretic n. 이교도 nonconformist n. 비국교도 stomach-turning a. 매스꺼운 self-reinforcing a. 매우 강력한, 스스로 강화되는 blood sport n. 유혈 스포츠 public hanging n. 공개적인 교수형 explicit a. 명백한, 분명한 argumentation n. 논증 unexceptionable a. 훌륭한 norm n. 규범 millennium n. 천년 commonplaceness n. 아주 흔함 whereby av. 그것으로 인해서 time and again av. 자주

03 irrespective a. 무시하고, 개의치 않고 impartially av. 공정하게 judicially av. 사법적으로 account for v. 설명하다, (비율을) 차지하다 implement v. 수행하다

04 reindeer n. 순록 wrangle v. 논쟁하다, (말, 소 등을) 돌보다 adumbrate v. 개요를 알려주다 cull v. (특정 동물을 그 수를 제한하기 위해) 도태시키다 enclose v. 울타리를 치다 herder n. 목동 lasso n. 올가미 notch n. 급수[등급] uncanny a. 이상한, 묘한 chauvinist n. 광신적 애국주의자 preternatural a. 기이한, 초자연적인 desultory a. 두서없는, 종잡을 수 없는, 산만한 mesmerize v. 매혹하다 blur n. 흐릿한 것 antler n. (주로 복수로) (사슴의) 뿔 hoove n. 가축의 고창증(부패한 사료 때문에 발생하는 질병)

06 transitory a. 일시적인 offense n. 범죄, 공격, 모욕 divergence n. 일탈, 상이함 casual contact

n. 일상적인 만남 implicit a. 은연중에 intercourse n. 친교, 거래 by nature av. 천성적으로 self-assertive a. 독단적인 get on with v. 해나가다

07   quit v. 그만두다 mechanically av. 기계적으로 stimuli n. 자극 isolate v. 고립시키다 retina n. 망막

08   degrade v. 저하시키다, 내려가다 cripple v. 손상시키다 shorten v. 단축하다 pollutant n, 오염물질 avert v. 피하다 catastrophe n. 대참사, 재난 by and large av. 대체로 utilitarian a. 공리주의의

09
~
10   understate v. 축소하다 rendering n. 연주, 묘사, 연출 flat tint n. 무난한 색조 buff a. 담황색의 vulture n. 독수리 bright red n. 선홍색 dark reddish brown n. 적갈색 pale yellow n. 옅은 노랑 discordant a. 조화하지 않는, 일치하지 않는 illuminated manuscript n. 채색 원고 funerary coffer n. 장례용 상자(관) subsist v. 존재하다, 생존하다 juxtaposition n. 나란히 세우기 pivotal a. 축의, 중심의, 중요한 ingenious a. 영리한, 독창적인 insidious a. 교활한, 잠행성의 jar v. 거슬리다, 충돌하다 extinguish v. 불을 끄다, 무효로 하다

20 Mins 08회

01   vulnerable to a. ~에 상처 입기 쉬운, ~에 피해를 입기 쉬운 vice versa av. 거꾸로, 반대로 devastating a. 파괴적인, 지독한 virulent a. 맹독의, 치명적인 underestimate v. 과소평가하다 interconnected a. 연결되어 있는 pandemic a. 유행하는 health-care n. 건강관리, 의료보험

02   finicky a. 까다로운 fussiness n. 야단 법석함, 안달복달함 culinary a. 요리의, 음식의 bespeak v. 보여주다, 증거가 되다 susceptibility n. 민감성, 병에 잘 걸리기 쉬움 food poisoning n. 식중독 customary a. 관습적인, 일반적인 latent a. 잠재적인 make sense v. 말이 통하다, 합리적이다 well-grounded a. 정당한 근거가 있는

03   computerize v. 전산화하다 generate v. 생성하다, 생산하다 sensible a. 분별 있는, 양식 있는 undertake v. 담당하다, 착수하다 given prep. ~을 고려한다면 board v. 탑승하다 junction n. 접합, 연결지점 improbable a. 불가능한 unmistakable a. 명백한

04 ~ 06 court n. 법원 v. 구애하다, 추구하다 chase v. 추구하다 long for v. 열망하다 resent v. 분개하다, 원망하다 recess n. 휴회. 휴식 기간, 후미진 곳 render v. 만들다, 주다 ameliorate v. 개선하다 melancholia n. 우울증 astute a. 기민한, 교활한, 빈틈없는 covet v. 탐내다, 선망하다 stasis n. 정체, 정지 muse n. 명상, 영감 v. 명상하다 Weltschmerz n. (독어) 염세, 비관적 세계관 put another way av. 다른 말로 표현해서 address v. 처리하다, 해결하다 stasis n. 균형 상태, 안정 상태 illumination n. 밝은 조명, 계몽, 깨달음

07 greenery n. 푸른 나무, 환경 친화 badge n. 배지, 상징, 증표 muck n. 배출, 비료, 가축 분뇨 all the way av. 처음부터 끝까지 mine v. 채굴하다

08 ~ 09 senior clerk n. 대리 licensing n. 특허 forgery n. 위조 larceny. 절도, 도둑질 instigation n. 선동 imputation n. 책임전가 verbal fight n. 말싸움 treason n. 반역 national security n. 국 가안보 licensing n. 특허 be charged with v. 기소되다

10 each other pro. 서로 linger v. 서성대다 porch n. 현관 courtship n. 구혼, 연예 take place v. 일어나다 acquainted a. 알고 있는, 사귀게 된 in the service of one's country av. 군대에 복 무중인 patriotic a. 애국적인

11 reassuring a. 안심시키는, 고무적인 stumbling block n. 장애물, 고민거리 amygdala n. (소뇌 의) 편도체 take chance v. 기회를 잡다, 모험을 하다 setback n. 장애물, 방해 embrace v. 포 옹하다, 받아들이다 engineer v. 감독하다, (능숙하게) 처리하다

20 Mins 09회

01 extrapolate v. 추론하다, 추정하다 avert v. 방지하다, 피하다 obstruct v. 방해하다 disrupt v. 방해하다

02 conservative n. 보수주의자 liberal n. 자유주의자 well-off a. 부유한 self-reliance n. 자립 wrestle v. 싸우다, 안간힘을 쓰다 come down to N v. N로 요약되다 self-discipline n. 극기, 절 제 self-determination n. 결단

03   laudable a. 칭찬할만한, 기특한 defiance n. 저항, 반항 commend v. 칭찬하다 predicament n. 곤경, 궁지 prevail v. 우세하다, 널리 퍼지다, 유행하다 commonsensical a. 상식적인 obstinate a. 고집 센

04
~
05
   Oedipus complex n. 오이디푸스 콤플렉스 (남자 아이가 어머니에게 갖는 성적 욕망) turn to v. 의지하다 illustrate v. 설명하다 unwittingly av. 무심코 parallel v. 평행하다, 부합하다 erotic a. 성적인 attachment n. 애착, 집착 bitterness n. 괴로움 identify with v. 동일시하다 partake v. 참가하다, 함께하다 castration n. 거세, 난소 절제 fears of castration n. 거세 공포증

06   pour v. 쏟다, 토로하다 identity n. 정체성, 신분 in return av. 보답으로 potent a. 강력한, 유력한 reciprocation n. 보복, 교환, 보답 ingenuity n. 창의력, 정교한 장치 in kind av. 동일한 것으로, 같은 방법으로 knot n. 매듭, 결절 interaction n. 상호작용, 소통

07
~
08
   impinge v. 부딪치다, 침해하다 retina n. 망막 absurd a. 어리석은 optic nerve n. 시신경 inference n. 추론 physiology n. 생리학 mast n. 돛대, 깃발 bare a. 벌거벗은, 단순한

09
~
10
   calculus n. 미적분학 regular polygon n. 정다각형 hexagon n. 육각형 octagon n. 팔각형 perimeter n. 둘레, 주변 pleasure center n. 쾌락 중추 exhilarating a. 기분 좋게 하는

11   boon n. 혜택, 요긴한 것 repressive a. 억압적인 tyrant n. 전제 군주, 독재자 dead end n. 막다른 골목 trump card n. 비장의 카드, 비법 rhetorical a. 수사학적인 apparatus n. 기구, 기계 platform n. 교단, 승강장, (기반이 되는 하드웨어, 소프트웨어적인) 시스템

20 Mins 10회

01   baseline n. 기준선 vacuous a. 공허한, 무위의 disposable a. 처분할 수 있는, 마음대로 되는 palpable a. 손으로 만질 수 있는, 명백한 indeterminate a. 불확실한, 애매한, 모호한 unequivocal a. 분명한 palpable a. 분명한 disposable a. 처분할 수 있는 vacuous a. 공허한

02 take on v. 의미를 갖다 back v. 지원하다 organism n. 유기체 raw material n. 원자재, 원료 feed off v. 획득하다 pop up v. 등장하다

03 burqa n. 브루카, 무슬림 여성의 복식 sphere n. 영역 segregated a. 분리된 signify v. 의미하다, 나타내다 paramount a. 최고의, 가장 중요한 sanctity n. 거룩함, 신성함 camouflage v. 위장하다, 속이다 self-defeating a. 자멸적인

04 term n. 용어, 기간, 관점 contract v. 축소되다 trounce v. 꾸짖다, 벌을 주다 get credit v. 인정받다, 신뢰받다 degree n. 정도, 범위, 학위 efficiency n. 효율성

05 appreciate v. 평가하다, 인정하다, 감사하다 calming effect n. 진정효과 soothing a. 진정시키는 chant n. 노래 labor pain n. 분만통, 산고 boost v. 활성화시키다 go beyond v. 능가하다, 초월하다

06 union n. 노조 management representatives n. 경영진 benefit n. 복리후생, 혜택 recession n. 경기 침체 maximization n. 극대화 price n. 대가, 비용

07 ~ 08 chanting n. 노래, 큰 소리 slapping n. 때리기 incorporate v. 통합하다, 결합하다 tattooed a. 문신을 한 ferocity n. 흉포함, 흉포한 행동 facet n. 측면, 양상 jut out v. 돌출하다 bare v. 드러내다 intimidate v. 겁주다 aggression n. 공격, 공격성 unnerve v. 기운을 빼앗다, 기력을 잃게 하다, 용기를 잃게 하다 poetically av. 시적으로 unnerve v. 무기력하게 하다, 용기를 빼앗다

09 ~ 10 robust a. 강한, 확고한 roll out v. 대량으로 출시하다 bask in v. 일광욕하다, (애정) 받다 backfire v. 역발하다, 엉뚱한 결과를 낳다 comparative ads n. 비교 광고 adversity n. 역경, 불운 recoil v. 후퇴하다, 위축되다 flounder v. 버둥거리다, 허둥대다, 실패하다 gratification n. 만족, 기쁨, 성취 entice v. 유혹하다 activate v. 활성화시키다 mindset n. 사고방식, 마음가짐 positioning n. 퍼지셔닝, 제품 이미지 선정 inadvertently av. 무심코, 우연히 pay off v. 성공하다, 완전을 빚을 청산하다 contingent a. 조건으로 하는, 의존하는 n. 분담액

11 ~ 12 disparage v. 폄하하다 discredit v. 의심하다 volatile a. 휘발성의, 변덕스러운 dispersed a. 흩어진, 분산된 preclude v. 배제하다, 제외하다 pollster n. 여론조사요원 elucidate v. 명료하게 하다 tranquil a. 조용한, 고요한 fussy a. 까다로운, 야단법석하는

01   eccentric a. 괴짜의 get on v. 잘 지내다, 승차하다 shoddy a. 가짜의, 허름한 practice n. 관습, 습관 routine n. 관행

02   enchantment n. 매혹, 요술 arbitrary a. 변덕스러운, 제멋대로인 novelty n. 새로움, 신기함 banality n. 진부함 prestige n. 명성, 품격 principle n. 원칙, 원리 convention n. 관행 attribute v. ~ 기인한다고 생각하다 n. 특성

03   drone n. 무인 비행기 silhouette n. 실루엣, 검은 윤곽 shooting range n. 사격장 vulnerable a. 상처받기 쉬운 helplessly ad. 무기력하게 evacuate v. 비우다, 제거하다 chaos n. 혼란

04   dodger n. 탈세자 tax dodger n. 세금 탈세자 Financial Secrecy Index n. 금융 비밀지수(FSI) weight v. 중요성을 두다 transparency n. 투명성 notorious a. 악명 높은

05   fetus n. 태아 parasite n. 기식자, 기생물, 기생충 seal off v. 봉쇄하다 womb n. 자궁 fetal a. 태아의 fetal-alcohol syndrome n. 태아기 알코올 증후군 prenatal a. 출생전의 resonate v. 공명하다, 울려 퍼지다 heredity n. 유전 형질, 유전 infection n. 전염

06   mythology n. 신화 account n. 진술, 설명, 중요성 come into existence v. 존재하게 되다 thunderbolt n. 벼락, 번개 hurl v. 던지다 in detail av. 상세하게

07   identifiable a. 인식할 수 있는, 식별될 수 있는 on duty av. 근무 중 accident scene n. 사고 현장 onlooker n. 방관자, 구경꾼 at bay av. 궁지에 몰린 keep ~ at bay v. 접근시키지 않다 redirect v. 방향을 돌리다 respectfully av. 공손하게 sequence n. 순서, 배열

08   institution n. 설립, 제도 embody v. 구현하다 epistemic a. 지식의, 인식론의 epistemic shifts n. 지식, 인식의 변화 reverberate v. 울려 퍼지다 etymologically ad. 어원학적으로 disparage v. 비난하다, 얕보다 semantic a. 의미의, 의미론의 configuration n. 배치, 배열 diachronically ad. (언어) 통시적(역사적)으로 watershed n. 분기점

09   explosive charge n. 폭약 tamp v. 채우다 iron rode n. 쇠막대기 go off v. 폭발하다 downright ad. 완전히, 완전하게, 순전히 well-behaved a. 예의바른

10 suspect A of B v. A가 B라고 의심하다 wrinkly a. 주름진 electorate n. 유권자 austerity packages n. 긴축정책들 recession n. 불경기 rough ride n. 어려운 상황 implement v. 집행하다 fodder n. 사료, 재료 raw deal n. 부당한 대우 catastrophic a. 대변동의, 큰 재앙의 disproportionately ad. 불균등하게 gyp v. 속이다

11~13 camouflage n. 위장, 속임수 deceive v. 속이다, 기만하다 deceit n. 속임, 기만, 사기 self-deception n. 자기기만 camouflage n. 위장 trickery n. 사기 twitchy a. 불안해하는 devious a. 정직하지 못한, 기만적인 maternal a. 어머니다운, 모성의 mine v. 발굴, 채굴하다 deliver v. 판결을 내리다, 전달하다 paternal a. 아버지의, 아버지 같은 placebo n. 위약(僞藥), 가짜 약 nasty a. 끔찍한, 형편없는 head-scratching a. 머리를 긁적이는, 고심하는 cache n. 은닉처 raid v. 습격하다 self-loathing n. 자기혐오 keep in mind v. 기억하다 crucial a. 매우 중요한 of significance a. 매우 중요한

14~15 anachronistic a. 시대착오적인 outlaw v. 불법화시키다 archaism n. 고어, 고문체 pepper n. 후추 v. 후추를 치다, 발사하다, 퍼붓다 swashbuckling a. 허세부리는 duel n. 결투 hot-headed a. 성미 급한 rails against v. 욕하다, 비난하다 harks back v. 상기하다, 떠올리다 burgeoning a. 급증하는

16~17 cookie n. 쿠키(사용자가 인터넷을 사용할 때마다 중앙 서버에 보내지는 정보 파일) chunk n. 덩어리 encrypted a. 암호화된 cull v. 추려내다, 추려내서 죽이다, 도태시키다 high-tech gadget n. 첨단 기기 a pain in my neck n. 골칫거리

18~20 sophist n. 궤변가 itinerant a. 떠돌아다니는, 순회하는 rhetoric n. 미사여구, 수사법 bravado n. 허세 come out on top v. 승리하다, 뛰어나다 capitalize on v. ~을 이용하다, 상업화하다 void n. 빈 공간 relevance n. 타당성, 적절성 show up v. 모습을 드러내다, 폭로하다 bigotry n. 편협함 absurdity n. 불합리 infallible a. 확실한, 오류가 없는 substantiality n. 실재성, 실질 coherence n. 일관성, 논리성 fallacious a. 불합리한, 거짓의

21~22 grasp v. 이해하다 clarity n. 명석함 utterance n. 발화, 말 marvellous a. 기막히게 좋은, 경탄할 만한 lucidity n. 명료함, 명석함 gibberish n. 알아들을 수 없는 말, 헛소리 be bound up with v. 관련을 맺고 있다 guttural a. 목구멍의, 목쉰 militarism n. 군국주의 prestigious a. 저명한 mode of thinking n. 사유방식 pragmatic a. 실용적인

23 euthanasia n. 안락사 mercy n. 자비 assume v. 떠맡다, 추정하다 fling v. 던져버리다 champion v. 옹호하다 make headline v. 헤드라인을 장식하다, 유명해지다 abet v. 부추기다, 선동하다, 교사하다

24~25 disgust n. 혐오감, 역겨움 virulent a. 악성의, 맹독의 vector n. 매개체 starkly av. 삭막하게, 황량하게 mischievous a. 말썽꾸러기의, 해를 끼치는 wreak havoc v. ~에 큰 피해를 입히다 tag v. 꼬리표를 달다 vermin n. 해충 vigilant a. 바짝 경계하는, 조금도 방심하지 않는 feces n. 배설물, 찌꺼기 sneak into v. 몰래 스며들다 filth n. 오물, 쓰레기 overwhelming a. 압도적인, 견디기 어려운 rallying cry n. 표어, 슬로건 crafted a. 정교하게 만들어진 manipulation n. 조작, 속임수 abstinent a. 절제하는 acquainted a. 잘 알고 있는 extraneous a. 이질적인, 외부로부터 reminiscent a. 연상시키는

26~27 worship v. 숭배하다, 흠모하다 stare v. 응시하다 seemingly av. 외견상으로, 겉보기에는 caffeine n. 카페인 concentrate v. 집중하다 chug v. 단숨에 들이켜다 diagnose v. 진단하다 widespread a. 광범위한, 널리 퍼진 backfire v. 역효과를 낳다 get in the way v. 방해되다 attention-deficit disorder n. 주의력 결핍 장애 daydream n. 백일몽, 공상 engage in v. ~에 관여하다 browse v. 둘러보다, 훑어보다 severe a. 극심한, 심각한 downside n. 불리한 측면 score v. 득점하다, 성공하다 correspond to v. 일치하다

40 Mins 02회

01 outrage n. 분노 resident n. 거주자 lure away v. 유인하다 big-game n. 큰 사냥감 sanction v. 허가하다 captivity n. 포획 trophy n. 전리품, 노획물 side n. 스포츠 팀 canned a. 통조림의 poaching n. 밀렵 publicized a. 알려진 stalking n. 스토킹, 사냥 dramatic a. 극적인, 인상적인

02 enduring a. 영구적인, 지속적인 outweigh v. ~보다 중요하다 violation n. 위반 merit n. 장점 persecution n. 박해 warrant v. 보장하다, 정당하게 만들다 tolerate v. 용인하다, 인내하다 long-held a. 장기간의 breach n. 위반, 침해 uphold v. 유지하다

03 abate v. 완화되다 accelerate v. 가속화하다 under way av. 진행 중인 spending cuts n. 지출 삭감 interest rate n. 금리 recession n. 경기침체, 경기 후퇴 downturn n. 하강, 침체 mortgage n. 저당, 담보 foreclose v. 방해하다, 담보권을 행사하다 double-digit a. 두 자리 수의 ripple v. 잔물결을 일으키다 quash v. 진정시키다 exacerbate v. 악화시키다 appease v. 진정시키다

04 political economy n, 정치 경제학 attainment n. 달성, 성취 requisite n. 필수품, 필요 물 mould v. 주조하다, 형성하다 procure v. 획득하다 parity n. 동등, 동격

05 apologist n. 옹호자　rationalization n. 합리화　exploitation n. 착취　analogy n. 유사, 유추 the fit survive n. 적자생존 transcend v. 초월하다, 능가하다 kernel n. 핵심, 요점 critique v. 비평하다

06 take to court v. 법정에 서다　allegedly ad. 주장한 바에 의하면　grail n. 큰 접시(platter), 잔 (cup) come across v. 우연히 마주치다　convincing a. 설득력 있는 plagiarism n. 표절

07 ~ 08 cross-section a. 전반적인, 다양한 conform to v. ~에 순응하다 aristocrat n. 귀족 bind v. 동 여매다, 묶다 cinch v. 조이다 internal n. 창자, 내장　plate n. 판, 접시 stretch v. 늘리다 boyish a. 남자 같은 flapper era n. (1920년대의) 말괄량이 아가씨들이 유행하던 시대 flapper n. 말괄 량이 exude v. 배어 나오게 하다, 발산시키다 voluptuous a. 관능적인, 육감적인 curve n. 곡선 slender a. 날씬한 unequivocal a. 절대적인, 명확한 precondition n. 선행조건 relentless a. 무자비한 in vogue av. 유행하는 femininity n. 여성다움 toned a. 탄력 있는, 색상을 띄고 있는 discrepancy n. 불일치, 모순 shackle n. 족쇄, 사슬 superficiality n. 천박함

09 ~ 10 the Gulf Stream n. 멕시코 만류　interplay n. 상호작용　abode n. 거주지, 집　aurora borealis n. 북극광　serenity n. 고요함, 평화로움 expanse n. 팽창, 넓은 공간 lava n. 용암

11 ~ 12 paradigm n. 패러다임, 모형 shift n. 변화 irreversibly av. 돌이킬 수 없을 정도로 apply to v. 적합하다, 적용되다　assumption n. 가정, 가설　be bound to v. 반드시 ~하게 되어 있는 subsequent a. 계속해서 일어나는 alongside av. 옆에, 나란히 polytheism n. 다신교, 다신숭 배 orbit v. 궤도를 돌다 render v. ~하게 하다 when it comes to v. ~에 대해서 말하자면 bring about v. 야기하다, 초래하다 drastic a. 격렬한, 과감한 realign v. 조정하다 eradicate v. 뿌리째 뽑다, 근절하다 incompatible a. 맞지 않는, 공존할 수 없는 kill off v. 전멸시키다 give way to v. 굴복하다 take over v. 이어받다, 떠맡다

13 ~ 14 pothole n. 구멍, 허점 whole personality n. 전인격　three-dimensional a. 3차원은, 실제 생 활의 intimacy n. 친밀감 intense a. 강렬한 unprepared for a. ~에 준비가 안 된 characterize v. 특징을 이루다 unmet a. 충족되지 않은　at the cost of av. ~을 희생하고 verbal a. 구두의, 말의 starve for v. ~에 굶주리다 commune v. 친하게 이야기하다　respond to v. ~에 반응하다 pervasive a. 만연한, 널리 퍼진 vulnerable a. 상처를 입기 쉬운 down-to-earth a. 실제적인, 현 실적인

15 ~ 17 amenable a. 순종하는, 복종하는　push around v. 난폭하게 다루다, 괴롭히다　despot n. 전제 군주, 폭군, 독재자　preferably ad. 선호해서　courtly love n. 기사도적인 사랑　hothouse n. 중 심지, 온상 questionable a. 의심스러운, 미심쩍은 stifling a. 숨 막히는 take off v. 이륙하다, 시 작하다

18 ~ 20 meaningless a. 의미 없는, 무익한 akin to a. ~에 유사한 observation n. 관찰, 인지 incredulous a. 의심 많은, 회의적인 pervasive a. 퍼지는, 널리 미치는 imperative n. 명령, 의무 clamp v. 고정시키다 ostensibly av. 외면상으로, 표면상으로 momentum n. 운동량, 여세, 힘 generalize v. 일반화하다, 귀납하다 acceleration n. 가속, 촉진 centripetal a. 구심성의, 중앙집권적인 kick in v. 효과가 있다 in suspense av. 궁금해 하는 ubiquitous a. 어디에나 존재하는 detrimental a. 해로운, 불리한 progressive a. 진보적인, 누진적인 exclusive a. 독점적인, 배타적인 hit the road v. 출발하다 turbulent a. 사나운, 불안한 curb v. 억제하다, 제한하다 compulsion n. 강제, 강요

21 ~ 23 disparity n. 차이, 격차, 불균형 complaint n. 통증, 질환 cardiac a. 심장병의 medication n. 약물, 약물 투약 refer v. 회부하다, 맡기다 harbor v. 품고 있다 surface v. 표면으로 떠오르다 triage n. 자원의 선별적 분배, 부상에 따른 환자 분류 instantaneously ad. 순간적으로 discriminate v. 차별하다, 식별[구별]하다

24 ~ 26 strategist n. 전략가, 전술가 appall v. 오싹하게 하다, 질리게 하다 run the show v. 운영하다, 꾸려나가다 prescient a. 선견지명이 있는 reconciliation n. 화해, 조화 luster n. 광택, 영광 prodigal a. 낭비하는, 풍부한 annus horribilis n. (라틴어) 끔찍한 해, 최악의 해 monarch n. 군주 tentative a. 잠정적인 sinister a. 불길한 sacred a. 신성한 cold-hearted a. 냉정한 unparalleled a. 비견할 수 없는 foresight n. 통찰력 resurgence n. 부활, 재기

40 Mins 03회

01 alpha n. 제 1위, 처음 alpha male n. 우두머리 수컷 engage v. 참여하다, 종사하다 dub v. 작위를 주다, ~라고 부르다 preeminent a. 탁월한, 뛰어난 lion's share n, 제일 좋은 몫 acquiescence n. 묵인, 복종 vicinity n. 주변, 인근 force feed v. 억지로 먹이를 주다 capricious a. 변덕스러운 irresistible a. 저항할 수 없는

02 variable n. 변수 observable a. 관찰할 수 있는 perspective n. 관점, 견해, 조망 interaction n. 상호작용 acculturation n. 문화변용, 사회화 underlying a. 근원적인

03 suspend v. 정지히다, 메달리다 exceed v. 초월하다, 넘다 speed limit n. (자동사의) 제한 속도 do good v. 도움이 되다 pass on v. 전달하다 pass judgment on other people v. 타인을 평가하다

04 catastrophe n. 재난(=disaster, calamity) potentially ad. 잠재적으로 imaginary a. 상상의

06 ~ 07 Theory of Forms n. 이데아론 illusory a. 환상에 불과한 advance v. 발전시키다 reasoning n. 추리, 추론 unsound a. 오류가 있는 deduction n. 추론, 공제 unsound a. 건강하지 않은, 불합리적인 vainglorious a. 허영심이 강한, 자만하는

08 sacrosanct a. 신성불가침의 unfettered a. 자유로운, 구속에서 벗어난 sovereignty n. 주권, 통치권, 자치권 assault n. 공격 reign n. 통치, 지배 dismantle v. 해체하다, 철거하다 prerequisite n. 필수조건 sovereign jurisdiction n. 국가 관할권

09 just a. 공정한, 정의로운 virtue n. 미덕 calculus n. 계산법 economical a. 절약하는, 경제적인, 간결한 social institution n. 사회제도 inviolability n. 불가침, 불가침성 override v. 무시하다, 깔아뭉개다 outweigh v. ~보다 무겁다, ~보다 더 중요하다 be subject to v. ~에 종속되다 acquiesce v. 동의하다, 묵인하다 analogously ad. 유사하게 uncompromising a. 타협하지 않는, 단호한

10 ~ 11 hyper a. 극도의, 지나치게 shoplift v. 가게 물건을 훔치다 for nothing av. 공짜로 covet v. 탐내다, 갈망하다 gratification n. 만족감, 희열 aspirational a. 야심적인 corruption n. 타락, 부패 irrelevant a. 부적절한, 문제가 되지 않는 perpetrate v. 저지르다, 범하다 mortgage n. 주택담보대출, 저당 bust n. 실패, 파산 frugality n. 절약, 감소 counter v. 대항하다, 무효로 하다 recession n. 경기후퇴, 불경기 woe n. 비애, 불행 rail against v. 욕하다, 저항하다

12 ~ 14 set in v. 놓여있다, accord v. 부여하다, 부합하다 in comparison to av. ~와 비교할 때 define v. 정의내리다 dispel v. 타파하다, 없애다 fragile a. 부서지기 쉬운, 약한 web of life n. 생명체의 그물, 생물망 staggering a. 충격적인, 믿기 어려운, 비틀거리는 tip back, v. 되돌리다 moribund a. 소멸직전의, 빈사상태의 adamant a. 단호한 for the sake of av. ~위해서

15 ~ 16 overreported a. 과잉 보도되는 underreported a. 축소 보도되는 perpetual a. 끊임없이 계속되는, 빈번한 brainwash v. 세뇌시키다 gnawing a. 괴롭히는, 신경을 갉아먹는 apocalypse n. 세상의 종말, 파멸 doomed a. 운이 다한, 불운한 woeful a. 비통한, 한심한 deception n. 속임, 사기 wire v. 연결하다, 엮다 abstract a. 추상적인 equanimity n. 침착, 평정 all of a sudden av. 갑자기 paradoxically av. 역설적으로 get burned up v. 소진되다, 타 버리다

17 ~ 18 social strata n. 사회적 계층 conceptualize v. 개념화하다 marginalization n. 소외, 주변부화 marginalize v. 뒤처지게 하다, 내버려두다 intersperse v. (간격을 두고) 배치하다 sectoral a. 분

야마다의 disparity n. 차이, 격차 lose ground n. 입지가 줄어들다 take advantage of v. 이용하다 booming a. 급속히 발전하는, 호경기의 ameliorate v. 개선하다 elude v. 회피하다, 벗어나다 aggravate v. 악화되다 mollify v. 진정시키다, 완화시키다 dispersion n. 분산, 유포 hitherto av. 지금까지 antagonistic a. 대립하는, 적대적인 betterment n. 개선, 향상 impetus n. 자극, 힘, 원동력

**19
~
21**
pivotal a. 중심이 되는 momentous a. 중대한 exhibit v. 전시하다, 보이다, 드러내다 self esteem n. 자존감 run the risk of v. 위험을 감수하다 commonality n. 공통성, 평범함 afflict v. 괴롭히다, 피해를 입히다 go a long way toward v. 효과가 있다, 크게 도움 되다 alleviate v. 완화하다 mindful a. 주의하는 sibling n. 형제자매 it is up to 명사 v. 명사에 달려있다, 명사가 결정하다 apathy n. 무관심, 냉담 only so much av. 일정한 한계가 있는, 단지 그 정도로만 upbringing n. 양육, 성장, 가정교육 balanced a. 균형 잡힌, 안정적인 outgrow v. 몸이 커서 옷을 입지 못하다, 벗어나다

**22
~
24**
engaging a. 남의 마음을 끄는, 매력 있는 incorporeal a. 무형의, 영적인(=spiritual) naturalist n. 자연주의자, 박물학자 immortal a. 불멸의 substance n. 물질, 본질, 실체 disparate a. 다른, 이종의, 공통점이 없는 implication n. 함축, 암시 extrapolate v. 추론하다 immaculate a. 결점 없는, 완전한 absolute monarch n. 절대군주 diaspora n. 집단 이주, 흩어져서 다른 나라에 살고 있는 유대인 bulwark n. 성채, 방파제, 보루 gamut n. 전음계(全音階), 전 영역 demagoguery n. 선동, 악의적인 선전

**25
~
27**
grueling a. 기진맥진하게 하는, 지독한 operation n. 수술 odds n. 확률 frame v. 세우다, 고안하다, 표현하다 contradiction n. 모순, 반박 alarming a. 걱정스러운, 두려운 numerous a. 많은 content n. 내용 mindless a. 어리석은, 신경을 쓰지 않는 randomness n. 무작위, 우연 passivity n. 수동성, 소극성 subjecthood n. 주체성 distressing a. 괴롭게 하는 fallibility n. 쉽게 잘못을 저지름 moderate v. 감소시키다

40 Mins 04회

01
fetish n. 맹목적 집착, 미신의 대상 letterpress n. 활판인쇄(기) allure n. 매력, 매혹 unveil v. 베일을 벗기다, 밝히다

02
neglect n. 방치, 소홀 repression n. 탄압, 억제 biodiversity n. 생물학적 다양성 flora n. (특정 장소, 시대) 식물군 fauna n. (한 지역, 특정 시대의) 동물군

03 adversarial a. 대립적인, 적대적인 collaboration n. 공동작업 arbiter n. 결정권자 detached a. 무심한, 거리를 두는 hypothetical a. 가상적인, 가설적인 arbitrate v. 중재하다, 조정하다 empirical a. 경험적인, 실증적인

04 deferential a. 경의를 표하는, 공손한 clangorous a. 울려 퍼지는 frustrated a. 좌절한, 실망한 gratifying a. 흐뭇한, 기쁜 demanding a. 요구가 지나친, 요구하는

05 hit back v. (공격·비판에) 응수하다 pugnacious a. 호전적인 pounce v. 급습하다 lash out v. 채찍질하다, 강타하다, 비난하다 itch n. 갈망 get in the way v. 방해하다 callously ad. 냉혹하게, 무자비하게 exploit v 착취하다, 개발하다, 이용하다 lethal a. 치명적인

06 vitro a. 시험관의, 유리의 vitro fertilization n. 체외수정 developmental delay n. 발육지연 autism n. 자폐 fetal a. 태아의 prevalent a. 일반적으로 행해지는, 유행하는 conceive v. 임신하다, 이해하다 full-blown a. 만개한, 활짝 핀 perturbation n. 마음의 동요 precarious a. 위험한 germane a. 밀접한 관계가 있는, 적절한 neonatal a. 신생아의 disrupt v. 붕괴시키다

07~09 geoengineering n. 지구공학 inject v. 주입하다 sulfur n. 황 stratosphere n. 성층권 gigantic a. 거대한 carbon emission n. 탄소 배출 rearrange v. 재배열하다, 재조정하다 astronomer n. 천문학자 orbit n. 궤도 cylindrical a. 원통형의 diameter n. 지름, 배율 equator n. 적도 implement v. 시행하다 launch v. 출시하다, 시작하다 mean a. 중간의, 평균의 feat n. 업적, 공훈 implausible a. 믿기 어려운 prestigious a. 일류의, 권위 있는 far-out a. 파격적인, 자유분방한 offset v. 상쇄시키다 inadvertent a. 우발적인 tackle v. 해결하다, 도전하다

10~12 expansionary a. 팽창하는, 확장하는 prop up v. 지지하다 a host of a. 수많은 unrepresentative a. 대표성이 없는 repressive a. 억압적인 military intervention 군사적 개입 claim v. 목숨을 앗아가다 redolence n. 향기 comity n. 예의 rapprochement n. 친선, 친교, 화해 ally n. 동맹국, 제휴국 analogous a. 동등한, 유사한 antipathy n. 반감, 싫은 일, 혐오스러움 pejorative a. 경멸적인, 가치를 떨어뜨리는 confederate a. 동맹한, 연합한 asymmetrical a. 동맹한, 연합한 stridency n. 삐걱거림, 귀에 거슬림

13~14 outsize a. 대형의 yield v. 생산하다, 산출하다 civilian-friendly a. 민간친화적인 trickle down v. 흘러내리다 reconstituted meat n. 가공육 stale v. 상하다 spoil v. 망쳐놓다 infiltrate v. 침입시키다, 잠입시키다

40 Mins 05회

01 coalesce v. 합치다, 연합하다 futile a. 헛된, 효과 없는 coalition n. 연합, 연대 student achievement n. 학생 성취도 (성적 향상) evaluation n. 평가, 분석

02 exaggerate v. 과장하다 sensationalize v. 선정적으로 표현하다 satiate v. 만족시키다 recurrence n. 재발, 되풀이 tweak v. 잡아당기다, 수정하다 provocatively ad. 도발적으로, 자극적으로 embellish v. 꾸미다, 윤색하다 discern v. 알아차리다, 파악하다

03 parasitic a. 기생하는 host n. 주인, 숙주 host plant n. 숙주 식물 umbrageous a. 그늘진, 화를 잘 내는 haustorium. n. (기생 식물의) 흡수근 pl) haustoria live off v. 의지해 살아가다 bloom n 꽃, 개화 fertile a. 기름진, 비옥한 parched a. (땅 등이) 바짝 마른, 목이 타는 exuberant a. 원기 왕성한 alluvial a 충적토의 meager a. 빈약한 ponderous a. 매우 무거운, 지루한

04 exploit v. 착취하다, 이용하다 impair v. 악화시키다 envelop v. 포위하다, 에워싸다 forsaken a. 버림받은, 고독한 mistreatment n. 학대 pampered a. 과잉보호하는 redeem v. 되찾다, 회복하다 insipid a. 재미없는, 활기 없는

05~07 flora and fauna n. (한 지역의) 동식물상(구성 종류) advent n. 도래, 출현 high-resolution n. 고해상도 exploitative a. 착취하는 submerge v. 잠수하다, 물속에 잠기다 carpet bombing n. 융단 폭격 occur v. 일어나다, 발생하다 veil n. 베일, 가리개 humanity n. 인류, 인간애 nudge n. 자극 massage v. 마사지하다, 조작하다 delude v. 속이다, 현혹시키다 bring about v. 가져오다, 야기하다

08~09 quaff v. 단숨에 들이 키다 goblet n. 고블릿 (손잡이 없는 술잔) laden a. 잔뜩 실은, 가득 찬 waistcoat n. 조끼 broadcloth n. 브로드 (모직물) fustian n. 퍼스티언 (면직물) aching a. 마음이 아픈, 쑤시는 desperation n. 절망, 자포자기

10~12 engage in v. ~에 관여하다 fake a. 가짜의, 인조의 surface n. 표면 generate v. 만들어 내다 authentic a. 진짜인 mood n. 심리 상태, 기분 deteriorate v. 악화되다, 나빠지다 withdraw v. 철수하다, 취소하다 suppress v. 억제하다, 억누르다 persistent a. 집요한, 끈질긴 cultivate v. 경작하다, 재배하다 productivity n. 생산성 norm n. 규범, 표준 socialize v. 사회화시키다 strain n. 부담, 압박 track v. 추적하다 courteous a. 예의바른 mundane a. 평범한, 일상적인 flash v. 번쩍이다, 보이다 counteract v. 방행하다, 좌절시키다

13~14 not A so much as B con. A이기도 하지만 B이다 address v. 다루다, 처리하다 commit v. 행하다, 저지르다 abuse n. 폭행, 남용 flashpoint n. 발화점, (비유적) 화약고 handgun n. 권총 mediation n. 조정, 화해, 중재 cost v. 목숨 등을 앗아가다 dire a. 무서운, 긴박한, 끔찍한 approach n. 접근, 연구법

15~17 when it comes to v. ~에 대해서[관해서]라면 precaution n. 조심, 경계, 예방책 assess v. 평가하다 be behind the wheel v. 자동차를 운전하다 embrace v. 포옹하다, 환영하다, 받아들이다 outright a. 솔직한 av. 완전히 trauma n. 정신적 큰 충격 deadly a. 죽음의, 치명적인 malfunction n. 오동작, 기능불량 intuitive a. 직관[지각]에 의한 adverse a. 거스르는, 반대의, 불리한 alternative n. 대안 meagerly av. 빈약하게, 불충분하게 repugnant a. 혐오감을 주는, 불쾌한 viable a. 실행 가능한, 실용적인, 생명력 있는 consistently av. 시종일관하게, 조리있게 flawed a. 결함[결점]이 있는 willfully av. 고의로, 계획적으로 misinformed a. 잘못 알려져 있는 worse off a. 더욱 악화되는 meagerly av. 불충분하게 repugnant a. 불쾌한, 반대하는 willfully av. 고의로

18 allegedly av. 주장에 따르면, 일선에 의하면 transmission n. 전달 privilege n. 특권 legitimate a. 정당한, 합법적인 intrinsic merit n. 본질적 가치 compatibility n. 적합성, 호환성, 양립성

19 anarchist n. 무정부주의자 abolition n. 철폐 machinery n. 조직, 시스템, 기계류 wither away v. 시들어 가다, 쇠퇴하다 modest a. 겸손한, 소박한 stiff a. 굳은, 엄격한 good sense n. 양식, 분별 sympathize v. 공감하다, 동정하다, 찬성하다 amount to v. 결국 ~되다, 총합이 ~ 되다

20~21 backfire v. 역효과를 내다 dreaded a. 두려운, 무서운 fussy a. 소란 떠는 hound v. 사냥하다, 괴롭히다 override v. 무시하다 satiety n. 싫증남, 포만 give in v. 굴복하다, 양보하다 chow down v. 먹다, 식사하다 strenuous a. 활발한, 노력이 필요한 stumble v. 비틀거리다 in light of av. ~ 관점에서 nag v. 잔소리하다 be bound to v. ~ 할 수 밖에 없다 picky a. 까다로운 problem a. 제멋대로 하는 prudent a. 신중한, 분별있는 fullness n. 포만감 make sense v. 타당하다, 논리적이다 rebel v. 저항하다 gently av. 부드럽게 the same goes for 명사 v. ~에게도 동일하게 적용되다

22 exercise care v. 조심하다 dictum n. 격언, 금언 take a step v. 조치를 취하다 google v. 구글 검색을 통해 정보를 찾다

23~26 behemoth n. 거수, 거인, 강력한 것 go bust v. 파산하다 flake n. 얇은 조각, 박편 wryly av. 빈정대듯이 weather v. 풍화되다 coercion n. 강요, 압제 folio n. 2절판, 책의 페이지 technophobia n. 기술 공포 predictable a. 예측할 수 없는, 당연한 write off v. 삭제하다, 지우다, 가치가 없는 것으로 치부하다 transition n. 변화, 전환, 이동, 과도기 may well v. 당연하다 spark v. 발화하다, 자극하다 bearer n. 운반인, 전달자

27~29 bargaining n. 교섭, 거래 tacit a. 무언의 침묵의 tangible a. 유형의 explicit a. 명백한 mediator n. 중개자 nominally ad. 명목상으로 stake n. 말뚝, 이해관계 at stake av. 성패가 달려있는, 위태로운 disparate a. 서로 다른, 이질적인 dimension n. 차원, 부피, 크기 중요성 dispose v. 배치하다, 처리하다 nominal a. 명목상의, 아주 작은 terms n. 관계, 조건 conduct v. 실시하다, 시행하다

Epilogue

I wish I am

by Rudy Jeon

Epilogue

I wish I am

Whenever I start something, I always see it to the end. Although, at times I fall into the spell of laziness, thinking that life doesn't always go the way you want it to, I understand and forgive myself. However, I will see things to the end, telling myself never to give up.

I strongly want to keep the conviction in my heart that it is never ever too late for realizing my dream, when I am an old man looking back at the past smilingly.

On snowy days, I want to climb the mountain that has wonderful night scenery and atop I could oversee the lights of city below.

On hot summer days, I want to take a plane with a thin shirt and take off to a place where I could put on a heavy coat.
While flying the small plane to the North Pole, I want to stay up all night long with crazy anticipation of the aurora.

Although I surely can put the blame to others, I strongly hope to possess the wisdom to distinguish between the person and the blame. So I want to be the kind of person who has nobody to hate.

I believe that human beings could not be perfect, so I want to be who I am rather than who I am expected to be.
I want to be a narrow-minded person, while having generosity.

When I see the weak and the unfortunate, tears falling from my heart, I sincerely want to help the person in need in practical ways.

I really want to enjoy the solitude of loneliness while sincerely always longing for someone. Although it could be good to meet someone through a blind date, I really want to find someone whom I fell in love with at first sight by blind fate.
I wish she would be a kind of person who is humorous, warm hearted and able to drink together.

Finally, I want to be a kind of person who always thinks broadly and is never in a rush, bearing in mind the fact that the end of my days will come.
While loving myself who faithfully believe that there would be another day, I want to be a kind of person who realizes deeply that today will never come again.

나는 무엇인가를 시작했을 때 포기하지 않고, 끝까지 가보고 싶다. 잠깐의 나태함에 파묻혀도 좋으며, 인생이란 원래 다 생각처럼 되는 건 아니야 라는 스스로의 합리성에 몸을 담그는 나 자신을 이해해 주고도 싶다. 하지만 그런 자신과 끊임없이 대화하고 타협하며 끝까지는 가보고 싶다.

60이 되어도 열아홉에 꾸었던 꿈을 되돌아보고, 추억에 잠겨도 좋지만, 언제나 늦은 건 없어 라는 신념 또한 간직하고 싶다.

눈 오는 날에는 야경이 아름다운 산 정상에 올라 도시를 내려다보고 싶다.
뜨거운 여름날에는 얇은 옷차림으로 비행기에 올라, 두툼한 털 코트를 입을 수 있는 곳에 가보고도 싶다.
경비행기를 몰고 극지방을 횡단하고, 설레는 눈망울로 밤을 새워 오로라에 미쳐 보고도 싶다.

누군가의 잘못을 탓할 수도 있지만, 잘못과 사람은 구분할 수 있는 지혜로움을 가지고 싶으며, 그래서 누군가를 미워하지 않는 사람이 되고 싶다.

사람은 완전치 못한 존재라는 것을 알기에, 완전한 사람이 되기보단, 나다운 사람이 되고 싶다.
다소 편협한 생각을 갖고 싶기도 하고, 한 편으론 끝없이 자애로운 사람이 되고 싶다.

약하고 힘없는 사람들을 대할 때. 진심 어린 눈물을 흘려도 좋지만, 현실적으로 도움이 되는 일을 해 주고 싶다.

언제나 사람을 그리워하는 사람이 되고 싶지만, 혼자 있음의 외로움도 즐길 수 있는 사람이 되고 싶다.
누군가의 소개로 만나도 좋지만, 운명적으로 첫 눈에 반하는 그런 사람을 만나고 싶다.
많이 쾌활하고, 술 한 잔쯤은 할 수 있어야 하며, 정이 많은 착한 사람이었으면 싶다.

무엇보다 나에게도, 이 세상의 삶이 끝나는 날이 있다는 것을 기억하며, 삶을 더 큰 견지에서 바라다보고, 조급해 하지 않는 사람이 되고 싶다.
또 다른 내일이 있다는 믿음을 갖는 나 자신도 사랑하지만, 오늘이란 시간은 영원히 다시 오지 않는다는 절실함 또한 느끼는 사람이 되고 싶다.

MEMO

더
독
해 3.0

[더 실전적인 독해법]

더 독해 3.0편은 실제 시험을 대비하기 위해 더 실전적인 독해법을
제시하는 독해 실전서로 [독한독해]로 편입/공무원 독해 수험서로 정평이
나 있는 전경식 교수가 오랜 연구 끝에 완성한 독해 실전문제를 수록한
독해 수험서이다.

값 25,000원

13740

9 788993 432350
ISBN 978-89-93432-35-0